반야통찰상담의 실제

-마음챙김을 넘어서 반야로-

Practice of Paññā-based Insight Counseling

반야통찰상담의 실제

-마음챙김을 넘어서 반야로-

정은의 저

학지사

Namaskaraya

Namo tassa Bhagavato Arahato Sammāsambuddhassa.

Namo tassa Bhagavato Arahato Sammāsambuddhassa.

Namo tassa Bhagavato Arahato Sammāsambuddhassa.

나마스까―라야

나모 땃사 바가와또 아라하또 삼마삼붓닷사

나모 땃사 바가와또 아라하또 삼마삼붓닷사

나모 땃사 바가와또 아라하또 삼마삼붓닷사

모든 번뇌에서 벗어난 분, 공양받을 만한 분, 올바로 원만히 깨달은 분의 가르침을 따릅니다.

모든 번뇌에서 벗어난 분, 공양받을 만한 분, 올바로 원만히 깨달은 분의 가르침을 따릅니다.

모든 번뇌에서 벗어난 분, 공양받을 만한 분, 올바로 원만히 깨달은 분의 가르침을 따릅니다.

Buddhapada · 붓다의 발자국. 대영박물관(British Museum).

인연因緣의 글

이것은 반야의 빛panñā obhāsa으로 지금·여기에서 행복과 평화에 이르는 길을 비춤이다.

반야통찰상담이 세상에 나오기까지는 많은 인연이 함께하였다.

상담相談·지혜wisdom·마음心·붓다의 가르침Dhamma·반야panñā·반야통찰상담을 찾아 나선 과정에서 한 걸음씩 나아가도록 해 주신 스승님들
인터넷 세상에서 크고 작은 반야의 퍼즐 조각을 모아 주신 선知지식과 도반들
불법의 인연으로 만나 빠알리어와 참고경전을 검토하고 자문을 해 주신 초기 불교철학 전공의 이유미 박사님

기존 상담이론들에서는 채우지 못했던 '뭔가 더 강력한 것'을 갈구하며 목적지가 어디인지도 모르고 준비 없이 시작된 항해에 선kusala과 확신saddhā으로 함께해 준 반야짝쿠panñācakkhu 도반들! 도반들이 함께하지 않았다면 틀림없이 항해 중 침몰하였을 텐데 가끔 출렁이고 느리기도 했지만 여전히 든든한 등대로서 반야통찰상담의 태어남을 비추어 주었다.

무엇보다 상담자로서 길을 잊지 않고 더욱 깨어 있도록 격려해 준 내담자들

세상의 정북正北을 가르키는 나침판이며 호위무사인 My Half
내 삶의 빛과 그림자인 수아무秀雅無
외국外國 생활에 든든한 울타리가 되어 주신 John과 Anna

이 생生에 '이전에 들어 보지 못한 법'을 만나게 해 주신 부모님과 형제들

반야통찰상담이 이러한 모양과 형태로 세상에 나아갈 수 있도록 정성스러운 노력으로 함께해 주신 학지사

이렇게 많은 인연이 반야통찰상담의 태어남에 함께하였기에 제1저자는 '순풍順風: 우리 스스로 이루었다.'이고, 정은의는 단지 이름이다.

일러두기

1. 반야통찰상담은 붓다의 가르침Dhamma을 '따라가고 있는' 상담심리학자
   에게 단지 이해된 내용이다.

2. 반야통찰상담은 전체 2권의 책에서 설명되었다. 첫 번째 책인 『반야통
   찰상담의 원리』에서는 붓다의 가르침에 근거하여 상담의 원리를, 두 번
   째 책인 『반야통찰상담의 실제』에서는 반야에 기반을 두고 진행된 상담
   의 실제를 각기 강조하여 세부적으로 다루었다.

3. 반야통찰상담은 붓다상담을 '따라감paṭipada'이므로 인용되어진 경전
   Nikāya은 원전original text으로 표기하였다.

4. 반야통찰상담의 토대가 되는 붓다 가르침의 내용은 빠알리어pāli를 기본
   으로 하여 한자 그리고 한글과 영어를 맥락에 맞게 혼용하였다. 그리고
   반야통찰상담의 실제에 적용은 붓다의 평화적 의사소통의 원리에 근거
   하여 현대 심리학적 용어로 대체하여 사용되었다.

5. 반야통찰상담은 붓다의 가르침에 기반을 두어 구성되었기 때문에 명상meditation, 이론theory, 정의definition, 개념concept, 초월transcend, 영성spirituality 등의 비색계적 용어들은 사용되지 않았다. 그러나 참고한 인용문에 사용된 단어나 용어들은 그대로 표기하였다.

6. 반야통찰상담의 사례는 캐나다에서 실시된 것들이고, 슈퍼비전의 사례는 한국의 전문 반야통찰상담심리사 수련 과정에서 실시된 것들이다.

7. 수록된 상담사례와 슈퍼비전 사례는 모두 내담자와 수련생에게서 교육적 목적으로 인용될 수 있음이 허락되었다. 그리고 일반상담 사례의 예시는 출판된 상담심리학 서적과 인터넷의 검색 자료를 참조하였다.

8. 연기적 조건 관계를 → 로 기호화하여 설명하였다.

9. 붓다의 평화적 의사소통의 원리(MN III, p. 230)에 따라 반야통찰상담에서 사용하는 '관찰'이라는 용어는 반야의 기능인 통찰, 꿰뚫음, 알고 봄 등의 의미로 사용된다.

10. 붓다의 평화적 의사소통의 원리(MN III, p. 230)에 따라 반야통찰상담에서 사용하는 '의도, 기대, 희망' 등의 용어는 욕탐, 번뇌, 불선법 등의 의미로 사용된다.

11. 반야적 꿰뚫음과 통찰은 붓다의 평화적 의사소통의 원리에 따라 반야통찰상담의 실제에서는 관찰이라는 용어로 대체해서 사용된다.

차례

제1장

반야와
반야통찰상담

현대 심리학은 1879년 분트Wilhelm Wundt가 내성법introspection을 통해 의식경험conscious experience의 구성요소를 찾고자 했던 구조주의 심리학에서부터 시작되었다. 상담심리학은 1900년대 프로이트Sigmund Freud가 마음의 구조와 내용을 통찰insight하고자 했던 정신분석psychoanalysis에서부터 시작되어 태어난 지 120여 년 정도 되었다. 하지만 현대 심리학은 아직도 마음의 요소를 찾지 못하고 있고, 상담심리학에서는 지금도 많은 상담이론이 만들어지고 있다. 그러나 반야통찰상담Pañña-based Insight Counseling은 2600여 년 전에 인간에 대한 선한 마음과 깨달은 자의 교육적 책임감으로 "괴로움의 멸진으로 바르게 인도하고 일어남과 사라짐으로 향하게 하는 반야"[1]의 통찰 기능을 활용하여 '지금 · 여기에서 행복과 평화에 이르는 길'을 제시하고 가르친 붓다의 상담을 '따라감paṭipadā'이다. 그러므로 반야통찰상담은 아직도 미완성인 현대 심리학과 상담심리학을 넘어 반야적 통찰에 기반해 '나'와 세상에 대한 올바른 이해를 경험하고 그 경험을 일상에 적용하는 과정이다.

반야

빠알리어pañña의 음역인 '반야'는 동사 어근 √jña(알다)에 접두사 pa(앞서서, 비약적으로)가 첨가된 형태로 '앞서서 아는 것'이다. 즉, 반야는[1] 현재 일어난 현상의 인과적 조건 관계를 연결하여 총체적으로 알고 보는 심리적 능력

1) SN V 199, SN48:9, 분석경 1, Vibhaṅga sutta.

[1] 반야의 의미와 역할은 통찰, 관찰, 꿰뚫음, 생멸의 관점, 연기법, 상호의존적 발생 관계, 조건관계, 무상적 접근, 법안, 혜안, 천안, 사띠 삼빠자냐, 지금 · 여기, 현법, 중도라는 용어로 맥락에 따라 설명된다.

으로 이해된다. 붓다 가르침의 핵심 원리이면서 불교의 기본 성격이고 출발
점이며 핵심으로 불교의 정체성과 직결2)되는 반야는 현대 심리학의 모든 영
역을 아우르는 포괄적인 내용이다. 더욱이 현대 심리학에서는 그 존재가 '있
다'고 가정하지만 어떻게 어디에 있는지를 알 수 없다는 비색계적 접근으로
논란만 있지 아직 합의된 정의를 도출하지 못하는 네 가지 영역―마음mind,
지성intelligence, 성격personality, 상담counseling―에 대해서도 완벽하게 설명하고
보여 주고 경험할 수 있게 한다. 즉, 현대 심리학의 완성이 바로 2600여 년 전
에 이미 찾은 반야이다.

다음은 붓다가 최상의 법paññuttarā sabbe dnamma인 반야의 기능에 대해 설명
한 내용이다.

> 그러면 어떤 것이 반야의 기능인가? 수행자들이여, 여기 성스러운 제자는 반야
> 를 가졌다. 그는 성스럽고, 꿰뚫음을 갖추었으며, 괴로움의 멸진으로 바르게 인
> 도하는, 일어남과 사라짐으로 이끄는 반야를 구족했다.3)

> 그는 '이것이 괴로움이다.'라고 있는 그대로 꿰뚫어 안다. '이것이 괴로움의 일어
> 남이다.'라고 있는 그대로 꿰뚫어 안다. '이것이 괴로움의 소멸이다.'라고 있는 그
> 대로 꿰뚫어 안다. '이것이 괴로움의 소멸로 인도하는 도닦음이다.'라고 있는 그
> 대로 꿰뚫어 안다. 수행자들이여, 이를 일러 반야의 기능이라 한다.4)

---

2) 마성, 2016; 마스다니 후미오, 1987; 이희재, 2007; Vetter, 1988.
3) SN V 199, SN48:9, 분석경1, Vibhaṅga sutta.
   Katamañca, bhikkhave, paññindriyaṃ? Idha, bhikkhave, ariyasāvako paññavā
   hoti udayatthagāminiyā paññāya samannāgato ariyāya nibbedhikāya, sammā
   dukkhakkhayagāminiyā.
4) SN V 200, SN48:10, 분석경2, Vibhaṅga sutta.
   so 'idaṃ dukkhan'ti yathābhūtaṃ pajānāti, 'ayaṃ dukkhasamudayo'ti yathābhūtaṃ pajānāti,
   'ayaṃ dukkhanirodho'ti yathābhūtaṃ pajānāti, 'ayaṃ dukkhanirodhagāminī paṭipadā'ti
   yathābhūtaṃ pajānāti. idaṃ vuccati,

반야의 의의는 양극단의 관점에서 벗어나 중도적 관점으로 새로운 인식의 경로를 구축하여 '나'와 '세계'를 비추어 보는 것이다. 일반적으로 새로운 인식의 경로를 유무의 관점에서 생각한다면 '있었던 것'을 버리고 다른 어떤 '새로운 것'이라고 이해하게 된다. 그러나 반야적 관점에서는 '있다' '없다'라는 양극단을 버리는 것이 새로운 경로의 구축이다. 즉, 새로운 경로란 있는 것을 놔두고 다른 어떤 것을 한다는 의미가 아니고 단지 있는 것들이 원리에[2] 맞지 않음, 올바르지 않음을 '알고 봄ñāṇadassana'으로서 구축된다는 것이다.

반야는 인류의 지성사에서 붓다가 최초로 설명한 '나'라는 존재와 '세계'의 실상에 대한 독특하고 혁신적인 이해 방식으로 모든 존재의 조건paccaya 관계를 순간적으로 빠르고 명확하게 생멸의 흐름으로 관찰하는 것이다.

> 지금 이 시대는 역사상에 가끔 일어나는 유類의 변혁기와는 차원을 달리하는 거대하고 심각한 변혁기입니다. …… 부처님 당시의 시대가 그랬던 것과 같이 새로운 가치관이, 새로운 진리관이 요청되고 있습니다. …… 이러한 대위기의 변혁기를 감당해 내려면 방편 차원의 해결책이 아니라 진리 차원의 '신新 가치관'이 아니면 안 될 것입니다.[5]

반야를 구족sampadā하는 목적은 중도적 생멸의 원리에 따른 존재의 특성인 무상anicca · 고dukkha · 무아anatta를 알고 실천함으로써 마음의 오염원에서 벗어나 지금 · 여기에서 행복과 평화로 머물기 위함이다.

반야의 필요성은 우리가 실존으로서 지금 · 여기에서 매 순간 경험하는 괴로움과 고통 그리고 불만족을 해결하고 더 이상 경험하지 않도록 하기 위해 괴로움의 원인인 무명avijā과 갈애taṇhā를 알고 보기 위함이다.

[2] 원리로서 올바름의 기준은 '괴로움에 대한 바른 이해와 괴로움의 소멸로 바르게 인도하는가?'이다.

---

5) 활성 스님, 2017, p. 33.

❸ 해탈과 열반을 유무의 관점으로 '있다'라는 전제에서 찾으려 하니 막연하고 어렵다고 생각된다. 그러나 해탈과 열반은 상호 의존적 조건에 의해 생기는 현상으로 이해해야 한다. 즉, 반야로 알고 보아 괴로움이 소멸되는 과정에서 애멸→취멸을 조건으로 다시 존재가 되는 태어남에서 벗어난 유멸의 과정은 해탈 그리고 유멸을 조건으로 생사가 더 이상 일어나지 않는 생사의 멸을 주관적으로 경험하는 상태가 열반으로 이해된다.

❹ 四聖諦, catūsu ariyasaccesu 짜뚜-수 아리야삿쩨-수

❺ 苦滅道聖諦, dukkhanirodhagāminī, patipadā ariyasaccaṃ 둑카니로-다가-미니야- 빠띠빠다-야 아리야삿짱

❻ 삼학(三學 tisso sikkhā)은 계·심·혜이고, 삼온(三蘊 tayo khandhā)은 계·정·혜로 삼학과 삼온은 동일한 구성요소가 아니다. 삼학은 공부로서 실천 과정이고, 삼온은 공부해서 생긴 무더기로 나타난다(DN Ⅲ 207-271; AN Ⅰ 229; DN Ⅰ 161-177; MN Ⅰ 301). 그러므로 삼학과 삼온의 관계는 깨달

반야는 상호의존성의 원리에 대한 올바른 이해를 기반으로 마음(심心 citta·의意 mano·식識 viññāṇa)의 오염원인 번뇌āsava를 알고 보아 괴로움에서 벗어나게 하는 것으로 원전에서는 염오nibbidā → 이탐virāga → 해탈vimutti → 열반nibbāna❸의 과정으로 설명된다. 반야의 내용은 사성제로서❹ 세부적으로는 괴로움의 무더기인 오취온의 무상·고·무아의 특성과 연기緣起 paṭiccasamuppāda 그리고 괴로움의 소멸과 그 실천 방법인 팔정도를❺ 알고 실천하는 것이다.

반야가 생기는 조건은 팔정도의 실천으로 크게는 계戒 sīla·심心 citta·혜慧 paññā의 삼학三學 tisso sikkhā❻이다. [참조: 반야통찰상담의 원리-반야의 생성조건: 삼학] 삼학은 일상을 뛰어넘는 새로운 지견智見을 성취하는 올바른 실천적 과정이다. 즉, 반야는 우리의 일상적, 지식적, 논리적 차원의 공부가 아니라 수승한 공부를 통해 형성된다.

반야를 경험하려면 일단 인식 능력으로 비유되는 눈眼 cakkhu부터 바꿔야 한다. 시력을 높이고 눈을 깨끗이 해야 한다. 그러므로 우리가 반야를 이해하고 얻고자 한다면 실라sila와 찟따citta/사마디samādhi라는 사전 조건을 알고 그 조건을 충족시켜야만 한다. 따라서 심리적 기능인 반야는 원래 있는 것이거나 스스로 생기는 것이 아니라 지속적인 노력을 통해 실라와 찟따/사마디를 기반으로 구족되고 성취되는 것임을 알 수 있다.

반야는 어디에서 어떻게 작용하는가? 반야는 한 가지 절대 유의사항을 알지 못하면 아무리 찾아도 보이지 않는다. 반야를 유무의 관점으로 '존재한다' '있다'라고 생각하여 찾으려 하면 찾을 수도 없고, 보이지도 않고, 잡히지도 않는다. 왜냐하면 반야는 마음과 함께 작동되는 '기능'으로 마음(심·의·식)이 작동할 때에 함께 활성화되기 때문에 독자적으로는 보이지 않고 설명할 수 없기 때문이다. 즉, 반야는 생멸의 원리에 근거하여 우리가 외부에서 들어오는 정보를 감각, 지각 그리고 인식하고 사유하여 판단하고 결정하는

과정을 알고 보는 것이다. 따라서 반야를 알려면 마음의 작동 과정인 연기 paṭiccasamuppāda와 연기된 법paṭiccasamuppannādhamma에 대한 이해가 함께 이루어져야 한다. [참조: 반야통찰상담의 원리-연기]

반야의 작용은 괴로움과 괴로움의 일어남, 괴로움의 사라짐과 괴로움 소멸의 실천 방법을 흐름으로 꿰뚫어 알고 보는 것이기 때문에 관찰知見ñāṇadassana, 통찰洞察 vipassanā, 이어 봄anupassamā, 꿰뚫음nibbedhikāya, 현명한 마음 기울임 yoniso-manakāra, 바른 견해正見 sammādiṭṭhi, 여실지견如實知見 yathābhūta ñāṇadassana, 해탈지견解脫知見 vimutti ñāṇadassana, 법안法眼 dhammacakkhu, 혜안慧眼 paññācakkhu, 천안天眼 dibbacakkhu, 알고 보는 자jānato passato, 분명하게 반야로 이어 보며 머묾 sati sampajañña 등의 다양한 용어로 설명된다. [참조: 반야통찰상담의 원리-반야]

> 음에 이르는 실천인 중도(=삼학)와 실천 방법인 팔정도(=삼온)의 관계로 이해된다. 따라서 반야통찰상담에서는 심학(citta sikkhā)과 심온(citta khandhā)을 함께 나타내기 위해 심학(←사마디samādhi→ 찟따citta)으로 표기한다.

반야통찰상담의 태어남

행복과 반야

내 박사학위 논문의 주제는 그 당시 긍정심리학이 대세大勢였던 시기라 '주관적 행복'이었다. 그러나 지금도 '나는 행복에 대해 논문을 썼지만 논문을 쓰는 동안은 행복하지 않았다.'는 말을 빼놓지 않는다. '행복'에 대한 무거운 마음으로 논문을 끝내고 나니 '이제야말로 하고 싶은 공부를 한계와 제한 없이 마음껏 할 수 있다.'는 자유로움이 박사학위보다도 큰 충만이었다. 그리고 책 속의 '행복'이 아닌 정말 손에 쥐어지는 '행복'을 찾아 나섰다.

그 길에서 만난 붓다의 가르침은 마치 알라딘이 동굴 속 보물을 발견했을 때처럼 '아! 저 보물은 평생 써도 닳지 않을 만큼 무진장하다.'는 기쁨으로 다가왔다. 그리고 그 동굴 안의 많은 보물 중에 나의 눈에 뜨인 것이 '반야'였다.

반야를 만난 날부터 '반야'의 흔적을 찾고 여기저기 조각을 맞추어 보니 이제는 상담심리학 분야에서 더 이상 그 무엇을 찾아 헤맬 것 없이 원류源流에 도달했다는 흔들림 없는 선명함이 가슴에 자리 잡고 울려 퍼진다.

상담자의 멈춤과 내담자의 평화적 통찰

상담 현장에서 대부분의 상담자들은 직업적 소진[6]에 대처하기 위해 일반적으로 자기-치유 프로그램에 참석하거나 더 새롭고 효과적인 상담이론이나 기법의 워크숍을 계속 찾아다닌다. 그리고 상담교육에서도 상담자들에게 직업적 소진에 대처하고 전문성을 강화하기 위해서 평생에 걸쳐 책도 많이 읽고, 고민도 많이 하며, 상담의 실제도 많이 경험할 것을 제안한다.[7] 그러나 끊임없이, 많이, 계속 추구하는 이러한 '더하기'의 시도들은 붓다의 관점에 의하면 괴로움의 악순환이다. 붓다는 2600여 년 전에 반야에 기반하여 상담자의 관점을 내세우지 않으면서 언어를 최소화하는 '멈춤'의 상담 관계에서 내담자의 내면에서 일어나고 사라지는 '현상들의 인과적 흐름[7]을 알고 보는 평화적 통찰상담'이 가능하다는 것을 증명하였다. 따라서 반야통찰상담은 현대 상담자 교육에서 강조하고 있는 마음챙김 명상[8]과 상담자의 지혜[9]를 모두 포함하므로 상담자들의 직업적 피로감을 예방하고 대처하는 효과적인 접근이다.

다음은 현상의 인과적 흐름을 알고 보는 통찰이 붓다 가르침의 기본이고 지혜임을 강조하는 대화이다.

> [7] 반야는 심의식(心意識)에서 일어나는 현상들의 인과를 상호 조건 발생적 관계로 통찰하는 심리적 능력이다. 따라서 반야통찰상담은 인과법에 대한 이해와 경험의 과정이다.

6) Pine, Aronson, & Kafry, 1980; Maslach, 1982.

7) Corey, 2010; Norcross & Beutler, 2008.

8) 박성현, 2017.

9) 이수림, 조성호, 2009, 2010.

정목1: 붓다 가르침의 기본이 무엇이고 그것을 강조하는 이유에 대해 말씀해 주십시오.

활성1: 붓다는 그때그때 만나는 사람마다 대기설법對機說法을 하셨어요. …… 그만큼 상대를 파악하고 거기에 맞추어 이야기하는 것에 상당히 관심이 있으셨는데 …… 상황과 대상에 따라 다양한 법문이 나오지요. 그러나 시종일관始終─貫하는 붓다의 표현에 의하면, "이 법문은 처음도 좋고, 중간도 좋고, 끝도 좋다." 하신 것처럼 수미일관首尾─貫되는 핵심이 있어요. …… 붓다는 자신이 깨달았다고 하는 '연기緣起'! 이것은 사실상 붓다 가르침의 핵심인데, **연기는 누구나 깨닫지는 못하더라도 인식하기는 참 쉬운 것 아닙니까?**

정목2: 일반인이 연기를 인식하기는 쉽지 않은 것 같습니다.

활성2: 연기라고 표현하면 대개 어려운데 인과법因果法하면 쉽잖아요. 현대인은 너무 지식 과잉이 되어 인과법 자체도 꼬투리를 잡곤 하는데…… 우리가 아주 소박하게 이야기를 해도 **세상은 우연 아니면 인과인데** 우연을 어떻게 믿고 삽니까? 그렇지 않아요? **인과로 이야기가 정리되면 우선 생각이 정리되고 마음도 편해지고 불안감도 줄어들잖아요?** (네~ 네~) 우연을 믿고 살라하면 어떻게 삽니까?

정목3: 방향이 안 잡히지요. 우연이라 그러면……

활성3: 안 잡히지요. 그러니까 **인과를 설해서 사람들로 하여금 일단 편안하게 살도록 해 주어야겠고, 사유를 좀 더 체계화시키도록 도와주면 그것에 입각해서 온갖 것이 다 좀 더 합리적으로 돌아가게 될 것이고**…… 합리성의 기초를 인과법에 두면 보편적 설득력을 발휘하기가 쉽지요. 그건 붓다의 지혜입니다.[10]

---

10) 활성 스님의 고요한 소리 1부, 2019.03.19., BTN.

현대 서구의 마음 산업

상담은 서양에서 수입된 학문으로 심리적인 문제를 해결하기 위해 전문가의 도움을 받고자 하는 내담자에게 계약된 서비스를 제공하는 과정이다. 우리에게는 상담이라는 학문과 직업에 종사하는 사람이 없었다. 즉, 동서양은[8] 삶과 인간관계의 문제에 대한 관점과 해결 방법 그리고 해결 과정에서 차이가 있다. 서양에서는 개인의 삶의 문제나 괴로움을 직업적 전문가에게 도움을 받아서 해결하고자 하지만, 동양에서는 가족이나 주변 사람에게서 배우거나 '스스로 마음을 다스림'으로써 문제를 해결하고자 하였다. 이렇게 문제의 접근과 해결에서 차이가 있음에도 현대에는 서양의 마음 산업이 전 세계에 새로운 트렌드가 되어 우리에게도 수입되고 있는 상황이다. 서구에서 형성된 '마음 산업 Mind Industry'은 IT 하이테크 중심의 제4산업을 넘어 제5산업으로 고감성, 고부가가치의 '하이터치' 산업으로 자리 잡고 엄청난 규모로 확장되고 있다. 마음 산업은 경제, 문화, 오락, 취미 등 우리 삶의 다양한 부분에서 마음이 소비의 주체이면서 동시에 소비의 대상이 되는 현상이다.

붓다가 깨달음을 얻고서 최초로 강조한 '양극단을 버려라.'라는 가르침과는 달리 마음 산업의 한 극단은 사람들의 마음을 자극하여 소비를 부추기고 다른 극단은 마음을 편안하게 하는 제품이나 서비스를 판매하는 전형적인 양극단의 접근으로 이해된다. 소비자의 마음을 현혹하고 자극하는 극단의 한 가지 예가 휴대전화이다. 휴대전화 회사들은 거의 1년마다 새 제품의 특징을 강조하며 경쟁적으로 휴대전화를 출시한다. 소비자는 광고에서 본 새 제품이 '마음에 꼭 들어' 출시 전날부터 매장 앞에서 뜬 눈으로 줄을 서서 기다리다가 구입한다. 새것은 이전 것보다 세련되어 보이고, 소리도 좋고, 말만 해도 더 잘 알아듣고, 감촉도 좋아 마음에 쏙 든다. 바로 얼마 전 지금 손에 쥔 새것처럼 꼭 그렇게 마음에 들었던 구형 휴대전화는 미련 없이 버려진다. 현대인에게 휴대전화는 '분신'이거나 'skin'이라고 표현된다. 강의 시간에 늦는 학생들이 있어 "왜 지각했냐?"라고 물으면 가끔 "휴대전화를 집에 두고 와서 집에 갔다 오느라고 늦었습니다."라고 분명하게 말한다. 내가 웃으면서 "수업 교재를 안 가지고 와도 휴대전화 없이는 학교에 못 오지?" 하면 학생 전체가 웃음으로 100% 동의한다. 현대인의 마음을 움직이는 막강한 세 가지 존재는 휴대전화, 컴퓨터 그리고 TV이다. 이런 존재들이 업그레이드 될수록 화면 분할이 많아지고 속도가 빨라지면서 곳곳에 우리의 마음을 붙잡는 광고가 들어찬다. 하루를 살면서 그처럼 많이 들여다보는 얼굴이 또 있을까? 궁금해진다. 대체 사람들은 휴대전화에서 무엇을 찾고 있나? 무엇이 만족되나? 이것이 바로 붓다가 말한 감각적 쾌락의 한 극단이다.

또 다른 극단은 인간 생활의 향상과 심리적 안녕감은 물질의 소유로 충족되는 것이 아니라면서 매 순간 새로운 욕망으로 소란하고 출렁이는 마음을 고요하게 하기 위해서 비물질적 형태의 정신적 내용을 구입하는 현상이다. 건강한 정신과 편안하고 행복한 마음을 위해서 값비싼 명상 프로그램에 참가하거나 외부에서 책이나 음악, 동영상을 구입해서 새로운 자극을 주입하는 소비 주체가 된 것이다. 미국의 마음 산업 규모는 해마다 10% 성장을 보이고 있다.[11]

현대인은 휴대전화나 컴퓨터와 거의 하루 종일 함께하면서 동시에 집이나 직장 그리고 차 안에 '마음 다스리기' '스트레스 대처법' 등의 다양한 교양서적, 명상음악 CD 그리고 요가, 명상의 동영상이 쌓여 간다. 그러나 이런 것을 쌓아두고 가까이하는 만큼 마음은 더 분열되고 산란해진다.

미국 시사지 『내셔널리뷰』는 "마음챙김mindfulness이라는 특이한 것이 미국 회사

---

11) 이나은, 2012.

들의 새로운 가스펠gospel, 복음으로 자리 잡았다."고 보도했다. 기업에서 실행되는 마음챙김 명상만 10억 달러(한화 약 1조 705억 원) 규모이며, '마음챙김 명상 지도사'라는 직업도 새로 생기는 추세로 최고의 명상 지도자는 "실리콘밸리 창업자만큼 돈을 번다."고 하였다.[12]

불교가 가진 종교적 반야를 보편적 반야로 전환시켜야 한다. 불교계 마음 산업이 현대인의 복잡한 요구에 부응할 수 있도록 진화해야 한다. 마음 콘텐츠에 대한 모든 자원은 불교 안에 있다. 불교 안에는 무엇이 있는지 살펴보고 이에 대한 개발이 필요하다.[13]

현대 하이터치 최첨단의 마음 산업은 한편에서는 감각적 욕망을 부추기고, 또 한편에서는 그 감각적 욕망으로 들뜬 마음을 가라앉히는 양극단의 끊임없는 반복일 뿐이다. 심리학과 정신건강, 상담심리학에서 마음 산업의 영향이 나타나는 대표적인 예가 마음챙김에 기반한 여러 프로그램이다.[9] 그러나 붓다는 현대의 이러한 마음 산업의 양극단이 아닌 중도로서 마음의 실체를 바르게 알아 그 무엇에도 의지하지 않고 궁극의 평화에 도달할 수 있는 반야를 제시하였다.

마음챙김을 넘어서 반야로

붓다의 가르침은 이미 2600여 년 전부터 세계 여러 나라의 문화와 도덕 그리고 교육 체계 형성에 영향을 미쳤고 현대 심리학, 정신건강, 상담심리학, 노년학, 교육학 등의 여러 학문적 분야와 깊은 연관성을 보여 주고 있다. 상담의 전형典型으로서 '붓다의 상담'에 대한 연구가 동서양의 다양한 학문 영역

[9] • MBSR: 카밧진(Kabat-Zinn)의 마음챙김에 근거한 스트레스 감소 프로그램.
• MBCT: 티즈데일(Teasdale) 등의 마음챙김에 근거한 인지치료.
• DBT: 리네한(Linehan)의 변증법적 행동치료.
• ACT: 헤이즈(Hayes), 스트로샐(Strosahl)과 윌슨(Wilson)의 수용전념치료.

12) 박진형, 2018.
13) 신중일, 2013.

에서 이루어지고 있고 이러한 연구에 기반하는 상담 및 심리치료 프로그램이 계속 개발되고 있다. 서양에서 심리학자들에 의해 불교의 내용을 기반으로 구성된 프로그램은 정신증과 신경증 환자 그리고 부적응적인 사람들의 치료나 회복을 목적으로[10] 하고, 불교의 수행 체계에 기반하는 프로그램은 자기 이해와 삶에서의 실천을 통한 심리적 성장에 초점을 둔다.[14]

> 동양 심리학의 이론적 이득으로는 통찰, 집중 및 자비심 같은 능력이 두드러지게 발달될 수 있고 발달이 인습적인 수준을 넘어 후인습적인postconventional 단계로 나아갈 수 있다는 인식뿐만 아니라 인간 본성, 건강, 잠재성 및 병리학에 대한 새로운 관점을 가질 수 있다. 또 실제적 측면에서의 이득으로는 효율적이고 단순하며 비용이 많이 들지 않으면서 즐겁다. 이것은 스트레스를 줄일 수 있고 복잡한 심리장애와 심신장애를 개선시킬 수 있으며 내면의 깊은 통찰을 제공할 수 있다. 정신 발달과 감성 발달을 가속화시킬 수 있는 잠재 능력이나 잠재성을 촉진시킬 수 있다.[15]

서양에서 1990년대 초부터 사띠sati에 기원하는 마음챙김과 자비 그리고 연민심을 배양하고자 하는 목적으로 여러 프로그램이[11] 다양하게 개발되어 현재 우리나라에서도 활용되고 있다. 그러면서도 동시에 상담과 심리치료 분야에 토착화된 상담 모형[16]을 찾기 위해 불교를 토대로 불교상담,[17] 불교심리치료,[18] 명상상담,[12] 명상치료, 한국적 상담,[19] 동양적 상담[13], [20] 등 다양

---

14) 권경희, 2010a.
15) Walsh, 2000/2004, pp. 601-602.
16) 이은경, 양난미, 서은경, 2007.
17) 권경희, 2007a, 2007b; 박찬욱, 2010; De Silva, 2014/2017.
18) 안도 오사무安藤治, 2003/2010.
19) 김창대, 1994; 이선미, 1997; 홍희기, 2002.
20) 윤호균, 1983; 이동식, 1987; 이장호, 김정희, 1989.

[10] DBT: 변증법적 행동치료, ACT: 수용전념치료

[11] LMK: 자애명상, MSG: 마음챙김적 자기연민 훈련, DBT: 변증법적 행동치료, ZT: 선치료

[12] 일반적으로 사용되고 있는 '명상'이라는 단어는 붓다가 '마음의 계발' 혹은 '수행'의 의미(Rhys Davids & Stede, 1921~1925, p. 503)로 사용한 빠알리 바와나(bhāvanā)의 영어인 meditation이 한글로 번역된 것이다. bhāvanā는 마음의 다섯 가지 장애를 제거하고 칠각지의 자질을 계발하여 사물의 본성을 있는 그대로 보고 궁극의 진리인 열반을 깨닫는 최상의 반야의 성취로 이끈다(Rahula, 1959, p. 67). 따라서 영어 meditation은 불교의 원어 bhāvanā의 의미를 완전히 전달하지 못하는 빈약한 번역으로 'bhāvanā'에 가장 적합한 우리말은 수행(修行)이다(마성, 2004. pp. 2-4). 이러한 흐름에 따라 반야통찰상담에서는 '명상'이라는 단어를 사용하지 않는다.

⑬ 동양이라는 단어는 서양과 대비하여 사용된다. 우리가 살고 있는 반대쪽의 방향이나 문화를 지칭할 때 '서양'이라는 단어를 쓴다. 그리고 서양 사람들은 우리를 지칭할 때 동양이라는 단어를 쓴다. 그런데 동양에 살고 있는 우리가 우리를 동양이라고 지칭하고, 우리의 정신문화를 동양 사상이라고 지칭하는 것이 적절한지 의문이다.

⑭ 불교는 이미 사물의 이치나 지식이 검증된 완성된 체계이지 논리적으로 해명해야 하는 가설적 체계인 이론이 아니다. 이론(理論)은 '명사'로서 사물의 이치나 지식 따위를 해명하기 위하여 논리적으로 정연하게 일반화한 명제의 체계이다(민중국어사전). 불교가 이론이라면 불교도 아직 검증되지 않은 가설인데 그 가설에 기반을 두어 상담이론을 만들어서 실존의 문제를 상담 관계에서 다룬다는 것은 모순이기 때문에 고통받는 내담자에게 실재를 알고 보게 한다는 붓다의 가르침을 거꾸로 가는 것으로 이해된다.

한 이름의 상담이론과 치료적 접근이 시도되고 있다.

윤희조는 불교상담을 불교에 기반한 상담Buddhism Based Counseling으로서 불교적인 바탕 위에서 서구의 개념을 해석하려는 시도로 정의하면서 현재 서구에서 불교상담이라는 이름으로 불교적 요소를 가미한 상담기법은 많이 계발되고 있지만, 불교가 가지고 있는 치유 가능성을 극대화하지 못하고 부분적으로만 활용되고 있는 실정으로, 본격적으로 불교의 이론과**⑭** 가르침, 불교심리학, 불교 수행에 기반한 상담체계는 찾기가 쉽지 않다고 하였다.[21]

이렇게 다양한 이름의 상담 모형과 이론들은 인간 실존의 괴로움을 소멸하여 행복하고 평화롭고자 하는 목적은 동일하지만 각 이론의 원리와 방법이 내담자의 지금·여기의 괴로움에 맞춤형으로 접근하지 못하고 단지 불교적 내용과 수행 방법을 안내하고 교육하는 정도이다.

그러나 반야통찰상담은 현재 불만족의 상태를 소멸하여 행복과 평화에 이르게 하는 인간의 최고 지성적 능력인 반야를 계발하는 과정이므로 붓다가 사용하지 않은 개념으로서 이름인 불교, 명상, 심리치료, 동양상담적 접근과는 구별된다.

거머Germer는 "현재 서양에 마음챙김과 수용, 연민에 바탕을 둔 불교심리학은 있지만 고통을 여의고 벗어나게 하는 핵심인 지혜에 바탕을 둔 불교심리학은 아직 없다고 하면서 지혜는 고통을 벗어나게 하는 데 반드시 필요하기 때문에 지혜가 심리치료 영역에 들어온다면 정말 풍부하게 될 것이다."라고 하였다.[22] 그러므로 현대 심리치료에 '반드시 필요한 요소'가 반야이다. 현재 불교에 기반하는 치료적 접근들Buddhist-derived interventions, BDIs이 계속 개발되고 있지만 임상적 관심은 현저하게 마음챙김 명상에 편중되어 있고 불교의

---

21) De Silva, 2014/2017, p. 4.
22) Germer, 2014.

용어나 실제가 부적절하게 사용되는 문제가 발생하고 있다고 한다.[23] 그 예로 거머가 언급한 지혜wisdom는 아직도 정의나 구성요소가 합의되지 못한 개념[24]이지만, 반야는 사띠sati, 사마디samādhi와 함께 상호 촉진적으로 계발되어야 하는 심리적 능력이므로[25] 반야와 지혜는 구분하여 사용되어야 한다[참조: 반야통찰상담의 원리-반야와 지혜]. 따라서 반야통찰상담은 반야로서 지금・여기에서 일어나고 사라지는 현상을 알고 보아 괴로움에서 벗어나는 경험적 학습sikkha의 과정이므로[26] 현대 심리치료의 영역을 풍부하게 할 수 있다.

또한 이규미 전 한국상담심리학회장은 서양 이론이 알려 주지 않는 많은 영역의 해답을 불교의 가르침에서 찾았다며 "내담자가 상담을 받아도 언제든 문제 재발 가능성이 있는 이유는 서양 의학이 '무아'를 몰랐기 때문으로 한국에서도 불교적 인간관을 반영한 새로운 상담심리학이 탄생해야 할 때이다."라고 하였다. 또한 실용주의자인 미국인은 불교심리학을 다양하게 현실적인 상담 방법으로 개발하였고, 이러한 프로그램이[15] 한국으로 수입되는 현상을 보면서 이미 1600여 년의 불교 역사를 가진 우리도 세계적 불교심리학 프로그램을 만들어야겠다고 하였다.[27]

따라서 반야통찰상담은 그동안 붓다상담을 재현하고자 노력했던 다양한 이름의 상담 모형과 마음챙김, 수용, 연민에 기반하는 프로그램들 그리고 지혜 연구의 결과를 모두 포함하는 다학제적cross-disciplinary 접근이다.

[15] MBSR: 마음챙김에 근거한 스트레스 감소 프로그램. MBCT: 마음챙김에 근거한 인지치료.

23) Shonin, Gordon, & Griffiths, 2014.

24) walsh, 2015.

25) DN II 81, D16, 대반열반경, Mahāparinibbana-sutta; AN I 239, AN3:91, 서둘러 할 것 경, Accāyika-sutta.

26) MN 1 7-12, MN2, 모든 번뇌의 경, Sabbāsava-sutta.

27) 이승희, 2016.

상담 분야의 시대정신: 통합

1980년대 중반부터 현대 심리상담 분야에서는 서로 다른 이론을 결합시켜 보다 완벽한 이론 모델을 제시하고 효과적인 심리상담 방법을 개발하려는 통합과 절충이 이루어지고 있다.[28] 다양한 심리상담 이론을 통합하려는 이유는 한 이론만으로는 인간 행동의 복잡성을 다 설명할 수 없다는 인식이 확산되었고 특히 내담자의 유형과 호소 문제가 점차 다양해짐으로써 다문화적 multicultural 요소를 포함[29]하여 여러 심리상담 이론을 통합하여 사용할 필요가 있다는 것이다.

현재 여러 이론의 기법을 절충하는 것은 21세기 심리상담의 **시대정신**spirit of the age을 반영하는 것[30]으로 심리상담 분야의 **중심**mainstay이 **통합**integration이라는 개념으로 나타나고 있다.[31] 또한 상담 현장에서 단기적이고 통합적이며 경제적인 심리상담에 대한 필요성이 증가할 것이므로 여러 학자의 이론을 통합하려는 시도는 계속될 것이라고 하였다.[32] 여러 심리상담 이론이 통합되는 추세에 영향을 주는 한 가지 변인은 상담 서비스를 지원하는 기관이나 단체 등에서 6~20회기 정도의 종결에 대한 요구에 따른 단기 심리상담의 증가이다. 따라서 통합적 접근을 하는 상담자는 시대 요구에 융통성 있게 신속하고 체계적으로 문제를 찾고 내담자와 협력 관계를 형성하여 다양한 기법들로 개입해야 하지만 아직까지 합리적인 방안을 찾지 못하고 있는 상태이다. 그러나 반야통찰상담은 반야의 원리를 내담자가 상담 과정에서 현재 경험하

---

28) Goldfried & Castonguay, 1992.
29) Sue, Ivey, & Pederson, 1996; Sue & Sue, 1999.
30) Lazarus, 1992, p. 13.
31) Norcross & Beutler, 2011.
32) Prochaska & Norcross, 1999.

고 있는 괴로움과 호소하는 문제에 대한 이해와 원인 찾기 그리고 해결을 넘어 일상에 적용하는 과정으로 구성되어 있기 때문에 현대 상담심리학의 시대적 요구인 '통합과 단기상담'의 요소를 모두 충족하고 있다.

반야통찰상담의 성립 근거: 가르침에 의한 깨달음

반야는 학습에 의해 계발할 수 있는 인간의 심리 능력으로 상담 과정은 반야를 계발할 수 있는 최적의 환경이다. 반야통찰상담은 내담자가 호소하는 문제해결이라는 현안現案적 활동에서 목적 달성과 함께 상담 과정 전체가 바로 반야를 계발하는 과정이다.

반야와 상담은 몇 가지 유사점과 차이점이 있다. 먼저 반야는 괴로움을 '경험한다'와 상담은 괴로운 문제가 '있다'라는 유사한 지점에서 출발한다. 이러한 괴로움과 그 문제를 해결하는 과정적 다리bridge로서 자각과 통찰을 강조한다. 그리하여 도달해야 하는 목적지가 괴로움의 소멸과[16] 문제의 해결이라는 유사한 지점이다. 그러나 반야는 '스스로 있는 그대로 알고 보아' 지금 · 여기에서 경험하는 괴로움을 소멸로 이끄는 실천이지만, 상담은 전문가인 상담자와 내담자가 함께 문제를 해결하는 과정이다. 따라서 반야에 기반하는 반야통찰상담은 내담자가 호소하는 문제를 스스로 있는 그대로 알고 보는 반야적 요소를 상담 과정에서 경험하게 하여 문제해결을 넘어 괴로움의 소멸의 원리를 학습할 수 있도록 구성되었다.

붓다는 자신이 경험한 양극단의 수행 방법을 모두 버리고 중도로서 불사不死를 성취한 후 다섯 수행자에게 "괴로움을 소멸하여 평화와 자유에 이르는 방법은 멀고 힘들고 어려운 일이 아니라 가르친 대로 실천하면 오래지 않아 지금 · 여기에서 최상의 반야로 알고 실현하고 성취할 수 있다."[33]고 하였다.

[16] 소멸은 괴로움이 일어나는 조건인 욕탐이 해체되는 것이고, 해결은 현재 일어난 현상으로서 문제가 다른 현상으로 변화되는 의미로 사용한다.

배움으로 얻은 반야

반야의 계발 과정과 상담 과정은 동일한 맥락이다. 반야를 계발하는 방법에 따라 사유로 얻은 반야cintā-mayā paññā, 배움으로 얻은 반야suta-mayā paññā, 실천으로 얻은 반야bhāvanā-mayā paññā로 분류된다.[34] 사유로 얻은 반야는 생각이나 사고로 만들어진 반야로서 다른 사람들로부터 듣거나 배우지 않고서도 일상에서 실천이 뒤따르는 행위나 기술과 관련된 분야에서 경험의 축적으로 얻은 반야이고, 배움으로 얻은 반야는 스승에게 배움으로써 이루어진 반야이며, 실천으로 얻은 반야는 사유와 배움을 통해 얻게 된 반야를 직접 실천적 경험의 과정에서 이루어진 반야이다.[35] 따라서 반야는 가르침을 듣고 배워 실천하는 과정에서 발달하므로 듣고 배우고 기억하여 실천하는 것이 반야 계발의 주요 과정이다. 이러한 반야의 발달 과정은 상담 과정과 동일한 맥락이므로 상담은 반야를 계발할 수 있는 최적의 조건이다.

붓다도 이러한 세 가지 반야 계발 과정을 거쳐서 깨달음에 이른다. 붓다가 왕자의 위치에서도 생사 문제에 대한 해답을 자신이 알고 있는 지식으로 이해하고자 했던 노력이 사유적 과정의 반야였고, 그 답을 얻기 위해 세속적 지위를 버리고 스승을 찾아 나서 답을 구하는 과정이 배움의 과정이었다. 스승들이 준 답은 붓다에게 '태어나면 왜 죽어야 하는지에 대한 의문'에 만족할 만한 것은 아니었지만 답을 얻고자 하는 방향으로 조금씩 나아가게 했다. 그러나 붓다는 결국에 세상의 스승에게서 얻은 답에 만족하지 않고 스스로 마음에서 일어나는 현상을 관찰하는 수행을 통해 불사不死의 깨달음에 이른다.

사유적 단계에서 배움의 단계를 거쳐 수행의 단계로 나아가는 반야의 발

---

33) MN II 91-96, MN85, 보디왕자경, Bodhirājakumāra sutta.
34) DN III 207-271, DN33, 합송경(合誦經), Saṅgīti sutta.
35) 대림 스님, 2005, p. 408.

달 과정과 관련된 일화는 원전의 여러 부분에서 나타난다. 그 예로, 목갈라나 Moggalāna와 사리뿟따Sāriputta가 앗사지Assaji로부터 붓다의 가르침인 '일어난 것은 모두 소멸한다.'는 연기법의 게송을 듣고 예류자가 되었다는 내용[36]이 있다. 또 혜가가 달마에게 '법'의 가르침을 얻고자 엄동설한嚴冬雪寒 눈밭에서 자신의 팔을 잘라 진리를 구하는 절실함을 표현했던 깨달음에 이르는 과정은 개인적 사유에서 스승에게 배움으로 그리고 다시 개인의 실천 과정을 통해 반야가 발달해 가는 과정을 보여 준다. 이렇게 붓다의 많은 제자는 자신의 삶에서 생긴 문제에 대해 자기만의 방식으로 사유하여 얻은 반야를 붓다의 가르침을 통해 비교하고 점검하고 더 발전된 반야를 얻고자 붓다에게 가르침을 청하고 실천으로 나아간다.

세 가지 반야는 상담 과정의 전후로 연결되어 나타난다. 상담에 오기 전 내담자는 자신의 문제에 대해 괴로워하며 자신의 여건에서 문제에 대한 탐색을 하고 오기 때문에 사유적 반야의 상태에서 상담에 온다. 반야통찰상담의 과정은 상담자와 내담자 간 대화를 통해 문제를 다른 관점으로 보게 되는 배움의 반야 단계이고, 상담 이후는 상담에서 경험한 것을 스스로 실천하고 응용함으로써 수행의 반야 단계로 나아간다.

대부분의 내담자는 상담 첫 회기에 와서 자기가 문제를 해결하기 위해 그동안 얼마나 많은 방법을 동원하여 어떤 노력을 하였는지를 그리고 문제의 원인으로 과거의 상처와 부모의 불완전한 양육 환경을 구구절절 이야기한다. 이렇게 내담자들은 상담에 오기 전 나름 문제에 대해 많은 생각을 하고, 알고 있는 해결책을 사용하여 문제를 해결하고자 시도해 본다.

학교에서 아이들의 놀림과 무시로 휴학한 열여섯 살 남학생인 데이브Dave가 상담에 와서 자기의 현재 상태는 '슬픔과 불안'이라고 하였다. 데이브에게 슬

---

36) 냐나뽀니까 스님, 1987, p. 19.

품과 불안에 대해 설명해 달라고 했더니 그동안 학교에서 아이들이 자기가 하는 말English을 못 알아듣고 공부도 못하며 혼자만 동양인이어서 놀리고 무시해서 슬프고 불안하다고 하였다. 그래서 상담자가 "데이브는 그동안 아이들의 놀림과 무시를 극복하려고 알고 있는 방법을 동원해서 대처해 보았고 또 더 좋은 방법이 없을까 하고 해결책도 찾아보았지만 효과적이지 못해서 슬픔과 불안이 생겼구나!" 했더니 떨구고 있던 고개를 번쩍 들면서 "네. 제가 생각해서 해 본 방법이 효과가 없었어요." 하고는 왼손으로 이마를 쓰다듬는다.

이렇게 내담자는 자기 나름대로 더 좋은 방법을 모색하고 시도해 보기는 하지만 원하는 결과를 얻지 못하고 문제가 해결되지 않기 때문에 상담에 온다.

바른 견해의 형성

괴로움의 소멸 방법을 알고 실천하는 바른 견해sammādiṭṭhi는 다른 사람의 목소리와 현명한 마음 기울임yoniso manasikhara, wise attention으로 형성된다.[37] 바른 견해의 생성 조건은 세 가지 반야 계발 방법과 연결하여 이해해 볼 수 있다. 사유로 생긴 반야는 삶의 경험으로 만들어질 수 있지만, 배움과 실천으로 생기는 반야는 다른 사람의 목소리와 현명한 마음 기울임에 기반하여 계발될 수 있다. 서양의 지혜 연구는 대부분 사유적 반야의 수준으로 더 높은 반야를 경험하여 원리를 알고 있는 사람에게 배우고 점검을 받은 후 배운 내용을 본인 스스로 실천하여 원리를 확인하고 체득하는 일련의 순환 과정 없이 사유만으로 이루어진 반야는 일상에 적용하기에 한계가 있다.

반야통찰상담의 목표는 내담자의 문제해결 과정을 통해 기존의 양극단의 유무 관점과는 다른 중도적 생멸의 원리를 알고 삶에 적용하여 외부 상황이

---

37) MN I 294, MN43, 교리문답의 긴 경, Mahāvedalla sutta.

나 타인에 의해 영향을 받지 않음으로써 행복하고 현재 자신이 경험하는 현상을 자신의 주관적 인식으로 해석하지 않음으로써 평화롭게 머무는 것이다. 이러한 목표는 반야적 관점을 구족한 반야상담자와 생멸의 원리에 기반하는 상담 관계에서 형성될 수 있다.

> 지혜는 전염성이 있다. 바로 이런 이유로 사람들은 역사를 통해서 위대한 스승이나 성인들과의 만남을 추구해 왔다. …… 지혜로운 치료자를 만나는 것이 중요한 한 가지 이유는 지혜가 치료 과정에 전이되기 때문이다. 내담자가 중요하게 여기는 가치는 시간이 지날수록 그들의 치료자가 중요하게 여기는 가치와 점차 닮아가는 경향이 있다.[38]

법을 아는 자

스스로 깨달음을 얻은 붓다는 "오염이 적게 태어난 중생은 법을 듣지 않으면 쇠퇴할 것이지만, 법을 들으면 법을 아는 자들이 될 것"이라는 사함빠띠 sahampati 범천의[17] 권청으로 설법을 결심하였다.[39]

붓다는 깨달음을 얻고서 7주 동안 보리수 아래에서 반조하면서 자신의 발견에 대해 누구도 진정으로 이해하지 못할 것 같아 설법하기를 주저했던 것 같다. 붓다의 발견을 현대 심리학의 맥락에서 이해하고자 할 때 붓다의 망설임은 기억할 만한 가치가 있다. 그의 가르침은 여전히 '흐름을 거스르고' '이해하기 어려우며' 논리의 영역에 속하지 않는다. 붓다의 가르침은 우리가 듣고 싶어 하는 말이

[17] 범천[梵天, Brahma(브라흐마)]은 일상적으로는 알 수 없는 종교적 신비한 존재가 '있다'는 비색계적인 관점이 아니라 우리 내면에 인류애적인 선한 마음과 깨달은 자의 교육적 책임감을 인격화한 비유적 표현으로 이해된다. DPPN은 색계 이상의 천상에 머무는 신들을 범천이라 한다(각묵 스님, 2009, p. 485). 범천의 특징은 소유물이 없고, 원망과 적대하는 마음이 없고, 오염된 마음 없이 자유자재하다(각묵 스님, 2007, p. 604; DN I 235, DN13).

---

38) Siegel & Germer, 2012/2014, p. 60.
39) SN I 136-137, SN6:1, 권청경, Āyācana-sutta.

아니다. 붓다가 가르친 사성제의 첫째 진리는 심리학 용어로 우리 자신의 굴욕 humiliation의 불가피성에 관한 것이다. 붓다의 통찰은 우리로 하여금 자신을 솔직하게 검토하도록 요청하는데, 솔직함이란 우리가 되도록 피하고 싶어 하는 것이다.[40]

법안이 생김

붓다의 가르침을 듣고서 꼰단냐에게 "일어난 법集法은 그 무엇이든 모두 소멸의 법滅法이다."라는 티 없고 때 묻지 않은 법의 눈法眼 dhammacakkhu이 생겼다.[41] 법안에서 법dhamma은 '괴로움을 생겨나게 하는 법'의 의미로서 번뇌, 무명, 탐·진·치, 장애, 족쇄, 속박 등에 관한 것이다. 따라서 '법안이 생겼다'는 결박을 탐지하고 욕탐을 알아내는 심리적 능력[42]으로 괴로움의 소멸이 가능하다는 확신의 의미이다.[43] 붓다도 괴로움을 느끼는 상황이 괴로움을 해결할 수 있다는 확신이 생기게 하는 바로 최적의 기회라고 하였다.

붓다는 자신이 깨달은 중도적 생멸의 원리를 듣고 그대로 실천하는 사람들은 잘 배운 성스러운 제자sutavā ariyasāvako라고 하고,⑱ 듣고서도 실천하지 못하는 사람들을 배우지 못한 범부assutavā puthujjano로 구별하여 진리에 대한 배움이 바로 삶의 질과 인격의 수준을 결정하는 중요한 기준임을 강조하였다.

[참조: 반야통찰상담의 원리-반야의 성취와 인격의 완성]

다음은 붓다가 제자들에게 '괴로움을 느끼는 상황에서 벗어나고자 하는 의지'를 상기시키는 내용의 일부이다.

⑱ 잘 배운 성스러운 제자는 붓다의 가르침에 따라 반야를 가졌고, 연기를 반야로서 현명하게 마음을 기울일 수 있고, 오온과 느낌에 대해 꿰뚫어 알고, 다섯 가지 낮은 족쇄에 마음이 압도되거나 사로잡히지 않고 벗어남을 꿰뚫어 알아 번뇌를 제거한다.

---

40) Epstein, 1995/2006, p. 64.
41) SN V 420-423, SN56:11, 초전법륜경, Dhammacakkapavattana sutta.
42) MN 1 501, MN75, 마간디야경, Māgaṇḍiya sutta.
43) 박훈천, 이춘옥, 2005.

나는 태어남 · 늙음 · 죽음과 슬픔 · 비탄 · 고통 · 걱정 · 절망에 짓눌렸다. 괴로움에 압도되었다. 이제 참으로 이 전체 괴로움의 무더기의 끝을 꿰뚫어 알아야겠다.[44]

일상에서도 우리는 괴로움을 느낄 때 괴로움을 해소하거나 끝내기 위해 여러 방법을 시도해 본다. 내담자들은 괴로움 속에 있다가 그 괴로움을 해결할 방법을 찾고자 상담에 온다. 우리 삶의 실상인 괴로움은 괴로운 상태로 지속되지 않고 괴로움을 해결하고자 하는 의지와 연결되어 괴로움을 해결할 수 있다는 확신을 갖게 한다. 이러한 확신은 깨달음에 이르는 다섯 가지 심리적 기능 · 힘의 첫 번째 요소이고 반야는 괴로움에서 벗어나는 방법이다. 붓다는 현명한 마음 기울임을 통해 연기를 반야로 꿰뚫었다. 그리고 인간의 내면[(심의식←(욕탐)→일체법)]을 관찰하는 능력만으로도 괴로움을 자유와 해방으로 변형하는 방법을 제시하였다.[45]

초기 불교에서는 재생과 고통에서 벗어나는 두 가지 방법을 제시한다. 첫째, 4선정四禪을 성취하여 세 가지 지혜三明나 사성제를 깨달은 후 모든 번뇌로부터 벗어나 재생과 고통으로부터 해탈하는 방법이다. 둘째, 반야의 성취에 의해 모든 갈애로부터 벗어나 재생과 고통에서 해탈하는 방법이다.[46]

---

44) MN I 456-461, MN67, 짜뚜마경, Cātuma sutta.
45) SN V 420-423, SN56:11, 초전법륜경, Dhammacakkapavattana sutta.
46) Schmithausen, 1981; Vetter, 1988.

반야통찰상담의 원리

상호의존성과 무상성

붓다가 깨달은 상호의존적 발생관계緣起 paṭicca-samuppāda의 원리는 반야통찰상담의 문제 이해와 문제해결 과정의 토대이다. 기존의 상담이론들은 대부분 내담자의 호소 문제가 '있다' '없다'는 양극단의 존재론에 근거하여 성립된 이론들이지만, 생멸의 원리에 기반하는 반야통찰상담에서는 상담 문제는 일체🔢를 조건으로 일어나고 사라지는 심리적 현상으로 이해한다.[47]

"저것이 있을 때 이것이 있게 되고 저것이 일어남으로 해서 이것이 일어난다. 저것이 없을 때 이것이 없게 되고 저것이 소멸함으로 해서 이것이 소멸한다."로 설명되어지는 상호의존성idappaccayata은 인과적 경험을 강조한다.[48] 붓다는 이러한 상호의존적 발생 과정을 십이+二영역🔢으로 분석vibhajja하여 인간을 포함한 모든 존재의 무상·고·무아적 특성을 구체적으로 설명한다.[49] [참조: 반야통찰 상담의 원리-일어남과 사라짐의 과정] 붓다가 이러한 십이영역이 일어나고 사라지는 현상은 '누군가의 행위'로 생기는 것이 아니고 심·의·식이 욕탐에 묶여 나타난다는 원리를 내담자의 질문에서부터 시작하는 맞춤형 대화로 내담자의 고정된 관점을 해체해 가는 과정에 근거하여 반야통찰상담에서도 내담자의 이야기는 문제로서 실재하는 것이 아니라 일체를 조건으로 일어나고 사라지는 현상으로 '항상하지 않음無常性 aniccata'을 경험하게 한다. 그러므로 반야통찰상담은 주도主導적 경험주의experientialism에 기반하는 내적

🔢 붓다는 우리가 경험하는 모든 현상(일체)은 감각기관(눈·귀·코·혀·몸·마노)이 감각대상(형색·소리·냄새·맛·감촉·법)을 접촉하는 과정일 뿐이라고 설명한다.

🔢 무명(無明 avijā)→행(行 saṅkhāra)→식(識 viññāṇa)→정신과 물질(名色 nāma-rūpa)→여섯 감각 장소(六入 saḷāyatana)→감각접촉(觸 phassa)→느낌(受 vedanā)→갈애(愛 taṇhā)→집착(取 upādāna)→존재(有 bhava)→태어남(生 jāti)→늙음과 죽음(老死 jarā-maraṇa)

---

47) SN IV 15, SN 35:23, 일체경, Sabba-sutta.
48) Kalupahana, 1992/2014, p. 134.
49) SN II 2, SN 12:20, 조건경, Paccaya-sutta.

통합 접근이다.

따라서 반야통찰상담에서 내담자의 문제는 생멸의 원리에 근거한 무상적 맥락으로 접근하므로 상담 과정에서 다루는 변화는 무상의 원리에 근거하여 항상하지 않음, 덧없음, 또는 영원하지 않음에 대한 경험적 과정이다. 그러므로 반야통찰상담 과정에서 변화를 언급할 때는 상호의존적 발생 관계로 이해하고 경험한다. 일반상담에서는 '변화했다, 변화가 필요하다, 변화하고 싶다는 것이다'라고 표현하지만, 반야통찰상담에서는 '달라졌다, 항상하지 않다, 안정적이지 않고 모양·형태·양상이 바뀌었다, 이렇게 일어나서(생겨서, 발생해서) 유지되다가 사라졌다'라고 내담자의 이야기를 조건적 인과因果로 이어서 표현하고 제시한다.

다음은 일반상담의 변화에 대한 접근과 반야통찰상담의 무상적 접근을 비교하여 제시한 내용이다. 축어록은 일반상담의 내용이고,[50] 옆글은 반야통찰상담적 접근의 내용이다.

> 내담자 190: 하루 스물네 시간 혼자 살아서요. 뭐 계속 혼자 있어요. 컴퓨터로 노래 듣는데 너무 따분해요. 할 일이 없어요. (음) 뭐하죠. 진짜요. 하루 종일 집에 있으니까요. 너무 지겨워요. **감옥에 있는 거 같아요. (응……) 무인도에 있는 거 같아요.**
>
> 상담자 191: 응, 집에 너무 오래 있어서, 참 **섬처럼 지내왔는데.**[21]
>
> 내담자 191: 뭐, 내가 언제부터 그렇게 지냈죠? 섬처럼 지낸 건요.
>
> 상담자 192: 방금 무인도라는 얘기를 해서. 중학교 2학년 때부터 혼자 살았잖아요. (그쵸.) 그때부터 섬처럼 혼자서 지내온 거죠.
>
> 내담자 192: 나 같이 이런 애들 흔하지 않죠?

[21] 내담자는 '감옥', '무인도'라는 단어로 자신의 현재 상태를 설명하였는데, 상담자가 '섬'이라는 단어로 바꾸면서 내담자의 인식의 흐름을 흩뜨린다. [참조: 재진술과 거울로서 소리 없이 움직임]

---

50) 한국청소년상담복지개발원, 2016, pp. 161-162.

상담자 193: 모르겠어요. 흔하고 흔치 않고는, 근데 왜 그게 중요할까요?

내담자 193: 아니, 나만 이렇게 산 게 너무 억울해서요.

상담자 194: 아, 그 정도로 억울하구나.

내담자 194: 선생님 같으면 안 억울하겠어요.

㉒ 반야상담자: 그동안 감옥과 무인도에서 혼자 컴퓨터하고 음악 듣고 하다가, 따분하고 할 일도 없던 생활에서 이렇게 여기에서 상담을 하는 상황으로 삶이 바뀌었네요? 달라졌네요?

상담자 195 ㉒: 물론 억울하겠죠. 그런데 만약에 예전에 그렇게 살았다고 해서 앞으로도 그렇게 살리라는 보장은 없잖아요. 민주 씨도 충분히 **변화**할 수 있는 힘이 있고 그렇잖아요. 어떻게 생각해요? **변하고 싶은 마음**이 그래도 있지 않아요, 민주 씨?

상담자는 변화라는 단어를 예전의 삶과 다르게 '앞으로의 삶을 바꿀 수 있다'라는 미래지향적 의미로 사용하였다. 그러나 반야상담자는 변화를 현재 일어난 상황으로 설명한다.

다음은 일반상담자가 내담자에게 변화를 재촉함으로써 나타난 내담자의 변화에 대한 바람과 그 바람을 실천하는 것이 어렵다는 인식에 대해 상담자의 고정된 관점으로 어떻게 기를 꺾는지를 보여 준다.

㉓ 반야상담자: 민주 씨도 변하고 싶은데 그 변화가 어려운 것은 알고 있지만 검정고시 수시라도 교육대학교를 가고 싶네요. 그런데 가고 싶기는 하지만 90점 이상을 받기가 어려우니까 지금의 상태와 여건으로는 불가능하다는 것도 알고 있네요. 어떻게 그렇게 자기의 바람을 분명히 잘 알고 있지요? 게다가 현재 문제의 내용까지 확실하게 인지하고 있네요.

내담자 195: 나도 **변하고 싶죠**. 그런데 그게 어려워요. 음…… 교육대학교를 지금 가고 싶다고 했잖아요. (네) 그런데 교육대학교는 검정고시 수시로는 불가능한가요? ○○교대 뭐 이런 것도요?

상담자 196: 어…… 그렇게 안 되는 걸로 알고 있어요.

내담자 196: 무조건 정시를 써야 되나요? (네. 정시로) 그런데 난 교육대학교에 가는 게 불가능할 것 같아요. 평균 90점을 맞아야 된대요. 수능이 무슨 과목 무슨 과목, 총 5과목이죠. (그렇죠.) 아…… 난 불가능할 거 같아요. 90점 못 맞겠어요.

……(중략)……

상담자 198 ㉓: 내가 누누이 얘기를 했지만, 민주 씨가 지금, 책을 보려는 노력을 하지 않고 90점을 맞지 않을까 봐 계속 두려워만 하고 있으면, 실제로도 계속 두려움만 간직한 채로 당연히 90점이 안 나올 거예요. 왜냐면 공부를 안 했으니까요. 그런데 공부를 하면……

……(중략)……

내담자 198: 그런데 왜 옛날에는 나보고요, 공부했는데도 못한다는 식으로 말했잖아요. 어떤……

……(중략)……

상담자 199: 그건 옛날이고. 나는 그 사람의 말을 믿지 않거든요. 민주 씨는 그 사람의 말을 믿을 거예요?

내담자 199 [24]: 아 그렇게 말한 그년 죽여 버리고 싶어요. 저 시비 건 년이요.

상담자 200: 음, 시비를 건 사람은 이제는 민주 씨 삶에서 더 이상 생각할 필요가 없는 거죠.

내담자 200: 나는요, 이때까지 학교 다닐 때 왕따를 너무 많이 당해 봤어요. 왜 애들이 왕따를 시킬까요? 내 뭐 어디가 그렇게 싫은 걸까요?

상담자 201: 그거는 그 입장이 되지 않아서 모르겠지만……

내담자 201 [25]: 그런데요? 대학교에 가면 애들이요, 다 철도 들고 그래서 왕따 같은 거 안 시킨다던데 맞아요?

마음의 작용과 오염원의 영향

반야통찰상담의 문제를 이해하고 해결하는 과정에서 내담자의 심·의·식을 다룬다는 것은 괴로움의 근본 원인인 '나'라는 존재인 오취온을 이어 보며 머무는 사띠 삼빠자냐sati-sampajañña이고, 세부적인 경험적 접근은 십이+二영역으로 분석하는 것으로 이렇게 이어 보며 경험하는 과정은 혜안慧眼paññācakkhu으로 비유된다.[51] 붓다는 외부대상을 감각·지각하여 의식적으

[24] 상담자가 공부를 안 했으니 너의 바람은 당연히 이루어지지 않는다고 말하니(상담자 198) 내담자는 갑자기 나 보고 공부 못한다고 했던 사람을 죽여 버리고 싶다고 화제를 바꾼다. 상담자의 '공부 안 해서 대학교 가는 것이 불가능하다'는 언급이 내담자를 좌절시켜서 상담자에게 화가 났지만 옛날의 그년으로 언급을 한다.

[25] 상담자가 관점을 고정시키고 내담자의 지점에 같이 머무르지 못하고 현실직시라는 말로 내담자를 좌절시키고 있지만, 그래도 내담자는 대학에 가면 아이들이 철도 들고 해서 왕따를 안 시킨다며, 다시 자신의 삶을 변화시킬 수 있는 희망의 장소로 대학교를 언급한다. 따라서 반야상담자는 이런 내담자에게 어려운 상황에서도 자신의 삶을 바꾸고자 하는 생각, 마음은 있지만 행동으로 구체적 접근이 안 되고 있다는 것에 계속 머물면서 내담자의 통찰이 강화되도록 한다.

로 처리하는 과정인 심·의·식의 특징을 세 가지로 설명한다.[52] 첫째, 심·의·식은 마음이라 불린다. 둘째, 심·의·식은 낮이건 밤이건 생길 때 다르고 소멸할 때 다르다. 셋째, 심·의·식은 나의 자아가 아니다. 즉, 마음은 탐·진·치의 영향에 의해 생멸하는 현상이므로 반야통찰상담은 외부 대상이나 상황요인에 관심을 두기보다는 단지 내담자의 심·의·식에서 욕탐에 의해 일어나는 현상을 관찰하는 평화적 통찰법이다.

> 고苦를 멈추기 위해서는 고가 시작되는 바로 그 자리에서 고를 그 원인과 함께 멸해야 합니다. …… 괴로움의 생겨남의 발단이 우리들의 마음 안에 있다는 것 …… 근본적인 질병으로 내재하고 있다는 것을 붓다는 밝혀 주셨다.[53]

반야통찰상담의 인간관

반야통찰상담의 인간에 대한 관점은 붓다가 상호의존성의 원리로서 인간을 다섯 무더기의 쌓임五蘊 pañca-kkhandā[26]으로[54] 그리고 개별 존재의 형성과정을 다섯 무더기의 쌓임에 집착함五取蘊 pañca-upādāna-kkhandā으로 설명한 내용에 근거한다.[55] [참조: 반야통찰상담의 원리-다섯 무더기와 착취] 다섯 무더기는 현대 심리학에서 인간을 구성하는 5가지 영역—신체적, 정서적, 인지적, 행동적, 심리적—과 비교하여 볼 수 있다. 그러나 오온의 각 무더기는 연속적인 흐름

[26] 물질(rūpa), 정서경험(vedanā), 인식(saññā), 형성(saṅkhāra), 식(viññāṇa)

---

51) SN IV 283, SN 41:1, 족쇄경, Saṃyojana-sutta; SN IV 292, SN 41:5, 까마부경1, Kāmabhū-sutta; SN V 467, SN 56:63, 통찰지경, Paññā-sutta.

52) SN II 94, SN 12:61, 배우지 못한 자 경1, Assutavā-sutta.

53) 비구 보디, 1994/2016, p. 26.

54) SN V 51-52, SN 45:159, 객사(客舍)경, Āgantukāgāra-sutta.

55) MN109, 보름밤의 긴 경, Mahāpuṇṇama sutta.

paṭiccasamuppāda과 쌓임kkhandā의 형성작용saṅkhāra이지만 심리학에서 구분하는 각 영역의 관련성은 아직 설명하지 못하고 있다. 반야는 괴로움이라는 현실에서 출발하여 마음의 오염 상태인 오취온이 항상한 실체가 아니라 무상·고·무아임을 알고 보는 것이므로[56] 반야통찰상담은 오취온의 존재가 오온으로 인간적 성장을 해 가는 평화적 인격형성 과정이다.

반야통찰상담의 특징

반야통찰상담은 학습 과정이다

반야통찰상담은 내담자가 호소하는 괴로움의 문제에 대해 칭찬하거나 비난하지 않고 오직 문제로 지각하는 현상dhamma에 대해 있는 그대로 바르게 보는[57] 일련의 학습 과정이다. 즉, 반야통찰상담은 내담자가 현재 삶에서 괴로움, 불만족 그리고 문제로 인식하는 것은 양극단의 관점에서 발생하는 괴로움의 반복이라는 한계를 깨닫고 생멸의 원리에 근거한 새로운 인식의 틀을 형성하는 과정이다.

반야통찰상담은 주도적 경험주의이다

반야통찰상담은 내담자의 호소 문제를 현재 진행형의 주관적 경험으로 다루기 때문에 주도主導적 경험주의experientialism이다. 반야통찰상담은 상담자의

56) SN III 66-67, SN 22:59, 무아의 특징경, Anattalakkhaṇa sutta.
57) MN III 230-236, MN139, 무쟁의 분석경, Araṇavibhaṅga sutta.

관점을 세우지 않고 기본적으로 내담자 중심의 1인칭 관점으로 문제 이해, 상담 과정 그리고 상담 목표에 접근한다. 즉, 내담자가 자신의 이야기 안에서 스스로 문제라고 인식하는 상황의 변화를 점검하고 확인하는 증거 기반적 그리고 맥락주의적 접근이므로 저항과 전이가 일어나지 않는다.

다음은 수련생이 반야통찰상담 사례 축어록 작업을 하면서 경험한 내용이다.

> (반야통찰상담에서는) 상담을 하는 동안에도 내담자는 끊임없이 자신에 대해 찾고 생각하고 표현하며 변화하고 있는 모습을 보이는데, (일반상담에서는) 내담자가 문제라고 가져온 문제를 상담자도 문제라고 생각하고 고정된 관점에서 상담하는 것이 얼마나 큰 모순인가? 하는 것을 경험하는 과정이었습니다.

반야통찰상담의 현재 진행형의 주관적 경험을 강조하는 특징은 수용전념치료ACT의 주된 특징인 인지적 탈융합기법Cognitive Defusion Techniques과 비교하여 이해해 볼 수 있다. 수용전념치료에서는 인지적 탈융합기법을 통해 상담자가 내담자에게 생각 속에서 보는 것이 아니라 생각 자체를 보도록 유도해 생각의 대상이 불러일으키는 영향력을 효과적으로 감소시킨다고 평가한다.[58] 그리고 내담자가 자신의 생각과 언어로부터 탈융합하는 방법을 배우면, 머릿속에 어떠한 부정적인 생각이 있더라도 그것에 휘둘리지 않게 되고 마음속의 갈등과 분쟁이 완전히 그치지 않았다고 하더라도 그것에 가담하지 않고 평온하게 머물 수 있게 된다고 하였다. 그럼으로 인지적 탈융합은 현재의 순간에 대한 접촉을 증대시키고 '맥락으로서의 자기self as context'에 대한 이해를 심화한다고 하였다. 이렇게 인지적 탈융합화를 통해 자기를 맥락으로

---

58) Hayes, 2010.

이해하는 체험은 자기 자신의 본래적 측면으로 간주해 왔던 것마저 가변적일 수 있으며, 단지 관찰의 대상에 불과한 것일 수 있다는 자각으로 연결되어 고정된 실체로서의 자아를 부정하는 붓다의 무아無我 anatta와 내용적으로 동일하다고 보는 관점도 있다.[59)]

그러나 반야상담자는 언어의 미묘한 차이에서도 유무의 관점과 생멸의 관점을 구별할 수 있어야 한다. '인지적 탈융합'이라는 말은 융합되지 않아야 하는 그 무엇의 대상이 있다는 전제이다. '맥락으로서 자기'는 자기가 있는데 그 자기가 맥락이 된다는 표현이므로 붓다가 '나'라는 존재의 특성으로 강조한 무아와 내용적으로 동일하다고 볼 수 없다. 더 정확히는 무아는 어떤 '내용'이 아니라 '경험'이다. 이미 내용이라는 표현을 쓰면 그것은 '존재가 있다'는 것을 전제로 한다. 무아는 지금 현재 몸과 마음에서 경험하고 있는 현상이 조건에 의해 일어나고 사라지는 일련의 흐름을 알고 보는 것이다. 또한 '생각 속에서' 보는 것이 아니라 '생각 자체를' 보는 것이라는 수용전념치료적 접근도 여전히 생각을 안에서 보든 생각 자체를 보든 '생각이 있고 보는 나도 있다.'를 전제로 한다. 그러므로 반야통찰상담에서는 생각이 어떤 조건에 의해 일어났는지를 일련의 흐름으로 연결하여 관찰하여[27] 사라짐을 경험하게 한다는 점에서 차이가 있다. 즉, 반야통찰상담은 어떤 외부의 대상을 나의 기대나 의도로 분별함으로써 일어난 괴로운 느낌을 있는 그대로 관찰하면 사라진다는 것을 알고 실천하는 것이다. 따라서 반야통찰상담에서는 문제의 약화가 목적이 아니고 자연스럽게 사라지는 경험을 하는 것이다.

[27] 붓다의 평화적 의사소통의 원리(MN III, p. 230)에 따라 '관찰'은 반야의 기능인 통찰, 꿰뚫음, 알고 봄 등의 의미이다.

59) 임승택, 2016.

반야통찰상담은 내담자의 사생활과 심리적 상태를 보호하고 존중한다

반야통찰상담은 내담자가 호소하는 문제의 구체적 내용에 관심을 갖기보다는 내담자의 언어 안에서 현재 문제의 원인과 조건 그리고 결과를 연결하여 바르게 봄으로써 문제가 사라지는 경험을 하게 한다. 따라서 반야통찰상담은 내담자 중심으로 내담자의 사생활과 심리 상태를 보호하고 존중한다.

다음은 내담자가 회기를 종결하면서 반야통찰상담에 대한 경험을 이야기한 내용이다.

내담자 18: 부드럽게 진행이 잘되는 것 같고. (음) 그러다 보면 눈물을 흘리는 이런 부분들도 있겠지만, 가장 깊은 것은 자기 스스로를 보호하면서 (보호하면서) 내담자가 자기 스스로를 보호하면서 (음) 자기 이해를 통해서 (음) 스스로 문제를 해결할 수 있을 것 같습니다.

상담자 19: 그걸 다시 한번 되새김해 보실래요?

내담자 19: 자기의 갈등되는 문제를 (음) 이렇게 상담 선생님이 연결을 해 줌으로써 (음) 지금 현재 생겨난 것은 과거의 원인이나 조건에 의해서 생겨났다는 걸 (음) 내 말 속에서 찾아서 연결해 주면 (음) 아, 나의 그 의도함이 뭐였는지 알기 때문에 (음) 지금 상처가 되고 호소되는 그런 문제가 (음) 크게 드러나지 않아도 본인 스스로 그 문제를 (음) 아, 그런 부분 때문에 그랬구나. (음) 내 욕심과 (음) 바라는 마음이 (음) 있었기 때문에 지금의 결과가 왔구나. (음) 이렇게 생각하게 되면 (음) 그건 문제가 되지 않는 걸로 (음) 이렇게 생각이 되기 때문에 (음) 스스로 그건 없어지는 거다. (음) 그 부분이 생겨난 지점임과 동시에 (음) 사라지는 (아) 스스로 생겨났지만 그걸 바라보니까 사라지는 지점으로 이렇게 생각이 됩니다. 그래서 내담자 문제는 (음) 그렇게 크게 자기 스스로 막 얘기하지 않아도 (음) 해결되는 그런 지점이 있습니다. (음) 그래서 이런 부분에서 반야통찰상담이 일반상담과 다르게 (음) 이렇게 해결할 수 있는 가장 좋은 방법이다. (하하하하) 그런 인식이 생겨났습니다.

상담자 20: 아~ 그러세요. (함께 웃음) 그러니까 확신! '이런 방법을 통해서 나의 문제를 해결할 수 있다.'라는 확신이 생겼다는 거죠. (예) 나한테는 관심 있는 내용인데, 스스로를 보호하면서 그 문제에 대해서 해결할 수 있는 방법을 찾을 수 있게 했다. (네) 이런 얘기를 하시네요. (네) 예.

반야통찰상담은 개인의 내적 통합 접근이다

반야통찰상담에서 내담자가 호소하는 문제는 심·의·식에서 경험되는 현상으로 감각, 지각, 정서, 인지, 행동 영역을 연결하여 통합적으로 이해한다. 현대 심리상담 분야에서는 다양한 심리상담을 통합하고 절충하려는 시도를 세 가지로 분류하였다.[60] 첫째, 다양한 학파에서 사용하는 기법에 관심이 있는 기법 절충, 둘째, 여러 이론을 종합하여 하나의 개념적 틀을 만들려는 이론 통합, 셋째, 여러 이론 체계에서 심리상담과 치료의 결과에 영향을 주는 공통요인 찾기이다. 그러므로 통합적인 관점을 수용하는 상담자는 여러 이론의 장단점과 차이점을 잘 알고 자신에게 적합한 이론을 개발하기 위해 평생을 두고 경험이 축적되면서 점점 세련되어야 한다고 하였다.[61]

이렇게 현대 심리상담 영역에서는 다양한 이론 간에 통합과 절충이 이루어지고 있으면서도 계속 새로운 이론이 개발되고 있지만 그 어느 이론도 충분한 치료 효과를 증명하지 못하고 있다. 그러나 반야통찰상담은 이론이나 기

---

60) Arkowitz, 1997.
61) Corey, 2001/2004, p. 516.

법 그리고 치료의 공통 요인을 통합하는 접근이 아니라 내담자의 심·의·식에서 일어나고 사라지는 일련의 심리 현상을 조건 발생의 원리에 근거하여 흐름으로 이해하는 개인 내적inner 통합 접근이다.

반야통찰상담은 전일적 접근이다

반야통찰상담에서는 내담자의 어떠한 이야기도 모두 내담자가 현재 경험하고 있는 괴로움을 소멸하는 하나의 방향으로 초점화되는 전일숲-적 접근이다. 반야상담자는 계·심·혜 삼학과 팔정도에 기반해 분명히 반야로 이어 보는 능력과 윤리적 깨어 있음으로 상담을 진행한다. 따라서 매 회기 관찰과 집중의 활동 그리고 언어 상담에서 현재의 상황을 있는 그대로 관찰하는 반야통찰상담은 마음챙김을 심리치료에 통합시키는 세 가지 방식[23] 뿐만 아니라 사마디, 반야를 상담 과정에 적용하고 있다. 특히 이러한 적용이 상담자 중심의 구조화된 프로그램의 형식이 아니라 개인이나 집단 상담 장면의 내담자 호소 문제에서부터 적용되므로 내담자 맞춤형 접근으로 지금·여기가 강조된다.

[23] 1. 심리치료자가 개인적으로 일상에서 마음챙김 명상을 수행함으로써 상담 장면에서 마음챙김을 경험하는 방식
2. 심리치료자가 직접적으로 내담자들에게 마음챙김을 가르치는 것이 아니라 마음챙김이나 불교심리학과 관련된 이론적 준거들을 심리치료에 적용
3. 심리치료자가 내담자들에게 마음챙김 훈련을 직접 가르치는 방식(Germer, Siegal, & Fulton, 2005).

반야통찰상담은 평화적 통찰법이다

반야통찰상담은 문제해결을 위해 인간관계나 주변의 대상이나 상황에 초점을 두거나 변화시키려 하지 않고 오직 내담자의 마음에서 일어나고 사라지는 현상을 통찰함으로써 문제가 일어나고 사라지는 과정을 이해하고 괴로움이 소멸되는 경험에 근거한 평화平和적 통찰법이다.

반야통찰상담과 일반상담의 차이

문제 인식의 차이

일반상담[28]의 문제에 대한 관점은 유무에 원리에 근거하여 명사적으로 고정되고 안정된 자아정체감과 자기존중감을 강조한다. 그러나 붓다의 관점에 의하면, 인식 과정은 개인의 학습, 발달, 성격 형성 과정이므로[30] 개인, 집단 그리고 문화, 성별, 지역 인종에 따라 다르다고 볼 수 있다. 그러므로 반야통찰상담의 문제 인식의 관점은 생멸의 원리에 기반해 존재의 특성으로서 무상·고·무아를 강조한다.

상담 문제와 상담 과정에서의 차이

일반상담에서 문제는 정체감 혼란과 항상성이 깨진 상태로 보고 상담의 과정은 안정성을 회복하는 것에 초점을 둔다. 그러나 반야통찰상담에서는 우리 삶의 원리는 흐름과 항상하지 않음인데 그 원리를 알지 못한 상태에서 고정하고 안정하려 하기 때문에 괴로움이 생긴다고 본다.

상담 목표 설정에서의 차이

일반상담은 문제를 해결하여 정체감 확립과 안정성 회복이 목표이지만, 반야통찰상담에서는 문제는 실체로서 존재하지 않고 일체를 조건으로 일어나고 사라지는 현상의 원리를 이해함으로써 문제가 사라지는 경험을 하게 된다.

다음은 반야통찰상담 수련 과정에서 반야통찰상담의 특징에 대해 일반상

[28] 일반상담이란 상담자가 선호하는 상담이론을 토대로 상담의 기본구성요소인 상담자와 내담자의 상담 관계에서 내담자가 호소하는 문제를 해결하고자 합의된 목표에 따라 진행되는 상담 과정이다.

[30] 붓다는 이러한 학습, 발달, 성격 형성 과정을 식 ↔ 명색·업·행·온·집·취로 설명한다.

담이라는 이름으로 비교의 대상을 두고 이야기하는 과정에서 나온 내용이다.

수련생 1: 많은 이론이 있는데 내가 다른 이론들을 분명하고 정확하게 적용해 본 적
　　　　 이 없어 뭐라고 말하기 어려워요. 다른 이론을 말할 때 조심스러워집니다.
　　　　 (네, 네) 내가 그런 이론들을 교육을 받았다거나 상담자가 되어 봤다거나 내담
　　　　 자가 되어 본 경험이 없어서요.

수련생 2: 일반상담 이론을 제대로 적용한 적이 없다는 것에 무척 공감하는데요. 그
　　　　 것은 전혀 걱정하지 않아도 되는 것이 대가나 교수님이 많은 상담이론을 적
　　　　 용하여도 문제들이 해결되지 않고 항상 무엇인가 더 있을 것이란 생각에 찾
　　　　 고 찾아서 반야통찰상담을 찾아서 해결했다고 생각합니다. 그래서 나는 일반
　　　　 상담에 대해 정확하게 적용해 보지는 않았으나, 오히려 적용해 보지 않았다는
　　　　 사실 때문에 여기를 더 빨리 습득하고 관찰하고 배워 나갈 수 있다는 확신과
　　　　 믿음이 듭니다.

수련생 1: 네. 나도 그 부분에 대해서는 확신하고 있어요. (하하하)

수련생 3: 우리가 일반상담을 무조건 비판할 수 없어요. (그렇지요.) 내담자가 일반
　　　　 상담으로 진행해서 문제해결을 하는 경우가 많이 있잖아요. (많지요.) 그런데
　　　　 (원 상태로 다시 돌아가) 접근법이 좀 다르다는 것이지요. 반야통찰상담은 문
　　　　 제를 문제로 보지 않고 정상적이다. 연기적 흐름 속에서 나타날 수 있는 현상
　　　　 일 뿐이라고 인식하는 것이고, 다른 상담은 그것을 문제가 있다로 보는 거잖
　　　　 아요. 그리고 또 문제를 풀어가는 차이이지, 너무 비판적인 시각으로만 바라
　　　　 보는 것도 좀 그렇죠?

수련생 2: 비판한다는 것이 아니라 결국은 그것을 해결해도 또 다른 상황에서 씨앗
　　　　 이 되는 (음) 상황이 생기면 다시 반복해서 어찌 보면 맥락은 똑같은데 또 그
　　　　 것이 문제라고 다시 오는 것이…… 뿌·리·째 뽑아 버리는 것이 반야통찰
　　　　 상담이다. (하하하. 맞아요.) 이렇게 실제 생활에서 경험을 통해서 익혀지면서

확신이 더욱 배가 되네요.

수련생 4: 그러니까 반야통찰상담 공부를 하다 보면 우리가 어떠한 일이 생기면 생겼구나, 삶의 과정이구나 하고 받아들이고 따라가면 마음이 막 산란하지 않다는 거잖아요. 그런데 우리가 보통 문제가 생겼다는 이 문제에 폭 빠져서 감정이 막 올라오고…… 화가 나고…… 다른 사람에 대해 비판적이 되다 보면 문제가 커져서 괴로움이 생기니까 내 삶이 고요하지 못하고 반복된다는 것이고, 반야통찰상담을 하다 보면 그런 것들이 사라진다는 거지요.

제2장

반야통찰상담의
문제에 대한 접근

상담심리학의 역사에서 프로이트 이후 개인치료의 한계를 극복하기 위해 개인의 내면보다는 개인을 둘러싼 사회 체계의 영향에 관심을 갖게 되면서 가족치료가 태동한다. 가족치료는 개인 치료적 관점과는 달리 사회 문화적 영향력과 그 영향력의 표현 수단으로서 언어의 역할을 강조한다. 특히, 후기 가족치료 이론들은 '개인은 사회적 상호작용의 산물이다.'는 사회 구성주의의 관점에 기반하여 내담자의 문제는 사회의 영향으로 구성되었기 때문에 문제의 해결 과정은 그러한 사회적 영향력을 상담 관계에서 언어를 통해 재구성하는 과정으로 본다.

그러나 반야통찰상담에서는 사회적 영향력을 강조하는 후기 가족 치료적 관점과는 달리 내담자의 문제는 외부 영향력에 의해 구성된 실체가 아니라 내담자가 생멸의 원리를 모르는 상태에서 자신의 의도와 기대에 근거하여 외부 대상을 인식하는 과정에서 일어나는 심리 현상으로 이해한다. 그러므로 반야통찰상담의 문제에 대한 접근은 기본적으로 사회 체계의 영향력이나 외부의 대상에 초점을 두지 않고 그 대상에 대한 내담자의 인식 과정을 다룬다.

괴로움과 호소 문제

내담자가 상담에 오게 되는 계기는 자기에게 발생한 실제적인 장애 요인보다 자신이 느끼는 괴로움suffering이 더 크게 작용하여 고통에서 벗어나고 싶을 때, 문제issue가 부각되어 급박할 때, 오랫동안 고민해 온 문제를 스스로 해결하지 못해서 도움을 받으면 괴로움이 완화될 것이라고 믿을 때이다.[1] 즉,

상담에서 내담자는 현재 경험하고 있는 현상에 대한 불만족으로써 괴로움을 이야기하는데 상담자는 그 이야기를 '문제'로 듣는다. 그러나 반야통찰상담에서는 내담자가 현재 경험하는 것은 괴로움이지 상담에서 일반적으로 정의하는 '문제'가 아니라는 관점이다.

'괴로움'은 내담자의 주관적 현재 진형형의 경험으로 십이연기의 정서경험vedanā이고, '문제'는 객관적 과거형의 존재로서 연기의 존재bhava와 명색nāma-rūpa으로 이해된다. 그러므로 일반상담에서는 내담자가 경험하는 지점과 상담자가 이해하는 지점이 서로 다른 상태에서 상담 관계가 시작된다. 상담자에게 문제라는 단어는 너무나 익숙하여 괴로움을 경험하고 있는 내담자의 상태를 있는 그대로 분명한 알아차림으로 함께하는 것이 아니라 내담자를 문제라는 상담자의 인식의 틀 안에서 이해한다. 즉, 괴로움은 문제라는 포장지에 쌓인 채로 상담 과정에서 다루어진다. 비유적으로 요리사가 음식을 만들려고 하는데 포장지를 뜯어서 식재료를 다듬고 씻지 않은 채로 요리를 한다면 그 요리의 맛과 색깔은 어떠할까? 일반상담에서 상담자는 포장지인 문제와 그 안의 내용물인 내담자가 경험하고 있는 괴로움을 구분하지 못한 채로 상담을 진행한다. 그러나 반야상담자는 내담자의 괴로움과 이름인 문제를 함께 볼 수 있어야 한다. 반야통찰상담에서는 언어적 관습에 따라 '문제'라는 단어를 사용하지만 그 내용은 내담자가 주관적으로 경험하는 괴로움의 본질적 특성에 초점을 둔다.

다음은 반야통찰상담에서 내담자가 이야기한 괴로움의 내용이다. 내담자는 현재 자신이 경험하고 있는 괴로움에 대해 주변의 가족, 친구 그리고 종교적으로도 적절한 지지나 도움을 받을 수 없어 상담을 신청하였다.

---

1) 이은경 외, 2007; Gross & McMullen, 1983.

내담자 4: 일단은 내 이런 서투른 면이 나의 과거와도 연결되어 있고, 아무래도 집
에서 가족 간에 생기는 문제와 많이 연결되어 있는데, 부모님께서는 여유가
없으시니까 나는 그것을 탓하기보다는 그냥 내 나름대로 어떻게 해 보려는
데 그게 부모님과의 불화를 일으키고 집에 들어가면 항상 분위기가 안 좋아
서 부정적인 감정이 쌓이니까 모든 게 원만하게 처리가 안 되잖아요. 부정적
인 감정을 어떻게 바로 잘 정리해야 하는지, 나 스스로를 어떻게 일으켜 세워
야 하는지 그 방법을 모르니까 잘 처리하는 방법을 알고 싶어요. 어떻게 스스
로 해야 될지…… 덧붙이면 결론적으로 나 혼자 스스로 난관에 처했을 때 어
디에서 조언을 구해야 할지……

　지금까지 여러 상담이론이나 불교를 기반으로 하는 프로그램들에서는 괴
로움과 문제를 구별하지 않고 '괴로움이 곧 문제'라는 동등同等함으로 이해한
다. 이렇게 괴로움을 문제라고 이해하게 되면 곧 '괴로움이 있다.'는 유有의
관점에 고착된다. 붓다는 "이것이 괴로움이다."라고 했지 "문제가 있다."라고
하지 않았다. '이것'이라는 지시 한정사를 사용하여 지금・여기 몸과 마음에
서 경험되는 것은 괴로움이고, 문제는 존재에 대한 객관적 기술이다.
　반야통찰상담은 기본적으로 상담자가 자신의 관점을 세우지 않기 때문에
내담자 중심의 관점을 문제 이해, 상담 과정, 상담 목표에도 유지한다. 여기
에서 반야상담자가 관점을 세우지 않는다 하여 관점이 없는 것이 아니라 반
야상담자는 현재 내담자에게 일어나고 있는 심리 현상을 내담자가 알고 보도
록 하는 거울 역할을 한다.

[Sudassa 2-1] 반야와 문제해결

우리가 직면한 중요한 문제들은 우리가 문제를 만들었을 때와 동일한 수준의 사고방식으로는 풀리지 않는다. (알베르트 아인슈타인)

반야상담자는 내담자의 이야기 안에서 먼저 괴로움과 문제를 구별하여 들을 수 있어야 하고, 내담자에게도 괴로움과 문제 그리고 문제에 따르는 증상과 진단을 분리하게 해야 한다. 상담자에게 친숙한 '문제' '증상' 그리고 '진단'이라는 단어들은 상담 과정에서 모두 내담자를 상담자 중심의 객관적 대상으로 이해하고자 할 때 사용되는 단어이다. 내담자는 자신이 현재 경험하는 괴로움을 이야기하고 있지 "내 문제는…… 내 증상은…… 이런 문제와 증상으로 볼 때 나는 ○○로 진단되네요."라고 말하지 않는다. 내담자가 주관적으로 경험하는 괴로움을 존재로 인식할 때 '문제'로 지칭되므로 괴로움은 내담자가 처한 여건에서는 자연스러움으로 알고 보게 한다. 즉, 내담자가 상담에서 호소하는 지금 현재 주관적 경험은 '괴로움'이고 '문제'는 그 괴로움에 대한 개념으로 내담자는 문제를 계속 이야기하지만 반야상담자는 문제와 증상 그리고 진단 등에 관심을 두기보다는 내담자가 현재 주관적으로 경험하는 괴로움에 초점을 맞춘다.

다음은 반야통찰상담 학술대회에서 '반야통찰상담의 특징과 원리' 발표자가 반야통찰상담의 문제에 대한 관점의 경험을 이야기한 내용이다.

(나의) 상담 과정에서는 반야통찰상담적으로 질문이 이루어지는 것이 아니라 따라가는 듯하다가도 나의 궁금증에서 질문을 하는 것을 스스로 관찰합니다. 전체적으로 보았을 때 아직 나에게는 반야통찰상담의 원리가 서지 않고 기존의 이런저런 이론을 배워 온 습관에 의해서 '그쪽으로 따라가고 있구나.' 하고 알아차림

니다. 상담이 의뢰되면 그 전에는 내담자의 정보에 대해 담임 선생님, 지역아동
센터 선생님, 이런저런 경로로 최대한 많이 구하잖아요. 의뢰하는 센터에서도 어
떤 상황인지 파악해 보라는 요구도 있어 그것에 집중하여 이 아이가 문제가 있
다!ㅓ로 접근했습니다. 그래서 자료 취합에 조금 마음을 두었다면 현재는 그냥
'내담자가 온다.' 거기에서부터 제 나름대로 접근하려고 하고 의도적으로 예전처
럼 많은 정보를 취합하려 하지 않습니다.

반야통찰상담에서는 내담자가 호소하는 내용은 문제가 아니라 현재 연기
적 상황에서 경험하는 느낌이나 생각 등이 정상이고, 자연스러운 일어남과
유지됨, 사라짐으로 이해하게 한다. 즉, 내담자가 자신의 문제를 '아! 문제가
아니고 현재 내 이러한 상황에서는 그럴 수 있구나!' '그렇구나!' 하는 이해와
통찰을 토대로 경험도, 이름도 '항상하지 않음'을 관찰하게 한다.
　다음은 붓다가 질문자 중심의 대화를 통해 질문자의 관점을 어떻게 해체해
가는지를 보여 주는 내용이다.

깟사빠 1: 고따마 존자시여, 괴로움은 스스로 짓는 것입니까? (자업)

고따마 1: 그렇지 않다.

깟사빠 2: 그러면 괴로움은 남이 짓는 것입니까? (타업)

고따마 2: 그렇지 않다.

깟사빠 3: 괴로움은 스스로 짓기도 하고 남이 짓기도 하는 것입니까? (자업과 타업)

고따마 3: 그렇지 않다.

깟사빠 4: 그러면 괴로움은 스스로 짓는 것도 아니고 남이 짓는 것도 아니고 원인
　　　　 없이 생기는 것입니까? (무원인)

고따마 4: 그렇지 않다.

깟사빠 5: 고따마 존자시여, 그러면 괴로움이란 없습니까? (무)

고따마 5: 깟사빠여, 괴로움은 없는 것이 아니다. 괴로움은 있다. (유)

깟사빠 6: 그렇다면 고따마 존자는 괴로움을 알지 못하고 보지 못합니까? (유: 있는 데 알 수 없고 볼 수 없는 것인가?)

고따마 6: 깟사빠여, 나는 괴로움을 알지 못하고 보지 못하는 것이 아니다. 나는 참으로 괴로움을 **안다.** 참으로 나는 괴로움을 **본다.** (알고 봄=반야=지견=혜안)

깟사빠 7: 세존이시여, 부디 제게 괴로움에 대해서 설명하여 가르쳐 주십시오.

고따마 7: 깟사빠여, 그가 짓고 그가 경험한다고 처음부터 주장하여 '괴로움은 스스로 짓는 것'이라고 이렇게 말하면 그것은 영원주의常見에 떨어진다. '남이 짓고 남이 경험한다.'고 자기의 경험을 넘어서 '괴로움은 남이 짓는 것이다.'라고 이렇게 말하면 그것은 허무주의斷見에 떨어진다. 깟사빠여, 이러한 **양극단에 접근하지 않고 중中 majjhena에 의해서 여래는 법을 설한다.** 무명無明을 조건으로 형성行이, 형성을 조건으로 식識이, …… 이와 같이 전체 괴로움의 무더기의 일어남이 있다. 그러나 무명의 남김없이 빛바랜 소멸에서 형성이 소멸하고, 형성의 소멸에서 의식이 소멸하고, …… 이와 같이 전체 괴로움의 무더기의 소멸이 있다.[2]

붓다는 깟사빠와의 대화에서 주체로서 '누군가가 행위한다'가 아니고 조건에 의해 일어나고 소멸하는 현상은 욕탐에 의해 결박되어 나타난다는 것을 설명하고 있다. 붓다의 단계적 대화 방식은 상견常見[1]과 단견斷見[2]에 치우치지 않고 질문자의 관점에서부터 관련된 내용을 유기적으로 연결하여 이해하는 방식인 상호의존적 발생과 소멸의 방법을 찾게 한다. 즉, 어떤 실체나 주체가 있다는 관점 모두 '유'의 관점이기 때문에 부정한다.[3] 이러한 관점은 모

---

[1] 상견[sassata-diṭṭhi(사싸따-딧띠)]은 sassata(영원, 항상함)+diṭṭhi(견해)의 합성어이다. 상견은 비형태적 존재로서 영혼이나 자아가 죽은 뒤에도 소멸하지 않고 다시 새로운 존재로 옮겨 간다는 믿음으로 사적 견해(4취 중 하나)이다. 대부분의 종교적 관점은 거친 육신이 소멸되어도 살아 있는 실체인 영혼은 계속해서 존재하며, 사라지지 않는다는 상견을 취하고 있다. 이러한 상견은 존재에 대한 갈애(有愛, bhava-taṇhā)를 조건으로 일어난다.

[2] 단견[uccheda-diṭṭhi(우쩨따-딧티)]은 uccheda(끊어짐, 멸절)+diṭṭhi(견해)의 합성어이다. 단견은 상호의존적 발생 관계에 대한 무지로서 물질적 형태인 육체가 더 이상 기능하지 않으면 모든 것이 끝나는 것으로 다시 태어나지 않고 선과 불선의 과보도 없다고 주장하는 사적 견해이다. 이러한 단견은 비존재에 대한 갈애(無有愛, vibhava-taṇhā)를 조건으로 일어나며 쾌락주의와 유물론적 인생관을 형성하여 사람들로 하여금 불선행으로 유도한다. 존재에 대한 네 가지 인식의 형태는 ① 있다. ② 없다. ③ 있기도 하고 없기도 하다. ④ 있

---

2) SN II 19-21, SN12:17, 깟사빠경, Acelakassapa sutta.

3) SN II 61, SN12:35, 무명을 조건함경1, Avijjāpaccaya sutta.

두 고정된 실체가 주체로서 있는 것이 아니라 조건에 의해 형성되어 일어나고 사라지는 현상인데, 이러한 원리를 알지 못하고 욕탐으로 고정된 실체화하려는 형성작용이 바로 괴로움의 원인이다.

는 것도 아니고 없는 것도 아니다.
행과 업을 기준으로는 ① 자업, ② 타업, ③ 자타 상호연관, ④ 무원인으로 구분한다.

문제에 대한 상담자 관점의 차이

상담 과정에서 상담자의 관점과 상담에 대한 계획은 상담의 목표까지 직간접적으로 연결된다.

다음은 동일한 내담자의 호소 문제를 상담자에 따라 어떻게 다르게 이해하고 평가하면서 접근하는지를 보여 주는 예로서 상담자들의 관점은 '2017년 학술대회: 반야통찰상담의 원리와 실제'에서 일반상담과 반야통찰상담적 접근의 차이에 대한 논의 과정에서 발췌했다. 논의된 가설적 사례는 고1 남학생이 공부하느라 친구들과 함께하는 시간이 부족하여 친구들에게서 따돌림을 당하고 있다면서 친구들과 함께 이야기하고 서로 편이 되어 주면서 행복해지고 싶다는 바람을 이야기할 경우 어떻게 상담을 진행해야 할까이다.

❸ 상담자 1은 인간관계 패턴과 의사소통에 초점을 둔다.

❹ 상담자 2는 공부와 친구들을 1차, 2차로 구분하여 두 가지 중 하나를 선택하게 하는 가치 선택의 과정에 초점을 둔다.

상담자 1❸: 학생이 친구를 사귈 때 어떤 패턴을 가지고 친구를 대하는지 아니면 의사소통의 문제가 있는지 점검해 주는 것이 괜찮을 것 같다.

상담자 2❹: 본인이 공부하느라 친구들과 함께하는 시간이 부족하다고 호소하였으므로 공부가 1차적이어서 2차적인 것을 놓쳤으니까 1차적인 공부에 대해 이야기를 나누어 봐야 한다. 공부도 하고 싶고, 친구도 갖고 싶지만 두 가지를 다 가질 수 없으니까 공부를 포기하면 친구를 가질 수도 있다고 생각하면 어떤 것이 더 지혜로운 것인가에 대해 이야기해 본다.

상담자 3❺: 나는 다른 의견이다. 공부도 잘하면서 사교적으로 친구들도 잘 사귀는 다른 친구들이 있을 수 있으므로 그런 친구들의 행동이 어떤지 관찰해 보게 한다.

❺ 상담자 3은 상담자 2에 대한 반대에서 생긴 의견으로 둘 중 하나의 선택이 아니라 '함께 다 같이'를 문제해결 방향으로 판단하고 모두 잘하고 있는 친구를 찾아 관찰하는 것에 초점을 둔다.

⑥ 상담자 4는 내담자가 호소하는 문제에는 내면적 의도가 따로 있다는 전제에서 먼저 그 의도를 찾고 그다음 충족할 수 있는 방법으로 문제해결 능력과 의사소통 방식을 가르친다도 아니고 탐색하는 정도에 초점을 둔다.

⑦ 상담자 5는 공부와 친구들과 노는 것을 구분하지 말고 노는 친구를 공부의 장면으로 끌어들여 먹고 놀면서 공부라는 세 가지를 동시에 할 수 있게 한다는 것에 초점을 둔다. 그러나 공부 한 가지도 하기가 어려워 두 가지를 함께 못했다는 내담자를 어떻게 세 가지를 함께하게 할 수 있을까?

⑧ 상담자 6은 내담자가 친구 관계를 희생하면서까지 공부를 하는. 상담 과정에서 말하지 않고 있는 또 다른 깊은 이유 찾기에 초점을 둔다.

⑨ 상담자 7은 내담자는 현재 자신이 따돌림을 당하고 있다는 것을 알고 있지만 공부로서 그 상태를 정당화하려고 하고 있으니 내담자의 진짜 마음을 알아차리게 하는 진짜와 가짜로 구분하여 '진짜를 찾아서'에 초점을 둔다.

상담자 4 ⑥: 학생의 의도는 '친구들과 함께 이야기하고 서로 편이 되어 주면서 행복해지고 싶다.'고 하면서 따돌림의 상황이 일어난 이유를 '공부하느라 시간이 부족해서 그랬다.'는 것으로 보아 실제적인 문제는 공부가 아닌 것 같다. 공부는 핑곗거리인 것 같고 '잘 지내고 싶다.'고 하였으니 문제해결 능력과 의사소통 방식을 탐색해야 한다.

상담자 5 ⑦: '친구들과 함께 이야기하고 서로 편이 되어 주면서 행복해지고 싶다.' 했으나 이 친구는 공부를 하느라 시간이 부족하지만 노는 아이들은 공부 대신 놀 것이므로 내담자가 공부하는 데로 노는 친구들을 끌어들여 간식을 먹으면서 놀면서 같이 공부를 하게 한다.

상담자 6 ⑧: 이 학생이 왜 온 시간을 다 투자해서 공부를 하는지 그 이유를 알아봐야 할 것 같다.

상담자 7 ⑨: 이 학생이 따돌림을 당하고 있는 것을 정당화하기 위해 공부는 자기 행동을 증명하기 위한 핑곗거리일 수 있다. 그러므로 학생의 진짜 의도가 '친구들과 함께 이야기하고 서로 편이 되어 주면서 행복해지고 싶다.'는 것을 자기가 알아차리게 해 준다.

상담자 8 ⑩: 학생이 따돌림을 당해서 학교를 그만두고 싶은 상황을 공부하느라 친구와 함께하는 시간이 부족해서라면 공부하면서 친구들과 관계를 어떻게 맺었는지를 살펴보기 위해 학생의 이야기를 들어 본다.

8명의 상담자는 동일한 사례에 대해 모두 상담자의 해석과 판단으로 이해하고 접근 방법을 제시한다. 그래서 실천은 내담자 삶에서 이루어져야 하는데 그 실천 계획과 방안을 상담자가 말로 건드려만 준다.

반야통찰상담에서는 내담자가 말하고 있는 공부와 친구는 단지 이름이 다를 뿐 그동안의 내담자의 여건에서는 '공부가 곧 친구'였다. 그러나 이제 내담자가 공부와 친구를 구분하고자 하는 의도에서 생긴 인식의 변화에 초점을 둔다. 즉, '그동안에는 공부가 친구였는데 이제 공부가 아닌 친구의 내용을 바꾸고 싶어 하는 지점이다.'는 접근은 문제가 있다 없다가 아니라 단지 상황을 인식하는 마음이 변해 가고 있는 것으로 문제를 정상화하는 경험을 하게 한다.

상담은 상담자와 내담자가 만나서 이루어지는 즉시적 현법 관계이므로 앞에서 본 것처럼 동일한 내담자라 할지라도 상담자와의 상담 관계에 따라 서로 다른 과정으로 펼쳐지고 다른 결론의 지점에 도달할 것이다. '모든 것은 항상하지 않고 달라진다.'는 존재의 무상적 특성 때문에 각각의 관계에서 상담 효과로 보이는 변화는 발생한다. 그러나 반야통찰상담에서는 무상이라는 존재의 특성으로 인해 일어나는 변화를 상담 효과로 인정하지 않는다. 반야통찰상담에서 상담 효과를 측정하는 지표는 내담자가 자신의 문제를 해결하는 상담 과정에서 '얼마나 생멸의 원리를 경험하고 이해하여 일상에 적용할 수 있는가?'이다. 즉, 반야통찰상담의 효과 측정의 지표는 내담자의 생멸의 원리에 대한 이해와 실천 여부와 정도이다. 따라서 반야통찰상담은 반야적 관점인 생멸의 원리를 이해하고 자신의 삶에 여실히 적용할 수 있는 지견知見을 성취하는 것이다.

문제 정상화하기

내담자는 상담에 올 때 일반적으로 문제 상황에 대해 때로는 두려워하고 불안과 염려, 실망과 좌절의 상태로 온다. 그러므로 반야통찰상담에서는 '내담자가 호소하는 문제는 정상이다.'라는 관점이므로 내담자가 인식하는 상담 문제를 객관적으로 존재하는 것이 아니라 내담자의 마음에서 일어나고 사라지는 현상으로 이해하는 과정이 상담의 시작이다.

⑩ 상담자 8은 현재 상담에서 내담자가 이야기하고 있는 내용은 피상적이니 내담자가 말하지 않고 이해하지 못하고 있는 깊은 관계를 말하게 한다는 것에 초점을 둔다.

'문제 정상화하기'는 십이연기의 여섯 감각 장소salāyatana, 감각접촉phassa, 정서경험vedanā의 조건 관계를 강조하여 다루는 과정이다. 이러한 시도는 문제가 있다는 고정된 관점을 변화시키기 위해서 먼저 현재 상황을 '있는 그대로 보게 하는' 붓다 상담의 첫 번째 단계이기도 하다. 그다음 내담자가 호소하는 어떠한 괴로움도 '있다'라는 관점에서 '없다'라는 관점으로 바꾸는 것이 아니라 괴로움의 일어남과 유지됨 그리고 사라짐의 과정이 철저히 내담자 인식의 현상임을 전제로 오직 내담자의 인식 과정만을 다룬다. 이러한 과정은 '살아 있는 생명을 해치지 않는다'는 생명에 대한 반야상담자의 윤리적 깨어 있음의 실천이기도 하다. [참조: 반야상담자의 윤리적 깨어 있음]

다음은 상황이나 대상이 문제가 아니고 마음이 문제임을 보여 주는 내용이다.

마음이 움직일 뿐입니다

두 스님이 마당가의 게양대에 바람이 불어 깃발이 나부끼는 것을 보고 "바람이 움직인다." "깃발이 움직인다." 하면서 언쟁하고 있었다. …… 이 말을 듣고 있던 혜능은[11] "스님들, 바람도 깃발도 움직이는 것도 아닙니다. 오직 스님들의 마음이 움직일 뿐입니다."라고 하였다.[4]

[11] 중국 불교 선종의 6대조사, 조계종의 창시자이다.

상담 장면에서 그동안 우리는 상담전문가 수련 과정에서 배운 이론이나 객관적 검사 도구에 근거하여 내담자의 상태나 문제를 진단명화labeling 하는 것에 익숙하다. 나도 임상심리학을 전공하였기 때문에 상담 과정에서 스스로 내담자를 평가하고 진단하는 데는 문제없다는 자부심을 가지고 있었다. 그러다가 반야적 관점을 추구하다 보니 점차 내담자의 이야기가 그들의 상황과

---

4) 청화 역주, 2003.

처지에서는 '그러하겠다'는 자연스러움으로 들리기 시작하고 우리가 처해 있는 삶의 실상이 더욱 분명하게 경험되면서 '문제'에 대한 안목이 달라졌다.

　다음은 '내담자의 문제는 정상이다.'라는 관점을 보여 주는 단회기 상담 사례이다.

　어느 날 반야통찰상담 10회기를 마치고 잘 살고 있다고 가끔 안부를 전하던 내담자가 전화를 했다. 자기와 같은 아파트에 살면서 동생처럼 지내는 아만다Amanda가 아예 밖을 나가지 못해서 시장도 봐다 주고 일처리도 해 주는데 너무 힘들어서 '상담을 받아 보라'고 해도 상담료를 낼 상황이 안 되니까 주저하고 있는데 가능하냐고 물었다. 상담에 온 아만다는 약간 불안한 눈빛으로 상담실을 둘러보고 창문을 바라보고 있다가 이야기를 시작하였다.

　자기는 '공황장애'로 불안해서 밖을 나가지 못하고 집에서도 항상 커튼을 쳐 놓고 살고 있는데, 지금 심정은 '<u>깜깜한 밤에 웅덩이에 발이 빠져 있는 기분</u>'이라고[12] 하였다. 자기는 힘들어 죽겠는데 남편과 아들들이 너무 몰라주니 속상하고 '내가 어떻게 했는데' 하는 배신감이 들어 가족도 다 필요 없고 남편과 이혼도 생각하고 있다고 하였다.

　그러면서 그동안의 이야기를 하였다. 한국에서 '사모님' 소리를 듣고 살았고, 막내딸인 자기를 아주 예뻐하신 친정아버지가 거기 가서 살면 '나 죽을 때 보지도 못한다'며 절대 반대했는데도 외국에서도 한번 살아보자며 아무런 준비 없이 이곳에 와서 처음 2년 동안 식당에서 밤낮으로 접시닦이를 했다. 아마 그 양은 사실 평생 한 것에다 앞으로 죽을 때까지 날마다 할 것을 더해도 넘을 정도였다. 그렇게 해서 남편의 취업 비자가 가능한 조건을 만들어 주고 아들들도 학교에 다닐 수 있게 되었는데 너무 지치고 힘들었던 어느 날 퇴근길에 뒤차에 들이받히는 사고가 나서 그 이후 2년간은 교통사고 보험으로 치료와 생활을 해 왔지만 이제 보험 수혜도 끝나가고 가지고 온 돈도 바닥이

[12] 나는 이 말을 듣고 이 내담자의 상태와 변화의 가능성을 파악하였다. '지금 깜깜하기는 하지만 문제는 바다도 강도 아닌 웅덩이 정도이고, 온몸이 빠진 것도 아니고 발이 빠진 정도이니 조금 지나면 헤쳐 나오겠구나.' 하고 이야기를 들었다.

나고, 남편의 월급만으로는 생활이 적자인데 아직 자기는 전혀 회복되지 않았다고 하였다.

자기는 아파 죽겠는데 여기 의사들은 증상에 맞는 마땅한 병명을 모른다고 해 통역자를 통해 멀리 타 지역에 있는 정신과 의사에게 화상畵像진료를 받았다. 그런데 그 의사가 자신이 말한 증상을 듣고 '공황장애' 같다면서 현재 자신의 상태가 '그럴 수 있다'고 말하기에 그때부터 진료가 끝날 때까지 울고 집에 와서도 울었다. 공황장애에 대해 찾아보니 밖에 나가는 것을 두려워하고…… 하는 내용이 자기의 증상과 똑같았다. 자기는 공황장애이기 때문에 밖에 나갈 수 없게 되었고, 일도 할 수 없고, 시장도 볼 수 없어 주변에서 도와주어야 한다는 것이었다.

아만다 이야기를 들으면서 '그래, 지금은 아만다가 부여잡고 있는 공황장애가 너무 자연스러운 일이구나.' 싶었다. 자신이 얼마나 거친 삶의 들판에서 있는지 이미 접시닦이를 하면서 절절히 경험했는데 이제 또 다시 그보다 더 혹독한 삶의 전선으로 나가야 하는 현실을 인지하면서도 마음 준비가 되지 않으니 커튼을 쳐 놓고 깜깜한 밤, 웅덩이에서 허우적거리고 있지만 곧 나오게 될 것이라는 걸 이야기 과정에서 알 수 있었다. 상담료를 내지 못해 미안해하면서 자기는 그런 사람이 아니라며 언제든지 여유가 생기면 꼭 갚겠다고 돌아간 일주일 후 마켓에서 아만다와 마주쳤다. 그녀는 나에게 다가와서 손을 내밀며 웃었다. 나도 손등을 쓸어 주면서 "오늘 날씨가 화창하지요?" 하고 헤어졌다.

다음은 반야통찰상담에서 문제를 어떻게 정상화하는지를 보여 주는 예이다. 아토피로 직장도 그만두고 방 안에만 있는 25세 딸아이와 한 달 이상 서로 말을 하지 않고 지내던 어머니의 첫 회기 상담의 일부이다. [참조: 반야통찰상담 시연 사례]

상담자 85: 그래요! 그래요! 그 전에 부딪치니까, 부딪치니까 어땠다고요? 화가 나
고, 아이도 상처를 받고 그러니까 어머니가 할 수 있는 방법이 뭐였다고요?

내담자 85: 말을 안 하는 거였지요. 아~휴.

상담자 86: 그렇죠. 말을 안 하고 외면하는 거였어요. (네) 그런데 그게 계속 가는 게
아니고 오늘 이야기를 해 보니까 그 외면이 또 뭐로 바뀌었다고요? 외면하고
있는 동안에 어떤 방법이 생겼지요?

내담자 86: 외면하고 있는 동안에 아이에 대한 무거움이나 뭐 화도 나고 막 그런
데…… (응) 지금은 인제? (지금은?) 지금은 (혀 차는 소리) 가서 그 아이도 그
만큼 힘들고 (응) 할 거니까 서로 소통하고 얘기해서 (응) 좀 다른 방법을 다
시 찾아보든지, (응) 병원을 다시 가든지, (응) 다른 병원을 가서 아예 처음부
터 다시 어렸을 때 했던 검사 말고 다른 검사를 또 다시 좀 해 보든지 해야겠
다는 생각이 드네요.

문제의 정상화와 외재화

반야통찰상담에서는 먼저 내담자가 호소하는 문제는 내담자가 처한 인과
적 조건에서 자연스럽게 일어나는 현상으로서 '정상이다'라는 것을 내담자
이야기 속에서 이해하게 한다. 그런 다음 문제가 어떻게 형성되어 현상으로
나타났는지의 인과적 조건을 찾아 그 조건이 일어나고 사라지는 과정을 관찰
하게 함으로써 문제가 소멸하는 것을 경험하게 한다. 반야통찰상담 초기에
는 '문제를 정상화normalization'하는 것이 중요한 상담 과정인데, 이야기치료에
서는 '문제를 외재화externalization'한다.

'문제의 외재화'는 문제를 내담자와 분리하고 객관화하기 위해 내담자와
함께 문제에 이름을 붙이고 의인화하는 과정이다. 이러한 시도는 내담자의
문제가 소위 정신병리와 성격에 기인한 것이라는 생각이나 개인이 문제를 자

신의 내면으로 끌어들이려는 행위를 경계하고 그 대신에 문제를 상황이나 대인관계의 산물로 이해하도록 하기 위한 것[5]이라 한다. 즉, 이야기치료의 주요한 접근법인 문제의 외재화는 문제를 외부의 객관적 상황이나 타인의 영향으로 이해하게 한다.

그러나 반야통찰상담적 관점에서는 이러한 접근은 문제가 외부에 있다는 존재론적 관점이므로 문제에 대한 대안적 이야기를 다시 구성한다 해도 그것 또한 일어남의 연속 과정으로 본다. 그러므로 새로운 대안적 이야기를 다시 쓰는 것이 아니라 내담자가 괴로움으로 이야기하는 내용은 내담자 의도에 따라 인식한 상황으로 본다. 반야통찰상담 과정은 이런 이야기를 내담자의 의도와 상황 그리고 인식 과정을 연결하여 이해하게 함으로써 이야기의 구성 기제인 인과적 흐름을 알고 자신이 구성한 이야기를 보게 하는 것이다. 따라서 반야통찰상담은 내담자 이야기는 의도에 의해 일어난 심리 현상이라는 것을 알고 단지 관찰함으로써 사라짐을 경험하는 과정이다.

문제는 이름이다

반야통찰상담에서 내담자가 호소하는 문제는 단지 사적 견해로 '문제는 이름이다.'라는 관점이다. 여기에서 이름이란 자신의 견해를 실재하는 존재로 표현하는 과정을 의미한다. 즉, 내담자가 이야기하는 문제는 자신의 견해로서 생각인데도 내담자는 생멸의 원리를 이해하지 못하기 때문에 욕탐적 의도에 묶인 견해를 실재하는 것으로 말을 한다.

불교 관련 책이나 연구에서 불교 체계를 '이론'이나 '개념'이라는 단어를 사

---

5) 정문자, 정혜정, 이선혜, 전영주 공저, 2013, p. 369.

용하여 설명한다. 그러나 이러한 단어는 불교의 용어가 아니고 서양의 과학적 실험연구나 철학에서 사용되는 가설을 토대로 하는 것이다. 불교는 경험에 기반한 설명과 표현이기 때문에 가설로 설정된 개념의 진위 여부를 판단하기 위한 이론이 아니다. 따라서 불교 용어를 개념이나 이론이라는 단어를 사용하여 설명하는 것은 두 가지로 이해된다. 첫째, 연구자가 붓다의 가르침과 서양 과학 연구의 차이를 구분하지 못한 상태에서 용어를 혼용하고 있는 것이다. 둘째, 붓다가 평화적 의사소통의 원리로서 제시한 지방어를 고집하지 말고 보편어를 침해하지 말라는 언어의 실용성에 근거하는 것이다. 그러나 붓다의 가르침을 개념이나 이론이라는 단어로 설명하게 되면 붓다가 괴로움의 조건이 되는 번뇌의 작용인 '견해'를 설명하는 부분과 혼란이 생길 수 있다. 붓다는 개념이나 이론 등은 유신견과 사견 그리고 계금취 등으로 진리를 위배하는 내용이라고 설명하였다. 따라서 붓다의 설명에서 개념과 이론은 감각접촉phassa →정서경험vedanā →인식saññā의 일어남에서 생기는 망상적 견해를 의미한다.

반야통찰상담에서 바르게 보아야 하는 것은 바로 내담자가 주관적으로 경험하는 불만족인 괴로움을 문제로 호소하는 '사적 견해'이다. 반야통찰상담은 현재 괴로움은 실재가 아닌 의도로서 형성작용行 saṅkhāra으로 생긴 사유bhava이므로 그 존재의 특성을 무상·고·무아로 분석해서 여실히 보는 것이다. 따라서 반야통찰상담에서는 내담자가 호소하는 문제는 사적 견해이므로 상담자는 생멸의 원리에 근거하여 내담자의 이야기를 설명할 때는 내담자 중심의 1인칭으로 주관적 현재 경험을 단지 기술, 묘사, 표현해 준다. [참조: 반야통찰상담의 언어반응 특징]

다음은 반야통찰상담에서 내담자 호소 문제 이해의 근거가 되는 원전의 내용이다. '나'와 세상에 대한 경험 과정인 감정vedanā이 어리석은 혼란과 괴로움의 주된 원인이라는 것을 강조하기 위해 그 경험 주체의 인칭을 달리하여 설명하고 있다.

> 눈(귀ㆍ코ㆍ혀ㆍ몸ㆍ마노)과 형색(소리ㆍ냄새ㆍ맛ㆍ감촉ㆍ법)들을 조건으로 안식,
> 이식, 비식, 설식, 신식, 의식이 생긴다. 셋의 만남이 감각접촉觸 phassa이다. 감
> 각접촉을 조건으로 정서경험受 vedana이 있다. 정서적으로 경험하는 그것을 '그'
> 는 인식한다想 sañjānāti. 인식하는 그것을 '그'는 생각한다尋 vitakketi. 생각하는
> 그것을 '그'는 망상한다戱論 papañceti. 다시 망상하는 그러한 이유로 '그' 사람에
> 게 망상에 오염된 인식想 sañña과 관념有 bhava이 생겨난다.[6]

이 원전의 내용은 '느낌을 조건으로 인식이 일어난다.'[13]로 설명하지 않
고 '느낀 것을 그가 인식한다.'[14]고 하여 작용의 주체를 나타내는 어법을 쓰
고 있다. 이것은 어떻게 인과적으로 조건 지어진 인간의 주체성이 정서경험
vedana의 왕성한 활동으로 인해 자기에 대한 독립적이고 존속적인 자아ātman
의 개념이 생기는지를 보여 주는 매우 세련된 방식이다.[7] 즉, 우리의 감각과
지각 그리고 의식하는 과정인 십이연기적 설명에 근거하면 여섯 감각 장소
salāyatana → 감각접촉phassa[15] → 정서경험vedana 까지는 비인칭적 의식이 진행
되지만, 정서경험 이후의 인식sañña에서부터 망상papañca까지는 3인칭 동사가
사용되어 주관적 인식이 이루어진다는 사실을 보여 준다. 정서경험이 발생
할 때까지는 다만 그러저러한 정서적 경험만이 있을 뿐이지 '나' 혹은 '그' 따
위의 '누군가가 느낀다vedeti'라는 관념이 없다. 그러나 인식sañña의 단계에서
부터는 '나' 혹은 '그'의 구성적 인식이 시작되는 지점으로 여섯 감각 장소에
서 접촉한 내용(주관과 객관의 만남)으로 주관적인 도식을 형성한다.[8]

[13] vedanā-paccaya sañña

[14] yaṃ vedeti taṃ sañjānāti

[15] 붓다는 접촉(觸phassa)을 피부접촉처럼 제한된 의미가 아니라 훨씬 포괄적이고 확장된 의미로 사용하였다. 이러한 접촉의 폭넓은 사용의 예는 "세계에 관한 모든 철학적 이론은 접촉(觸緣 phassa-paccaya)에 의존한다."는 설법(DN I 1-41)에서 볼 수 있다(Kalupahana, 1992/2014, p. 85).

6) MN I 111-112, MN18, 꿀 덩어리경, Madhupiṇḍika sutta.
7) Kalupahana, 1992/2014, p. 86.
8) 임승택, 2012.

이러한 인식 과정은 내부적으로 이미 존재해 있던 과거의 기억이나 생각 등에 의해서도 영향을 받는 도식의 동화적 과정을 통해 기존 도식이 확장되어짐으로써 실재와 괴리가 생긴다. 이렇게 형성된 망상papañca은 언어적, 개념적 사고 및 그것을 통해 형성된 사변적 견해diṭṭhi를 포함한다. 이러한 연기적 과정이 바로 내담자가 호소하는 괴로움과 관련된 모든 문제가 형성되는 과정이다.

다음은 붓다가 우리의 일상에서 사견에 묶여 괴로운 상태를 독화살에 비유한 원전의 내용이다.

> 어떤 사람이 독이 진하게 칠해진 화살을 맞았다. 그의 친구들, 동료들, 친척들, 인척들이 와서 그를 외과 의사에게 치료받게 할 것이다. 그런데 그가 화살을 쏜 사람, 화살의 종류, 화살의 재료 등에 대해 알기 전에는 치료를 하지 않겠다고 한다면 이 사람은 그것을 알기 전에 죽을 것이다.[9]

문제의 원인으로서 욕탐

문제의 원인에 대해 일반적 접근은 '찾아야 한다'이지만, 반야적 접근은 일어나고 사라짐을 '관찰한다'이다. 반야통찰상담에서는 괴로움의 현상인 문제의 원인은 '욕탐chandarāga이다'[16]라는 관점으로 십이연기의 갈애taṇhā와 집착upādāna의 조건관계를 강조하여 다루는 과정이다. 현대 상담이론은 각 관점에 따라 문제의 원인을 다양하게 제시한다. 정신분석적 치료에서는 무의식적인 동기로서 욕구libido, 현실 치료의 원함want, 형태 치료의 미해결 과제

[16] 욕탐은 마음의 오염, 번뇌, 탐·진·치, 족쇄, 결박, 묶임 등과 동일한 맥락이다. [참조: 반야통찰상담의 원리-반야의 존재 이유: 번뇌의 소멸]

9) MN I 429-430, MN63, 말룽꺄 짧은 경, Cūlamālukya sutta.

unfinished business, 인지행동치료의 비합리적 신념irrational belief 등의 개념이 문제와 연관되어 상담 과정에서 탐색된다. 그러나 반야통찰상담에서는 그러한 개념들은 실체가 아니므로 심·의·식이 감각 대상을 인식할 때 영향을 미치는 오염원인으로서 욕탐을 연결해서 흐름으로 관찰한다.

내담자뿐만 아니라 일반상담자도 내담자가 호소하는 문제가 '있다'는 유의 관점이나 '없다'는 무의 관점 중 하나의 관점을 갖는다. 그중 유의 관점은 다시 세부적으로 문제의 원인을 ① 자신, ② 타인, 외부의 대상, ③ 자타 상호적, ④ 자타 비상호적인 무 원인으로 구분할 수 있다. 그러나 반야통찰상담적 관점에서 문제는 조건에 의해 일어나고 사라지는 생멸의 현상으로 이해하고 상담 과정은 이러한 일어남과 사라짐에서 욕탐과의 관계성을 통찰하는 것이다.

[참조: 괴로움과 호소 문제]

상담 문제와 내담자의 의도

일반적인 상담이론에서는 내담자가 호소하는 문제는 드러난 내용만이 아니라 그 안에 내담자는 의식하지 못하고 있거나 숨기고 있는 또 다른 무엇인가가 '있다'고 전제한다. 그러나 반야통찰상담에서는 어떤 내담자든 호소 문제가 무엇이든 모든 문제는 '탐·진·치'를 원인으로 '오취온'의 일어남과 사라짐의 현상인 '인과적 관계'로 수렴된다. 그러므로 내담자의 의도[17]를 찾기 위해 반야상담자가 주도적으로 내담자에게 어떤 기법적 시도를 하지 않고 내담자의 이야기를 들으면서 그 안에서 의도와 연관된 내용을 듣고 찾아 연결하여 내담자에게 되돌려 준다.

다음은 내담자가 경험하는 괴로움과 연관된 의도와 기대 그리고 바람의 역할과 영향을 설명하는 원문의 일부이다.

[17] 붓다의 평화적 의사소통의 원리(MN Ⅲ, p. 230)에 따라 의도, 기대, 희망 등의 용어는 욕탐, 번뇌, 불선법 등의 의미이다.

무엇이 법의 일어남인가? 즐기고 환영하고 묶여 있으면 즐김taṇhā이 생기고 즐김이 집착upādāna이다. 그 집착을 조건으로 존재bhava가 생기고 존재를 조건으로 생jāti이 생기고 태어남을 조건으로 늙음과 죽음·슬픔·비탄·고통·걱정·절망이 생긴다. 이와 같이 전체 괴로움 무더기苦蘊의 일어남이 있다.[10]

상담에서 내담자가 일반적으로 호소하는 문제를 이해하기 위해 내담자의 의도, 기대, 희망, 바람 등을 찾는 것이 중요하다. 그러나 반야적 관점에서는 의도를 단지 욕구나 동기로 분리해서 단편적으로 파악하기보다는 대상을 감각하고 지각하고 인지하는 정보처리 과정을 거쳐 정신분석의 주요 개념인 무의식적 욕구를 포함하는 동기 그리고 더 나아가 심리적 판단과 결정 과정을 연속적 흐름으로 이해한다.

다음은 수용전념치료ACT에서 내담자의 기대, 희망, 바람을 '가치 맥락'으로 접근하는 사례로서 섬유근육통fibromyalgia 진단을 받은 내담자인 수전Susan이 첫 회기에 호소한 내용의 일부[11]이다.

의료 전문가들에게 실망했고 건강관리 서비스에 종사하는 모든 사람에게서 버림 받았다는 말로 시작해서 현재 상태는 처음보다 훨씬 나빠졌고 온몸이 아프고 기분도 우울하다. 오로지 통증을 없애는 데만 지난 2년을 보냈는데 한 번도 나아졌다고 느껴본 적이 없었다. 지금은 도움을 받으러 가기 전보다 통증이 더 심해진 데다, 사실상 이제는 자기 인생의 모든 것을 잃어버렸다. …… 지금은 나아지리라는 희망이 전혀 없다. 그러니까 상담자가 지금 자신을 도와줄 수 있는 최선의 방법은 자기가 일을 할 수 없다는 평가서를 써 줘서 영구장애 판정을 받을 수 있

---

10) SN III 14, SN22:5, 삼매경, Samādhi sutta.
11) Baer, 2006/2009, pp. 413-417.

게 해 주는 것이다.

수전이 현재 상담에서 원하는 것은 통증의 완화나 치료가 아니라 상담자가 '일을 할 수 없다는 평가서를 써 줘서 영구장애 판정을 받을 수 있게 해 주는 것'이다. 내담자의 상담 목적이 '영구장애 진단'이라면 내담자는 상담 과정에서 상담자에게 최대한 잘 보이도록 협조하면서 자신의 상태를 '비관적으로 극대화'하고자 할 것이다. 이러한 내담자의 상담 목적과는 달리 ACT상담자는 첫 회기의 목표를 내담자가 '가치를 두고 있는 삶의 방향'을 확인하여 그것과 재연결시키고, 그 방향으로 움직이지 못하게 하는 언어 장벽을 검토하고, 문제를 풀기 위해서 내담자가 사용하고 있는 전략의 효과를 검토하는 것으로 하였다. 그러나 반야상담자는 상담 과정을 어떻게 하겠다는 전략이나 목적을 따로 미리 설정하지 않고 단지 내담자의 이야기에 머물면서 되비춤과 되새김 과정을 통해 내담자가 현재 경험하고 있는 괴로움이 일어난 조건을 찾아 이해하도록 한다.

앞에서 언급한 내담자가 상담에 온 목적과 상담자의 상담 진행에 관심을 가지고 다음 상담 과정을 살펴보면, 내담자는 자신이 그동안 많은 다양한 노력을 하였지만 효과가 없다는 것을 강조하고 있지만 상담자는 ACT적 상담 절차에 따라 내담자를 이끌어 간다.

수 전 2: 그게 참 이상하단 말이에요. 내가 **더 노력하고 희생할수록 통증은 더 심해지니** 말이에요. 말이 안 되잖아요.

치료자 3[18]: 당신이 말하는 것과 관련된 비유를 하나 들어 볼게요. 오늘밤 당신이 집에 들어갔는데 부엌에서 **새끼 호랑이 한 마리를 봤다고 상상해 보세요.** 끔찍하게도 당신은 자그마했던 새끼 호랑이가 어느새 배고픈 커다란 호랑이가 되어 있고 그놈의 다음 먹잇감이 바로 당신이라는 것을 깨닫게 됩니다. 당신

[18] 내담자는 더 노력하고 희생할수록 통증이 심해진다에 식(識)이 머물고 있는데, 치료자는 통증을 호랑이로 비유하여 상상하게 한다. 즉, 내담자는 신체적 감각에 머물고 있는데 치료자는 그 감각을 호랑이라는 내적 이미지로 전환시킨다. 내담자가 자신의 입으로 통증을 호랑이로 비유했다면 반야상담자는 그 말을 사용하지만 상담자가 먼저 통증을 다른 용어로 대체하지 않는다. 반야상담자는 수전 2의 이야기에서 곧바로 노력하고 희생할수록 통증이 더 심해진다에 대해 펼쳐서 설명하게 하여 나온 이야기 안에서 노력·희생과 통증 간의 조건적 인과관계로 이해하도록 한다. 즉, 치료자 3~18까지의 비유와 상상, 요술 지팡이, 바람 등으로 바꾸어 가며 현재 느끼는 통증을 수용하게 하는 멀고 긴 탐색 과정을 거치지 않고도 반야통찰상담은 수전 2에서 몸으로 경험하는 통증의 실체를 찾는다.

은 뭘 만든 것일까요?

수 전 3: 괴물이요!

치료자 4: 당신에게 으르렁대는 작은 새끼 호랑이를 처음 발병 때의 통증으로 생각해 보세요. 당신은 그 통증을 잠재우는 데 혼신을 다하고 통증을 통제하기 위해 당신은 아마 친구들을 만나는 것, 운동하는 것, 또는 직장도 희생했을 거예요.

수 전 4: 네, 그랬어요. 그렇게 하라고 해서 그런 거예요. 의사가 내게 휴가를 내서 절대 안정을 취한 다음에 나아지면 다시 일하라고 했어요. 물리치료자는 내게 아픈 일은 하지 말라고 했어요.

치료자 5: 나도 건강관리 시스템이 당신에게 그런 지시를 한다는 걸 알고 또 당신도 최선을 다했다는 걸 압니다. 무슨 일이 일어났는지만 봅시다. 당신은 통증을 통제하는 데 전력을 다하느라 소중한 일을 하나씩 중단했습니다. 그러나 통증에서 벗어나기는커녕 크고 배고픈 통증을 얻었고 삶의 질을 상당히 잃었습니다.

수 전 5: 네, 바로 그거예요. 통증에 집중해서 그것을 없애버리면 내 생활로 돌아갈 수 있을 거라 생각했어요. 그렇게 했는데 어떻게 됐나 보세요! 난 모든 것을 잃었어요! 건강관리 시스템이 뭘 하고 있는지 스스로 알 줄 알았어요!

치료자 6 [19]: 당신을 돕기 위해서는 당신이 원하는 삶과 당신이 잃어버린 것에 대해 좀 더 알아야 합니다. 호랑이에게 먹이를 주는 동안 당신이 유보한 것들에 대해 알고 싶어요.

수 전 6: (잠시 멈추고) 그걸 생각하는 건 고통스러워요. 내가 잃은 것에 대해서는 생각하지 않으려고 노력해 왔어요. 현재 주어진 상황에 적응하려고 노력했어요.

치료자 7 [20]: 그런 생각이 당신을 어디로 인도했죠?

수 전 7: 나는 그저 현실적이 되려고 노력했고, 통증이 내 삶을 통제하고 있다는 사실을 받아들이고 그 한계 안에서 최선을 다했어요.

치료자 8: 그 생각이 당신을 어디로 데려갔죠?

수 전 8: 그건 생각이 아닌 현실이에요.

[19] 치료자는 내담자의 호소 문제에 대해 더 많은 정보를 얻기 위해 '호랑이'라는 상상적 비유로 계속 접근한다.

[20] 수전2~6까지 현재 상황에 적응하려고 노력했다고 강조하지만, 치료자는 수전의 '노력했다'는 표현을 '그런 생각'으로 접근한다. 치료자 7~9까지 계속 생각으로 접근하다가 수전 9가 강력하게 반응하자 치료자 11은 호랑이 생각에서 통증은 놔 두고 바라는 것을 찾기 위해 요술지팡이로 옮겨 간다. 그리고 치료자 12, 치료자 18에서도 계속 상상적 접근을 한다.

치료자 9: 그 생각을 하는 것, 그것이 인도한 곳은 어디죠?

수 전 9: **왜 자꾸 생각에 대해 이야기하는 거예요?** 나는 사실을 이야기하고 있어요! 나는 몇 년 동안 통증을 안고 살아왔고 이 병을 얻기 전에 내가 알고 있었던 내 인생이 끝났다는 것을 받아들였다고요.

치료자 10: 당신이 고통받고 있다는 것을 느낄 수 있어요. 당신의 말을 들으니 통증이 당신의 삶을 질식시키고 있는 것 같아요.

수 전 10: (눈물을 글썽이며) 그게 정확한 표현이에요!

치료자 11: 만약 괜찮다면, 통증 이야기는 잠시 접어 두고 당신이 살고 싶은 인생에 대해 좀 더 듣고 싶은데요. **내게 요술 지팡이가 있어서 당신의 통증을 없앴다고 해 봅시다.** 당신의 삶은 어떤 모습일까요? 당신의 삶이 어떻기를 바라시나요?

수 전 11: 절대로 일어나지 않을 환상에 대해 생각하는 게 무슨 의미가 있는지 모르겠지만 어쨌든 알겠어요. 만일 할 수 있다면 내 삶에서 중요한 부분들을 되돌릴 거예요.

치료자 12[21]: 원하는 삶의 방향들에 신경 쓰는 게 당신에게 상처가 된다는 걸 이해합니다. 특히나 당신이 그곳으로 가는 문이 닫혀 있다고 느낀다면 말이죠. 혹시 당신이 신경 쓰는 그 꿈들을 더 자세히 들여다봄으로써 그 상처를 지금·여기서 느껴볼 수 있겠어요? 그렇게 하면 어쩌면 원하는 것에 가까워질 수 있을지도 몰라요. **그 아픈 감정들을 기꺼이 지금·여기 이 방으로 가져올 수 있겠어요?**

……(중략)……

수 전 16: 당신의 말은 내게 희망이 없다는 건가요? 정말로 비참하군요.

치료자 17: 당신 말고요. 수전, 당신이 희망이 없다는 것이 아니라 당신이 다시 일상으로 돌아가려고 통증을 없애기 위해 이용했던 전략들에 희망이 없다는 거예요. 당신이 경험했듯이 말입니다.

수 전 17: 그럼 어쩌죠?

[21] 수전 2에서부터 계속 노력하고 희생할수록 통증이 더 심해진다고 말을 했는데 치료자 12에서야 상처를 지금·여기서 느껴 보기 위해 아픈 감정을 이 방으로 가져오라 한다.

치료자 18[22]: **내 손에 두 개의 주머니가 있다고 상상해 보세요.** 한 주머니에는 통증으로부터의 완전한 자유가 들어 있습니다. 온종일 약에 취해 그 주머니 속엔 당신이 원하는 삶은 없습니다. 다른 주머니에는 당신이 되찾고자 하는 인생에 더 가까이 갈 수 있는 기회가 들어 있습니다. 그러나 통증도 있습니다. 좀 더 하거나 덜할 뿐, 오늘 그런 것처럼요. 둘 중 어느 주머니를 택하겠어요?

앞의 사례에서 보여 준 것처럼 ACT상담의 초기에는 내담자가 삶의 각 차원의[23] 궁극적인 가치를 찾고 이런 가치를 검토하여 자신이 삶의 방향에 책임을 갖도록 힘을 불어넣는 것을 강조한다. 그리고 활력의 느낌으로 종종 묘사되는 이런 가치들을 행동 변화의 기준점으로 삼는다고 하였다. 그러나 반야통찰상담에서는 내담자의 가치를 찾아서 현재 호소하는 문제의 해결 동기로 활용하는 것이 아니라 현재 경험하고 있는 문제와 가치로 언급되는 내담자의 의도를 상호 조건적 관계로 연결하여 이해하게 하는 것이 행동 변화의 과정이다.

반야는 [심의식←(욕탐)→일체법]의 관계를 연결해서 알고 보는 것이다. 즉, 현재 일어난 상황에 대한 내담자의 인식에 제3변인인 욕탐으로서 의도의 영향력을 함께 연결해서 보는 것이 반야통찰상담에서 문제 접근의 핵심이다.

원전에서 아난다는 붓다를 25년이나 그림자처럼 함께하여 붓다가 반열반 후에도 말씀하신 모든 것을 한 치의 오차 없이 정확하게 기억하고 암기하고 있었지만 아라한임을 증명할 수 있는 깨달음에 이르지 못했다고 한다. 즉, 아난다는 외부 대상을 놓치지 않고 기억하고 저장하는 사띠와 사마디의 힘은 충분하였지만 반야는 완성되지 못한 상태였다가 결집대회 직전에 비로소 깨달음을 얻어 아라한에 이르렀다 한다. 그렇다면 깨달음에는 반드시 반야가 수반되어야 한다는 것으로 이해된다. 분명 원전의 여러 부분에서도 반야의 조건으로 실라와 사마디를 언급하고 있다.

여기에서 아난다가 깨달음에 이르는 과정은 반야통찰상담의 세 가지 기본

[22] 치료자 3은 호랑이, 치료자 11은 요술 지팡이, 치료자 12는 아픈 감정, 치료자 18은 두 개의 주머니로 치료자가 먼저 비유와 상상, 생각의 내용을 부지런히 바꾸어 간다.

[23] ACT에서는 공동체 참여, 영성, 부모 형제들, 건강이라는 네 가지 영역을 인생 나침반이라 하고 각 영역이 중요한 이유, 원하는 것(의도)을 찾게 하고 그 찾은 내용과 현재 모습을 비교하여 그 사이에 있는 장애물을 기록하여 상담 과정에서 다룬다.

요소의 중요성을 보여 준다. 깨달음과 문제해결은 밀접한 관계가 있고, 깨달음은 심·의·식이 외부 대상을 인식하는 심리 현상이 일어날 때 일어남의 핵심적 기제는 바로 욕탐, 갈애, 의도라는 제3변인의 작용을 엮어서 흐름으로 함께 이해하는 것이 바로 반야적 통찰이다. 이렇게 반야의 삼요소를 연결해서 이해하지 못할 때는 깨달음이라 할 수 없고 깨달음에 기반하지 않고서는 궁극으로서 문제의 소멸과 평화에 이르지 못한다는 것이다. [참조: 반야통찰상담의 원리-반야의 검증: 깨달음]

반야통찰상담에서 의도는 내담자에게 속하는 내용이다. 의도에 대한 이해는 내담자 변화의 출발이면서 핵심이므로 상담 과정에 주요 관심거리이기는 하지만 상담자가 내담자의 의도를 파악하기 위해 별도의 기법을 사용하는 것이 아니라 내담자가 하는 말을 인과적 흐름을 이해하게 되면 그 안에서 내담자의 의도는 저절로 딸려 나온다. 따라서 반야적 통찰을 구성하는 세 가지 요소는 [심의식←(욕탐)→일체법]이다. 반야통찰상담적 접근과는 달리 일반상담에서는 내담자의 의도를 상담자가 기법을 사용하여 가시화하는 것이 상담의 주요 활동이 되기도 한다.

내담자의 의도가 상담 과정에 미치는 영향

상담은 문제를 해결하고자 하는 내담자와 전문적 지식과 경험이 있는 상담자와의 목표 지향적 계약 관계이기 때문에 상담 목표를 달성하여 종결하는 경우가 대부분이지만 예상치 않게 중단drop되는 경우도 있다. 붓다는 항상 '지금·여기의 법에 대한 이야기'를 하였으나 제자나 방문객의 마음이 사적 견해에 사로 잡혀 붓다의 말을 이해하지 못하고 자신의 기대에 따른 생각을 고수하는 상황을 '빠삐만papiman에 붙잡혀 있다.'고 표현하였다.

다음은 내담자의 상담에 대한 주관적 기대가 상담 과정에 미치는 영향을 보여 주는 예로서 상담자에게 배울 것을 제공해 주므로 공부로서 다룬다.

저하고는 잘 안 맞는 것 같아요

'산후 우울증과 시댁과의 관계에서 받은 상처와 아픔을 치유하고 싶다.'는 내담자(30대 후반, 여)가 2회기에 자기가 원하는 대로 상담이 진행되지 않았다고 '상담이 저하고는 잘 안 맞는 것 같아요.'라면서 더 이상 상담을 하지 않겠다고 하였다. 내담자는 친정어머니하고도 안 맞아 잘 싸우고, 시댁 식구들과도 안 맞아 그들이 보기 싫어서 이민을 왔고, 이민 와서 3년간 살았던 작은 도시에서는 만났던 한국 사람들과도 안 맞아서 이곳으로 이사를 왔고, 남편과도 안 맞아 싸우면 나가라 하고, 상담도 자기와 맞지 않는 것 같으니 그만하겠다고 통보하였다. 이러한 내담자의 유신견과 사견의 족쇄에 묶인 인간관계와 사고방식, 행동방식은 붓다가 말한 전형적인 괴로움의 길이다. 내담자는 '나'라는 존재인 오취온을 유지하기 위해 주변과 상황이 모두 '자기'와 맞아야 한다. 그러나 반야통찰상담에서 내담자의 이야기를 다루는 과정은 지금·여기에서 일어난 현상을 있는 그대로 반야로 보는 괴로움 소멸의 길이다.

2회기 입정 후 호흡관찰 경험을 이야기하고 "오늘 상담에서 하고 싶은 이야기를 하세요." 했더니 아이가 계속 토해서 분유를 네 번째 바꾸었다. 소화를 못 시키고 장이 안 좋아 지금 먹는 분유는 특수 분유인데 상태가 많이 안좋다. 그런데 병원에서는 별거 아니라고 하면서 정히 걱정되면 2~3주 안에 테스트를 해 보자고 했다면서 결과가 나올 때까지 불안하고 힘든 시간을 견뎌야 한다고 생각하니 걱정이 되고 마음잡기가 힘들다고 이야기한다. 그래서 "아이가 어떻게 우유를 먹느냐?"고 물었더니 입으로는 아무것도 삼키지 않으려 해서 코에 줄을 넣어 우유를 주는데 계속 토한다는 것이다. "그럼 아이의 구강에 의학적 문제가 있느냐?"고 물었더니 예전에는 쪽쪽이도 빨고 했는데 지금은 아예 입으로는 거부한다고 했다.

"아이에게 물은 어떻게 먹이느냐?"고 물으니 내담자는 아이가 현재 3개월인데 지금까지 한 번도 물을 먹이지 않았고 물은 다만 코의 호스에 우유를 주입하고 나서 관을 헹굴 때 몇 방울 주었다고 하였다. "아이가 3개월인데 지금까지 한 번도 물을 주지 않았다고요?" 놀라서 물으니 내담자는 아이가 병원에 있을 때는 계속 링거액을 맞았고 퇴원할 때도 의사가 물을 먹이라는 말을 하지 않았고 아무도 아이에게 물을 먹이라는 말을 하지 않았다고 했다. 상담자가 "만일 물을 먹이는 것이 문제가 되면 병원에서 '물을 먹이지 말라.'는 지시사항을 줄 수 있지만 물을 먹이는 것과 관련하여 아무런 언급이 없었다는 것은 먹여도 된다는 의미로 이해된다."고 말하고서 내담자를 바라보았다.

태어나서 지금까지 아이의 '입'에 물을 준 적이 없다는 말을 하는 과정에서 내담자는 앞 테이블에 놓인 물을 몇 번에 걸쳐 마셨다. 그래서 상담자가 내담자에게 "제니Jenny는 지금도 물을 마시고 있고, 만약에 제니가 하루 동안 물을 마시지 않는다면 어떻게 되나요?" 하고 다시 물었더니 내담자가 "그럼 왜 병원에서 말을 안 했을까요?" 한다. 아이는 인공수정해서 미숙아로 태어나면서 뇌출혈이 있어 2개월간 병원에 있다가 퇴원하고 산후조리를 위해 시어머니와 친정어머니가 번갈아 가며 함께 생활했는데 그분들도 아이에게 물을 먹이라는 말을 하지 않았다는 것이다.

내담자가 지금 자기는 '패닉 상태'라면서 이마의 땀을 몇 번이나 손등으로 닦아내고 눈물을 흘리면서 생각에 잠겼다. 상담자도 3개월간 아이가 입으로 물 한 방울도 적시지 않았다는 말에 "나도 패닉 상태에요." 하고 내담자가 말을 시작할 때까지 바라보며 머물렀다. 얼마 후 내담자는 오늘 상담에 오기 전 기분이 우울하고 가라앉아 상담에 와서 기분을 좀 풀려고 했는데 아이한테 물 주는 이야기만 하다가 상담 시간이 다 간다'며 입 속의 껌을 몇 번 오물거리며 가방에서 휴대전화를 꺼내어 보았다.

내담자가 돌아간 다음, 저녁 시간에 '상담이 저하고는 잘 안 맞는 것 같아 상담료를[24] 환불받고 싶다.'는 문자 메시지가 왔다. 그래서 상담자가 '일주일

[24] 내담자는 상담을 꼭 받고 싶다며 자기가 지불할 수 있다고 제시한 상담료는 캐나다에서 상담전문가들이 받는 1/7수준이였다.

간 잘 지내시고 다음 상담에 와서 그런 부분에 대해 이야기를 나누자.' 했더니 다시 '남편을 보낼 테니 상담료를 환불해 달라.'는 문자 메시지를 보냈다. 남편이 상담료를 환불받기 위해 왔을 때 상담자가 전 시간 상담 내용과 관련하여 개인적으로 궁금해서라며 "아이가 지금은 물을 먹느냐?"고 물었더니 남편은 입속의 껌을 돌리면서 어색한 웃음을 지으며 작은 목소리로 "먹지 안 먹어요? 물을 안 먹으면 죽는데……." 한다.

이 사례는 한동안 상담자의 마음을 어지럽게 흔들어서 어떻게 해야 하나 하다가 자리를 잡고 앉아 내담자와 그 가족 그리고 아이의 '괴로움'에 선kusala 으로 머물러 주고 평화의 바다로 흘려보냈다.

의도와 상담의 매뉴얼화

현재 상담이론들은 계속 개발되고 변화되고 수정되고 있다. 그러나 2600여 년간 변함없이 그대로 유지되어 오고 있는 붓다의 상담을 따라가는 반야통찰상담은 문제 유형이나 내담자 유형에 따른 접근이 아니라 모든 유형의 문제는 생멸의 원리와 마음의 오염원(탐·진·치)의 영향이라는 두 가지로 이해된다. 따라서 문제 이해 단계에서 먼저 '문제를 정상화'하고, 다음으로 문제의 원인을 탐색하는 과정에서 문제의 상황을 매개하는 오염원인 의도, 기대, 희망, 바람 등을 연결하여 통찰한다. 반야통찰상담에서 내담자의 의도는 내담자의 문제마다 숨어 있어 각각의 내담자와 문제별로 다르게 찾아야 하는 사례case에 따른 개별 접근이 아니라 내담자의 의도를 핵심으로 하는 상담 과정의 매뉴얼화manualizing가 가능하다. 즉, 내담자가 호소하는 모든 문제는 마음이 탐·진·치의 족쇄에 묶여 함께 일어나는 현상에 대한 이야기이고 백 명, 천 명의 내담자라 할지라도 모두 탐·진·치가 의도이므로 반야통찰상담은 일관된 원리가 적용된다. 따라서 반야상담자는 이를 알고 보는 혜안으로 내담자의 이야기를 듣다가 탐·진·치와 관련된 이야기가 나오면 상황과 연결해서 되비춤해 주거나 그 부분을 내담자에게 펼쳐서 설명하게 하고 되새김하게 하는 일련의 상담 과정에서 내담자의 자각과 통찰이 시작된다.

　다음은 수련 과정에서 내담자의 의도를 어떻게 반야통찰상담적으로 이해할 것인가에 대해 논의한 내용이다.

> 수련생 1: 아까 박 선생님이 상담자는 그 맥락을 잘 잡아야 된다고 하셨잖아요? 그런데 우리가 내담자의 이야기를 들을 때 상담자의 입장에서 맥락을 잡는 게 아니라 내담자의 의도를 생각하고 내담자의 입장에서 그 맥락을 잡아야 되겠어요.
>
> 수련생 2: 그러니까 그 내담자의 궁극적 의도는 편안함이잖아요? 내가 편해지고 싶은데 지금 그게 불편한 거잖아요? 그 의도라는 것을 '그때 당신의 의도가 어떤 거였어요?' 하고 직접 묻는 것이 아니라 내담자가 스스로 알아차리고 말할 수 있도록 녹여서 하는 것이지요.
>
> 수련생 3: 그것은 계속해서 나오는 주제어잖아요?
>
> 수련생 2: 그런데 내담자와 이야기하면서 계속 의도에만 집중하는 것은 아닌 것 같고, 반야통찰상담 과정에서는 내담자에게 설명하게 하고 상담자가 되비춤하면서 구체화하다 보면 그 속에서 의도를 파악하게 되는 거지, 처음부터 호소 문제를 들으면서 '의도가 뭘까?' 하고 계속 의식하면서 하지 않는 것 같은데요.
>
> 수련생 3: 내담자 스스로가 알 수 있도록…… 그 보통 사람들…… '그러니까 내 경험으로는 의도 자체가 뭔지도 모르고 살았어요. 왜냐하면 본인의 의도가 있는지도 모르면서 오직 밖에 있는 타인으로 인해 내가 너무나 불행하다고 생각했어요. 내가 선택한 남편, 선택은 안 했지만 태어난 아들 그리고 회사에도 가면 나는 정상인데 밖의 대상 때문에 내가 하루 종일 고통에 시달린다고 생각했던 시절이 있었잖아요. 내 의도도 몰랐어요.' 그런 것처럼 내담자도 자기 의

도가 뭔지를 제대로 알고 오는 사람은 그렇게 많지 않다는 생각이 듭니다. 그래서 (반야통찰상담에서) 내담자의 의도 찾기는 상대방에게서 느끼는 불편감은 그 사람이 나를 불편하게 하는 것이 아니라 자기의 의도로 인해서 불편했다는 것을 스스로 알 수 있도록 그것을 주제어로 중심을 잡고 가는 거라고 이해가 되거든요.

내담자 의도와 세계

반야통찰상담에서 내담자의 의도가 어떻게 삶의 문제로 드러나는지를 알기 위해서 반야상담자는 내담자가 호소하는 문제에 나타나는 세계는[25] 객관적으로 밖에 존재하는 것이 아니라 내담자 인식 과정에서 바람이나 기대에 의해 일어났다 사라지는 일련의 흐름으로 이해해야 한다. [참조: 반야통찰상담의 원리-반야통찰상담과 세계]

다음은 두 자녀를 둔 40대 초반의 내담자가 최근 친정 가족에게 화가 나고 서운함이 올라와서 거리를 두고 있는 것에 대해 불편해하다가 반야통찰상담 시간에 이야기한 내용이다.

[25] 세계는 내담자의 이야기 안에서 바람과 원함, 싫음, 화남, 대상, 상황, 타인, 인간관계, 자기의 신념, 견해 등의 내용으로 나타난다.

내담자는 2남 2녀의 장녀로서 결혼을 했어도 부모님이 자신을 많이 의지하고 자신도 친정의 일과 행사에서 주도적 역할을 해 왔는데 어느 순간부터 엄마가 자기보다 6년 후에 결혼한 남동생의 의견을 더 존중하는 것 같아 기분이 좋지 않을 때가 있었다. 남동생의 아들이 자신의 둘째 아이와도 연년생으로 비슷한 또래여서 잘 어울려 놀다가도 의견 차이로 다툼이 생기면 유치원 교사인 올케가 나서서 아이들을 혼내면서 자신의 아들에게 사과하라 하면 내담자도 나서서 자기 아들이 싫다며 거부하여도 '사과하라'고 할 만큼 초반에는 괜찮았다. 올케는 결혼해서 지금까지 똑같이 유치원 교사의 방식으로 아이들을 훈육하지만 올케가 자신의

아들에게 편향적이라고 느낀 순간부터 내담자는 자신의 아이들이 올케에게 혼나
는 것에 마음이 불편하고 그 마음이 오래가서 요즘은 거리를 두게 되었다고 하였
다. 그래서 이것이 정상인지? 자신의 마음이 좁아서 그런지? 올케가 너무 나서는
것 같기도 하여 어떻게 해야 할지 모르겠다고 하였다.

내담자는 그동안 자신의 역할을 부담스러워하면서도 친정의 의사결정 구도가 변
하는 것을 받아들이지 못하였다. 이제 친정 부모님에게 본인은 '가는 힘'이고 남
동생과 올케는 계속 힘이 커져가는 상황이라는 것을 인정하기가 어려웠다. 친정
에서 자신의 역할과 영향력을 줄여 가야 하는 시점이라는 것을 느끼고는 있어 일
부는 후련하기도 하지만 '그동안 내가 어떻게 했는데……' 하는 서운함이 올라오
면 화가 났다.

상담 과정에서 내담자는 시간이 흐르면서 친정집의 핵심이 큰딸인 자신에게서
장남인 큰아들에게로 주도력이 넘어가는 것은 자연스러운 일이라는 것을 알게
되었고, 엄마가 자기보다는 남동생과 의논하는 것도, 올케의 행동이 순간 서운하
긴 해도 그대로 받아들이는 것이 '이치에 맞음'을 이해하게 되었다. 그 후 친정 식
구들과는 적당한 거리를 두며 지내고 각자의 역할에서도 조금 편안해졌다고 하
였다.

다음은 반야통찰 집단상담에서 우리가 일상에서 문제라고 생각하는 것은
외부 대상이나 상황이 아니라 자기의 의도나 기대에 의해 영향을 받는다는
'세상에 대한 인식'을 이야기하는 과정에서 집단원이 말한 내용이다.

자기는 고집이 세고 말을 안 듣는 친구가 있어도 직접 말로 표현하기보다는 그냥
'무식하다'고 속으로 욕하고 만다고 하였다. 그 예로, 친구가 자기 차를 운전하고
가다가 '펑' 하는 소리를 자기는 들었는데 운전한 친구는 듣지 못했다고 하였다.
서비스 센터에 가니 바퀴, 휠이 모두 부서져 수리비가 2천 달러나 나왔다. 친구

에게 운전을 조심해서 하라고 했으나 친구가 자기는 전혀 그런 소리를 못 들었다고 고집을 부리기에 화가 났지만 속으로 무식하다고 욕을 하였다고 한다. 집단원은 그저 친구에게 '조심하라'고만 말했지 수리비에 대해서 그 친구에게 책임을 물을 의도는 100%도 없었다면서 나는 '펑' 소리를 들었는데 친구는 어쩌면 그 소리를 듣지 못했다고 하는지에 대해서만 초점을 맞췄다. 펑크puncture의 책임 소재를 확실히 친구에게 돌려 친구를 압박하고자 하는 의도가 크다고 보였다.

상담자가 내 차인데 어떤 이유로 친구가 운전하게 되었는지 설명해 달라 하였더니 집단원은 잠시 말을 멈추고 집단 전체를 천천히 돌아보며 사실은 그 친구는 남편이라고 하였다. 그래서 상담자가 남편을 친구라고 말한 이유가 궁금하다 하였더니 남편이라는 말조차 쓰고 싶지 않단다. 집에서 돈을 버는 사람은 남편이고 남편의 돈으로 차를 샀고 보험료도 남편 이름으로 내고 있는데 그럼 남편이 사고를 냈고 남편의 돈으로 수리비를 내는데 왜 그렇게 화가 나는지 탐색하였다. 집단원은 그동안 남편은 돈을 벌어오는 것이 역할이고, 돈을 쓰는 것은 자기의 역할이라 생각하고 있었다는 것과 돈이 항상 부족한데 남편으로 인해 돈이 나가는 것은 참을 수 없어 한다는 것을 알게 되었다고 했다. 이러한 탐색의 과정에서 집단원은 "그럼 고집이 센 것이 나네요. 무식한 것도 나고요." 하더니 이제부터는 집에 가서 화를 안 내고 남편의 이야기를 들어줘야겠다고 하였다.

그리고 집단에서 몇 번의 이야기가 진행되고 집단원이 다시 궁금한 것이 있다며 "평소 알고 지내는 친구가 남편과 사이가 안 좋다고 하면 이혼하라고 충고해야 해요?" 하고 묻고는 친구가 자꾸 이야기를 하는데 자기가 듣기에 부부 사이가 안 좋은데 "그렇게 어떻게 살아? 그러려면 이혼해야지." 하면서 말소리를 낮춘다.

앞에서 내담자는 외부 대상인 남편이 문제가 아니라 자신의 의도, 기대가 문제였다고 깨달았다고 했으나 친구에게 이혼하라고 충고하고 싶어 하는 것에서 이 집단원의 세계는 '모두 다 내 것'이라는 욕계 차원으로 볼 수 있다. 그리고 집단원은 문제는 외부의 타인이 아니라 그 외부 대상을 자신의 의도에 따라 인식하는 과정이라는 명확한 앎과 봄이 구족되지 않았다는 것을 알 수 있다.

세계(욕계, 색계, 비색계)에 대한 이해가 곧 반야이므로 반야통찰상담에서는 상담자가 내담자의 세계에 대해 이해하는 것이 중요하다. 세계는 주관과 객관, 자신과 타인으로 구분되는 내담자 인식과 감각 대상과의 관계로서 이런 관계의 일어남과 사라짐을 알고 보는 것이 혜안이다. 세계는 여섯 감각장소 → 감각접촉 → 정서경험의 과정인 일체를 조건으로 일어나는 인식 과정이다. 이런 인식 과정에 탐 · 진 · 치의 번뇌로 심 · 의 · 식이 오염된 정도에 따라 세 가지 수준의 세계가 펼쳐진다.

욕계貪 raga는 밖의 대상인 법을 모두 내 것으로 취해서 내 의도대로 하려는 형성작용으로 일어나는 세계이다. 색계嗔 dosa는 '아! 밖에 형태를 가진 대상이 내 것이 아니라 객관적으로 존재하는 것이구나! 내 뜻과 마음대로 되는 것이 아니네. 밖에 있네.' 하고 나와 밖으로 구분하고 대상이 밖에 있다고 생각하는 세계로서 환경과 타인 탓을 하며 대상을 향한 분노와 화를 표출한다. 비색계痴 moha는 나와 구분되는 대상이 형태를 가지고 밖에 있는 것이 아니라 비형태적인 존재로서 '있다'고 생각하는 세계이다. 예로, 심리학과 철학의 대상인 신, 평화, 사랑, 행복, 우울, 불안, 슬픔 등은 모두 비형태로 '있다'고 인식하는 대상들이다. 상담에서 다루는 대부분의 심리적 문제들은 비색계의 존재들로 이해된다.

반야가 최상으로 작동하는 출세간lokuttara은 너와 나 그리고 안과 밖, 주관과 객관, 나와 환경으로 이분법적인 구분은 객관적으로 존재하는 것이 아니라 내가 생멸의 원리를 모르고 마음이 욕탐에 묶여 대상을 즐김taṇhā → 집착 upādāna → 존재bhava가 생기는 형성작용으로 인해 일어나는 현상이라는 것을 알고 보는 과정이다. 즉, 출세간은 외부 대상이 문제가 아니라 그 대상을 인식하는 마음이 탐·진·치라는 오염원에 묶여 인식의 오류가 있다는 것을 알고 보는 반야통찰상담의 목표 지점이다. 따라서 반야통찰상담에서는 문제나 변화의 과정에 대한 비교급과 최상급적인 상담 표현을 효과로 인정하지 않는다.

붓다는 그 어떤 것도 염오, 이탐하여 해탈하라고 했지 이것에서 저것으로 바꾸거나 달라져라 하지 않았다. 붓다는 오온에 대한 비교급이나 최상급에 대한 인식의 버림이 바로 해탈이고 벗어남이고 소멸이고 열반이라 하였다.

> 그러므로 수행자들이여! 그 어떤 물질(정서경험·인식·형성·의식)이라도 그것이 과거이건, 미래이건, 현재이건, 안이건, 밖이건, 거칠건, 섬세하건, 저열하건, 수승하건, 멀리 있건, 가까이 있건, 모든 물질(정서경험·인식·형성·의식)에 대해 '이것은 나의 것이 아니다, 이것은 내가 아니다, 이것은 나의 자아가 아니다'라고 이와 같이 있는 그대로 바른 반야로yathābhūtaṃ sammappaññāya 보아야 한다.[12]

일반적으로 내담자들은 자신의 상태나 상황을 타인과 열등 또는 우등 비교를 하며 설명하기도 한다. 반야통찰상담에 온 내담자가 자기가 가족들에게 화를 내서 가족들이 상처받는 것이 싫다고 하였다. 특히 딸아이가 아빠는 할아버지가 아빠 어렸을 때 화를 내서 싫다고 했는데 지금 할아버지를 닮아간다는 말에 충격을 받아 상담에 오게 되었다고 하였다. 그래서 상담자가 "아! 딸이 아빠가 화내는 것이 할아버지를 닮아간다는 말에 충격을 받으셨네요." 했더니 내담자가 고개를 들고 목소리를 높여 "그래도 나는 바람은 안 피웠어

---

12) SN III 68, SN22:59, 무아의 특징경, Anattalakkhaṇa sutta.

28 족쇄(samyojana)는 무명을 조건으로 나의 것, 나, 나의 자아라고 집착하면서 존재가 자아에 묶인 것이다. 10개의 족쇄 중에 마지막 족쇄인 무명을 버려야 존재로서 재생하는 괴로움에서 벗어난다.

다섯 가지 거친 족쇄(五下分結 orambhāgiya samyojana)는 존재를 욕계에 매어 두는 번뇌이다.
① 유신견(sakkāya ditthi)
② 회의적 의심(vicikicchā)
③ 계금취견
    (sīlabbataparāmāsa)
④ 감각적인 욕망
    (kāmacchanda)
⑤ 악의(vyāpāda)

다섯 가지 더 미세한 족쇄(五上分結 uddhambhāgiya samyojana)는 존재를 색계와 무색계에 매어 두는 번뇌이다.
⑥ 색계에 대한 욕망
    (rūpa rāga)
⑦ 무색계에 대한 욕망
    (arūpa rāga)
⑧ 자만(māna)
⑨ 들뜸(uddaca)
⑩ 무명(avijjā)

요." 하면서 자기의 화냄과 자신의 아버지의 화냄이 다르다고 구별하며 자신이 더 낫다고 말한다. 이것이 바로 내담자가 현재 화를 내는 문제의 근본 원인인 자신과 타인을 구별하고 비교하는 인식 과정이다.

불교에서 인격 발달의 기준이 되는 족쇄28 중 유신견이 첫 번째이고 아홉 번째의 자만이 버려져야 비로소 열 번째 무명의 족쇄가 버려진다는 설명은 나, 오취온이라고 하는 존재에 대한 생각이 현재 경험하는 괴로움에 얼마나 깊고도 넓은 뿌리인가를 볼 수 있다.

상담의 과정에서 내담자는 매 회기마다 크고 작은 변화를 이야기한다. 상담자는 그런 변화를 상담의 성과라고 생각한다. 그러나 반야통찰상담에서는 내담자가 호소하는 문제가 가라앉거나 줄어들었다고 하여 상담 효과가 나고 있다고 평가하기보다는 그런 내담자의 보고는 그저 상담 과정에 일어나고 사라지는 현상으로 평가한다. 반야통찰상담에서 관심을 가지는 성과, 효과는 비교급이나 최상급 내용이 아니고 그런 인식이 일어나고 사라지는 과정을 상담에서 경험하여 상담이 종결된 시점에는 생멸의 원리에 근거한 인식을 구축하는 것이다.

[Sudassa 2-2] 삼계가 허위이니 마음만이 짓는 것

원효元曉대사는 나이 40세에 의상義湘과 함께 중국으로 유학길을 떠났다. 수원의 남양南陽 해안에 이르렀을 때 날이 저물면서 소낙비가 쏟아지고 더욱 컴컴해져서 비를 피하기 위하여 인적이 없는 움집으로 들어가 하룻밤을 보내기로 하였다. 원효는 한밤중에 심한 갈증을 느껴서 주위를 더듬거려 보니 손끝에 물이 담긴 그릇이 닿았다. 그는 황급히 물을 마시고는 다시 깊은 잠에 빠졌다.

다음날 아침 원효는 주위를 살펴보고 깜짝 놀랐다. 움집이라 생각했던 곳은 고총古塚이었고 그릇의 물은 해골에 고인 썩은 물이었다. 그 해골 속에 많은 벌레들이 우글거리고 있는 것을 본 것을 보자 심한 구역질을 느껴 웩웩거리며 토해 냈다. 원효는 구역질을 하다가 문득 기신론起信論에서 본 법문이 생각났다.

"한 생각이 일어나니 갖가지 마음이 일어나고, 한 생각이 사라지니 갖가지 마음이 사라진다. 여래께서 이르시되, 삼계가 허위이니 오직 마음만이 짓는 것이다."

원효는 일체의 사상事象이 오직 이 마음의 분별에서 생긴 것이라는 것을 깨닫고 너털웃음을 웃다가 또 빙긋거리기도 하자 의상이 이상하게 여겨 "왜 그러느냐?"고 물었지만 대답이 없었다. 이를 계기로 삼계유심三界唯心의 사상을 깨달은 원효는 굳이 멀리 당나라까지 가서 법을 물을 필요가 없게 되었다.[13]

상담 문제와 과거 · 현재 · 미래

반야상담자는 내담자의 이야기에서 과거 · 현재 · 미래의 내용을 구분하여 들을 수 있어야 한다. 즉, 과거나 미래에 대한 언급은 모두 유무 관점의 욕탐에 묶인 사적 견해이므로 그런 내용에는 관심을 보이지 않고 내담자가 지금 · 여기에서 경험하는 상황에서 마음을 묶는 욕탐을 찾아낸다. 내담자는 대부분 문제의 원인을 과거의 부정적 경험이나 상황이라고 생각한다. 그러나 반야통찰상담에서는 문제의 원인은 과거나 주변, 환경, 가족이 아니라 현재 상황에 내담자의 욕탐이 괴로움을 발생시킨다는 것을 연결하여 통찰하게 한다. [참조: 반야통찰상담에서 과거 · 현재 · 미래 다루기]

다음은 내담자가 상담 초반에 '잘해야 한다'는 걱정을 이야기한 후 상담 마무리 시점에 걱정이 어떻게 해서 일어났는지를 스스로 통찰하게 된 내용이다.

---

13) 동북아 신문, 2017. 05. 01.

상담자 56: 이제 상담을 마무리해야 할 시간인데, 오늘 상담에서 어떤 걸 경험하셨
는지요?

내담자 56: 음, 언어로 표현하기 전에 생각으로 많이 일어났던 건 실제가 아니다.
음, 그건 생각일 뿐이다. (음) 언어로 표현해 보고 (음) 또 그 부분에 머물러 보
면서 그렇게 하려고 했던 의도가 뭔지 살펴보니 처음에 생각했던 걱정거리는
내가 잘하려고 하는 그런 의도가 들어 있었기 때문에 그런 걱정이 올라오는
것을 알게 되었습니다.

상담자 57: 의도를 보니까↗

내담자 57: 의도를 보니까↗ 그건 아니구나. (음) 걱정할 게 아니구나. 이렇게 생각
이 되었고 거기에 욕심을, 의도를 내지 않으면 되는구나. 이렇게 알게 된 부분
입니다. 이런 부분들을 자꾸자꾸 생각을 하고, 그런 의도를 (음) 보려는 마음을
더 많이 가져야지 지금 현재 내가 겪고 있는 괴로움을 좀 적게 마음을 편안하
게 (음) 할 수 있는 방법인 것 같습니다. 그런 부분을 배웠습니다.

상담자 58: 그러셨어요? 지금 이야기를 들어보니까 일단 나한테 걱정이라는 그런
마음, 느낌이 일어났을 때에 '내가 잘하려고 했구나.'라는 것을 연결해서 이해
하는 순간 마음이 어떤 상태로 됐다고요?

내담자 58: 편안하게요.

상담자 59: 예. 그러면 내가 마음을 편안하게 하는 방법을 지금 아셨고 (네에~) 그
아신 내용을 지금 설명을 해 주신 거네요.

내담자 59: 네. 네. 처음 걱정했던 것은 생각이었죠. (음~ 음~)

상담자 60: 그 염려는 생각이었죠. 그래요. 그래서 생각은 실재가 아니다. 이렇게
말로 해 보니까 잘하려고 하는 의도와 걱정이 연결되면서 (예~) 생각이다. 이
걸 아셨네요. 이런 것을 일련으로 연결해서 알아차리는 것이 반야죠. 예. 좋
습니다.

내담자 60: 네에. 반야를 알게 됐습니다.

반야통찰상담은 문제의 원인이 과거가 아니고 욕탐이라는 것을 탐색한 후 심 · 의 · 식도 괴로움의 원인이 아니고 외부 대상도 괴로움의 원인이 아니고 마음과 대상이 만날 때 거기에 욕탐, 의도, 기대, 바람, 가치관, 견해 등이 오염원인으로 작용하여 마음과 외부 대상을 묶음, 결박함으로써 괴로움이 생긴다는 것을 이해하게 한다.

괴로움의 생김 = [심의식←(욕탐)→일체법]

일반상담에서는 내담자 호소 문제의 원인이 주변 상황이라고 생각하기 때문에 내담자의 문제를 해결하기 위해서 문제와 관련된 주변 사람을 함께 상담에 호출하거나 그들의 지원이나 조력, 심지어는 주변 사람들을 변화시키려는 시도를 하기도 한다. 그러나 반야통찰상담은 내담자가 호소하는 문제에 관련된 사람들이나 상황의 영향력에 관심을 갖기보다는 내담자의 인식과 의도의 문제로 전제하고 상담 과정은 철저하게 내담자의 인식에 초점을 둔다.

다음은 일반상담 사례로 슈퍼비전에서 도움받고 싶은 점으로 상담자가 문제해결을 위해 내담자 호소 문제와 관련 있다고 보이는 주변 관계를 어떻게 다루는지를 보여 주는 예이다.

내담자가 어머니와의 관계에 대한 주호소를 보고하였습니다. 특히 성인 내담자만 오는 경우, 내담자와 어머니의 관계를 객관적으로 파악하는 게 어렵고(실제로 내담자의 어머니가 심리적인 문제가 있을 수도 있을 것 같습니다) 개입에도 한계가 있는 것 같아 어떻게 하면 좋을지 궁금합니다.[14]

---

14) 한국청소년상담복지개발원, 2016, p. 7.

이 사례에서 상담자는 내담자가 호소하는 가족 관계에 대해 객관적으로 파악되지 않기 때문에 문제해결을 위한 상담을 온전히 진행할 수 없다는 전제이지만, 반야통찰상담에서는 내담자의 이야기에 객관성을 전제하지 않고 내담자의 주관적 인식에 초점을 둔다.

다음은 아들과 세 번만 말이 오가면 서로 목소리가 높아지고 부딪쳐 불편한 관계를 호소하는 어머니와의 반야통찰상담 내용이다. 상담 과정에서는 아들의 행동이나 부딪치는 상황에 초점을 두지 않고 오직 내담자인 어머니의 인식에 따른 느낌과 의도 등을 연결하여 관찰하며 문제로 규정한 상황에서 어떻게 행위하는지를 인과적 흐름으로 이해하게 한다.

내담자 120: 그러면 한 가지 의문점이 생기는데요. 아들이 내 마음을, 내 의도를 알아주지 못하는…… 안타까운 마음을…… 아들이 그거를 좀 알아줬으면 좋겠는데 못 알아주는 것은 어떻게 해요?

상담자 121: 그래요. 의문점이요? 의문점↘ 상담 시간이 다 되어 그 부분을 다루지 않았는데…… 앞에서 사라Sarah 님이 '아들이 내 마음을 알아주지를 못하는구나.'라고 오로지 관찰만 하겠다고 했을 때 관찰의 포커스가 틀렸지만 여기서 그것을 다루면 새로운 국면으로 가기 때문에 오늘은 마무리를 하려고 했어요. 그런데 사라 님이 그것이 의문점이라고 하면서 여전히 붙잡고 있어요. (네) 아들을 관찰하거나 상황을 관찰하는 게 아니고, 관찰의 포커스는 내가 아들에게 말을 할 때 나의 의도를 관찰하는 거예요. (아, 그렇지요. 그렇지요. 내가 그것을 또……) 그런데 나는 아직도 아들을 변화시키고 싶은 거네요. (네) 아들에게 그렇게 말을 한 것도 아이를 위해서 말을 한다고 하는데 그 아이를 '내 것이다'라고. (내 아들이기 때문에) 그래요. (하하하)

내담자 121: 그러니까 오늘의 주제는 '오로지 내 마음만 관찰하면 된다.'라고 명심하고 가겠습니다.

반야통찰상담의 문제해결 과정

내담자의 대부분은 자신의 문제가 과거 어린 시절, 가족, 부모의 영향으로 생겨서 지금까지 영향을 주고 있고 그 문제는 앞으로도 계속 부정적인 영향을 미칠 것이라고 이야기한다. 그러나 붓다의 관점에 의하면, 그 문제가 과거, 현재, 미래에 걸쳐 상존한다는 관점은 생멸의 원리를 이해하지 못한 무명의 상태에서 고정된 실체적 관점이므로 괴로움이 일어나는 과정이다. 따라서 반야통찰상담에서는 문제의 원인은 먼저 내담자가 생멸의 원리를 알지 못하고 현재 경험하는 문제나 괴로움이 '존재한다' '있다'라고 생각한다는 관점이다.

내담자의 이야기를 들으면서 상담자가 그 내용의 과거, 현재, 미래를 구분해 내고, 현재의 내용을 찾아 집중할 수 있는 능력은 어떤 상담이론이나 수련 과정에서도 다루지 않지만 반야통찰상담에서는 상담자의 기초 능력이므로 수련되어야 한다. 반야상담자는 혜안으로 현재만 골라서 상담 테이블에 놓으며, 상담 관계는 현재를 벗어나지 않고 상담을 진행해야 한다. 그러므로 반야통찰상담의 현재 중심의 문제해결 과정에서는 내담자가 호소하는 문제와는 별개로 상담자나 외부 자원을 이용하지 않는다. 주변 사람이 조언하고 충고하는 그런 방법이 아닌 자신의 경험 속에서 문제를 해결했던 기억이나 경험적 인식을 찾아내어 그것과 연결하여 문제해결의 방법을 찾도록 한다.

다음은 붓다가 깨달음을 얻기 위해 한 여러 시도 중에 자신의 경험 속에서 깨달음을 위한 길을 찾아내고 확신하는 내용으로 반야통찰상담에서 문제해결 과정의 토대가 된다.

붓다는 과거, 미래, 현재의 어떤 수행자들이 행한 것보다 더 격렬하고 괴롭고 혹독하고 사무치고 호된 느낌의 극심한 고행으로도 '인간의 법을 넘어선 성자들에게 적합한 지와 견의 성취'를 증득하지 못한다는 것을 알고 '깨달음을 위한 다른 길이 없을까?[27]'라고 생각하다가 출가 전 어린 시절 아버님이 삭까족의 농경제 의식을 거행하실 때 시원한 잠부나무 그늘에 앉아서 소유적 사유들로부터 벗어나고 불선법들로부터 벗어나서 일으킨 생각vitakka과 지속적 고찰vicāra이 있고 멀리 벗어남에서 생긴 기쁨과 즐거움으로 첫 번째의 선정에 도달하여 머물렀던 것을 기억해 냈다. 그 기억을 따라서 '이것은 깨달음을 위한 길이다.'라는 식이 생겨났다. 그리하여 혼자서 선정에 들어 깨달음을 얻는다.[15]

[27] eseva maggo bodhāyā'ti.

붓다가 깨달음을 얻기 위해 외부나 타인에게 의존하여 찾으려 했던 접근을 버리고 자신의 경험 안에서 깨달음에 이른 길을 발견한 과정은 반야통찰상담에서 문제해결에 대한 근거를 제공한다. 문제해결의 첫 단계는 현재 상태에서 벗어남, 버림에서부터 출발한다. 그러므로 생멸의 원리에 따라 일어난 것은 모두 사라지기 때문에 내담자의 문제도 일어난 그 지점에서 그대로 멸하게 한다. 즉, 단지 문제라고 명명命名한 대상의 상태가 일어나고 유지되며 달라지는 과정을 관찰하는 것이 문제해결 과정이다.

다음은 반야통찰상담 학술대회에서 '반야통찰상담의 문제에 대한 접근' 발표자가 자신의 수련 경험을 이야기한 내용이다.

> 내담자 상담에 반야적 접근을 하고 있어요. 어렵다는 생각이 많이 드는데 왜 어려울까? 생각해 보니까 서양 심리학은 지식을 알고 있으면 수학 공식을 대입하듯이 그대로 적용하고 그런 과정만 알고 있으면 해낼 수 있는데 반야통찰상담은 어째든 연기에 의한 일련의 흐름을 통찰할 수 있는 반야가 내 자신에 갖추어야

---

15) MN Ⅰ 246, MN36, 삿짜까 긴 경, Mahāsaccaka sutta; MN Ⅱ 91-96, MN85, 보디왕자경, Bodhirājakumāra sutta; MN Ⅱ 209-213, MN100, 상가라와경, Saṅgārava sutta.

가능해요. 그래서 내 삶과 일치가 되고 실천이 이루어져야만 상담에 적용할 수 있어 '조금 어렵구나.' 하는 생각을 하게 되었어요. 반야를 갖기 전까지는 어려운 상담이지만 통찰만 된다면 그것 하나만으로도 무기가 되어 굉장히 수월하게 어떤 내담자에게도 자신 있게 적용할 수 있다는 생각이 듭니다.

반야통찰상담 공부를 하면서 self-counseling을 두 가지로 계속하게 돼요. 먼저 내담자 상담 후에 self-counseling을 해요. 반야통찰상담을 지금까지 배운 현 지점에서 내가 알고 있는 것을 적용해서 '아! 이게 부족했구나!' 하고 어쨌든 스스로 평가할 수 있는 기준이 있기 때문에 굉장히 나한테는 유익해서 다음 상담에서는 한 단계라도 더 올라갈 수 있도록 정확히 내 상담이 어디가 문제이고 어떻게 변화해야 할지 잡을 수 있다는 것이 큰 장점입니다.

다음은 나도 일상생활에서 괴로움이 있잖아요. 그랬을 때 스스로 내담자가 되어 나를 상담하는 거지요. '내가 왜 이 부분에서 괴로운 거지?' 하고 찾아봅니다. 내가 어떤 욕탐이 있었던 거지? 기대나 선입관을 찾아보면 나오더라고요. 그것을 내려놓지 못하고 있기 때문에 괴로운 거고 그게 크면 클수록 괴로움이 큰 것을 알겠더라고요.

　다음은 반야통찰상담적 접근과는 달리 일반상담에서 문제해결에 대해 어떻게 접근하는지를 보여 주는 예이다. 통합상담에서 어린 시절에 아버지로부터 사랑과 인정을 받지 못하였다고 생각하여 자신을 비하하며 가치 없다고 느끼는 내담자에게 코리Corey는 아버지에 대한 감정을 표현하도록 하기 위해 '편지쓰기'를 숙제로 제안한다.[16] 이러한 시도는 문제가 존재한다는 관점으로 문제해결 방법을 내담자의 경험 안에서 찾지 않고 외부 대상과 연결하여 표현하게 함으로써 변화시키려는 시도이다.

---

16) Corey, 2001/2004, p. 559.

상담자 1: 나는 당신이 아버지에게 편지를 쓰는 게 어떨까 하는데요.

내담자 1: (끼어들면서) 안 돼요! 내가 그로부터 무언가를 필요로 한다는 것을 알게 하고 싶지 않아요!

상담자 2: 잠시만요. 나는 당신이 그에게 보내지 않을 편지를 쓰는 것에 대해 말하는 거예요.

내담자 2: 보내지도 않을 편지를 쓰는 게 무슨 의미가 있겠어요?

상담자 3: 그에게 편지를 쓰는 것은 더 자유로워질 수 있는 기회가 될 수 있고 새로운 통찰을 얻는 기회가 될 수 있어요. 나는 당신이 그의 기대에 부응하기 위해 노력했던 모든 방식에 대해서 당신 자신에게 쓸 수 있기를 희망해요. 당신이 그의 주변에 있었을 때 당신이 느꼈던 것을 그가 알게 해 보세요. 당신에 대해서, 특히 당신이 그렇게도 원했던 것들을 얻지 못했을 때 당신이 어떻게 느꼈는지를 그에게 말하세요.

다음은 문제해결을 통한 행복과 평화에 이르는 방법은 바로 문제를 있는 그대로 통찰anupassana하는 것이라고 강조하는 내용이다.

붓다가 마음을 욕망에서 해방시키기 위해 일관되게 제시한 도구는 이해력이다. 진정한 버림은 마음속으로 미련을 가진 채 억지로 사물들을 포기하도록 자신을 다그치는 것이 아니라 사물들이 더 이상 우리를 묶을 수 없도록 사물을 보는 눈 그 자체를 바꾸는 것이다. 우리가 욕망의 성질을 이해하게 될 때, 날카로운 주의력을 기울여 욕망을 면밀히 점검할 때, 욕망은 싸울 것도 없이 저절로 떨어져 나간다.[17]

---

17) 비구 보디, 1994/2016, p. 73.

반야통찰상담은 내담자가 호소하는 문제는 욕탐에 의해 일어나는 현상이
므로 문제를 '있다'는 실체적 관점이 아니라 '마음의 작용'으로 접근한다. 마
음은 지금・여기의 대상에 대한 의도, 기대 때문에 일어나므로 문제에 대한
접근은 자연스러운 귀결로 과거나 미래보다는 오직 의도, 기대에 묶인 마음
을 다루는 '현재ditt̄heva dhamme'만이 상담 내용이다.

> 고苦를 멈추기 위해서는 고가 시작되는 바로 그 자리에서 고를 그 원인과 함께
> 멸해야 합니다. …… 고의 생겨남의 발단이 우리의 마음 안에 있다는 것 …… 근
> 본적인 질병으로 내재하고 있다는 것을 붓다는 밝혀 주셨다.[18]

다음은 수련생이 반야통찰상담 사례의 축어록을 풀고 그 사례를 공부하는
과정에서 내담자가 상담 중에 지금・여기의 경험으로 달라진다는 것을 알게
된 후 이야기한 내용이다.

> 수련생 1: 오늘 공부하면서 확인하고 또 경이롭다고 느낀 점이 무엇이냐면 반야통찰
> 상담은 과정⌃ 중에 내담자의 현재, 상담하고 있는 현재 지점을 놓치지 않고
> 계속 함께 가고 있잖아요. 상담 과정 중에도 내담자는 변화하고 있다는 점을
> 간과하지 않고 있다는 점이 얼마나 중요한지 모르겠다는 생각이 드는 거예요.
> 너무 가슴에 와닿는 거예요. 그런데 일반상담을 비교해 보면 그것을 다 놓치
> 고 있는 거예요. 왜 놓치냐면 문제라는 유의 관점에서 보기 때문에 (인식) 문
> 제가 밖에 존재해요. ⌃자, 그러니까 상담자와 내담자가 만날 때 계속 그 문제
> 를 파헤치는 작업을 하는 거예요. 어떻게 하면 그 문제를 없앨까? 현재 만나
> 는 과정 속에서 내담자가 순간순간 지점이 계속 바뀌고 있는데 그것을 다 놓

쳐요. 하나도 챙기지 못하고 그 문제에만 초점을 맞추어 문제의 원인을 찾고 문제를 어떻게 해결할까? 그러다 보니 마음작용이라는 것을 놓치니까 당연히 외부에서 해결하려고 하지요. 그래서 결과적으로 생각할 때 우리가 해결책으로 내어놓는 것들이 "표현을 어떻게 할래?" 이렇게 나오잖아요. 그것에 대한 둘 간의 차이가 오늘 절절하게 다가오는 것 같아요. '소중한 것을 다 놓치고 있구나.' 그런 생각을 했습니다.

수련생 2: 지금까지 반복적으로 나오는 것은 생멸의 원리죠. 유무의 관점에서 패러다임이 바뀐 생멸의 관점으로 계속 언어도 그렇게 설명하고 반야통찰상담의 전체 과정도 그렇게 보았지요.

수련생 3: 선생님! 생멸의 관점에서 보면 내담자가 지겹지가 않아요. (전체 웃음) 우리는 해결하려 하니까 문제가 계속 부담스러워졌는데 문제가 없어지는구나 하고……

반야통찰상담에서 내담자가 호소하는 문제의 원인을 탐색하고 그 문제가 유지되는 연기적 조건을 이해하는 것은 '나'라는 존재인 오취온에 대한 집착과 안정성의 추구라는 핵심을 만나는 반야적 통찰 과정이기도 하다. 즉, 반야통찰상담은 내담자가 문제 안에서 '나'라는 존재의 무상적 특성을 경험하는 과정이다.

다음 사례의 내담자는 현재 결혼생활에 대해 억울함을 호소하며 더 이상 유지하는 것이 맞지 않다면 빨리 끝내는 것이 좋지 않을까 하는 갈등 상태에서 상담에 왔다. 다음 내용은 종결 시점이다.

내담자 26: 내가 어떤 사람인지 (음) 되게 변화하는 걸 싫어하고, (음) 그러면서 조금 변화했다고 생각하는데 그래도 (음) 여전히 코어core는 조금도 안 변했나? 약간 이런 생각이 들어가지고……

상담자 27: 음. 그렇죠. 조금 변했지만 코어는 안 변했어. 조금 변해서는 코어를 변화시킬 수는 없다는 것은 알고 있죠. 그런데 보니 Bonnie가 지금 조금 변화했다고 하지만 남편과 결혼함으로써 결국 그 변화가 어디를 지금 건드리는 거예요?

내담자 27: 나의 코어.

상담자 28: 그렇죠. 그거를 알긴 하지만 정면으로 직시해서 내 코어가 변화해야 된다는 건 두려움이잖아요. (네, 네. 음) 불편함이잖아요. (음, 네네, 음) 남편이라는 존재도 그대로 있고, 결혼도 갖고, 나의 코어도 그대로 유지하려니까 지금 힘들어지는 거잖아요. (음음) 그러나 앞에서 말한 것처럼 조금 변화가 오면 조금 변하는데 나의 삶에 결혼과 남편은 핵심적인 관계로 자연스럽게 나의 변화를 유도할 수밖에 없잖아요. (네) 그게 시작됐는데 지금 어떤 거예요? (안 변하겠다고…… 하하하) 그래서 그런 상황일 때 '아, 나의 안정성에 대해 집착하고 있구나!' '아, 이게 지금 불안하게 하는구나!' 나의 안정성에 대한 추구, 이런 열망이 나를 힘들게 하고 불안하게 하는 것이지, 외부 상황과 관계가 그걸 불안하게 하는 게 아니라는 거……

……(중략)……

내담자 36: 그러니까 (음) 변화하는 상태를 변화하는 대로 계속 인지하는 거……
(5초 침묵)

상담자 37: '이게 좋아질 거야.' 하고 미래로 가지 않고. (네) '이게 왜 왔어?'라고 이유와 원인을 과거에서도 찾지 않고 현재 우울하면 이 우울함을 그대로 관찰하세요. (음) 그 안에 계속 머물고 있으면 **상담의 핵심 주제인 '자기 정직성'과 만나요.** (음, 음, 네)

반야적 통찰과 문제해결

반야통찰상담에서는 내담자가 경험하고 있는 괴로움의 이름으로서 문제는 일체를 조건으로 생겨난 현상으로 알고 보는 반야적 통찰이 문제해결의 토대이다.

> 눈(귀·코·혀·몸·마노)이 형색(소리·냄새·맛·감촉·법)에 묶여 있거나 형색 (소리·냄새·맛·감촉·법)이 눈(귀·코·혀·몸·마노)에 묶여 있다고 한다면 괴 로움을 소멸시키기 위한 청정한 삶은 시설될 수 없고, 눈(귀·코·혀·몸·마노) 과 형색(소리·냄새·맛·감촉·법)을 조건으로 욕탐이 생겨나서 욕탐에 묶여 있 기 때문에 괴로움을 소멸시키기 위한 청정한 삶은 시설된다.[19]

이 원문에서 청정한 삶은 팔정도이고 괴로움의 소멸은 사성제와 관련 있는 표현으로 일체를 조건으로paṭicca 생겨난 욕탐에 묶여 있기에 팔정도와 사성제의 실천으로 괴로움의 소멸이 가능하다는 것[20]이다. 즉, [심의식←(욕탐)→일체법]의 구조가 아니라면 청정한 삶(팔정도)이나 고의 소멸(사성제)이 불가능하다. 욕탐을 끊기 위한 청정한 삶이 팔정도이다.[21] 반야통찰상담에서 문제해결의 방향은 욕탐의 영향을 알고 마음이 욕탐에서 벗어나는 경험적 과정이다.

> 벗이여, 세존께서도 눈(귀·코·혀·몸·마노)이 있어 눈(귀·코·혀·몸·마노)

---

19) SN IV 163-164, SN35:232, 꼿티따경, Koṭṭhita sutta.
20) 박훈천, 이춘옥, 2005, p. 38.
21) SN V 28, SN45:41, 탐욕의 소멸경, Virāga sutta.

으로 형색(소리 · 냄새 · 맛 · 감촉 · 법)을 보지만 세존께서는 욕탐이 없으므로 세존의 마음citta은 잘 해탈되어 있습니다.[22]

반야통찰상담은 내담자의 이야기를 [내담자의 심의식-(욕탐으로서 의도, 기대, 바람)-법, 상황]의 유기적 연결을 찾아 흐름으로 통찰하는 과정이다. 즉, 문제 발생 과정은 심 · 의 · 식이 욕탐에 결박되어 법인 현상을 인식하는 과정이고[28] 문제해결 방향은 심 · 의 · 식이 욕탐에서 벗어나 현상을 인식하는 과정이다.[29]

다음은 붓다가 문제가 있다, 없다는 양극단으로 접근하지 않고 중中 majjehena에 의해서 현상(=법)의 일어남과 소멸을 설명한 내용이다.

> 바라문 1: 고따마 존자시여, 모든 것은 있습니까?
>
> 붓 다 1: 바라문이여, '모든 것은 있다.'는 것은 하나의 극단이다.
>
> 바라문 2: 그러면 모든 것은 없습니까?
>
> 붓 다 2 : '모든 것은 없다.'는 것은 두 번째 극단이다. 바라문이여, 이러한 양극단에 접근하지 않고 여래는 중中 majjehena에 의해서 법을 설한다.[23] 무명을 조건으로 형성이, 형성을 조건으로 의식이 …… 이와 같이 전체 괴로움의 무더기의 일어남이 있다. 그러나 무명의 남김없이 빛바랜 소멸에서 형성이 소멸하고, 형성의 소멸에서 의식이 소멸하고, …… 이와 같이 전체 괴로움의 무더기의 소멸이 있다.[24]

[28] 십이연기의 고성제와 고집성제로서 괴로움이 일어남의 법(=유전문)이다.

[29] 십이연기의 멸성제와 멸도성제로서 괴로움이 사라짐의 법(=환멸문)이다.

---

22) SN IV 164, SN35:232, 꼿티따경, Koṭṭhita sutta.

23) SN II 17, SN12:15, 깟짜나곳따경, Kaccānagotta sutta. "ubho ante anupagamma majjhena tathāgato dhammaṃ deseti"

24) SN II 76, SN12:47, 자눗소니경, Jānussoṇ sutta.

반야통찰상담에서 내담자 문제의 탐색과 해결을 위한 자각과 통찰 과정은 일체를 조건으로 일어남과 사라짐의 현상적 과정을 알고 보는 것이다.

[Sudassa 2-3] 반야와 내담자 인식의 변화 네 가지 수준

반야통찰상담에서 생멸의 원리를 알고 현명하게 마음을 기울임으로써 욕탐의 영향력을 알고 보는 내담자 인식의 변화는 네 가지 수준으로 나타난다.

- 반야 작동 1수준: 상담의 시작 지점에서 내담자가 호소하는 문제는 세 가지 요소 (심의식+욕탐+법) $\longleftarrow \genfrac{}{}{0pt}{}{\text{심의식} \cdots \text{법}}{\text{욕탐}} \rightarrow$ 를 포함하고 있어 현재 경험하고 있는 괴로움이 일어나는 세 가지 요소를 함께 흐름으로 알고 보는 통찰 과정이다.
- 반야 작동 2수준: 괴로움을 소멸하고자 하는 방향으로의 전환은 세 가지 요소 중 욕탐 변인이 열의chanda(=바른 노력)로 작용하여 (심의식+열의+법) $\longleftarrow \genfrac{}{}{0pt}{}{\text{심의식} \cdots \text{법}}{\text{열의}} \rightarrow$ 로 전환하여 희열을 경험하는 과정이다.
- 반야 작동 3수준: 더 나아가 괴로움이 소멸하는 두 가지 요소(심의식+○+법) $\longleftarrow \genfrac{}{}{0pt}{}{\text{심의식} \cdots \text{법}}{\text{○}} \rightarrow$ 만이 작용하는 행복을 경험하는 과정이다.
- 반야 작동 4수준: 수vedanā와 상saññā이 멸함으로써 더 이상 마음이 일어나지 않는 한 가지 요소(○+○+법) $\longleftarrow \genfrac{}{}{0pt}{}{\text{○} \cdots \text{법}}{\text{○}} \rightarrow$ 만 작용하는 평화를 경험하는 과정이다.

반야와 통찰

붓다는 심·의·식이 법을 의식할 때 제3의 오염원인 번뇌의 영향을 함께 알고 보아 괴로움의 소멸로 향하게 하는 심리적 기능인 반야의 작동을 통찰이라고 하였다. 즉, 현재 일어난 현상에 영향을 주는 조건 간의 관련성을 알고 보는 심리 능력으로 냐나ñāṇa에 기반한 반야가 활성화된 상태를 통찰지ñāṇa dassana = $\longleftarrow \genfrac{}{}{0pt}{}{\text{반야}}{\text{냐나}} \rightarrow$ 라고 한다. 통찰은 학습심리학과 상담이론 그리고 상담 단계와 상담기법과 관련되는 내용이기도 하다.

통찰학습

심리학에서 '통찰insight'은 주어진 장field에 놓여 있는 요소 간의 의미 발견을 통해 이루어진다고 주장하는 쾰러W. Köhler를 중심으로 구성된 독일의 게슈탈트Gestalt 심리학자들의 학습에 대한 견해이다. 즉, 통찰학습insight learning이 즉각적인 행동 변화로 관찰되는 것이 아니라 주어진 요소들과 각각의 인지구조의 상호작용을 통해 어느 순간에 갑자기 거의 완벽한 수준으로 이루어진다고 보았다.[25] 이러한 학습의 형태를 개인의 상황이나 환경에 대해 갑작스럽게 나타나는 통찰이 '아하'라는 감탄사와 함께 일어난다는 뜻에서 아하 경험Aha experience, 아하 반응aha reaction이라고도 한다.[26]

통찰치료

통찰을 강조하는 현대 심리치료 이론으로는 정신역동psychodynamic therapies, 인본주의humanist therapies, 형태 치료gestalt therapy가 있다. 이러한 심리치료는 통찰을 기초로 하는 학습의 한 형태로서, 정서장애와 행동장애를 치료하기 위해 생물학적인 방법이 아닌 심리학적인 방법을 사용한다. 즉, 심리적 안녕은 자신의 생각, 동기, 행동, 해결기제에 대해 이해하는 자기 이해self-awareness에 의존한다고 보기 때문에 포괄적으로 통찰치료insight therapies라고 한다.[27]

---

25) Chance, 2003/2004, p. 265.
26) 강진령, 2008, p. 571.
27) Wood, Wood, & Boyd, 2014/2015, p. 472.

통찰치료의 기본 전제는 인간의 정신장애가 무의식적 갈등, 심리적 억압, 또는 왜곡된 지각과 사고에서 비롯된다는 것이다. 그러므로 내담자가 의식하지 못했거나 잘 모르던 동기, 관계, 느낌, 추동drive 등을 깨닫도록 돕는 데 치료의 초점을 맞추어 내담자로 하여금 자신의 문제를 통찰하게 함으로써 치료 효과를 얻는 상담 방법이다. 즉, 내담자가 자신의 문제 행동 혹은 증상에 대해 현실적이고 논리적이며 합리적으로 인식할 수 있게 함으로써 정서장애나 부적응적 행동을 해결하기 위한 상담 혹은 심리치료적 접근이다.[28]

상담의 통찰 단계

힐Hill과 브라이언Brien은 탐색, 통찰 그리고 실행 단계로 구성된 3단계 상담 모델을 제안하였다.[29] 탐색 단계는 내담자가 자신의 사고와 감정, 행동을 탐색할 수 있도록 돕는 과정으로서 상담자에게는 내담자의 내적 참조 체계internal frame of reference를 이해할 수 있는 기회를 제공한다. 통찰 단계는 내담자의 사고와 감정, 행동을 이해할 수 있도록 돕는 과정이고, 실행 단계는 탐색과 통찰에 근거하여 내담자가 실천하도록 돕는 과정이다.

3단계 상담 모델에서는 우리가 경험하고 학습한 모든 것이 저장된 도식의 변화schematic change를 강조한다. 도식은 "경험의 패턴이나 주제로 만들어지거나 구성되어 있는 추상적 구조"[30]로서 사고, 감정, 감각, 기억 그리고 행동과 관련된 군집[31]이다. 이러한 도식은 오온의 상saññā, 십이연기의 정신 · 물질nāma-rūpa과 연결하여 이해하여 볼 수 있다. 따라서 내담자의 도식은 탐색

28) 강진령, 2008, p. 571.
29) Hill & O' Brien, 1999/2001, p. 49.
30) Mahoney, 1991, p. 78.
31) Cartwright, 1990; Cartwright & Lamberg, 1992.

단계에서 표면에 드러나고, 통찰 단계에서는 변화를 가져오고, 실행 단계에서 통합되므로 내담자의 사고방식인 도식의 변화는 행동의 명백한 변화만큼 중요한 요인으로 본다.

다음 내용은 상담 과정에서 도식이 변화함으로써 일어나는 통찰의 전형적인 네 가지 측면이다.[32]

- 통찰은 새로운 관점으로 자신을 보게 한다.
- 통찰은 일어난 현상에 대해 관련시킬 수 있는 패턴, 연계성, 이유, 원인, 범주, 대응 등을 이해하는 것이다.
- 통찰은 갑작스러움, 놀라운 느낌 혹은 모든 것이 한꺼번에 합쳐진 듯한 '아하'를 경험하는 것이다.
- 통찰은 같은 방법으로 생각하는 것보다 새로움, 새로운 느낌을 경험하는 것이다.

다음은 3단계 상담 모델에서 내담자가 경험하고 있는 양가감정을 직면하게 하는 통찰기법을 사용한 예[33]를 반야통찰상담의 통찰과 비교한 내용이다. 축어록은 3단계 상담 모델에 기반한 상담 내용이고, 옆글은 반야통찰상담적 접근이다.

내담자 1: 남편은 시부모님을 모시고 살기를 원해요. 시아버지는 치매가 있고, 시어머니가 그를 돌보지요. 그러나 시어머니는 운전도 못하고, 몸도 안 좋아요. 두 분 다 매우 늙으셨고, **더 많은 도움을 필요로 해요.**

상담자 1: 당신은 그들이 당신과 같이 사는 것에 대해 어떻게 느끼나요?

---

32) Elliott et al., 1994.

33) Hill & O' Brien, 1999/2001.

30 상담자 2의 반응은 3단계 상담 모델에서 통찰 단계에 상담자가 내담자의 양가감정에 도전하도록 시도한 통찰기법이다. 그러나 반야통찰상담에서는 상담자 1, 2의 반응처럼 내담자의 느낌에 대해 질문하기보다는 내담자 1의 반응을 그대로 되비춰 주고 '더 많은 도움을 필요'로 한다는 말을 펼쳐서 설명하게 하여 내담자가 상담에 오기 전부터 탐색한 부분을 찾아 이야기의 인과적 흐름을 연결해서 이해하도록 하는 것이 반야적 통찰이다.

31 상담자는 내담자 1에서 내담자가 하고자 하는 말의 핵심을 놓치고 상담자 1, 2는 느낌을 물었지만 내담자 1, 3은 '도움을 필요로 하는 것'에 대해 계속 이야기하고 있다.

32 상담자 3의 반응도 내담자가 감정을 말하는 것에 대한 관심이다.

33 내담자 4는 두렵다고 하였는데 상담자 4는 화가 난 것 같다는 추측의 가정형으로 반응한다.

34 내담자 5는 두렵다에서 죄책감으로 감정의 이름이 바뀌었고 자기주장을 하는 것이 어려운 이유로서 어린 시절에

내담자 2: 글쎄요. 뭔가를 할 필요는 있다고 생각해요. 상황은 나아지지 않고, 그들은 점점 늙어가지요. 나의 남편은 정말 그들을 돌보기를 바라요. 그는 장남이기 때문에 어떤 의무감을 느끼고 있어요.

상담자 2**30**: (조심히) 남편이 그들을 돌보고 싶어 한다는 말을 들었지만, 당신이 그것에 대하여 어떻게 느끼는지는 듣지 못했네요.

내담자 3: **나는 도움을 필요로 할 때**[31] 가족이 서로를 돌보아야 한다고 믿으며 자랐어요. 나는 내 부모를 돌보지 않았기 때문에 그들이 그것을 원한다면 그들을 돕기 위하여 우리가 할 수 있는 것을 해야 한다고 느껴요. 그들은 어쩌면 같이 살기를 원하지 않을 거예요. 그들은 오히려 다른 방도를 찾을 수도 있지요.

상담자 3**32**: 내가 듣기에는 당신은 **자신의 감정에 대하여 말하는 것**이 매우 힘들군요.

내담자 4: 그거 재미있군요. 당신이 정말 옳아요. 나는 내가 내 감정에 대한 권리를 가지고 있지 않다고 여겨요. 나는 어떠한 선택도 없고, 그래서 어떤 감정도 가지지 않으려고 노력하고 있어요. 내가 정말 내 자신에게 정직하자면, 시부모님과 같이 살면 어떻게 될지 **정말 두려워요**.

상담자 4**33**: 당신은 **화가 난 것 같네요**.

내담자 5**34**: 네, 그러나 나는 **죄책감을 느껴요**. 나는 어떻게 해야 할지 모르겠어요. 나는 항상 그의 부모님 앞에서 내 주장을 내세우는 것이 어려워요. 실제로 나는 대부분의 사람 앞에 서는 것이 어려워요. 이것은 단지 한 예일 뿐이에요. 나는 그것이 나의 **유년 시절로부터 생겨난 것이라고 생각**해요. (내담자는 계속 이야기한다.)

붓다가 원전에서 보여 주는 내담자의 말을 그대로 '되비춤하기'는 분명하게 반야로 이어 보며 내담자와 같은 맥락에 있다는 증거이다. 그러나 앞의 예시에서 본 것처럼 상담자가 내담자의 말을 되비추어 주지 않고 바로 자기 말을 시작하는 것은 이미 두 사람은 다른 세계, 다른 관점, 다른 맥락에 있다는

것이다. [참조: 반야통찰상담 과정]

반야통찰상담의 문제 영역에 대한 접근

현대 여러 상담이론은 내담자의 호소 문제를 정서적, 인지적, 행동적, 심리적 영역으로 나누어 이해하고 각 영역에 따른 접근 방법을 다르게 제시하고 있다. 코리Corey는 심리치료적 접근을 네 가지 범주—분석적 접근, 경험적이고 관계 지향적 심리치료, 활동 심리치료, 체계 관점—로 분류하였지만 어떠한 관점이든지 상담자는 내담자가 무엇을 생각하고(인지) 어떻게 느끼고(정서) 어떤 행동을 하는지(행동) 잘 살펴야 하기 때문에 완벽한 심리치료 체계라면 이 세 가지 측면을 모두 언급하여야 하고 이 영역 중 하나라도 빠진다면 그 심리치료는 완전할 수 없다고 하였다.[34]

정서 · 인지 · 행동 영역은 모두 인간의 심리적 영역이므로 통합적으로 이해되고 접근되어야 하지만 현대 심리학의 감각과 지각 그리고 정서, 인지, 행동에 대한 연구들은 모두 개별 영역으로 분리되어 이루어지고 있다. 그리고 대부분의 상담이론들에서도 문제 해결의 주요한 부분으로 어느 특정 영역을 더 강조하여 다루고 있고 이들 영역을 통합하여 다루는 상담이론이 아직 까지도 만들어지지 못하고 있다. 이렇게 현대 심리학과 상담심리학이 완성되지 못하고 있는 이유는 심리학은 '마음이 있다' 그리고 상담심리학은 '문제가 있다'라는 관점에 전제하여 그 마음과 문제를 찾고자 하기 때문이라고 이해된다. 그러나 붓다의 가르침에 따라 마음이나 문제가 조건에 의해 생겼다가 사라진다는 원리에 근거하여 현상을 이해하게 되면 모든 것이 지금 · 여기의

대한 이야기를 한다. 상담자가 3단계 상담 모델의 통찰 단계에 사용한 통찰기법을 예시로 제시한 사례에서 현재 내담자가 경험하고 있는 문제의 원인과 이유로 통찰한 내용은 모두 과거 부모와의 관계이다. 이렇게 일반상담에서는 내담자 문제의 원인을 대부분 시제적으로는 과거 그리고 관계적으로는 타인, 특히 부모 그리고 외부 환경적 요인으로 설명한다. 그리고 문제의 원인을 과거와 타인과 환경으로 설명하는 관점에 대해 비판하는 또 다른 관점은 이러한 것들은 바꿀 수 없기 때문에 이것과 관련된 '나 자신을 바꾸어야 한다.'는 것이다. 그러나 반야통찰상담에서 통찰은 현재 내담자가 경험하는 괴로움은 과거나 부모 환경의 영향 때문이 아니고 내담자의 기대나 바람의 영향임을 있는 그대로 연결해서 이해함으로써 문제가 사라지는 과정이다.

---

34) corey, 2001/2004.

경험으로 완결된다.

붓다는 이미 2600여 년 전에 인간의 정보처리 과정인 감각에서부터 외현적 행동까지를 상호의존적 관계에서 이해하였다. 이러한 정보처리 과정을 상호의존적인 관계로 이해하는 능력이 반야이다. 즉, 반야가 활성화되면 감각 과정에서부터 정서, 인지, 행동의 과정을 일련의 상호적 관계에서 알고 볼 수 있다. 따라서 반야통찰상담에서 내담자가 호소하는 문제와 문제해결 과정 그리고 상담 목표 달성 과정은 이러한 조건 발생적 관계에 대한 이해를 토대로 한다.

반야통찰상담과 정서

일반상담에서 내담자와 친밀하고 신뢰하는 분위기를 형성하기 위해 가장 많이 사용하는 기법이 바로 공감과 지지 등으로 내담자의 감정을 읽어 주는 것이다. 현대 여러 상담이론은 문제의 원인과 해결에 접근하는 영역이 정서·인지·행동 영역으로 구별되지만, 반야통찰상담은 세 영역을 구별하거나 분리하지 않고 연결해서 일어나는 일련의 흐름으로 이해하는 통합적 접근이다. 흥미롭게도 붓다의 가르침은 어느 것 하나도 따로 구별하지 않고 '저것에서 이것'이라는 상호의존적 연결성으로[35] 모든 것을 이해하고 설명하지만 통합적이라는 단어를 사용하지 않는다. 단지, 내담자가 감정을 호소하면 느낌에서 시작하여 인식과 행동을 연결해서 통찰하게 하고, 내담자가 행동의 문제를 언급하면 인지와 정서를 연결해서 통찰하게 하고, 인지 사고적 문제를 호소하면 감정과 행동을 연결해서 호소하는 인지적 문제를 이해하도록 한다.

코리는 효율적인 심리상담이란 인지, 정서, 행동의 기법을 능숙하게 통합할 수 있는 것을 의미하므로 이러한 통합을 통해 내담자들이 그들의 신념과 가정에 대해 **생각하고**, 그들의 갈등과 고충을 **느끼고**, 일상생활에서 새로운 행동을 함으로써 그들의 통찰을 **행동으로** 옮길 수 있도록 해야 한다고 하였다.[35]

[35] 느낌 → 인식 → 행동
행동 → 인지 → 정서
인지 → 감정 → 행동

일반상담에서는 내담자가 언급하지 않은 말의 내용이나 감정 그리고 인지
적 도식 등을 드러내기 위해서 여러 상담기법을 사용하지만, 생멸의 원리에 따
른 반야통찰적 접근은 내담자가 언급한 문제나 현상이 고정적으로 존재하는
것이 아니라 조건에 의해 생기고 유지되는 현상이라는 것을 통찰하게 한다.

> 세계의 종교 중에서 불교만이 독특하게 중도majjhimā paṭpada를 취하는데, 중도
> 는 파괴적인 감정으로부터 벗어날 필요성을 인식하면서 그 벗어남의 실천으로
> 우리가 버리고자 하는 감정에 대해 비판단적으로 자각하는 것이다.[36]

다음은 반야통찰상담에서 감정에 대한 접근을 수련 과정에서 논의한 내용
이다. [참조: 반야통찰상담의 원리-상담 시연 사례]

수련생 1: 내담자가 입정에서도 답답하다 하고 처음부터 답답하다 하면서 울먹이며
계속 설명하는데, 상담자는 개입하지 않고 듣고서 머무르고 있었던 부분이 일
반상담과는 좀 다르다는 생각이 들었어요. 대부분 내담자가 답답하다 하면 "뭐
가 답답해요?" 이렇게(무엇이 답답하나? 하하하) 물어볼 수도 있는데 그 부분
을 계속 머물면서 기다리고 있었던 부분들이 있었어요. 상담자가 호기심에 그
"답답함이 뭔가요?" 물어볼 수도 있을 것 같은데…… (충분히 질문하죠.)

수련생 2: 우리는 주로 이유를 "왜 답답하신가요?" 이렇게 쉽게 다음 단계로 가는데
답답하다는 것을 계속 되새김해 주면서…… 그러면 내담자가 느끼는 것이 다
르고 깊게 들어갈 것 같아요.

수련생 1: 답답함을(내담자) 스스로 말하게 하고……

---

35) Corey, 2001/2004, p. 538.
36) Epstein, 1995/2006, p. 41.

수련생 2: 답답함이 뭔지에 대해 통찰하고 찾을 수 있도록 해 주지 않았나요?

수련생 1: '머물러 주었다' 그게 좀 차이가 있네요.

수련생 3: 처음부터 끝까지 다 그런 형식이더라고요. 단 한 번도 상담자의 감정, 생각, 판단을 내가 알기로는 찾아보지 못했어요. 내담자의 언어를 통해서 다시 한번 확인시켜 주고, 되새김해 주고, 반영해 주면서 내담자가 알아차림 하고, 알아차린 것을 반드시 입으로 말하게 하는 과정이 계속 연결되었어요. 그렇게 연결되면서, 조건을 만들어 가면서 변화된 것을 본인이 찾을 수 있게 하였어요. 한 회기 안에서도(여기서 내담자가 찾은 방법이 우리가 말하는 반야적 방법은 아니었지만) 본인의 상태가 변화되었다는 것을 내담자가 스스로 찾게 하였어요. 일반적으로 우리는 상담자의 입으로 내담자에게 방법을 말해 주지요.

수련생 1: 내 생각은 이런데, 이렇게……

수련생 3: 답을 줘 버리려 한다거나……

내담자가 호소하는 느낌은 괴로움이라는 현법이고 즉시성으로 상담이 시작되는 지점이지만 반야적 관점은 그 존재가 있다는 유의 관점이 아니라 일체를 조건으로 일어남, 생겨남이라는 관점이므로 반야통찰상담에는 느낌이 일어난 조건을 내담자가 알고 보도록 돕는 것이 문제해결의 과정이다.

그러나 일반상담에서는 내담자가 호소하는 그 감정을 현재로 가져오게 한다. 반야통찰상담적 관점에서 보면 모든 현상은 일어나고 사라지는 흐름으로 그 감정은 이미 과거에 일어났다 사라져 버렸는데, 과거의 감정을 현재로 '가져온다'는 시도는 전형적인 유무의 접근으로 이러한 언어적 표현을 붓다는 언어적 관습을 파괴하는 것이라 하였다. [참조: 반야통찰상담과 언어]

코리Corey의 통합상담에서 상담자는 내담자의 감정을 공감적으로 경청하여 내담자가 인식하지 못하는 감정을 규명하고 그 감정을 <u>상담 과정에 표현하도록 한다</u>.[36], [37] 즉, 내담자가 상황이나 감정에 대해 단순히 말로만 하는 것

36 감정에 대한 이러한 접근은 '감정이 존재한다'라는 유무적 접근이다. 그러나 반야통찰상담에서는 내담자가 언어적으로나 비언어적으로 나타내는 감정은 연기적 과정의 여섯 감각 장소를 조건으로 감각접촉에서 일어난 것으로 이해하기 때문에 어떠한 이름의 감정이라 하더라도 조건에 따라 사라진다는 것을 알고 관찰하게 한다.

을 피하고 감정을 표현하고 탐색하도록 형태주의적 기법을 사용하여 '현재로 가져오기'를 격려한다. 그러한 예로, 내담자가 '긴장된 감정'을 얘기하면 상담 자는 어떻게 그 감정을 경험하고 신체 어디 부분에 쏠려 있는지 묻고 "그 감 정 상태가 되어 보라." 하는 것은 내담자가 자신의 감정과 접촉할 수 있는 최 선의 방식이라고 하였다. 또 다른 예로, 내담자가 위胃에 부담을 느낀다면 "너 자신이 그 위가 되어 보라. 그리고 위가 말을 할 수 있도록 위를 의인화시켜 보라." 하여 내담자에게 긴장의 정도를 경험하게 한다고 하였다. 그러나 감 정을 실체로 표현하는 과정은 붓다의 관점에서는 괴로움이 일어나는 생사의 반복일 뿐이다.

그러므로 반야통찰상담에서는 내담자가 어떤 감정, 누구에 대한 감정, 어 느 시절의 감정을 이야기하더라도 '감정이 실재가 아니다.'라는 관점이므로 어린 시절로 회귀, 빈 의자 기법 같은 감정 표출을 위한 시연 등을 상담자가 제안하지 않는다.

다음은 반야통찰상담과 일반상담에서 감정을 다루는 것에 대한 차이를 수 련 과정에서 서로 이야기한 내용이다. [참조: 반야통찰상담의 원리-상담 시연 사례]

수련생 1: 반야통찰상담에서는 내담자가 울면 왜 우냐? 질문하지 않잖아요. (으응) 단지 자기가 울고 그것이 멋쩍어서 나중에 보면 스스로 웃고, 그런 과정에서 본인이 이렇게 마음을 확장하고 열 수 있는 부분이 아니었을까요?

수련생 2: 상담자가 내담자의 감정 기복에 따라서 흔들리지 않고 그냥 그대로 초연하 게 집중하면서 여기서 그 뭐라고 했지요? 아까 그 표현도 있던데…… (사띠 삼 빠자냐, 분명하게 반야로 이어 보며 머묾) 네. 네. 감정에 개입하지 않고…… 그 런데 일반상담에서는 내담자가 감정에 휩쓸려서 고통을 호소하면 상담자도 거

37) Corey, 2001/2004, p. 557.

기에 같이 울기도 하고 같이 분노하기도 하는 경우가 있지요.

수련생 3: 그럴 수 있지요.

수련생 4: 그럴 때(일반적으로) 상담자는 공감을 많이 해 주지요. 감정을 언어로 표현해 보라고 하면서 핵심 감정 찾기, 그런 것을 찾아서 공감 반응을 해 주지요.

수련생 5: 여기(반야통찰상담 시연 사례)서는 그런 것이 없죠.

수련생 2: 핵심 감정을 찾게 되면 카타르시스는 있죠. 상담자가 내 마음을 알아주니까. (응, 응) 그리고 정확한 언어로 찾아 주면 나는 몰랐는데 시원함이 있지요.

수련생 4: 내담자가 시원하다는 말을 많이 해요.

수련생 2: 내가 몰랐는데 그래서…… 하고 찾아지는 일치점이 있다. 그때는 좀 시원하죠.

수련생 1: 그러니까 여기(반야통찰상담)서도 찾아지는 일치점이 있죠.

수련생 2: 예예. 그러니까 내담자가 평온해진 거예요.

수련생 1: 그런 것을 내담자 스스로 작업을 한 것 같다 그거지요. (네. 네. 여기서는)

수련생 3: 상담자가 전혀 개입하지 않아도……

수련생 4: 그리고 여기서는 공감에서 끝나는 것이 아니라 감정을 관찰하기까지 연결할 수 있도록 (응, 응) 해 주지요. (변화가 있었다.) 관찰하기는 일반상담에서는 별로 말 안 해 주잖아요. 그냥 감정을 찾는 것에 초점을 두잖아요. (그렇죠. 핵심 감정 찾기) 아, 이래서 그렇게 느끼셨군요. 그게 공감법이라 하는데, 여기서는 그런 감정이 일어났을 때 그것을 관찰하라 하잖아요.

수련생 6: 반야통찰상담에서는 상담자가 내담자의 감정을 계속 따라갔어요. 예로 내담자가 답답하다에서 화난다로 달라질 때 상담자가 되비춤해 주고 계속 감정을 상담의 내용으로 가져갔어요.

수련생 1: 그러니까 내담자 스스로 감정을 확인할 수 있게 했어요. (내담자가 스스로 다루어)

수련생 2: 상담자가 언어로 다루는 것이 아니라 되비춤과 분명하게 반야로 이어 보며 달라짐을 말해 주면서 내담자가 스스로 그것에 대해 작업을 하게 했어요.

수련생 6: 상담자가 의도 없이!

수련생 1: 상담자는 계속 내담자가 그렇다는 것을 되비춤해 주는 것이지요.

수련생 5: 그렇지요. 내담자가 계속 (감정의 달라짐을) 연결할 수 있도록 도와주는 거지요.

수련생 7: 상담자가 조건이 되어 주는 것이지요.

반야통찰상담과 심리검사

반야통찰상담에서 내담자가 호소한 문제와 상태에 대한 평가 기준과 방법은 팔정도와 삼학(계 · 심 · 혜)을 토대로 한다. 일반상담은 상담 초기뿐만 아니라 상담 과정에서 상담자는 객관적으로 문제의 원인을 이해하고 문제해결에 도움이 되는 긍정적 자원을 찾는다는 목적으로 다양한 심리검사를 실시한다. 심지어 초보 상담자는 자신이 할 수 있는 검사를 매 시간마다 실시하기도 한다. 이러한 검사 실시의 전제는 모든 문제는 원인이 있는데, 그 원인은 객관적이고 투사적인 검사를 통해서 밝혀질 수 있고 상담자는 검사를 통해 내담자는 이해하지 못하고 있는 문제의 원인을 파악할 수 있다는 것이다.

반야통찰상담에서는 어떠한 검사도 실시, 진단하지 하지 않고 오직 내담자 스스로 문제bhava의 조건 발생적 관계를 탐색하고 통찰하도록 돕는다. 붓다는 진단에 의해 주어지는 명칭은 실제로 존재하는 실체를 가리키는 것이 아니라 어떤 존재가 여러 조건에 의해 시간적 흐름에 따라 상태가 바뀔 때 그 상태를 기술하는 데 적합한 것[38]임을 분명히 하였다.[39]

---

38) DN 1 201, DN17, 마하수닷사나경, Mahāsudassana sutta.
39) Jayatilleke, 1963, pp. 319-321.

불火을 어떻게 명명命名하는가? 그것은 그것이 타는 재료에 따라 서로 다른 이름을 붙이지 않는가? 장작에 불이 붙으면 장작불이요, 짚에 불이 붙으면 짚불이라 부른다는 말이다. 의식도 이와 같다. 그것이 일어나는 조건에 따라 서로 다른 이름을 붙이는 것이다.[40]

다음은 담임 선생님에게서 의뢰된 초등학교 2학년 학생과 다문화 상담을 실시한 상담자의 심리검사 해석 과정에서 일어난 상황이다.[37]

[37] 이 사례는 개별 슈퍼비전 과정에서 나온 내용으로 상담자의 허락하에 교육의 목적으로 여기에 인용되었다.

[38] 이 사례에서 문제의 소유는 아이이고, 고민은 상담자가 하고, 해결책으로 아버지에게 전화한다.

아이는 평소 상담 시간에 계속 통닭을 먹고 싶어 했고 소원도 통닭을 가장 많이 먹는 것이라고 하면서 계속 통닭에 대한 이야기[38]만 하였다. 그래서 상담자가 '아이에게 통닭을 사다 주어야 하나?' 하고 고민이 되어 집에서 먹는 것과 관련하여 어떤 상황인지 알아보기 위해 아버지에게 전화를 하였다. 아버지는 아이가 외동이고 마을과 떨어진 곳에 살고 있어 친구가 없기 때문에 먹고 싶어 하는 것, 갖고 싶어 하는 게임기나 장난감을 모두 사 주고 있다고 하였다.

상담의 종결이 얼마 남지 않은 후반부 회기에 상담자가 내담자의 변화 정도를 살펴보고자 실시한 문장 완성 검사에서 '나의 엄마 아빠는'이라는 문장을 아이가 '돼지다.'라고 완성하였다. 그래서 상담자는 아이에게 "이것이 무슨 뜻이냐?"고 묻자 아이가 "아빠 엄마가 많이 먹으니까 돼지다."라고 하였다. 그러자 상담자는 곧바로 아이에게 "많이 먹는 사람을 돼지라고 한다면 너는 뭐냐?"고 물었다. 아이가 아무 말도 하지 않자 다시 "너는 맨날 통닭을 많이 먹고 싶다고 하면서 많이 먹는 네 아빠 엄마가 돼지면 너는 뭐냐?"고 재촉하며 물었다. 그러자 아이가 울면서 상담을 안 하겠다고 상담실을 나가 버렸다.

상담자는 스스로 자신의 성격에 대해 평소에 융통성이 없이 '부모님은 항상 보답

---

40) MN Ⅰ 259, MN38, 갈애 멸진의 긴 경, Mahātaṇhāsaṅkhaya sutta.

해야 하는 고마운 존재'로 인식하고 있었기 때문에 그 아이의 문장 완성 내용에 화가 나서 '머리에 꿀밤을 주고 싶었다.'고 하였다.

앞의 사례는 내담자의 상태를 이해하기 위해 실시한 심리검사에서 상담자가 예상하지 못한 결과가 나왔을 때 그 결과에 대한 이해나 해석 과정에 상담자의 가치관이나 기대가 어떻게 영향을 미치는지를 극단적으로 보여 준다. 이런 상황을 반야통찰상담적으로 접근한다면, 아이의 아빠와 엄마는 '돼지'라는 문장에서 옳음과 그름, 정상과 비정상적 반응이라는 이분법적인 판단을 내려놓고 아이에게 이 문장에 대해 '설명'하도록 요청하고 아이가 언급한 내용에 근거해서 아이의 부모에 대한 현재 인식의 상태를 보여 주는 언어에 집중하여 다음 과정으로 나아간다.

이렇게 현재 상담 현장에서 사용하고 있는 심리검사는 상담자가 내담자를 잘 모르기 때문에 객관적으로 이해하고자 하는 목적으로 사용되는 도구이다. 그러나 심리검사는 내담자의 문제가 '존재한다'는 상견에서 이해하기 때문에 내담자 마음의 내용을 상담자 중심의 틀로 이해하는 것은 모순이다. 따라서 반야통찰상담에서는 내담자의 상태를 평가하기 위해 구조화된 심리검사나 주관적 평가의 설문지 그리고 투사 검사 등을 실시하지 않고 팔정도와 삼학의 계·심·혜 영역을 기준으로 내담자의 현재 상태를 알고 보면서 호소하는 문제와 연결하여 이야기를 듣는다. 그러므로 내담자의 문제나 증상, 상태에 대해서도 진단하지 않고 내담자가 말하는 내용 안에서만 접근하기 때문에 현재적이고 역동적이며 내담자 중심적이다.

콘 필드Kornfield는 인간의 문제에 대한 불교심리학적 접근이 진료기록 번호나 진단명이 주어지는 서양의 의학적 진단이나 원죄original sin에 대해 말하는 어떤 서구 종교와는 상당히 다르게, 때로는 깨달은 사람의 본성 혹은 인간의 선천적인 위엄dignity이라고 하는 본래 선함과 내적 고결함을 전제로 시작한다고 하였다. 그리고 내담자의 현재 상태에 대한 이해와 접근이 내담자 중심이 아니고 상담자의 편리를 위해서 객관적으로 정형화된 진단명 중심으로 접근하는 현대 의료 체계는 한계가 있다고 지적한다.

> 서양 심리치료는 프로이트Freud를 시작으로, 융Jung 그리고 현대 의사들도 모두 지향하는 의료 모델the medical model로 이루어져 있다. 내담자들이 들어오면 그들은 진단을 받고, 우리는 크고 뚱뚱한 DSMDiagnostic and Statistical Manual of Mental Disorders를 보고 치료법을 찾는다. 내담자가 우울하거나 불안으로 고통받거나 강박장애나 양극성장애나 무슨 장애든지 간에 우리가 만일 의료체계 내에 있다면 보험에서 환급reimburse 받을 수 있도록 하기 위해 그들에게 진료번호를 부여해 준다. 그리고 대부분 내담자들을 서류 분류함pigeonhole에 넣고 그들을 진단의 렌즈를 통해 본다. 우리가 단지 의학적인 측면으로만 장애를 본다면 여기에는 질병만 있다.[41]

상담 문제 평가: 다섯 덮개 · 장애

상담의 종착점인 상담 목표 설정하기는 상담 문제에 대한 올바른 이해에 서부터 시작된다. 대부분 상담 문제는 마음이 불선한 상태에 있는 다섯 덮개āvaraṇa · 장애nīvaraṇa와[39] 관련이 있다. 붓다는 마음이 다섯 덮개에 덮여 있어 오염된 상태인 다섯 가지 장애는[40] "어둠을 가져오고 눈을 없애고 무지를 야기하며 반야를 무력하게 하고 고뇌를 유발하며 수행자를 열반으로 이끌지 못한다."[42]고 하였다. 실제 상담 장면에서 내담자의 호소 문제를 단지 상담이론

[39] 선법인 반야를 기능 · 힘으로 구분하는 것처럼 마음의 다섯 덮개 · 장애에서 덮개는 마음이 오염된 상태이고, 장애는 오염되어 선법으로 나아가지 못하도록 하는 상태에 대한 원인과 조건적인 측면의 용어이다. 그리고 마음의 덮개 · 장애는 기본적으로는 탐(貪) · 진(瞋) · 치(痴)이지만 그 활동에 초점을 두고 표현할 경우에는 다섯 덮개 · 장애라 한다 (http://buddhayana.kr).

[40] 다섯 덮개 · 장애: 감각적 욕망(kāmacchanda), 악의(vyāpāda), 해태 · 혼침(thīna-middha), 들뜸 · 후회(uddhacca-kukkucca), 의심(vicikicchā)

---

41) Kornfield, 2017.
42) SN V 97, SN45:177, 장애경, Nivaraṇa sutta; AN III 63-64, AN5:51, 덮개경, Āvaraṇa sutta.

이나 심리검사에 근거하여 이해하는 것은 존재론적 관점이므로 반야통찰상
담에서는 상담 문제를 다섯 덮개 · 장애에 근거하여 이해한다.

　내담자가 호소하는 문제가 얼마나 마음을 덮고 있는 장애와 관련 있는지
를 알아보기 위해 상담전문가에 의해 슈퍼비전이 실시된 상담 사례집에서 예
시를 수집하였다. 다섯 덮개 · 장애에 따른 내담자의 호소 문제는 1차로 상담
심리전문가 두 명이 개별적으로 분류하고, 2차로 합동 검토하여 일치된 내용
이다.

감각적 욕망과 호소 문제

　감각적 욕망kāmacchanda은 까마kāma와 찬다chanda가 합성된 말이다. 까마는
감각적 쾌락, 애욕, 사람, 즐거운 대상을 의미한다. 까마와 함께 사용된 찬다
는 자극, 고무, 열의, 의욕, 하고자 함, 의지, 의향 등의 뜻으로 행위를 하기 위
한 욕망 혹은 의욕을 나타낸다. 감각적 욕망은 형상, 소리, 냄새, 맛, 감촉의
다섯 가지 감각의 대상에서 일어나는 감각적 쾌락을 말한다. 그리고 때로는
넓은 의미로 감각적 쾌락뿐만 아니라 부富, 권력權力, 지위地位, 명예名譽 등을
추구하는 욕망을 의미한다.[43]

　다음 〈표 2-1〉은 마음이 감각적 욕망에 덮인 상태일 때 내담자가 호소하
는 문제의 예이다.

---

43) 서현희, 2007, p. 95.

〈표 2-1〉 상담 문제에 나타나는 감각적 욕망

상담 문제	작은 주제	큰 주제
게임만이 나의 유일한 즐거움이다. 나는 성에 대한 자극에 약한 것 같다.	즐거움 추구의 욕구	감각적 쾌락
나 자신에 대해 알고 싶다. 내가 원하는 삶을 살고 싶다. 나의 욱하는 성격을 고치고 싶다.	현재 상태를 바꾸고자 하는 욕구	원함
가족과 화목하게 살고 싶다. 부모님의 과잉보호로 구속하는 집착에서 벗어나고 싶다. 머릿속의 반복되는 생각을 하고 싶지 않다. 전교 등수를 절반으로 성적을 올리고 싶다. 선생님을 실망시키거나 걱정시켜 드리고 싶지 않다.	벗어나고자 하는 욕구	
엄마와의 관계가 좋아졌으면 좋겠다. 엄마에 대한 내 마음이 나아졌으면 좋겠다. 엄마가 나에게 더 이상 잔소리를 하지 않으면 좋겠다. 엄마가 나의 힘든 점을 잘 알아주고 기다려 주었으면 좋겠다.	관계에 대한 기대와 바람의 욕구	바람

  욕망과 함께 언급되는 찬다chanda는 부정적인 면뿐만 아니라 긍정적인 면도 포함하는 욕구이므로 집착으로서 탐욕rāga, lobha과 구분되어야 한다. 탐욕은 불선법이지만 열의로서 찬다는 '하고 싶어함kattu-kāmata'의 동의어로서 유익한 마음 부수와 함께하면 고귀한 목표를 달성하려는 유익한 바람이다.[44] 이러한 열의는 상담 과정에서 내담자가 괴로움에서 벗어나고자 하는 의지로 표현된다.

  다음은 반야통찰상담의 내담자가 1회기를 마무리하는 시점에 상담 목표와 관련하여 이야기한 내용이다. 내담자의 이야기는 욕망이지만 자신의 현재 상태에 대해 분명하게 이해하고 고요와 평화 속에 머물고자 하는 바람은

---

44) 대림 · 각묵 스님 공역, 2004, p. 211.

선한 의지kusala chanda로 괴로움에서 확신이 생기는 조건을 만들어 가는 과정을 보여 준다.[45] 따라서 반야상담자가 내담자의 이야기 안에서 괴로움을 소멸하여 평복과 평화로 나아가고자 하는 열망에 관심을 갖고 자신의 바람이 어떠한 조건에서 일어났는지를 탐색하도록 돕는 것이 상담 문제를 해결하는 과정이면서 목표를 달성해 가는 과정과 유기적으로 통합되는 과정이다.

> 내담자 66: 너무 오랫동안 가지고 있던 문제를 해결하지 못했어요. **이제는 정리하고 싶어요. 편하고 싶은데** 어떻게 해야 될지 모르겠어요. 많이 불편해요. '뭔가 내가 잘못했구나!' 하는 죄책감↗ '내가 모라자구나!' 하는 자괴감이 들고 불안하고 '서럽다'.↗ **이제 (상담을 통해서) 편하게 살아 있고 싶어요.** (상담에서) 할 이야기가 많을 것 같아요.

악의와 호소 문제

악의vyāpāda는 극단적 형태의 성냄을 수반하는 것으로 자타에 대한 증오, 화냄, 원한, 싫어함 등을 속성으로 한다. 악의와 유사하게 쓰이는 성냄dosa은 화, 분노, 미움과 타락, 부패, 잘못, 결점 등을 나타낸다.[46] 악의는 객관적 형태를 가진 대상이 외부에 있다는 관점에서 일어나는 불선한 마음의 상태이므로 악의를 제거하기 위한 방법으로 사무량심의 계발이 권유된다.**[41]** 사무량심은 팔정도의 정사유 그리고 상담의 기본 기법으로서 공감 등과 관련 있지만 붓다는 사무량심을 반야가 계발되어 가는 과정으로 설명하였다. 악의가 많은 사람은 자애慈로, 잔인함vihesā이 많은 사람은 연민悲으로, 싫어함arati이 많

> **[41]** 사무량심(四無量心 appamaññā) = 신성한 머묾(梵住 brahma-vihāratā) 자애(慈metta), 연민(悲karuṇā), 더불어 기뻐함(喜 muditā), 평온(捨upekkhā)

---

45) SN II 29-30, SN12:23, 기반경, Upanisā-sutta.
46) 전재성 편저, 2005, p. 409.

은 사람은 기쁨喜으로, 그리고 탐욕rāga이 많은 사람은 평온으로 다스려야 마음의 청정을 얻을 수 있다.[47] 이렇게 악의를 다스림으로써 희열이라는 선정의 요소를 얻게 된다.[48]

다음 〈표 2-2〉는 마음이 악의에 덮인 상태일 때 내담자가 호소하는 문제의 예이다.

〈표 2-2〉 상담 문제에 나타나는 악의

상담 문제	작은 주제	큰 주제
내가 화를 내지 않았으면 좋겠다. 내가 말하거나 행동하는 것이 공격적이고 신경질이 난다. 부모의 폭력으로 인해 나의 인생이 망쳐져 분노가 치밀고 견디기 어렵다. 과거에 나를 괴롭혔던 사람에 대해 화가 나고 억울하다.	분노가 치밀고 신경질이 나며 억울함	분노, 억울함
아빠를 죽이고 싶다. 죽이겠다. 친구를 교실 구석으로 데리고 가서 때리고 놀렸다. 친구가 눈에 거스르는 행동을 하면 때리고 싶은 충동이 생긴다. 평소에도 항상 억울하고 짜증이 많이 나서 칼을 들었다.	미워하고 증오하며 공격적인 마음	공격성
엄마가 짜증을 내면 상처가 되고 늘 기분이 좋지 않다. 친구를 보면 짜증이 나고 잘난 척하는 것이 재수 없다. 아이들이 나를 놀리고 무시한다.	짜증나고 혐오스러움	짜증, 무시
며느리가 말을 안 들어 힘들고 살림을 맡길 수 없어 속상하다. 친구가 놀아 주지 않고 욕해서 때리고 싶다. 부모에 대한 원망과 섭섭함이 있다.	속상함과 원망스럽고 섭섭함	원망

---

47) 대림, 각묵 스님 공역, 2002, p. 752.
48) Rhys Davids Ed, 1975, p. 41.

다음은 반야통찰상담의 1회기 초반에 내담자가 상담에 오게 된 상황이나 관계에서 화, 우울, 슬픔의 덮개 · 장애로 마음이 오염된 상태를 이야기한 내용이다. 이렇게 상담에서 내담자는 다섯 덮개 · 장애를 함께 언급하기도 하고 특정 덮개 · 장애를 강조하여 이야기하기도 한다.

내담자 1: **너무 우울해요. 뭐라도 집어 던지고 싶어요. 던져서 부숴 버리고 싶다.**↗ **뭔가 부숴 버리면 풀릴 것 같은**…… 뭐, 큰 것은 아니고 휴대전화나 이런 것……↷ 원래 어렸을 때부터 우울증이 있어 대학 다닐 때도 상담을 받아 보았어요. 최근에 잠깐 데이트하다가 정리하고 지금은 친구처럼 지내는데, 그 친구가 여러 사람이 모여 이야기하는 상황에서 나의 콤플렉스를 건드렸어요. (울기 시작하여 회기가 끝날 때까지 휴지로 눈가를 계속 닦으면서 이야기함) 내가 자기 친구들이랑 잘 못 어울린다고 자기랑 안 맞는 것 같다고…… (감정이 격해져서 말을 멈추고 한참 눈물을 흘림) 그 애는 그냥 한 이야기인데…… 그 말을 들을 때는 괜찮았는데 이틀 정도 지나고 trigger가 되면서 계속 너무 스트레스이고 2~3주 머릿속에 남아 있어요.↷

……(중략)……

내담자 45: **이래도 화가 나고 저래도 화가 나고**…… 후후후

상담자 46: 하하하. 글쎄 말이야.↗ 다른 사람이 나를 무시했다고 생각해도 화가 나고, 내가 다른 사람을 무시해도 화가 나네. (네예~) 어~~ (침묵 5초) 어떻게 해야 될까?

내담자 46: 그래서 밖에 나가서 장난삼아서 농담으로 **"내가 화가**↗ **너무 많다고**…… 후후후"

상담자 47: 장난삼아서 말을 해요? 다른 사람에게도?

내담자 47: 티나지 않게 (다른 사람들이) 어떻게 지내나? 이렇게 물어보면 **화가 너무 많은 것 같다고**…… 후후후

상담자 48: 음, 그러면?

내담자 48: 사람들은 잘 이해하지 못하지요. 보통 나랑 이야기를 하고 자주 보는 사
람들은 내가 뭔가 화를 내거나 보여 준 일이 없으니까 그냥⋯⋯

혼침 · 졸음과 호소 문제

혼침 · 졸음thīna-middha에서 혼침thīna의 원래 의미는 마음이 뻣뻣해지고 굳
어지는 현상, 즉 경직, 고집, 둔감, 무관심 등을 나타낸다. 졸음middha은 마음
이 무겁고 어리석은 게으른 상태를 말하며 의미상으로는 혼침과 동일하게 본
다.[49]

다음 〈표 2-3〉은 마음이 경직되어 무관심하고 게으른 나태와 혼침에 덮
인 상태일 때 내담자가 호소하는 문제의 예이다.

〈표 2-3〉 상담 문제에 나타나는 혼침·졸음

상담 문제	작은 주제	큰 주제
엄마와의 관계에서 다 놓게 되고 부정적이게 된다. 나는 자주 학교에 지각하고 부정적인 말과 행동을 했다.	부정적인 생각과 생활	정신적 위축
다른 사람과 비교되고 나 자신에게 만족이 안 된다. 나만 피해를 보고 있는 것 같고 늘 부당하다.	불만족	
공부에 대한 의욕이 없고 수업에 집중이 안 되어 자주 결 석한다. 몸이 이유 없이 아프고 하고 싶은 일이 없다. 학업에 흥미가 없다. 학교 친구들과 친해지기 어렵다.	무기력과 나태함	의욕상실, 나태함
어떤 삶을 살아야 할지 잘 몰라 우울하다. 남편이 무능력하고 게을러서 우울하다.	무능력으로 우울함	우울함

---

49) 서현희, 2007, p. 97.

학교에 가기 싫고 갑자기 눈물이 난다. 남편과 항상 갈등과 싸움이 있어 괴롭고 눈물이 난다.	눈물	슬픔
남편의 폭력과 자녀의 도벽으로 삶이 너무 힘들다. 건강의 어려움과 경제적인 문제가 있어 힘들다. 나의 형과의 갈등이 힘들다. 나는 성격이 소심해서 사는 게 무섭고 힘들다.	관계의 갈등으로 힘듦	삶의 힘듦

다음은 반야통찰상담의 내담자가 일상생활에서 무기력하고 나태한 덮개·장애로 마음이 오염된 상태에서 자신에 대해 불만족하고 있음을 이야기한 내용이다.

내담자 7: 늘 그래요. **뭘 해야지 생각을 하고서 안 해요.**

상담자 8: 늘 그런다고 그랬어.⌐

내담자 8: 그냥, 몇 시간씩 '아, 이거 조금 있다가 해야지.' 해 놓고 **몇 시간 동안 멍하니 있다가 그냥 자고, 아니면 잊어버리고.** 그냥 없었던 일처럼 잊어버릴 때가 있어요. (허허허) 뭘 생각을 했다는 것은 아는데⌐ 그게 어떤 것은 기억이 날 때도 있는데 **진·짜~ 통째로 없어지는 것처럼 (음~음~) 없어지는 때가**…… 스트레스를 많이 받거나 그러면 대개 심해요.

……(중략)……

상담자 11: 그렇게 통째로 잊어버렸다는 것을 내가 알 때 상태가 어때요?

내담자 11: **심하면 좀 불안해요. 대개 많이 더 많이 까먹고, 잊어버리고 그럴까봐**……

상담자 12: 음~음~ 더 많이 그럴까 봐 불안해져요?

내담자 12: 예를 들어, 5분 후에 뭘 해야지 했는데 5분 사이에 이게 그냥 통째로 없어져서 몇 시간 있다가 생각나거나 다음날 '아! 그걸 안 했구나.' 그렇게 생각나니까…… **어떤 때는 생각이 안 나고 미루고 겹쳐지니까 그냥 잠깐 하나를**

(휴대전화) 들어가서 누구에게 메시지를 보낸다거나, 뭔가를 확인하거나 하는 것인데 그게 1주일에서 2주일 걸릴 때도 있어요.

상담자 13: 그렇게 잠깐 하면 되는 것을 1주일, 2주일씩 미루고, 겹치고, 까먹고 함으로써 내가 어떤 경험을 하지요?

내담자 13: 대개 한심하지요. 내가 대개 한심하다는 생각이 들 때도 있고……

[Sudassa 2-4] 현대인의 친구 하나: 우울

다섯 덮개 · 장애 중 혼침과 졸음의 상태를 일상에서는 무기력과 우울로 경험할 수 있다. 현대인에게는 친구가 둘 있는데 하루는 '우울', 다음날에는 '불안'이라는 친구를 번갈아 가며 만난다.

상담 장면에서도 내담자가 상담 초기에 자신의 괴로움에 대해 이야기하는 과정에서 가장 일반적으로 자주 사용하는 단어가 바로 우울과 불안이다.

현대 심리학과 심리치료에서 우울은 인지, 정서, 행동과 관련된 전반적인 정신 기능이 저하된 상태로 삶에 대한 의욕 저하, 슬픔, 우울한 기분, 비관적이고 부정적인 생각 등 불행한 기분이 만연한 경험으로 정의한다.[50] 이런 상태가 지속적으로 진행되어 일상생활의 기능을 방해할 만큼 비정상적인 우울한 기분이 지속될 때는 질병으로써 우울장애가 된다.

현대 심리치료에서는 '우울'이 감정이든 기분이든 생각이든지 간에 내면에 어떤 상태로서 '있다'고 전제하기 때문에 그 감정을 표출하도록 격려하기, 구체적인 대인관계 향상 기술을 훈련시키기, 우울과 관련된 인지적 도식과 사고 패턴을 변화시키기 외에 전기 충격 요법이나 약물 치료 등을 실시한다.

그러나 붓다는 우울은 마음이 오염원의 영향으로 빛나지 못한 상태로 설명하고 이러한 우울을 제거하는 방법으로는 현재 마음의 상태에 대해 주의를 기울여 우울이라고 이름 붙인 감정의 일어남과 사라짐의 과정을 반야로 알고 봄을 강조한다.

---

50) 권석만, 2003, p. 199.

들뜸·후회와 호소 문제

들뜸·후회uddhacca-kukkucca에서 들뜸은 혼란, 홍분, 불안함, 산란, 동요를 뜻하며 원초적인 불안 상태라고 할 수 있다. 후회는 나쁜 행위, 품행이 나쁜, 나쁜 성격 등을 의미할 뿐 아니라 주저, 걱정을 뜻하기도 한다. 과거에 지은 행위에 대해 뉘우치며 후회하거나 걱정하는 마음 상태이다.[51]

다음 〈표 2-4〉는 마음이 들뜸·후회에 덮인 상태에서 내담자가 호소하는 문제의 예이다.

〈표 2-4〉 상담 문제에 나타나는 들뜸·후회

상담 문제	작은 주제	큰 주제
미래에 대해 불안하고 걱정이 된다. 엄마가 화를 내면 눈빛이 두렵고 마음이 불안하다.	두렵고 걱정되며 불안함	불안과 걱정스러움
엄마 때문에 항상 긴장되고 편하지 않다. 남편이 철이 없어 가정이 위태롭다. 부부관계 악화에 대한 두려움과 결혼관계에 대한 위기감이 있다.	긴장과 두려움	
남자가 어렵다. 대인관계가 서툴고 산만하며 정리정돈을 잘 못한다. 너무 활발하고 외향적이어서 친구들과 어울리기를 좋아한다.	산만하고 홍분됨	들뜸과 산만함
얼굴이 붉어지고 언성이 높아진다. 불안하면 울렁증처럼 심장이 벌렁거리고 숨이 막혀 말을 못하겠다.	들뜨고 초조함	
왕따 사건에 대해 이야기를 하고 싶다. 학교에서 친구들이 없으며 따돌림을 당하고 있다. 사람과의 교류가 안 되고 친해지는 것을 잘 모르겠다.	회한과 소외감	소외감

---

51) 서현희, 2007, p. 99.

너무 유별난 것은 안 좋은 것 같다. 욱하는 성격 때문에 친구들과 자주 싸우고 후회할 때가 종종 있다. 자괴감이 많이 든다. 도덕적인 문제가 마음에 걸려 자책이 된다. 아빠가 나 때문에 자살한 것 같아 괴롭다.	자책과 후회	자책

다음은 내담자가 일상생활에서 부정적인 생각으로 긴장과 불안의 덮개·장애로 마음이 오염된 상태를 이야기한 내용이다.

> 내담자 2: 일주일 동안 괜찮을 때도 있는데, 가만히 있는데도 **그냥 계속 부정적인 생각이 나니까**……
>
> 상담자 3: 계속 부정적인 생각이 나니까……
>
> 내담자 3: 네. 버스 정류장에서 **갑자기 울컥하기도 하고**, 계속 하루 종일 기분이 안 좋아…… 아침에 괜찮았다가 또 울 것같이 그랬다가…… 가끔 아무 이유 없이 굉장히 대개 그 뭐라고 해야 되지? **긴장되는 상태? 심장박동이 막 올라가고 대개 불안해지고 갑자기 아무 이유 없이 그게…… 어제 아침에 눈은 떠 있는데 갑자기 불안한 느낌이 오면 심장박동이 뛰니까** 약간 호흡이 곤란할 것 같은 느낌이 갑자기 아침부터……

[Sudassa 2-5] 현대인의 친구 둘: 불안

들뜸과 후회는 마음이 오염원에 덮여 있어 지금·여기에서 일어나는 현상을 있는 그대로 경험하지 못하는 상태로서 일상생활에서는 불안이라는 이름으로 경험되는 심리 상태이다. 상담 과정에서 내담자 자신의 문제나 상태를 설명하고 묘사할 때 일반적으로 가장 많이 사용하는 단어가 '불안'이다.

현대 심리치료에서 불안은 일반적으로는 부정적인 결과가 일어날지도 모르는 위험한 상황에서 자율신경계 증상을 동반하는 불쾌하고 고통스러운 감정이나 인지된 위협에서 비롯된 염려, 불확실성의 상태에 대한 불편감으로 정의한다.[52] 불안은 현대인에게 일상에서 마음이 조마조마하고 걱정이 있는 상태로서 만연해 있는 정신적 산만함으로 정도와 기간에 따라 질병이나 장애로 분류되기도 한다.

현대 심리치료에서는 '불안'이 불쾌한 감정이든 인지적 염려나 불편감이든 내면에 어떤 상태로서 '있다'고 전제하기 때문에 불안을 없애거나 줄이기 위해서 무엇인가 외부에서 어떤 치료적 처치가 필요하다고 본다. 따라서 불안의 단서를 탐지하고 이완하는 훈련, 두려운 상황에 노출하는 체계적 둔감법, 인지적 재구성, 역할 연습 등 다양한 치료법이 있다.

그러나 붓다는 불안은 심 · 의 · 식이 법을 만나는 과정에 오염원인 욕탐에 묶이는 정도에 따라 의식이 흩어지면서 경험하는 현상으로 설명한다. 따라서 불안에 대한 대처 방법은 현재 일어난 경험에 영향을 주는 오염원을 정직하게 있는 그대로 사라짐을 관찰하는 것이다.

의심과 호소 문제

의심vicikicchā은 혼란, 반신반의, 일어난 현상dhamma에 대한 의심 등의 의미로 쓰이며 이리저리 생각하는 마음으로 혼란스러운 상태를 나타낸다. 또한 어리석음으로 인한 당황, 회의, 우유부단을 의미한다.

다음 〈표 2-5〉는 마음이 의심에 덮여 혼란스러운 상태일 때 내담자가 호소하는 문제의 예이다.

---

52) 권석만, 2003, p. 156.

〈표 2-5〉 상담 문제에 나타나는 회의적 의심

상담 문제	작은 주제	큰 주제
내 생각이 있었으면 좋겠다. 친구가 무엇을 물어보았을 때 선택하지 못하고 고민한다. 엄마나 주변 사람의 말이나 생각대로 하는 경향이 있다.	결단력 부족과 자신에 대한 신뢰 결여	결단력 부족
내가 느끼는 감정이 내 감정인지 의심이 되고 혼란스럽다. 좋은 친구가 어떤 친구인지 알고 싶다.	혼란스러움과 의심이 생김	의심
사람들이 나를 쳐다보고 있는 것 같다는 생각을 떨쳐 버릴 수 없다. 남편의 외도로 상처가 깊어져 부부관계 지속이 어렵다.	의혹과 불신	불신

다음은 반야통찰상담 과정에서 내담자가 화, 부정적 생각, 우울, 슬픔, 긴장과 불안의 덮개·장애로 마음이 오염된 상태를 이야기한 것이다. 그런 생각과 감정이 어떻게 서로 연결되어 일어나는지에 탐색하고 평가하는 상담의 마무리 시점에 자신이 찾은 탐색 내용에 대해 혼란스러워하며 아직 확신하지 못하고 있는 상태를 보여 준다.

내담자 99: 안 좋은 생각들이 나의 기분에 영향을 미치고 그게 다른 연관 없는 일들하고 연관을, 어~ 연관이 없는 일들에 영향을 미치면서 그게 다른 사람들하고의 관계에도 영향을 미쳐요.

상담자 100: 그래요. 그래서 결국 어디로 돌아와요?

내담자 100: 나한테 돌아와요.

상담자 101: 어떻게?

내담자 101: 부정적으로……

상담자 102: 자, 그걸 알고 나니까 어때요?

내담자 102: **모르겠어요.**⌢

상담자 103: 으~ 음음음음…… 모르겠어요?

내담자 103: 네예.⌒

상담자 104: 음.

내담자 104: **그게, 그게 그렇게 되는데**······⌒ (음~) (침묵 36초)

상담자 105: 그게 그렇게 되는데?

내담자 105: **뭘 할 수 있는지 모르겠어요.**⌒ (훌쩍임)

냐나뽀니까는 다섯 덮개 · 장애를 걷어내고 마음의 고요와 청정함을 유지하기 위한 여러 방법을 제시하였는데, 그중 훌륭한 도반과의 대화**⑫**는 다섯 덮개 · 장애를 제거하는 데 공통적으로 도움이 되는 방법으로 권유한다.[53] 그리고 비구 보디는 마음의 오염원을 제거한 후에도 그 효과를 일상에서도 유지하기 위해서 스스로의 양심에 비추어 부끄러워하고 자신의 불선한 행위가 타인에게 미치는 영향에 대해 창피해할 줄 아는, 실라_sīla_의 실천을 강조하였다.[54] 따라서 내담자가 반야상담자와 자신의 실존으로서 괴로움에 대해 이야기하면서 그 괴로움의 원인을 알고 소멸해 가는 경험을 하는 반야통찰상담 과정은 다섯 덮개 · 장애를 제거하는 최적의 환경과 조건임을 알 수 있다.

일반상담에서 내담자 상태 호소 문제에 대한 이해 그리고 해결 방법과 단계별 자원을 평가하기 위해 구조화된 심리검사를 실시하는 것은 상담자 중심의 접근으로 상담 과정에 내담자의 관여와 주도성에는 한계가 있다. 그러므로 다섯 덮개 · 장애로 내담자의 문제를 이해하려는 시도는 내담자 중심의 접근으로 상담 문제와 목표를 연결하는 경험을 할 수 있게 한다. 예를 들면, 일반상담에서는 불안을 제거하기 위해 그 불안을 표현하거나 인지적, 변증법적 논박의 방법 등을 사용한다. 그러나 반야통찰상담에서는 내담자의 마음이 욕탐에 묶인 상태에서 외부의 대상을 지각하고 인식하는 과정에서 경험되는

> **⑫** 적절한 대화는 다섯 가지 장애를 극복하는 데 도움이 되는 대화이지만 기본적으로 괴로움의 소멸에 이르는 방법(팔정도)을 포함하는 내용이다.

---

53) 냐나뽀니까; 1988.
54) 비구 보디, 1994/2016, p. 142.

괴로움을 단지 '문제'라고 명명하는 것으로 이해하기 때문에 내담자에게 불선한 마음 상태를 날씨에 비유하여 설명하기도 한다.

상담 과정에 우리는 365일 해가 뜨는 날을 좋아하고 원한다. 그런데 날마다 해만 뜨고 다른 날씨들이 일어나지 않는다면 어떻게 되느냐고 내담자에게 묻는다. 현재는 우울하고 슬프다고 한다면 지금 마음의 날씨가 비가 오고 흐리다고 설명한 다음 모든 것은 원인이 있어 일어나는데 그럼 비는 어떤 것을 조건으로 오느냐고 묻는다. 비가 오고 흐릴 때 가장 최적으로 대처하는 방법이 무엇인지 생각하게 한다. 그리고 지금 비가 온다고 해서 계속 비가 올지, 비가 온 다음의 날씨는 어떻게 되는지를 일련의 흐름으로 이해하게 한다. 그러면 내담자는 현재 자기의 상태를 고정된 상태로 인식하던 지점에서 좀 더 인과적으로 이해하고 비가 오고 있는 상황에서도 '쨍' 하고 해 뜨는 날을 같이 볼 수 있어 지금 처한 상황을 더 쉽게 받아들인다. 반야통찰상담에서는 내담자가 호소하는 문제를 이러한 마음이 장애에 덮인 상태로서 날씨에 비유하여 설명함으로써 내담자가 문제와 관련된 자신의 현재 마음 상태를 좀 더 현재 진행형으로 경험하게 할 수 있다. 즉, 감각적 욕망과 관련되는 호소 문제는 비나 눈이 오는 날씨에 비유할 수 있고, 게으름이나 나태함과 관련되는 호소 문제는 흐린 날씨, 자기와 타인 그리고 세상에 대한 의심의 문제는 안개 낀 날씨, 흥분이나 불안, 산란한 들뜸의 문제는 바람 부는 날씨 그리고 악의와 분노의 문제는 천둥, 문제가 해결된 상태는 마음이 고요와 평화로 시계視界가 맑고 넓은 청명의 날씨로 비유해 볼 수 있다.

반야통찰상담의 내담자

내담자의 준비도

붓다는 세상에는 세 부류의 사람이 있다[55]고 하였다. 첫 번째 부류의 사람은 여래를 뵙는 기회를 얻든지 못 얻든지 간에, 여래가 설한 법과 율을 듣든지 못 듣든지 간에, 유익한 법에 대해 확실함과 올바름에 들지 못한다. 두 번째 부류의 사람은 여래를 뵙는 기회를 얻든지 못 얻든지 간에, 여래가 설한 법과 율을 듣든지 못 듣든지 간에, 유익한 법에 대해 확실함과 올바름에 든다. 마지막 부류의 사람은 여래를 뵙는 기회를 얻을 때에만, 여래가 설한 법과 율을 들을 때에만, 유익한 법에 대해 확실함과 올바름에 들 수 있다. 그러나 여래를 뵙고 법과 율을 들을 기회를 얻지 못할 때에는 유익한 법에 대해 확실함과 올바름에 들지 못한다고 하였다. 그러므로 이러한 세 부류의 사람들 가운데 마지막 부류의 사람에게 법의 가르침을 허락하고 더 나아가서 이 사람 때문에 다른 부류의 사람들에게도 법을 설해야 한다고 하였다.[56]

이러한 내용은 인간 발달의 결정적 시기와 학습의 조건에 대한 설명이다. 학습과 발달의 조건이 주어진 시기와 상황에 즉각적으로 나타나는 외현적인 과정뿐만 아니라 잠재적 과정도 동시에 강조한 것으로 학습과 수행의 유기적 관계에 대한 이해를 보여 준다.

상담에 오는 모든 내담자가 자기의 괴로움과 문제를 변화시키고자 의지를 가지고 오거나 상담 과정에서 다룬 내용을 모두 이해하고 문제에 대한 새로

---

55) AN I 121, AN3:22, 환자경, Gilāna-sutta.
56) 대림 스님, 2006, pp. 336-338.

운 자각을 통찰로 연결시키지 못할 수도 있다. 실제로 어떤 내담자는 상담 과정에서는 자신의 문제와 관련된 통찰이 일어나지 못했지만 상담이 종결된 후에 자신의 일상 경험에서 그 원리를 이해하게 되는 경우도 있다. 따라서 반야통찰상담에서는 내담자의 잠재적 학습 과정에서부터 외현적 그리고 실천적 과정을 유기적으로 연결하여 내담자의 인식 변화 과정을 평가하는 것은 상담자의 중요한 안목이다.

한 명의 상담자와 두 명의 내담자

초보 상담자들은 내담자가 의뢰되어 오는 경우 의뢰인과 피의뢰인 사이에서 누가 내담자인지, 누구를 위한 상담인지, 누가 호소한 상담 문제인지에 대해 명확하지 않은 상태로 상담을 진행하기도 한다. 그러나 상담의 기본 요소인 내담자는 상담 문제와 관련하여 문제를 소유하고 그 문제를 해결하고자 하는 동기나 기대를 가진 사람으로 정의된다.

고사성어인 결자해지에[43] 근거하여 이해해 본다면 문제를 소유한 자가 문제를 풀어야 한다. 즉, 문제해결의 첫 번째 단계는 문제의 소유를 가리는 것이다. 팝킨Popkin은 문제의 소유를 결정하는 데 기준이 되는 세 가지 질문을 제시하였다.[57] 첫째, 이 행동이나 상황은 누구에게 직접적으로 손해를 주고 있는가? 둘째, 누가 이것을 문제시하고 불평을 터뜨리고 있는가? 셋째, 누구의 목적이나 욕구가 그 문제로 인하여 방해를 받고 있는가? 이다.

문제 소유 기준에 근거한다면 사실 상담 의뢰인이 문제의 소유자이지만 문제와 관련된 대상이나 주변 사람을 문제로 '규정'하고 상담자의 도움으로 해결하려는 경우 상담자는 문제 소유자가 의뢰한 내담자를 만나게 된다. 이렇

[43] 결자해지(結者解之): 맺은 사람이 풀어야 한다는 뜻으로, 자기가 저지른 일은 자기가 해결해야 한다는 말이다 (출처: 민중국어사전).

---

57) Popkin, 1993/1995, p. 90.

게 의뢰된 상담의 경우 상담자는 의뢰인과 의뢰된 내담자, 두 관계 사이에서 상담자의 관점에서 옳고 그름을 결정하여 둘 중 어느 한쪽을 외현적 혹은 내현적으로 지지하거나 양쪽 모두 문제가 있다는 관점으로 접근하기도 한다. 그러나 자발적 내담자이든지, 의뢰인이든지, 의뢰된 내담자이든지 간에 **반야통찰상담에서 내담자는 상담자와 지금 · 여기에서 마주 보고 있는 사람이다.** 즉, 반야적으로 보면 내담자가 호소하는 외부 대상, 타인, 관계, 환경 등은 현재 상담자와 마주보고 앉은 내담자가 인식한 세계이다. 따라서 반야통찰상담에서는 내담자가 외부의 어떠한 것에 대해서 언급하더라도 그것은 내담자의 심 · 의 · 식이 기대, 의도, 희망 등 욕탐 변인과 연결해서 현상이 일어나고 사라지는 과정으로 이해한다. 그러므로 반야통찰상담 과정은 겉을, 밖을, 주변을, 건드리지 않고 오직 상담자와 마주 앉은 내담자의 마음에서 일어나는 현상을 관찰하므로 단순하고 조용하고 깊고 자율적이다. 따라서 반야통찰상담 과정에서 내담자는 외부 중심에서 자신의 내부로 집중함으로써 스스로 고요와 자유, 평화를 경험한다.

다음 일반상담의 사례에서 의뢰인은 어머니이고, 상담자가 만나는 대상은 아이와 어머니일 경우 누가 내담자인지 명확한 구분 없이 한 명의 상담자가 두 명의 내담자를 '따로 같이' 상담하는 데에서 발생하는 전형적인 어려움을 슈퍼비전에서도 동일한 패턴으로 반복하는 상황을 보여 준다. 이런 상황은 특히 특정 목적을 가진 집단이나 기관에 소속된 상담자들이 자주 직면하는 내담자 선정의 어려움dilemma이다. 더 나아가서 내담자를 이중으로 유지하는 상담에 따른 혼선은 슈퍼비전에서 수련자supervisor 또한 수련생supervisee이 슈퍼비전의 대상임에도 수련생이 호소하는 문제와 그 문제에 얽힌 내담자들을 변화시키기 위한 기법 중심의 조언을 한다.

사례에서 내담자가 호소한 문제는 '엄마가 화를 내지 않고 짜증을 내지 않고 관계가 좋아졌으면 좋겠어요.'이고, 의뢰인이 호소한 문제는 '아이의 자존감이 높아졌으면 좋겠어요.'이다. 이렇게 내담자와 의뢰인이 상담을 통해, 더 직접적으로는 상담자의 개입을 통해서 상대방이 변하기를, 달라지기를 <u>기대하고 있다.</u>[44] 상담자는 이 두 사람의 호소 문제를 해결하기 위해 진행했던 상담 과정을 다음과 같이 서술하였다.

> 아이와의 상담에서는 친구들이 놀리고 괴롭히는 문제로 상담에 왔기 때문에 대인관계 스킬이나 사회적인 적응 기술에 대해 상담을 진행하려고 했지만, 내담자는 게임에 집중되어 있다 보니, 여기에서 파생되는 엄마와의 관계를 주로 이야기하는 시간이 많았고, 학교에서의 친구 관계의 에피소드를 얘기하지 않아 친구 관계 이야기는 상담자의 질문 위주로 진행되었다. 대인관계 부분에 대한 개입은 내담자의 엄마와의 상담을 통해 개입하도록 하고, 내담자 엄마의 정서적 순화를 통해 내담자와의 관계가 좋아질 수 있도록 조력하는 것으로 힘썼다.

그리고 상담자는 20회기 상담을 진행한 후 다음 세 가지를 슈퍼비전 받고 싶다고 하였다. 본문은 상담자가 서술한 내용이고, 옆글은 반야통찰상담적 슈퍼비전의 내용이다.

첫째,[45] 자신의 에피소드를 얘기하지 않는 내담자에게 어떻게 개입해야 할지 난감하였습니다. 놀이치료실에서 놀면서 대화를 시도했지만, 피상적인 얘기만 오고 가서 답답한 상담이었습니다. 이런 청소년의 경우 어떻게 개입할 수 있을지 궁금합니다.

둘째,[46] 사회적인 기술이 부족하고 적절한 대인관계를 형성할 줄 모르는 내담자의 경우 무엇을 통해 도와줄 수 있는지 알고 싶습니다.

셋째,[47] 부모에게 끊임없이 얘기하지만 잘 바뀌지 않습니다. 부모 상담을 하면서 이런 부분이 힘이 빠지는 순간인 것 같습니다. 원래 사람의 패턴이 바

---

[44] 아이: 상담자를 통해서 엄마가 화나 짜증을 내지 않았으면 좋겠다.
엄마: 상담자를 통해서 아이의 자존감이 높아졌으면 좋겠다.

[45] 상담자가 답답할 때 내담자로 온 아이는 얼마나 답답하고 힘들었을까? 아이는 놀이치료실에서 마음껏 몰입해서 놀고 싶고 또 그렇게 했을 것인데, 상담자가 '딴' 마음이 있어 자꾸 놀이를 방해하며 아이의 주의를 산만하게 흩트린다. 아이의 놀이과정에 현재의 문제가 그대로 드러날 텐데 상담자는 지금·여기에 함께하며 관찰하지 못하고 상담자가 원할 때 원하는 것을 아이에게 내놓으라 하는데도 아이는 집에서 엄마를 참아 주듯이 상담자도 참아 주었다. 그러나 반야상담자는 말은 최소로 하고 행동으로 나타나는 아이의 의도를 분명하게 반야로 이어 보며 머문다.

[46] 이러한 묘사는 상담자의 기준으로 13세 남자아이의 사회적 대인관계를 평가하여 판단한 것이다. '부족하고 적절함'의 기준이 무엇인가? 반야통찰상담적 접근에서는 이렇게 부족하고 모르는 내담자를 '기술이 풍부하고 적절하게 형성할 줄 아는' 상담자가 모델이 되어 상담 관계에서 아이에게 '내가 부족하고 모르는구나.'를 경험하게 한다.

뀌기가 어려운 것을 인정해야 하는 것인지, 다른 적절한 스킬이 있는지 궁금합니다.

다음은 슈퍼바이저의 슈퍼비전 총평의 일부이다.

> 어머니가 어려움을 호소하는 양육 상황에 대한 부분을 하나의 에피소드로 구체화해서[48] 그때 적절히 다루지 못한 이유를 다루고 그에 대한 어머니의 심리적 불편감의 근원을 찾아내고 어머니가 정서적으로 자신의 자각력을 높이면서 아이의 정서 상태를 살필 수 있도록 도와주는 작업을 해 주는 것이 필요해 보입니다. 더 나아가 그 상황에서 내담자에게 대하는 방식을 상담자가 양육코칭이나 모델링의 방법으로 그 회기에 직접 시연을 통해 보여 주면서 곤란한 상황을 여러 번 역할 연습하면서 대처 전략에 대한 연습을 통해 어머니의 양육 효능감을 높여 주는 것이 필요해 보입니다.[58]

이러한 슈퍼비전의 내용은 상담자가 실제 상담 장면에서 실행하기 어려운 해결책이다. 반야통찰상담 슈퍼비전에서는 다루어야 하는 주제나 내용은 상담자가 상담한 문제나 내담자가 아니고 그 사례에 대한 상담자의 관점과 그 관점의 형성에 기여한 상담자의 기대나 의도이다. 비유적으로 전쟁터에 나가서 적과 싸우는 병사의 상태는 전혀 점검하지 않고 전술과 전략만을 가르치니 허약하고 눈이 나쁜 병사가 아무리 훌륭한 전술을 말로 배운들 실제 전쟁터에 나가서 쓸 수 있을까?

반야통찰상담 슈퍼비전에서는 상담자가 스스로 자신의 상담에 대한 관점과 역량을 있는 그대로 경험하게 함으로써 그 경험을 토대로 자기에게 적절

[47] 이 내용은 정확히 현재 어머니가 아이와의 관계에서 경험하는 상황이다. 상담자도 어머니가 아이에게 하는 것과 똑같이 하고 있으니 어머니에게는 달리 보이는 관점과 새로운 경험이 없다. 그러나 반야상담자는 말은 최소로 줄이고 어머니가 하는 말을 분명하게 반야로 이어 보며 들은 후 부드럽고 호기심 있게 "지금 하신 말씀을 설명해 주시겠어요?" "어머니가 지금 이렇게 말씀하시네요." 하고 되비춰 주며 기다려 주고, "지금 어머니가 아주 효과적인 말씀을 하시는데 다시 한번 말씀해 주실래요?" 하면서 스스로 찾은 해결책을 실천해 보게 한다. 그러므로 반야통찰상담은 단지 '말하고 이야기하는' 장면이 아니라 지금·여기에서 일어나는 관계를 있는 그대로 경험하는 기회이다.

[48] 상담자가 아이와 어머니의 관계에서 일어난 에피소드를 물어서 그 상황을 구체화한다는 것은 유무적 관점이다. 그러므로 반야통찰상담에서는 자존감과 관련된 이야기가 나오면 그 이야기 안에서 어머니에게 자존감을 경험하게 하여 아이에 대한 어머니의 호소 문제가 사라지게 한다.

---

58) 한국청소년상담복지개발원, 2016, p. 110.

하고도 필요한 부분을 찾아서 스스로 나아가게 한다. 이러한 슈퍼비전의 경험이 그대로 상담자가 상담 장면에서 적용할 수 있는 힘을 만드는 과정이다.

[참조: 반야통찰상담적 슈퍼비전]

반야통찰상담과 아이들

상담의 대상을 분류하는 방법은 여러 가지가 있지만 연령에 따른 분류가 일반적이다. '상담 활동을 이해하고 그 활동의 목표를 달성하기 위한 내담자의 최소 연령은 몇 세부터일까'는 상담 효과를 평가하는 데 중요한 주제이다. 특히 지혜(반야)는 추상적이고 고도로 철학적인 내용이라는 선입관이 있어 어린 나이에는 이해하지 못할 것이라 추측한다. 그렇다면 반야통찰상담은 반야를 기반으로 하기 때문에 나이가 어린 아이들에게는 적용이 불가능할까?

연령과 지혜의 상관관계에 대한 여러 연구를 살펴보면 나이가 많을수록 지혜가 높거나 깊다는 정적 상관을 모두 제시하지 못하였다.[59] 또 일부 연구에서는 오히려 청소년의 지혜 발달이 노년기의 지혜 발달보다 더 빠르게 나타난다고 하였다.[60]

붓다가 반야는 실라sila를 통한 마음의 청정함과 사마디samādhi를 통한 마음의 고요함을 사전 조건으로 하여 생기는 괴로움 소멸의 기능이라고 하였으므로 반야는 나이라는 변수보다 개인의 삶의 청정함과 고요함의 정도에 영향을 받는다.

다음은 상담 현장에서 아동과 청소년을 대상으로 상담을 하고 있는 반야통찰상담 수련생들의 대화이다.

---

59) Baltes & Staudinger, 1995; Clayton & Birren, 1980; Hira & Faulkender, 1997.
60) Ardelt, 2000; Baltes & Staudinger, 2000.

수련생 1: 반야통찰상담을 아이들한테도 적용할 수 있나?[49] (예! 예!) 하하하. (예! 예!) 내가 이제껏 아이들 속에 있으면서 이제 상담을 해 보려고 하니 나에 대한 확신이나 자신이 없으니까 항상 이게 아이들한테도 될까! 내가 지금 아이들과 같이 있을 때 하는 것이 아이들 말에 되비춤해 주는 정도밖에 못하거든요. 그래서 그 부분이 확신이 없고 궁금했던 것 같아요. 하하하. 정말 하고는 싶은데 될까? 그런데 내가 센터에서 아이들의 말을 장단 넣어 주듯이 되비춤하는 그 수준밖에 안 하니까, 반야통찰상담에서는 항상 그게 궁금했던 것 같아요.

> [49] 질문을 한 수련생은 지금 '반야는 어렵다. 아이들은 어려운 것을 이해하지 못한다.'라는 전제에서 생각을 하다 보니 이러한 의심이 드는 것이다.

수련생 2: 예, 이거는 확실합니다.

수련생 1: 저低학년들한테도?

수련생 2: 예, 이거는 됩니다.

수련생 3: 아까 우리가 첫 시간에 논의할 때 이 선생님이 만난 아스퍼거 장애를 가진 내담자 이야기를 해 주셨어요.

수련생 4: 아스퍼거 장애를 가진 친구! 가능합니다. 상담자가 온전히 내담자한테 붙어 있지 않고 그냥 '얘는 수준이 안 되지.' 그러면서 쉽게 재미로 너랑 나랑 잘 친하게 지내보자. 뭐 이런 식으로 넘어가면 안 되지만 내담자의 수준에 맞게 따라가고 붙어 가면 이 또한 상담이 진행되는데요. (음)

수련생 5: 상담자 식saññā이 먼저 발동해서……

수련생 6: 선생님! 온전히 집중해야 돼요.

수련생 4: 온전히 나의 혼을 다 쏟아서…… (하하하)

수련생 6: 네~에. 모든 것에 집중해야 돼요. 그 순간은 돼요. 그런데 그 순간은 되지만 상담 시간을 벗어나서도 될 거라는 그런 생각은 하지 마세요. (하하하) 상담의 순간에는 돼요. 그리고 (하하하) 상담이 더 촘촘해지면 밖에 나가도 유지되겠지요.

연령과 지혜 발달 연구와 반야의 계발조건을 토대로 수련생들의 대화를 살펴보면 반야통찰상담의 가능여부는 단순히 연령에 따른 기준보다는 상담자의 집중력과 분명하게 반야로 이어 보며 머무는 능력이 상담의 효과를 유지하는 데 주요 요인임을 알 수 있다.

제3장

목표 반야통찰상담의

[그림 3-1] 술래잡기[1]

술래잡기

술 래 1: (눈을 감고 기둥에 기대어) 어디만큼 왔나?

숨은이 1: 당당 멀었다.

술 래 2: 어디만큼 왔나?

숨은이 2: 당당 멀었다.

술 래 3: 어디만큼 왔나? (소리 없음. 이리저리 두리번거리다가) 찾았다!!

지금 · 여기에서의 행복과 평화로 머묾

일반상담의 목표는 여러 상담이론의 지향점에 따라 다르고 내담자의 문제나 바람, 희망에 따라 다르게 설정된다. 따라서 일반상담자의 주요한 역할 중 하나는 내담자가 원하는 실현 가능한 구체적 목표를 설정하고 그 목표를 달

---

1) 문화콘텐츠닷컴, 2002.

성하도록 돕는 것이다. 그러나 반야통찰상담적 관점에서 보면 '목표를 정한다'는 것은 생멸의 원리를 알지 못한 상태에서 내담자의 의도에 의해 생긴 현재 문제 상황을 또 다시 상담자까지 가세해서 내담자가 원하는 상태로 바꾸는 형성작용sankhāra으로 단지 모양과 형태가 달라질 뿐이다. 그러므로 반야통찰상담의 목표는 내담자 유형이나 상담 문제에 따라 다르게 설정되지 않고 모든 내담자가 자신이 괴로움으로 경험하는 문제를 해결하는 상담 과정에서 생멸의 원리를 이해하고 그 원리를 일상생활에 적용함으로써 지금·여기에서의 행복sukha과 평화santa로 머무는 것이다.

> 여기 어떤 수행자가 감각적 욕망을 완전히 떨쳐 버리고 불선법不善法들을 떨쳐 버린 뒤 일으킨 생각vitakka과 지속적 관찰vicāra이 있고, 떨쳐 버렸음에서 생긴 희열piti과 행복sukka이 있는 초선初禪을 구족하여 머물 것이다. 그러면 그에게 '나는 오염원들을 지워 없애면서 머문다.'라는 생각이 들지 모른다. 그러나 성자의 율ariyassa vinaye에서는 이런 감각적 욕망과 불선법인 오염원들을 '지워 없앰sallekhā'이라 하지 않고 '지금·여기에서의 행복한 머묾'이라고 한다.[2]

이러한 반야통찰상담의 목표는 일반상담에서처럼 상담자와 내담자가 합의하여 설정한 목표가 아니라 내담자가 현재 경험하고 있는 괴로움을 반야통찰상담 과정에서 몇 번의 시행착오적 이해와 관찰을 통해 일어난 현상을 있는 그대로 알고 보게 되면 자연스럽게 도달하는 과정이다. 따라서 반야통찰상담은 '오직 괴로움과 괴로움의 소멸만을 말한다.[3]'는 붓다의 가르침에 기반해 구성되었기 때문에 어떤 내담자든 어떤 문제든 모두 괴로움에서 시작하

---

2) MN I 45, MN8, 지워 없앰경, Sallekha sutta. 대림 스님, 2012, p. 269.
3) MN I 140, MN22, 뱀의 비유경, Alagaddūpama sutta; SN IV 380–383, SN22:86, 아누라다경, Anurādha sutta. pubbe cāham bhikkhave, etarahi ca dukkhañceva paññāpemi, dukkhassa ca nirodham.

여 괴로움의 소멸이라는 동일한 목표에 이른다.

현재 경험하고 있는 괴로움을 소멸할 수 있는 방법을 반야통찰상담의 과정에서 이해하고 적용하는 경험을 통해 일상에서 행복과 평화로 머문다는 반야통찰상담의 목표에 대해 어느 수련생이 자신은 몇 년 동안 사띠 수행을 해 오고 있고 상담자로서 활동하고 있는 입장에서 보면 반야통찰상담의 목표가 너무 비현실적이고 거창하여 수용이 안 된다고 했다. 반야통찰상담은 내담자의 이야기에 대해 옳고 그름, 맞고 틀림을 구별하고 논박하여 변화시키는 것이 아니라 현재 경험하는 괴로운 불만족이 일어나게 하는 조건과 연결하여 관찰하는 과정이므로 이러한 견해에 대해서는 그저 무기無記 abyākata이다.

붓다가 사용한 행복이라는 용어는 마음이 고요해짐에 따라 초선에서 사선까지 지금·여기에서의 머묾을 표현4)하고, 평화는 비색계가 일어나는 상想 saññā의 작용이 멈추고 사라짐으로써 지금·여기에서의 머묾으로 표현5)된다. 즉, 행복은 마음이 오염원의 영향에서 벗어난 상태로 감각대상을 감각하고 지각하여 의식할 때 경험되는 정신적 편안함이고, 평화는█ 마음이 내부의 고정관념이나 편견으로 오염된 인식의 영향에서 벗어난 상태로 안과 밖 그리고 자기와 타인이 경계 없이 조화harmony하는 삶의 방식으로 볼 수 있다. 그러므로 반야통찰상담의 목표는 내담자가 상담 과정에서 정신적 편안함을 경험하고 일상에서 주변과 조화하는 삶의 방식을 구축해 가는 것이다.

일반적으로 행복이라는 단어는 영어 happiness의 번역어로 받아들인다. 그러나 영어의 happiness적 의미와 붓다가 사용한 sukha의 의미에는 차이가 있으므로 서로 구별할 필요가 있다. happiness는 자기가 원하는 것을 얻었을 때 느끼는 순간적 만족감으로 행복을 느끼는 대상이 끊임없이 변화하여 결국

█ 세상에는 수많은 대학(大學)이 있지만 평화를 가르치는 대학은 많지 않다. 우리에게는 평화대학이 필요하다(틱낫한, 2013, p. 81).

---

4) MN Ⅰ 40-43, MN8, 지워 없앰경, Sallekha sutta. Diṭṭha dhamma sukha vihārā ete ariyassa vinaye vuccanti.

5) MN Ⅰ 44-45, MN8, 지워 없앰경, Sallekha sutta. Santā ete vihārā ariyassa vinaye vuccanti.

에는 순간적 행복감이 곧 괴로움으로 달라져 간다. 그러나 계·심·혜 삼학
을 통해 얻어진 sukha는 이런 순간적 만족감이 아니라 불선법인 외부의 대상
으로부터 마음이 멀어지고 영향을 받지 않음으로써 경험하는 정신적 만족감
이다. 그러므로 반야통찰상담에서는 happiness적 행복이 아니라 sukha적 행
복으로 지금·여기에 머묾이다.

   다음은 긍정심리학 연구에서 언급한 happiness와 sukha의 차이에 대한 관
점이다.[6]

> 긍정심리학 연구에서 행복으로 가는 신뢰로운 길과 신뢰롭지 않은 두 가지 길을
> 발견했다. 신뢰롭지 않은 길은 거의 모두가 사회적 지위의 향상이나 일시적인 즐
> 거움 등의 즐거운 경험을 얻는 것과 관련된 것이다. 이것은 …… 쾌락의 쳇바퀴
> 에 관한 주제들이다. 행복에 대해 보다 믿을 만한 접근 방법은 …… 처음이나 백
> 번째나 만족의 정도가 같은 것으로서 …… 우리가 무엇을 하든 간에 아주 작은
> 자각, 또는 …… 경험의 흐름에 온전히 관여하는 것을 포함한다.

   다음은 행복sukha과 평화santa는 안과 밖에 대처하는 정신적 태도로서 서로
촉진적 관계임을 보여 주는 내용이다.

> 인생의 목표인 행복 추구에 가장 큰 영향력을 미치는 것은 자신의 정신적 태도이
> 다. 우리 바깥의 조건을 바꾸기 위해서는 환경이든 다른 사람과의 관계이든 그
> 조건들에 상관없이 우리가 먼저 내 자신 속에서 바뀌어야만 한다. 내부의 평화가
> 열쇠이다. 그러한 마음의 상태에서 우리는 어려움을 차분함과 이성으로 대처할
> 수 있고, 행복을 지속시킬 수 있다.[7]

---

6) Siegel & Germer, 2012/2014, p. 235.
7) Epstein(Dalai Lama), 1995/2006, p. 9.

반야통찰상담에서 내담자는 상담 초기에 이렇게 하면 자신의 괴로운 문제를 해결할 수 있겠다는 희망을 갖고 상담 과정에서 괴로움이 일어나는 조건을 이해하고 현상이 달라진다는 것을 경험하면서 희열과 행복을 느낀다. 반야통찰상담에서 경험되는 희열과 행복의 관계를 살펴보면 희열은[2] 칠각지 요소로서 형성작용sankhāra의 영역이고 다섯 가지 장애 중 악의를 제거하는 기능이다. 그리고 행복sukka은 다섯 가지 장애 중 들뜸과 후회의 마음부수와 반대되는 정신적 즐거운 느낌somanassa으로 감각적 욕망으로부터 초연함으로써 생긴다. 즉, 희열을 통해서 행복을 경험하는 관계이다.

반야통찰상담의 과정에서 내담자는 상담이 중반을 넘어가면 자기의 문제가 일어나게 된 과정을 이해하게 되어 그러한 상태를 반복하지 않으려고 노력하는 과정에서 평온upekkhā을 경험하기도 한다. 평온[3]·8)은 upa(위로) + √ikṣ (to see)에서 파생된 명사이며, '위에서 본다'는 의미로 원전에서 선입관이나 편견에 흔들리지 않아 공평무사하고 고결한 정신적 특질로서 형성작용sankhāra으로 나타난다.

반야통찰상담의 과정에서 내담자가 초기에는 현재 자신이 경험하고 있는 괴로움이 여러 외부 상황이나 인간관계 그리고 과거의 영향으로 생겼다고 이야기하지만, 상담자가 자신이 한 이야기를 인과적 흐름으로 연결하여 보여줌으로써 내담자는 괴로움이 자신의 의도와 기대에 따른 행으로 인해 일어났다는 것을 이해하게 되어 문제 상황에서 조금 거리를 두게 되고 평온해진다. 이러한 경험을 내담자는 '편안해졌다' '시원하다' '홀가분하다' 등으로 표현한다. 따라서 내담자는 반야통찰상담의 과정에서 문제가 고정된 것이 아니라 생겼고 달라지는 흐름을 관찰하면서 경험한 평온은 몇 번의 시행착오적 이해를 통해 차츰 지속되고 확장됨으로써 반야통찰상담의 목표인 행복과 평화는

[2] 희열(pīti)은 영어로는 '즐거움(joy), 환희(delight), 흥미(zest), 충만(exuberance), 황홀(rapture)'이라는 의미로 해석되고 있지만 오온에서는 수온(受蘊vedanākkhandha)이 아니라 대상에 의해 창조된 관심이나 흥미로서 행온(行蘊 saṅkhārakkhandha)에 속한다(PED). 그리고 희열은 대상을 바람직한 것(아름답거나 착하거나 덕스러운 것)으로 파악하는 특징을 지녔다(CPD, p. 243).

[3] 일반적으로 평온은 기쁨이나 낙담으로 기울지 않는 단순히 정신적으로 중립의 느낌(vedana)으로 설명되고, 욕계에서의 평온은 낮은(hina) 차원으로 '지순함' 정도의 뜻이다. 아비담마에서는 심리 현상으로서 법이 있고 없음이 미세함이나 거침의 강도보다 더 중시된다. 그런 측면에서 평온도 천차만별이겠지만 아무리 미세하다고 해도 경험한다면 평온이 있다고 보았다(대림·각묵 스님, 2009, (상) p. 115).

---

8) Rhys Davis & William Stede, 1921~1925, p. 150.

경험과 연결된다.

다음은 내담자(여, 40대)가 3회기 상담에서 이전 상담 경험이 상담 문제에 어떻게 영향을 주는지에 대해서 표현한 내용이다.

> 상담자 3: 상담하고 가서 일주일간 어떻게 지내셨어요?
>
> 내담자 3: 일단은 여기서 상담을 하고 가서 하루 이틀은 **마음이 좀 편안해요.** (음)
>
> 상담자 4: 영향을 받죠. (네)
>
> 내담자 4: 마음이 편안하면서…… 이렇게…… 주위에서 무슨 일과 부딪칠 때 (음) **좀 평온하게 거기에 대응을 한다고** 그럴까?
>
> ……(중략)……
>
> 내담자 15: 또 이러한 상황에서 이렇게 하니까 아이 쪽에서도 이렇게 되더라고요. 그 것을 내가 느끼고 '아! 이렇게 변화를 가져오는 건가 보다.' 하는 인식을 갖게 되 니까 뭐라 그럴까 **일단은 내 마음이 편해요. 마음이 편하고** 또 아이랑 부딪칠까 하는 걱정이 없어지니까 일단은 아이 얼굴을 봐도 **그냥 마음도 편한 것 같고** 그 러죠 뭐. 아! 이렇게 계속할 수만 있다면 그래! 너하고도 잘 지낼 수 있겠다.

괴로움의 소멸과 고통의 경감

거머Germer와 시겔Siegel은 "심리치료와 불교의 마음 수행은 정서적 고통 emotional suffering을 극복하려는overcoming 공통된 목적을 가지고 있고 연민과 지 혜는 우리로 하여금 고통을 인내하고 수용하여 심지어 고통으로부터 성장하 도록 하는 마음의 특질"이라 하였다.[9] 그러나 이러한 관점은 고통이 극복해

---

9) Germer & Siegel 편저, 2012/2014, p. 15.

야 하는 실체로서 존재하고 연민과 지혜도 특질로서 '있다'라는 존재론적 접근으로 붓다가 가르친 생멸의 원리를 담보하지 못하고 있다. 또한 박성현[10]은 내담자의 고통을 경감시키는 것이 상담과 명상의 공통 목표라고 하였고, 이규미[11]도 상담심리학은 괴로움의 해결에 대해 불교와 같은 목표를 가지고 있고 안정된 삶과 잠재력 개발, 행복과 긍정적 변화를 추구한다는 점에서 공통점이 많다고 하였다. 이렇게 여러 학자가 불교와 상담이 공통된 목적을 가지고 있다고 하지만, 붓다가 가르친 마음 수행의 목적은 반야를 계발하는 것이고 반야의 기능 · 힘은 단지 고통을 인내하고 수용하여 고통으로부터 성장한다는 소극적 목적이 아니라 괴로움을 소멸하는 원리를 알고 실천하여 행복과 평화에 이르는 것이다.

반야통찰상담의 목표는 이러한 여러 연구자가 불교와 명상 그리고 상담의 공통 목표로서 제시한 내담자의 고통의 경감이나 괴로움의 해결이 아니고, 고통이라는 현재의 경험 속에서 문제로 규정하는 고통의 본질을 이해함으로써 문제를 '문제'라고 이름하지 않고 내담자의 현재 여건에서 자연스럽게 일어난 현상으로 정상화하여 일어난 조건과 연결하여 흐름으로 통찰하는 것이다. 또한 고통의 일어남에 대한 반야통찰상담의 관점은 자기와 타인과의 연결감의 결여가 아니라 삶의 원리인 생멸의 원리를 알지 못하고 하는 형성작용sankhāra에서 괴로움이 생기는 것으로 본다. 반야는 몸과 마음을 청정하게 하는 윤리와 마음의 고요함이라는 사전 조건에 의해 나타나는 심리적인 능력으로 문제의 원인과 과정 그리고 결과 간의 관계를 유기적 흐름으로 이해하고 그 이해를 실천하는 과정이다.

현재 상담과 심리치료 이론의 대부분은 '윤리'나 '마음의 고요와 안정의 상태'를 상담의 효과 변인으로 다루지 않는다. 그러나 반야통찰상담에서는 윤

10) 박성현, 2017.
11) 이승희, 2016.

리와 마음의 고요한 상태를 기반으로 내담자가 경험하고 있는 괴로움을 다룬다.

> 반야는 일반인과 환자를 따로 구분하지 않으며 생·로·병·사에 의한 보편적인 괴로움의 극복을 목적으로 한다. 반야는 몸과 마음의 불편함에서부터 생각이나 견해의 문제에서 발생하는 갈등에 이르기까지 광범위한 영역에 걸친 치유 방법으로서 의의가 있다.[12]

이처럼 반야통찰상담의 목적은 문제를 해결하는 정도가 아니라 괴로움이 일어나는 조건을 알고 보아 문제의 사라짐을 경험함으로써 상담 과정에서 통찰한 생멸의 원리를 일상생활에도 적용하여 행복과 평화에 머무는 것이다. 그러므로 반야통찰상담은 서양 심리치료의 상담 목표 그리고 실천의 정도와 차이가 있다.

반야통찰상담의 목표 평가

최근 심리학의 새로운 전환점으로 인정받았던 긍정심리학에서도 우리의 주관적 안녕감의 지표로서 행복happiness을 많이 언급한다. 긍정 심리학적 행복은 개인이 주관적으로 만족스럽게 경험하는 어떤 상태나 감정을 의미하지만, 붓다가 설명한 행복sukha은 긍정적인 정서 경험을 넘어서 행위적 실천을 내포하는 전일적 삶의 방식으로 이해된다. 따라서 반야가 활성화된 행복과 평화적 존재 방식은 현재 진행형의 주관적 경험이므로 나와 대상을 구분하여 주

---

12) 임승택, 2016.

관인 '내'가 객관인 '대상이나 상황'을 검증하는 형식으로는 이해되거나 드러나지 않는다. 따라서 반야통찰상담의 목표 달성 정도에 대한 평가 방법은 상담자의 관점에서가 아니라 내담자가 주관적으로 경험하는 행복과 평화이다.

일반적으로 상담의 종결 지점에 상담자는 상담의 성과나 목표 달성을 확인하기 위해 여러 평가 방법을 사용한다. 일반상담에서는 객관적 검사나 설문형식이나 상담자의 평가를 중시하지만, 반야통찰상담에서는 상담 과정에서 내담자가 주관적으로 경험하는 평화와 행복감을 다섯 기능 · 힘의 작용 정도와 변화 과정에 근거하여 매 회기와 상담의 과정 그리고 종결 시점에 지속적으로 평가한다.

다음은 붓다가 제시한 괴로움이 소멸한 상태와 실천 방법에 대한 설명이다.

> 병 없음이[4] 최상의 이득이고 열반은 최상의 행복이라. 팔정도八正道가 안온과 불사不死로 이끄네.[13]

[4] 양극단의 색계적 관점에서 병은 신체적 질병만을 생각하는데, 붓다는 슬픔 · 비탄 · 괴로움 · 걱정 · 절망 그리고 오취온을 모두 병으로 설명한다. [참조: 반야통찰상담의 원리—중생의 거주처: 고성제]

첫 회기에 전체 10회기 정도의 상담을 하기로 합의했던 내담자가 6회기에 와서 종결을 원한다고 하였다. 이 내담자는 1~2회기 동안 내내 울먹거림과 훌쩍거림 그리고 코 풀기를 반복하더니 3회기 와서는 그렇게 울면서 하소연하던 문제에서 완전히 벗어났고 4~5회기에는 입출정에서 경험했던 관찰과 집중의 방법에 관심을 갖고 여러 질문과 일상에 적용한 경험을 이야기하면서 자신의 괴로움이 가라앉은 경험에 만족해하였다. 그러나 반야통찰상담의 관점에서는 여기까지의 진행은 단지 '가라앉음'이고 6회기 이후 그 가라앉음에서 문제가 형태를 바꾸어 나타날 것이므로 그 지점에서 그동안 상담에서 알고 배운 생멸의 원리를 새로운 형태의 문제에 적용해 보는 '다지기' 과정의 재

---

13) MN Ⅰ 508, MN75, 마간디야경, Māgaṇḍiya sutta.

학습으로 나아가야 했으나 내담자의 결정을 존중하여 종결하였다.

내담자 1: 아, 나에게 도움이 많이 됐는데 (더듬거리며) (음) 약간 이제 좀 그만해도 되지 않을까?↘(멋쩍은 웃음) 하는 생각이 들어가지고…… (음) 시험이 점점 다가와서 좀 더 집중해서 공부를 해야 할 것 같기도 하고 그래서…… (음) 나중에 혹시 또 도움을 받을 일이 있으면 (음) 또 오더라도 지금은 일단 그렇게 하고 싶어서.↘ (음) 지금까지 상담에 와서 했던 것들, 내가 말하고 또 말씀해 주신 것을 듣고 이렇게 했던 그 모멘텀momentum들이 있어 가지고 (음) 일상에서 되게 많이 도움을 받거든요. (음) 현재의 문제는 일단은 많이 해결을 하고 어떻게 해결을 할 수 있는지도 이제 좀 알게 된 것 같고 그래서…… (음)

상담자 2: 일단 도움을 많이 받았다. 그리고 일상에서도 이해할 수 있고 적용한다. 이런 예를 좀 설명해 보세요.

내담자 2: 제일 먼저 떠오르는 것은 (음) 마음이나 상태가 모든 게 다 시시각각 변해간다고 하셨던 게 (음) 상담 전에는 하나가 뭐가 있으면 그걸 안 풀고는 좀 못 지나가는 그런 게 있었는데 그게 관계에 있어서나 나 스스로한테도 그렇고, 되게 많이 짐이 됐던 거 같아요. 그러니까 더 괴롭게 만드는? (음~ 음~) 사실은 그렇게 하지 않아도 되는 건데 그러니까 뭔가 이게 있으면 무조건 이것을 정석으로 해결하고 넘어가야 하는 게 좀 있었는데 근데…… 그러니까 그렇게 살아온 게 30년이니까 (음) 아직도 아~ 이~ '얼렁뚱땅'이라는 느낌이 좀 들긴 하지만요. 그런데 아무튼……

상담자 3: 그 정석으로 문제를 해결하지 않고 넘어가는 얼렁뚱땅?

내담자 3: 네~ 그러니까 내가 지금 덜 화났으니까 아까 그거 그냥 넘어갈 수 있어, 약간 이런 거 있죠. (음) 뭐, 되게 쉽게, 예를 들자면 (음) 아무튼 근데 그게 그렇지 않아도 그냥 넘어가지는구나. 그리고 그렇게 넘어가는 게 나한테 덜 힘든 거 같은 거예요. 결과적으로는……

상담자 4: 음. 음. 정석으로 문제를 해결해야만 내가 힘들지 않을 거라고 생각했던

　　　　　 것들을 지금은 좀 얼렁뚱땅 넘어가는 것(하하하) 같지만 그건 실제로 내가 하

　　　　　 고 있는 행위이고 (예) 방법이고 그럼으로써 내가 경험한 것은 덜 힘들다. (예)

내담자 4: 그래서 말씀해 주신 것도 생각을 하고 도움이 되는 게…… 그러니까 상황

　　　　　 이……내가 하고 싶은 게 있으면 그걸 하기 위해서 주변 조건을 편하게 만드

　　　　　 는 게 중요하다(음)고 말씀하신 것도 생각을 많이 하고 있는데, 그동안에는 일

　　　　　 정한 상태 그러니까 내가 원하는 상태가 아니면 혹은 내가 생각한 설계한 방

　　　　　 식이 (웃으면서) 아니면 (음~ 설계한) (함께 웃음) 이건 안 될 거라는 생각을

　　　　　 했었는데 (음) 그런데 좀 더 융통성 있게, 이게 지금 내 상황이 아니니까. (음)

　　　　　 그렇다면 내가 하고 싶은 게 이거면 이걸 하기 위해서 (음) 다른 방식으로 이

　　　　　 걸 조정해 나가야 되는구나. (음) 그러니까 그게 마음에서도 그렇고 실제로 내

　　　　　 일상에서도 그렇고요. (음) 뭐 어떻게든 정석인 방법이든 얼렁뚱땅 방법이든

　　　　　 그게 정리가 되어 내가 마음이 편하면 되고, 그런 식으로 생각을 하게 되는 것

　　　　　 도 많이 변한 점인 것 같고. (음) 그래서 좀 편해지는 것 같아요. (음)

반야통찰상담과 통합상담의 상담 목표 비교

　다음은 코리Corey가 자신의 저서에 나온 기존의 열 가지 주요 이론을 통합
하여 실시한 통합상담에서 상담 목표를 설정하는 장면의 일부이다. 반야통
찰상담 목표의 특징을 이해하기 위해 코리의 통합상담적 접근과 반야통찰상
담적 접근을 비교하여 본다. 상담은 상담자와 내담자의 지금 · 여기의 즉시
적 관계이므로 과거에 일어난 현상을 의도에 의해 가시적 형태로 존재화한
축어록을 가지고 상담을 다루는 것은 한계가 있다. 그러나 단지 공부하고자
하는 선kusala으로 접근해 본다.

코리는 일반적으로 내담자는 모호하고 넓고 구체적이지 않은 소망을 가지고 있기 때문에 심리상담의 초기에 상담자는 내담자가 성취하고 싶어 하는 변화에 대해 책임 능력을 지니도록 격려해야 한다[14]고 하였다. 또한 상담 목표를 설정할 때 자기실현이라는 높은 목표에 대해서만 이야기한다면 상담이 방향을 상실할 수 있기 때문에 상담자와 내담자가 모두 관찰할 수 있고 이해할 수 있는 구체적인 목표와 확실한 언어에 초점을 두어야 한다고 하였다. 자기 관찰은 변화를 위한 노력에 중요하기 때문에 이렇게 목표를 설정해야 내담자가 일상생활과 심리상담 장면 모두에서 자신의 행동을 관찰할 수 있다고 하였다.

코리도 상담 과정에서 관찰은 변화를 위한 중요한 요인으로 강조하고 있지만 관찰의 대상을 '자기의 행동'으로 한정하고 있다. 그러나 반야통찰상담에서의 관찰은 심·의·식이 외부의 대상인 법을 의식할 때 오염원인 욕탐이 의도, 기대, 희망 등으로 함께 작용하는 일련의 흐름[심의식←(욕탐)→일체법]을 알고 보는 전일숲—한 관점이다.

반야통찰상담의 특징을 이해하기 위해 실시하는 사례 분석은 두 가지 방향—일반상담과 차이점 구별하기와 기존 접근의 대안 찾기—으로 이루어진다. 즉, 사례 분석은 기존 접근을 해체하기부터 시작하므로 반대하고 비평하는 것처럼 보일 수 있다. 그리고 분석 자료가 '말, 언어'라는 표현적 평면을 다시 '글'이라는 시각적 평면으로 옮겨놓은 것이기 때문에 분석도 평면적으로 이루어질 수밖에 없다는 한계를 전제로 한다.

다음은 제리가 첫 회기에 심리상담의 방향을 제시해 주는 목표를 설정해 가는 과정의 일부이다. 축어록은 제리의 상담 사례이고, box와 옆글은 반야통찰상담적 접근의 설명이다.

---

14) Corey, 2001/2004, p. 555.

제리 1: 심리상담을 통해서 당신이 **가장 희망하는 바는**[5] 무엇입니까?

스탠 1: 글쎄요. 나는 항상 나 자신을 비하하는 것 같아요. 나는 진실로 나 자신에 대해 좀 더 좋게 느끼길 원해요.

제리 2: 당신 자신을 항상 비하하나요? 방금 당신이 말한 것은 당신이 지금 어려워하고 있는 한 예는 아닌가요?

> 제리 2는 '항상 비하하고, 지금 어려워하고 **있다!**'라는 전형적인 유무의 접근이다. 내담자의 이야기를 유무적 관점으로 접근하게 되면 상담 과정은 대부분 과거와 미래를 왔다 갔다 하게 되고 이야기의 내용은 부정적 측면을 들추게 된다. 왜냐면 상담자가 할 일은 내담자가 이야기하고 있는 반대쪽인 '긍정'으로 바꾸는 것인데 이런 유무적 관점에서 긍정은 필연적으로 미래적 시제일 수밖에 없다. 그러나 반야상담자(반상)는 과거, 미래 그리고 긍정, 부정을 오가는 시소타기를 하지 않고 오직 내담자가 하는 이야기 안에서 현재 일어나고 사라짐에 발을 굳건히 딛고 그 일어나고 사라짐의 조건을 내담자의 말 속에서 찾아 연결하여 흐름을 경험하게 하는 중도를 유지한다.
>
> 스탠 1은 현재 자기의 상태(항상 나 자신을 비하)와 미래의 원함(자신에 대해 좋게 느끼길 원함)을 이야기하였다. 그러므로 반야상담자는 스탠의 이야기에서 미래의 원함은 다루지 않고 현재 상태에 대한 부분에 초점을 맞추어 반야통찰상담의 문을 열어야 한다.
>
> 스탠 1에서 반야상담자가 관심을 가져야 하는 두 가지 key word(①**항상**, ②**비하**)가 나왔으므로 항상이라는 말은 현재 상황에 대한 내담자의 인식 정도를 보여 주는 힌트이므로 참조만 하고 '비하'라는 문을 열고 들어가야 한다.
>
> 반야상담자 2-1은 되비춤 반응으로 문제 이해와 목표 설정하기를 시도한다.
> 반야상담자 2-1: 내가 이야기를 들어 보니까 **현재 · 지금**은 나 자신을 **항상 비 · 하 ·** 하는 것 같지만 진실로 **원 · 하 · 는 것은** 자신에 대해 좋게 느끼는 것이네요. 그래서 지금 현재 나의 상태와 원하는 것까지 말씀하시네요. 자신의 현재 상태도 잘 알고 있고 더욱이 그 상태에서 어떻게 달라져야 하는지까지 알고 있으니 좋은 일입니다. 그럼 항상 자신을 비하하는 것에 대해서 설명해 주세요.

[5] '희망하는 바'는 바람으로 미래시제적 접근이다. 이러한 미래시제적 목표 설정을 위한 접근은 대부분의 일반상담에서도 일어난다. 그러나 '반야상담자 1: 하고 싶은 이야기를 하세요.'는 상담자가 이야기의 방향을 정해 주지 않기 때문에 내담자의 현재 상태에서 나오는 이야기부터 시작한다.

6 스탠 1에서는 항상 비하라고 하였는데, 스탠 2에서는 '비하하지 않는 동안'을 말한다. 그리고 놀랍게 '자신을 비하하지 않는 동안은 좋았던 것'이라고 자신이 비하라는 상태에서 벗어난 경험을 '알고 있고 지금 이야기'한다. 자신을 비하하지 않는 동안을 길고 강하게 하고 비하하려는 상황이 발생하더라도 휘둘리지 않는 힘과 회복할 수 있도록 반야가 작동하게 하는 것이 반야통찰상담 과정의 평가 요소인 오근과 오력이다. 스탠은 단 두 번의 반응으로 자기의 상태와 바람 그리고 그 바람을 구현하는 방법을 알고 있다고 한다. 반야통찰상담은 문제해결의 재료를 외부에서 타인이나 상황을 변화시켜 얻지 않는다. 제리의 접근은 문제가 있다는 유무적 접근이므로 상담의 전반적 과정이 '외부에서 타인이나 상황의 변화'로 진행된다.

7 제리 3은 미래의 추측과 가정적 질문으로 이후 내담자와 상담자 대화는 모두 이런 가정과 추측에 따른 미래에 근거한 내용들이다.

8 이미 스탠 1에서 자신이 원하는 것을 말했는데 그 지점에서 상담자가 다루지 못하고 다시 제리 5에서 가정적 질문으로 물어본다.

내담자의 상담에 대한 관여도가 높고 알아차림이 유지된다고 보이면 앞의 내용에 대한 언급 없이 바로 반야상담자 2-2처럼 접근하면 상담의 속도는 훨씬 빨라진다.
반야상담자 2-2: "'항상 자신을 비하하는 것 같아요.'를 좀 더 펼쳐서 설명해 주세요." 라고 한다면 스탠 2 이후 반응처럼 부분으로 나누어지는 퍼즐 조각적 접근이 아니라 내담자 세계로 바로 들어가 그 안에 머물 수 있다.

스탠 2 **6**: 글쎄요. 내가 나 자신을 비하하지 않는 동안은 좋았던 것 같아요.

제리 3 **7**: **만약 오늘 당신이 원하는 것을 가질 수 있다면** 어떻겠어요? 당신 자신에 대해 **어떤 좋은 감정이 들까요?**

스탠 3: 한 가지는, 나는 내 인생에서 사람들과 많은 접촉을 하겠지요. 그리고 나는 두려워하지 않겠지요.

제리 4: 이것은 당신이 심리상담에서 탐색하고자 하는 영역이 되겠군요.

스탠 4: 예. 그러나 나는 어디서부터 시작해야 할지 모르겠어요.

제리 5 **8**: 만일 **당신이 원하는 것을 안다면** 시작하는 방식에 대해 기꺼이 **제의하고 싶어요.**

스탠 5: 글쎄요. 나는 사람들과 함께 있을 때 느끼는 두려움을 극복하고 싶어요. 나의 모든 바보스러운 두려움이 방해거리예요.

스탠 5에서 스탠 1의 비하가 두려움으로 달라졌다. 제리의 상담적 흐름으로 여기까지 왔다 하더라도 여기에서 반야상담자는 "항상 비하하는 것에서 두려움으로 방해거리가 달라졌네요. 비하와 두려움이 관련 있나요?" 하고 질문하여 내담자가 자기 비하와 두려움을 연결하여 이해하도록 한다. 그리고 스탠 5의 반응 중 '방해거리'에 관심을 갖고 설명하게 한다.
스탠 1, 2, 5의 시작하는 말이 모두 '글쎄요.'이다. 스탠 4와 함께 보면 내담자가 지금 정확히 상담의 흐름에 들어와 있지 못하고 상담자의 질문에 답하기 바쁘다. 이런 현상이 현재 상담 과정에 일어난 이유는 바로 제리 1에서부터 상담자 주도의 질문 형식으로 상담이 진행되었기 때문이다. 그러나 반야상담자 1의 내담자에게 '하고 싶은 이야기를 하라.'는 반응은 상담의 시작에서부터 내담자 주도로 상담자가 내담자의 상담에 대한 몰입을 방해하지 않는다. 이것이 제리의 통합상담과 반야통찰상담의 차이이다.

제리 6[9]: 나는 당신이 두려움에 기꺼이 직면했으면 싶어요. 당신이 자신의 두려움에 대해서 바보스럽다고 하면서 스스로 자신을 비하하고 있다는 것을 아나요?

스탠 6: 이것이 나의 두 번째 본성인 듯 여겨지는군요. 그러나 나는 정말로 내가 다른 사람들과 있을 때 좀 더 편안해지길 원해요.

제리 7[10]: 당신이 지금 나와 여기에 있는 것은 어때요?

스탠 7: 이처럼 무언가를 하고 있는 것이 마치 내가 아닌 듯해요. 그러나 기분은 아주 좋군요. 적어도 나는 말을 하고 있으며, 내 마음속의 것을 얘기하고 있어요.

제리 8[11]: 당신이 지금 우리의 대화에서 달라질 수 있다고 신뢰하는 것이 보기에 좋군요.

[9] 반야상담자는 제리 6의 반응처럼 상담자의 바람이나 원함을 내담자에게 언어로 표현하지 않고 단지 내담자의 상태를 있는 그대로 읽어 준다. 현재 내담자는 자기의 상황에서 두려움을 바보스럽게 비하하면서도 직면하고 있다. 상담자는 두려움―바보스럽다―자기 비하를 연결하여 내담자에게 현재 상태에 대해 확인시킨다. 그러나 반야상담자는 이런 내용을 알았다 하여 바로 내담자에게 알려 주는 것이 아니라 단지 내담자 이야기의 흐름이 달라짐을 연결하여 보여 준다. 제리 5와 마찬가지로 제리 6도 '비하하고 있다'는 유무의 관점이다.

[10] 제리 7은 미래의 바람을 계속 이야기하다가 스탠 6이 '① 다른 사람들과 있을 때 좀 더 ② 편안해지길 원한다'고 하자 상담자는 내담자 이야기 중 ①에 초점을 두고 '당신이 지금 나와 여기에 있는 것'으로 지금 · 여기의 상담 관계에 초점을 맞추지만 내담자가 현재 상담 관계를 언급한 것이 아니므로 반야상담자는 ②에 관심을 가져야 한다. 반야상담자는 7: 편안해지길 원한다고 했는데 편안함은 어떻게 경험되는 것인가요? (구체적 질문) 편안해지길 원한다에 대해 설명해 주세요. (개방형 질문)

11 스탠 2에서 이미 완료형으로 변화했었던 경험을 이야기했는데 상담자가 거기에서 들어가지 못하고 제리 8에서 미래형으로 '달라질 수 있다'라고 상담자의 관점에서 평가해 준다.

제4장

반야통찰상담의 과정

반야통찰상담 과정은 내담자가 문제를 해결하는 과정에서 경험하고 알게
된 원리를 일상에 적용하여 상담의 효과를 극대화하기 위해 매 회기는 '입정
Get into Calm → 언어 상담Verbal Session → 출정Keep Quiet'으로 구성되어 있다. 즉,
연역적 접근으로써 마음을 고요와 평화에 이르게 하는 입출정의 부분과 귀납
적 접근으로써 언어 상담이다. 입출정은 내담자가 호소하는 지각적, 정서적,
인지적, 심리적 문제를 상담 과정에서 좀 더 집중해서 다루기 위해 언어 상담
전후前後에 마음을 고요하게 하는 과정이다. 그리고 언어 상담은 내담자의 실
제 상황에서 문제의 일어남과 사라짐을 연결해서 관찰하게 하는 과정이다.

입출정 과정

입출정의 필요성

　병원에서는 치료 전후前後에 환자의 아픈 부위를 꼼꼼히 소독하는 것을 중
시한다. 요리 과정에서도 음식을 만들기 전에 재료를 깨끗이 다듬고 씻고 음
식을 만들고 먹은 후에는 그릇을 닦는다. 이것을 상담 장면에 비유한다면, 일
반상담에서는 내담자가 상담실에 들어오면 간단한 인사를 나누고 상담을 시
작하지만 반야통찰상담에서 입정은 소독하기나 다듬기처럼 내담자의 마음을
가라앉혀 자신의 문제를 좀 더 선명하게 경험할 수 있도록 한다. 그리고 언어
상담이 끝난 후 회기의 마무리에 실시되는 출정은 내담자가 언어적으로 진행
된 상담 과정에서 벗어나 마음을 고요하게 하는 것이 본래의 목적이지만 상

담의 초기에는 내담자가 상담 내용을 정리하는 시간으로 활용하기도 한다.

반야통찰상담의 입출정 과정과 병원에서 실시하는 치료 전후 소독하기의 차이는 소독은 환자가 직접 하지 않고 간호사나 의사가 해 주기 때문에 환자는 그저 가만히 있으면 된다. 그러나 입출정은 모두 내담자 스스로 하는 과정으로 상담자는 그저 함께한다. 따라서 일반적으로 진행되는 상담과는 달리 입출정은 상담자와 내담자의 언어적 교류를 점차 줄여 가면서 내담자가 자신의 문제를 관찰해 볼 수 있도록 하는 토대가 된다.

다음은 내담자가 입정에 대해 첫 회기와 종결 회기의 경험상의 차이를 이야기한 내용이다.

첫 회기에 경험한 입정

내담자 69: 어…… [8초 침묵] 처음에 막막했다. 무슨 이야기를 할까? (음) 상담에 대한 준비를 별로 하지 않았고, (음) 마음도 그런 상태가 아니었기 때문에 (음) 막막했어요. (음) 그런 부분이 있었는데 (음) 그냥 자연스럽게 내 상황을 얘기했다는 거. 그런 부분들이 조금 편안했나? 그런 것 같아요.

상담자 71: 그런 걸 경험하셨네요? (응) 처음 시작할 때 "하고 싶은 이야기를 하세요." 그랬을 때 막막하다고 했어요. 그런데 반야통찰상담에서는 입정이 끝나고 언어 상담이 시작되는 지점은 내담자의 상담에 머무르는 현재 상태를 평가하는 중요한 지점입니다. 그래서 일단 상담자가 평가를 했을 때 입정하기 전에 내가 "간호사가 주사를 놓기 전에 뭘 하냐?"고 (음, 음) 물었을 때 뭐라고 하셨죠?

내담자 71: 처방전이 있어야 된다고 (네) 멀리 갔어요. (그래요.) 하하하.

상담자 72: 아셨어요?

내담자 72: 네. (예) 의사가 진단을 내려야지 주사를 놓는 건데 그렇게 크게 생각을 했지요.

상담자 73: 그 틈이 엄청 벌어졌다는 것을 (어~) 아시겠죠?

내담자 73: 네.

상담자 74: 내 질문은 분명하게 간호사가 (바로 앞에 했던) 그렇지요. "간호사가 주사를 놓으려면 그 전에 뭘 하나요?"라고 물으면 우리의 경험상 (음) '소독을 한다'는 이야기가 나오면 그 사람은 지금 현재에 머무르는 거예요. (음~) 그런데 그렇게 '진단해야 된다, 처방전이 나와야 된다'는 것은 이 내담자가 지금 · 여기, 이 자리에 있지 않다는 평가예요. (아! 그래요?) 그래요. ↗ 지금 (음~ 멀~ 리 가 있거나) 여기 있다는 평가를 내담자의 언어 안에서 하는 거예요.

내담자 74: 그래서 내가 막막하다 그렇게 얘기를 했네요. (그래요.)

상담자 75: 반야상담자는 평가가 계속 이루어지고 있어야 돼요. 이 평가 기준이 뭐냐면 내담자가 지금 이 자리Here and now에 있는가? 지금 밖으로 마음이 나가 있는가? 이렇게 입출정은 그런 평가 기능이 있어요. 그래서 상담자는 입정 경험에 대한 내담자의 반응을 보고 들은 그 지점에서부터 상담에 대한 관여가 시작된다고 알고 들어갑니다.

종결 회기에 경험한 입정

내담자 2: 입정 시간 동안에…… 음…… 길기 때문에 (10분) 호흡을 관찰하다가 생각으로 많이 나갔고…… 또…… 해야 하는 것들에 대한 생각이 많이 올라오는 걸 봤습니다.

상담자 2: 보셨어요?

내담자 3: 네. 그래서 다시 호흡으로 되돌아오는 과정을 여러 번 반복했습니다.

상담자 3: 음. 마음이 밖으로 나갔다는 걸 알고 (네) 다시 호흡으로 돌아와서 호흡에 붙이셨네요. (네) 자~그래요. 그렇게 마음이 나갔다는 것을 알고 호흡으로 다시 돌아오면서 경험한 것이 있으셨나요?

내담자 4: 마음이 밖으로 나갔을 때 한없이 나가려고 하는 걸(상담자: 음ᄀ) 다시 호흡
으로 이렇게 돌아오면서 집으로 돌아오는 것 같은 느낌 (상담자: 음~) 새로 돌
아오는 그런 느낌에 대한 편안함! (상담자: 음ᄀ) 이런 걸 또 느끼게 됐습니다.

입출정 지시문과 시간

입정과 출정은 반야통찰상담의 구조적 특징으로 마음의 고요와 집중을 통
해 행복과 평화에 이르는 길을 경험하게 한다. 상담 초기에는 내담자에게 지
시문을 읽고 그 내용을 설명하게 한 후 실시는 상담자가 하다가 상담 중반부
터는 내담자가 어느 정도 입출정에 편안해지면 지시문을 설명하고 실시해 보
도록 함으로써 상담에 대한 주도력과 책임감을 확장할 수 있다.

입출정 시간은 일반적으로 성인이나 부부를 대상으로 하는 경우 상담 초기
에는 5분 정도에서부터 시작하지만 중기 이후는 점차 시간을 늘려 종결이 가
까워 오면 최대 15분까지 실시해 볼 것을 권장한다. 그러나 학교 상담의 경우
시간 단위가 정해져 있으므로(45분) 상담 여건에 따라 입출정 시간을 조절할
수는 있지만 입출정이 생략된다면 그것은 반야통찰상담의 핵심 특징에 기반
하지 않는 것이다.

입출정 지시문 1, 2, 3은 언어 상담 전후에 상담 여건과 내담자의 상태에 따
라 사용한다. 지시문 1은 몸과 마음의 '가라앉음'을 경험하게 하는 것이고, 지
시문 2는 '호흡(대상)의 상태나 변화 과정을 관찰하기'이고, 지시문 3은 외부
대상에 대한 방해 없이 '마음을 한곳에 집중하기'이다.

[Sudassa 4-1] 입출정 지시문

지시문 1 가라앉음(passaddhi 빠싸디)

마음을 맑게 하여 고요와 평화에 이르는 길이 있다.

현재의 자세에서 몸을 좌우로 흔들면서 척추를 자연스럽게 세우고 어깨를 부드럽게 내려뜨려 양손을 모아 단전 밑에 놓고 최대한 편안한 상태를 만든다.

숨을 들이쉬면서 편안함과 **고요함을 취하고** 숨을 내쉬면서 거칠고 **해로운 것은 버린다.** 숨을 들이쉬고 내쉬면서 신체의 기능이 점차 가늘고 미세해질 수 있도록 가라앉힌다.

고요히 숨을 들이쉬고 내쉬는 것이 마음을 맑게 하여 고요와 평화에 이르는 길이다.

지시문 2 호흡 관찰하기(ānāpānasati 아나빠나사띠)

마음을 맑게 하여 고요와 평화에 이르는 길이 있다.

현재의 자세에서 몸을 좌우로 흔들면서 척추를 자연스럽게 세우고 어깨를 부드럽게 내려뜨려 양손을 모아 단전 밑에 놓고 최대한 편안한 상태를 만든다.

마음을 오직 호흡에 두고 호흡의 상태를 현미경으로 관찰하듯이 면밀하게 관찰한다. 먼저 숨을 들이쉬고 내쉬면서 자연스럽고 편안하게 **호흡의 상태를 관찰한다.** 호흡이 길 때는 '길구나', 짧을 때는 '짧구나' 하고 단지 관찰한다. 그리고 거칠고 미세한 **호흡의 변화를 관찰한다.**

호흡의 변화와 함께 **호흡의 과정을 관찰한다.** 자연스럽고 편안하게 숨을 들이쉬면서 처음과 중간과 끝 그리고 내쉬면서 처음과 중간과 끝을 연결해서 호흡의 전 과정을 분명히 느껴서 알 수 있도록 한다. 호흡을 관찰하면서 신체 기능이 점차 가늘고 미세해질 수 있도록 가라앉힌다.

호흡을 관찰하다가 마음이 호흡에서 벗어나면 벗어났다는 것을 알아차리고 부드럽게 다시 호흡으로 돌아와서 관찰한다.

호흡의 관찰이 마음을 맑게 하여 고요와 평화에 이르는 길이다.

> ### 지시문 3 빛에 집중하기(upasama 우빠사마)
>
> 마음을 맑게 하여 평화와 고요에 이르는 길이 있다.
> 현재의 자세에서 몸을 좌우로 흔들면서 척추를 자연스럽게 세우고 어깨를 부드럽게 내려뜨려 양손을 모아 단전 밑에 놓고 최대한 편안한 상태를 만든다.
> 이마의 가운데에 따뜻하고 밝은 빛의 이미지를 만든다.
> 이미지를 선명하게 한 다음 빛에 집중하여 '빛이다! 빛이다! 빛이다!'를 고요히 외치며 빛과 하나가 된다. 마음의 다른 곳으로 흩어지면 다시 빛의 이미지로 돌아와 집중한다.
> 빛에 집중이 마음을 맑게 하여 고요와 평화에 이르는 길이다.

입출정의 원리

입출정은 통찰 수행vipassanā-sati과 집중 수행samatha-samadhi의 원리에 기반한다. 십이연기의 여섯 감각 장소六入處 saḷāyatana는 괴로움이 일어나는 감각과 지각 그리고 인식의 조건이고, 사념처 수행은 괴로움을 소멸하는 조건이다. 붓다는 "사랑하고 좋아하는 사람들, 친구, 동료, 친지, 혈육들에게, 사념처의 닦음을 격려해야 하고, 안정하도록 해야 하고, 확립하도록 해야 한다."[1]고 강조하였다. 따라서 입출정은 호흡을 관찰하고 빛에 집중하여 느낌과 마음 그리고 현상이 일어나고 사라지는 과정을 알아차리고 연결해서 경험하는 과정이다.

입정

입정入定 Get into Calm은 언어 상담 전에 약 5분 정도 호흡을 관찰하는 비언어

---

1) SN V 189, SN47:48, 친구경, Mitta sutta.

적 상담 과정이다. 내담자는 상담의 초기에는 입정의 호흡 관찰에 대해 생소하지만 매 회기 진행되는 호흡 관찰을 토대로 마음에서 일어나는 현상이 항상하지 않고 일어나고 사라지는 일련의 흐름을 관찰함으로써 지금·여기를 경험한다.

입정 후 내담자가 가장 많이 하는 피드백은 '편안해졌다'이다. 이렇게 입정 시간은 내담자에게 상담에 오기 전의 외부의 자극과 분리되는 심리적 공간을 형성함으로써 오늘 상담에서 다루고자 하는 주제나 문제에 대해 스스로 더 고요하고 안정되게 관찰해 볼 수 있게 한다.

> 호흡에 대한 알아차림을 통해 우리는 산만한 생각의 타래를 잘라내고, 헛된 상상의 미궁 속에서 정처 없이 방황하고 있는 상태에서 벗어나 현시점에 확고하게 서게 한다. 왜냐하면 호흡하고 있는 것을 진실로 알아차린다는 것은 결코 과거나 미래에서가 아니라 현시점에서 그것을 알아차리고 있는 것이기 때문이다.[2]

현재 마음챙김에 기반한 상담이론들은 먼저 마음챙김 수련에서 얻은 경험적 통찰을 다시 문제 이해에 적용하는 방식으로 시간적으로나 경험적으로 분리된 과정이다. 그러나 반야통찰상담은 문제에서 인과적 조건을 경험하여 일상에 확장하도록 한다. 내담자에게 이러한 경험을 하게 하려면 반야상담자의 알아차림과 통찰이 전제되어야 한다.

입출정은 언어 상담에서 얻은 내담자의 이해를 촉진하고 일상에 확대 적용하는 기능이 있다. 내담자는 상담 초기에는 입출정의 활동의 목적과 기능을 충분히 이해하지 못하고 단지 일련의 상담 과정으로만 경험한다. 그러나 차츰 상담 회기가 중반으로 접어들면 내담자는 상담 내용을 스스로 정리하는

---

2) 비구 보디, 1994/2016, p. 162.

시간으로 활용하기도 한다. 중반 이후에는 내담자가 입출정의 기능을 이해하기 때문에 언어 상담 시간에 다루는 내용을 관찰과 집중의 원리에 근거하여 관찰할 수 있게 되고 더 나아가 일상생활에까지 일반화할 수 있다.

다음은 반야통찰상담 수련생이 수련 시간에 입정을 진행하고 나서 느낀 점으로 호흡 관찰 과정과 반야통찰상담 과정이 동일한 원리에 근거한다는 것을 알게 되었다는 내용이다.

> 수련생 1: 우리가 공부 시작 전에 입정을 하면서도 숨을 들이쉬고 내뱉고, 처음과 중간과 끝을 보면서 인과적으로 따라가는 것이 상담 과정 중에 내담자를 따라가는 것도 결국은 입정할 때 그 호흡을 따라가는 것과 같다는 느낌입니다. 조금 전에 선생님이 "위빠사나 수행이 몸에 붙으면 상담도 그렇게 간다."라고 하셨을 때 '아! 내가 오늘 입정 진행을 처음 해 보면서 그 과정이 결국은 상담 과정에서도 따라가고 연결 흐름으로 가는 게 맞다.' 이렇게 생각이 들더라고요. 그래서 모든 과정은 숨 쉬는 것, 이 작은 것부터 시작하지만 결국은 상담도 그렇게 간다고 내가 오늘 그것을 느꼈어요. (오늘?) 예, 오늘. 입정을 실시해 보면서 입정 지시문을 곰곰이 되뇌면서 읽다 보니까 '상담도 역시 이렇게 처음과 중간 그리고 끝을 따라가는, 내담자를 따라가면서 이렇게 하는구나.' 라는 것이 새삼스럽게 내 마음에 와닿았다는 거죠.
>
> 수련생 2: 음~ 선생님이 반야상담자로서 상담 현장에서의 변화도 경험하고 계시고, 또 오늘 입정을 해 보시면서 경험한 것도 있으시네요. (예)

입정의 효과

• 붓다는 "잡다한 일하기를 좋아하고, 말을 많이 하고, 잠자기를 좋아하는 것, 사람들과 어울리는 것을 좋아하고, 감각 기능들의 문을 보호하지 않

고, 적당한 음식의 양을 알지 못하는 이러한 여섯 가지 법을 제거하지 못하면 호흡에서 호흡을 이어 보며 머물 수 없다."[3]라고 하였다. 이러한 여섯 가지 법은 일반적으로 내담자가 상담에 오기 전에 처한 일상생활이므로 상담을 시작하는 시점에서는 마음이 산란하여 호흡을 이어 보며 머무는 것이 어렵고 또한 상담 문제에 대한 안정된 이해와 접근도 어렵다. 따라서 입정은 내담자에게 상담 오기 전의 세상과 분리하여 상담에 집중할 수 있는 심리적 공간을 만드는 효과가 있다.

• 입정을 매 회기 반복하면서 내담자는 관찰의 원리를 이해하게 되어 알아차림과 집중 능력이 향상된다. 그리고 상담자에게는 내담자가 지시문을 읽고 설명하는 과정과 입정 해제 후 경험 나누기 과정에서 내담자의 이해력과 집중력의 정도를 평가할 수 있도록 한다.

다음은 상담 초기에 주로 나타나는 현상으로 주의력이 분산되고 현재에 집중하지 못하는 내담자의 입정 활동을 보여 주는 예이다.

입정 지시문을 읽은 후

상담자 1: 이제 우리가 무엇을 어떻게 해야 하는지 (입정 지시문) 읽은 내용을 설명해 주세요. 우리가 무엇을 어떻게 해야 되지요?

내담자 1: (상담자가 질문하자, 지시문을 다시 들여다보며) 여기 보면 입정이라고 하는데요. 두 손을 모아서 단전에 놓고 부드럽게 몸을 흔들면서 (몸을 좌우로 흔들며) 숨을 천천히 마셨다 천천히 내뱉는…… 짧으면 짧구나, 길면 길구나, 흐트러졌으면 가라앉혀서 다시 정돈한다.

3) AN III 449, AN6:117, 관찰경, Anupassī sutta.

상담자 2: 그래요. 이것이 무엇을 하기 위해서라고요?

내담자 2: 상담을 하기 위한 전위활동? (호흡 관찰이나 고요와 평화에 이르는 길이라는 말과는 거리가 있고 이미 마음이 언어 상담에 가 있다.)

다음은 내담자가 현재 경험하고 있는 입정보다 마음이 앞서가고 있는 상황을 보여 주는 예이다.

입정 해제 후

상담자 1: 어떤 것을 경험하셨나요?

내담자 1: 음! 한 주의 경험? 이런 것을 말씀하시나요? 아니면…… (말을 멈추고 상담자를 바라본다.)

상담자 2: (아! 내담자의 마음은 이미 입정 활동을 떠나 언어 상담 부분으로 넘어가 있다는 것을 알고) 지금! 이것! 호흡 관찰과 관련해서 하고 싶은 이야기가 있나요?

내담자 2: 호흡을 할 때 최대한 집중하려고 노력했어요.

상담자 3: 집중하려고 노력했다는 것을 알게 되었네요.

내담자 3: 네. 아무래도 집중이 안 되고, 딴 생각을 하게 되니까……

상담자 4: 내가 지금 호흡을 해야 하는데 다른 · 생각 · 을 했다는 것을 알았다는 것이지요. 좋아요. 그럼, 이번 주 무슨 이야기를 하고 싶은지요?

다음은 상담 중기 이후에 나타나는 현상으로 내담자가 입정 활동의 목적을 잘 이해하고 활용하고 있는 것을 보여 주는 예이다.

상담자 1: 자, 이렇게 상담을 시작하기 전에 입정하면 어떤가요?

내담자 1: 일단은 바깥(상담실 밖)과 안(상담실에 들어와 앉음)을 조절할 수 있는 시간이 되고요. 그다음에 마음이 들떠 있었든 가라앉아 있었든 여기에 집중할 수 있는 시간이 되는 것 같아요.

출정

출정出定 Keep Quiet은 언어 상담 후 회기를 마무리하기 전에 약 5분 정도 빛의 이미지에 집중하는 비언어적 상담 과정이다. 원전에서 반야는 빛으로 상징화되어 나타나기 때문에 출정은 빛의 이미지에 집중하기이다.

> 달빛, 햇빛, 불빛, 반야의 빛. 네 가지 빛 가운데 반야의 빛paññā obhāsa이 최상이다.**1**, 4)
>
> 반야가 세상에서 빛이 되고 사띠가 세상에서 깨어 있는 자로다.5)

1 반야는 빛(ābhā), 밝음(pabhā), 광명(āloka), 광휘로움(obhāsa), 광채(pajjota)로서 여러 가지 빛 중에서도 최상으로 표현된다. (AN II 139–140, AN4:141–145, 빛품, Ābhā vagga)

출정의 지시문을 읽고 내담자는 빛의 이미지를 만들려고 시도하지만 쉽게 만들어지지 않는다는 것을 알게 된다. 부드럽고 밝은 빛의 이미지nimitta를 '생각'으로 만들 수는 있지만 그러한 빛을 실제로 '경험'하는 것은 호흡 관찰이 어느 정도 끊기지 않고 지속되어 호흡이 부드럽고 미세하게 가라앉는 사전 조건이 충족되어야만 일어나는 현상이다. 그러므로 반야상담자는 내담자에게 빛의 이미지에 집중하라고 안내하기는 하지만 내담자가 첫 회기부터 그런 경험을 하기 어려우므로 내담자의 상태를 보면서 점차 구체적으로 안내해야 한다.

---

4) AN II 140, AN4:144, 광휘로움경, Obhāsa sutta; 전재성 역주, 2007, p. 315.
5) SN I 44, SN1:80, 광채경, Pajjata sutta.

출정의 본래 기능은 외부의 자극과 마음의 상태를 분리하여 내적인 고요함을 만드는 것이다. 그러나 대부분의 내담자는 처음부터 출정의 본래 기능을 이해하지 못하기 때문에 언어 상담이 끝나고 출정이라는 새로운 상황으로 바뀌었음에도 여전히 언어 상담 시간의 내용에 영향을 받는다. 그러므로 상담 중반부터는 내담자에게 빛에 집중하고자 할 때 언어 상담의 내용이 계속 영향을 주고 있다는 것을 3~4번의 시행착오적 학습 과정에서 알아차리도록 하여 그러한 내용을 내려놓고 빛의 이미지에 집중하도록 안내한다.

다음은 내담자가 출정 시간에 마음이 어디에 묶여 있었는지를 보여 주는 예이다. 언어 상담에서 내담자[2]는 '숙제나 공부를 해야 한다.'고 생각하지만 자꾸 미루는 것에 대해 다루었다. 출정 후 내담자는 자신이 자꾸 과제를 미루는 원인은 낙제fail에 대한 두려움 때문이었는데 누구도 낙제할 수 있고 낙제를 통해 더 성장한다는 것을 알게 되었다고 하였다.

[2] 내담자는 상담 이틀 전에 교사와의 면담에서 지금 성적으로는 대학에 응시할 수 없으니 12학년(고3) 때는 대학 진학 과정에 있지 말고, 취업 중심 과정에서 졸업하는 것이 좋겠다는 말을 들어 현재 기가 많이 죽어 있는 상태였다.

출정 알람

상담자 1: [상담을 마무리하려고] 자! 몸을 좌우로 흔들고……

내담자 1: 내가 생각해 보니까 시작하는 것을 미루기procrastinating하는 것…… 내가 왜 시작하지 않는지 생각해 보니까 그 낙제하는 것을 무서워하는 것 같아요. 그래서 내가 안 하는 것 같아요. 그런데 낙제는 뭐 해야지 마음 편하지 그런 것 같아요. 사람들은 다 그렇잖아요. 사람들은 시작하기 힘들잖아요. 낙제할까 봐서(응~) 나도 그런 것 같아요.

상담자 2: 이제 금방 그걸 찾았어요?

내담자 2: (병을 들고 물을 마시다 방석에 물을 흘림–약간 흥분된 상태) 어, I'm sorry to spill the water.

상담자 3: 오~우 It's okay. 어~ 그렇구나!

내담자 3: 그걸 realized. 왜 내가 push할까? 내가 진짜 fail 하기 싫어서 시작도 못하고 있구나. 싫어하는구나. (음, 음) 사람은 다 그러잖아요. 근데 나는 normal, normal 같은데…… 내가, solution은(solution은?) If I don't make any start, how can I ever start. 그냥 start 해야지요. fail 해도 normal, 다 fail 해도 열심히 하면 되니까 get back 해야지요.

상담자 4: 오~ 그러니까 내가 공부를 안 해 가지고 fail 하면 그거는 내가 공부를 안 했기 때문에 뭐, 그냥 그런 거야. 그렇지만 내가 공부를 starting 해 가지고도 fail 하게 되면 그거는 나한테는 조금 두려움이었네.

내담자 4: 네. 근데 우리 human은 다 그런 거야. 로봇처럼 스마트한 것도 아니고, 그러니까 그럴 수 있는 거예요. 훌륭한 사람들 보면 다 많이 fail 했어요. (그래요.) fail을 백 번 하다가 get back 하는……

상담자 5: 오늘 그 solution을 찾았네. 그리고 그것에 대한 insight도 생겼네. (네) 내가 fail을 두려워했다. 그런데 fail은 나에게 더 나아갈 수 있는 (chance!) 좋은 chance를 주었다.

출정의 효과

내담자에게 출정 지시문을 읽고 이해한 내용을 다시 설명하게 하였을 때 종교에 영향을 받거나 기도에 익숙한 내담자가 빛의 이미지를 만드는 과정에서 누군가 빛을 비추어 주는 수동적 수용으로 이해하고 손을 머리 위로 벌리면서 위에서 빛이 내려온다고 하였다. 그래서 반야상담자는 빛은 누군가 비추어 주는 것이 아니고 스스로 빛의 이미지를 만들어 그 빛에 집중한다고 부드럽게 강조하여 설명하였다. 내담자는 다음 회기에 와서 빛은 누가 비추어 주는 것이 아니고 스스로 만들어 확장하는 것이라 하여 일주일 동안 집에서 혼자 '자체 발광'을 해 보았다고 하였다. 그러므로 출정의 과정에서 반야상담

자는 내담자에게 빛의 이미지를 주도적으로 개발하고 확장하는 경험을 하게
함으로써 자신의 행위에 의한 원인과 결과를 경험하게 한다.

입출정 후 지금 · 여기에 평화적 접촉 활동

입출정 후 몸과 마음의 균형을 위해 상담의 여건에 따라 다음의 신체 활동
중 한두 가지 정도를 매 회기마다 실시한다. 이러한 활동은 지금 · 여기에 평
화적 접촉 활동으로 활용될 뿐만 아니라 상담 첫 회기나 입출정의 활동이 여
의치 않는 회기의 경우 입출정을 대신하여 활용할 수 있다. 신체적 활동을 하
는 동안 상담자는 내담자에게 몸에서 느껴지는 감각을 알아차림 하도록 강조
한다.

1. 안구 감싸기
입출정 해제 후 몸을 천천히 좌우로 흔들어 자세를 편하게 한 다음 양손을
비벼 눈에 대고 부드럽게 안구를 좌 · 우 · 위 · 아래로 돌리면서 천천히 숨을
들이쉬고 내뱉으면서 활동에 집중한다. 다시 한번 양손을 비벼 눈을 부드럽게
감싸서 손의 따뜻한 열기가 안구에 스며들게 하며 숨을 들이쉬고 내뱉는다.

2. 목 돌리기
입출정 해제 후 몸을 천천히 좌우로 흔들어 자세를 편하게 한 다음 척추를
바르게 세우고 숨을 내쉬면서 목(고개)을 가슴 밑으로 부드럽게 떨어뜨려 숨
을 들이쉬고 천천히 왼쪽으로 목을 돌리면서 목과 어깨가 닿는 감촉을 관찰
한다. 다시 숨을 들이쉬면서 반대쪽인 오른쪽으로 천천히 목을 돌리면서 목
과 어깨가 닿는 감촉을 관찰한다.

3. 양어깨 앞뒤로 돌리기

입출정 해제 후 몸을 천천히 좌우로 흔들어 자세를 편하게 한 다음 천천히 숨을 들이쉬고 양어깨 상체를 3번 정도 뒤로 돌리면서 숨을 내쉰다. 다시 반대쪽인 앞으로 3번 정도 천천히 돌리면서 어깨에서 느껴지는 경험을 알아차리게 한다.

4. 다리털기와 상체 균형 잡기

바닥에 가부좌나 반가부좌의 자세로 입출정을 실시했을 경우에는 입출정 해제 후 몸을 천천히 좌우로 흔들어 자세를 편하게 한 다음 두 손으로 양 무릎과 다리를 두들겨서 털어준다. 천천히 숨을 들이쉬고 왼쪽으로 상체를 180도 젖혀 뒤쪽의 정면을 바라보다가 숨을 내뱉으면서 천천히 앞쪽으로 돌아온다. 다시 숨을 들이쉬고 반대쪽인 오른쪽으로 상체를 180도 돌리고 뒤쪽을 바라보다가 숨을 내뱉으면서 천천히 앞쪽으로 돌아온다. 이러한 활동 과정에서도 마음이 몸에서 일어나는 경험에 집중하도록 내담자를 안내한다.

다음은 평화적 접촉 활동을 끝내고 언어 상담이 시작된 지점에서 내담자의 현재의 집중도를 평가하는 예이다.

상담자 1: 무엇을 경험하셨어요?

내담자 1: 오늘은 특별하게 경험하지는 <u>않았어요.</u> **3**

상담자 2: 내가 궁금한 것은 선생님이 특별하게 경험한 것이 아니고 5분이라는 시간을 보냈잖아요. 그 시간에 무엇을 경험하셨는지 궁금해요.

내담자 2: (침묵) <u>고요함?</u> **4**

상담자 3: 고요함! 우리가 처음에 입정 지시문을 읽고 무엇을 하기 위해 5분의 시간을 쓴다고 했지요?

3 상담자가 호흡 관찰에 대해 질문하였으나 내담자는 전혀 호흡 관찰에 마음이 머물지 않았다는 것을 알 수 있다.

4 내담자가 말하는 고요함은 생각이다. 입정은 관찰을 하기 위한 것이지 호흡에 대한 평가나 생각을 하는 것이 아니므로 입정에 무엇을 해야 하는지 인지가 되어 있지 않다.

5 마음이 호흡을 관찰한다는
내용과는 거리가 있는 말이다.

내담자 3: 상담하기 위해서…… **5**

상담자 4: 5분 동안 무엇을 하기 위해, 우리가(마음을 편안하게, relax……) 마음을 편안하게 하기 위해 무엇을 하자고 했었죠? 지시문을 읽었고, 나에게 말을 해 주셨잖아요.

내담자 4: (침묵) 몸을 흔들면서 부드럽게 단전에 놓고 심호흡을 그리고 숨이 길면 길다, 짧으면 짧다.

다음은 입출정에서 내담자가 학습한 관찰과 집중을 일상생활에 적용하여 경험한 내용이다.

상담자 1: 전 시간에 상담하고 가셔서 일주일간 어떻게 지내셨어요?

내담자 1: 특별한 경험을 했어요.

상담자 2: 네, 그러셨어요? 이야기해 주세요.

내담자 2: 여기에서 나온 경험이었다고 생각이 들어요.

상담자 3: 상담을 하고 가서 경험된 것이다. ↗

내담자 3: 일주일 동안 내 나름대로 나를 관찰했거든요. (음……) 다른 때보다 화를 좀 덜 냈던 것 같아요.

상담자 4: 아, 그것을 알아차리셨어요? ↗

내담자 4: 네. 화가 덜 나고, 다른 때 같으면 그게 탁 거슬려야 되는데, 그게 우리 남편하고 이야기할 때도 그렇고 큰아들하고 이야기할 때도 우리 아들(30세)이 뭔가를 주장하잖아요, 내 말을 반박해서. 그러면 "엄마가 말하면 들어야지 주장을 반박하냐? ↗" 이렇게요. 물론 내가 그렇게 하고 나서 늘 후회해요. (평상시에는) 그런데 내가 좀 여유로워진 것 같아요. (아~) "그럴 수도 있겠구나." 그런 말은 2~3년 전부터 가끔 의도적으로 쓰기는 했지만, "그게 아니고……" 이렇게 말하는 것에 익숙해서 거의 그렇게 말을 해 왔는데, "그래, 그럴 수도 있겠다." (어~ 그런 말을 쓰셨어요?) 그런 말을 2~3년 전부터 가 · 끔 · 써요. (가~끔~) 화가 나지만 계속 대립을 해 봐야 대립만 되지 양보가 안 되잖아요. 그런데 예전에 쓰던 것처럼 그 말을 똑같이 썼는데 이번에는 내 느낌이 달랐어요.

상담자 5: 그래요. 어떤 느낌이었는지 묘사해 주세요.

내담자 5: 틈이 있었다고 해야 되나(아, 그렇구나.) 말의 여유가, 여유가 무엇을 할 때도 그렇고요.

입출정 실시와 반야상담자

반야통찰상담에서 입출정은 생멸의 원리를 연역적으로 경험하는 과정으로 언어 상담의 알아차림과 집중 정도와 연결된다. 그러므로 상담자의 입출정 실시에 대한 경험과 자신감은 내담자의 입출정에 대한 수용과 저항의 여부에 중요한 요소이다. 상담자가 자연스러운 만큼 내담자도 자연스럽기 때문에 상담자가 입출정에 대해 편안해야 한다.

다음은 반야통찰상담 수련 초기에 수련생들이 입출정의 실시와 기능에 대해 확신하지 못한 상황을 보여 주는 내용이다.

수련생 1: 내담자가 입출정은 새로운 것이라 집중을 못할 것 같으니 중간에 바디스캔 멘트를 넣어 주면 안 놓치고 따라오며 집중하는 데 도움을 줄 수 있다.

이에 대한 반야통찰상담적 관점은 바디스캔은 이미지화imagination로 마음이 외부의 자극인 상담자의 멘트에 계속 영향을 받고 있는 것이다. 입출정의 목적은 마음이 감각 대상을 따라가는 것이 아니라 감각 대상을 향해 마음이 일어나고 사라지는 현상을 관찰하게 하는 것이므로 외부의 특정 자극에 집중하는 것이 목적이 아니다.

> 수련생 2: 입출정의 지시문이 추상적이니까 연령에 맞게 자극을 선택해서 밖에 들리는 소리를 찾게 하면 호흡보다 집중도가 빨리 온다.

이에 대한 반야통찰상담적 관점은 이러한 방법도 여전히 외부의 대상을 찾게 함으로써 마음이 밖으로 흐트러지게 한다는 것이다.

> 수련생 3: 자신이 소중한지를 생각하게 하는 자애 명상 멘트를 앞에 넣고 한다.

이에 대한 반야통찰상담적 관점은 자기가 '있다'라는 고정된 견해 때문에 생긴 문제로 불만족하고 괴로워하는 내담자에게 잠시 위로를 줄 수 있지만 한계가 있다는 것이다. 반야통찰상담은 이것저것에도 의존하지 않고 스스로 조건이 되면 일어나는 자연스러운 현상으로 있는 그대로의 생멸의 법칙을 깨닫게 하는 과정이다.

이러한 편리와 방편은 상담자가 아직 입출정 실시에 충분히 익숙하지 못해서 나온 것이지 내담자를 위함이 아니다. 상담자가 입출정 시간을 고요하게, 부드럽게 그리고 위엄 있게 진행하면 내담자도 입출정을 시작으로 상담 시간을 중요한 의식儀式 ritual을 거행하는 마음으로 품위 있게 보낸다.

내담자가 처음부터 한 번에 입출정을 이해하고 실시할 수 있다는 생각은 오류이므로 처음에는 그저 고요와 평화에 이르는 길이 있다는 것을 보여 주고 안내하는 차원으로 실시한다. 내담자의 여건에 따라 처음에는 어색해할 수 있으나 상담자가 든든히 버티고 있으면 그것이 본보기가 되어 회기를 더해 갈수록 외부 자극과 분리하여 안으로 여백이 만들어지고 고요하게 하여 마음에서 일어나는 현상을 더욱 선명하게 관찰하는 경험으로 나아간다. 그러므로 반야통찰상담은 첫 회기부터 집중을 위해 멘트나 외부 자극 같은 매개나 중간 단계 없이 내담자에게 호흡 관찰과 빛에 집중하게 한다. 내담자가 입출정을 자기 방식대로 경험하고서 그 내용을 이야기하면 상담자는 그 지점에서부터 점차 구체적이고 세부적으로 하나씩 더해 가며 가르치고 확장해 간다.

내담자가 입출정을 못 따라오고, 집중을 못하고, 이해를 못하는 것은 자연스러운 일이다. 사실 짧은 것 같지만 5분 정도 마음이 어떤 대상을 집중하여 관찰한다는 것이 얼마나 어려운 일인지는 실제로 경험해 보면 알게 된다. 그러므로 상담자는 매 회기 내담자가 경험한 것에 초점을 두어 격려하고 계속 관심을 가지고 나아가도록 한다. 내담자는 입출정만 못 따라오는 것이 아니라 상담 과정 전체를 거의 따라오지 못한다. 반야상담자는 상담 과정에서 내담자가 일상에서 경험해 보지 못한 자신에게 초점화된 밀도 있는 대화 관계에 상당한 긴장을 느낀다는 것을 충분히 이해해야 한다. 그러므로 대부분의 상담이론과 상담 과정에서는 상담의 초기에 상담자가 해야 하는 역할로 내담자와의 신뢰 있고 친밀한 관계 형성을 강조한다. 반야상담자는 내담자를 앞서지도 따라가지도 않고 내담자가 현재의 지점에서 알아차림 하고 통찰하도록 하는 연기적 조건이 된다.

내 경우, 반야통찰상담에서 입출정을 해 오다가 어떤 회기에 내담자가 앉자마자 말을 급하게 시작하여 입정을 생략하고 언어 상담이 시작되면, 입정을 하고 상담을 시작하는 것과는 다르게 내담자가 사고와 생각의 내용을 더 많이 이야기하여 상담 과정이 산만해지는 것을 분명하게 경험하였다. 따라서 입출정은 상담을 안정화하는 토대이므로 언어 상담의 시간은 줄면 줄수록 내적 관찰에 더 집중되어지는 것으로 볼 수 있다.

다음은 반야통찰상담 수련생이 내담자로서 자신이 직접 상담 과정에 입출정을 실시해 본 경험을 이야기한 내용이다.

> 수련생 1: (반야통찰상담) 내담자 경험을 해 보고 상담에 입출정을 실천하려고 하는
> 상황에서 이제는 어떤 생각이 드냐면 '아! 이것(입출정)을 작년에는 자신이 없
> 어서 상담을 진행할 때 이것을 해야 되나?' 내가 하기를 꺼리니까 실제로 못
> 하잖아요. (으음~ 그래. 예~예) 이게 거부감이 드니까 (확신이 없어서) 아이
> 들은 이렇게 방방 뛰고 그러는데 이게 될까? 이런 의심? 확신이 없었다는 거
> 잖아요. 그런데 이제는 그런 부분이 없어졌어요. 이제는 입출정은 필수 과정
> 이라고 인식이 되니까……

입출정과 상담 전 정화의식

반야통찰상담에서 언어 상담 전후에 입출정 활동이 있는 것처럼 상담이
나 치료를 시작하기 전에 치료자가 스스로를 정화하거나 내담자를 상담에
더 집중하도록 사전에 의식ritual이나 행위를 하는 것을 권장하는 치료자들이
있다. 대표적인 예로, 콘필드Kornfield는 치료자로서의 치유 작업을 하려면 함
축적으로나 직접적으로 어떤 형식을 하는 것이 필요한데 그것은 '우리가 하
는 일에 신비감, 균형감 그리고 신성함을 초대하는 것'이라 하였다. 세션을
시작하기 전에 치료자가 자신을 정화하는 의식으로 간단하게 촛불을 밝히거
나, 불화佛畫 같은 사진을 보거나, 볼bowl 만지기를 제안한다. 또한 상담 전에
정화의 의미로 내담자와 함께 약간의 물을 그릇에 따르고 잠시 앉아 있는 것
을 제안한다.

치료자therapist와 치유자healer로서 내가 그동안 해 왔던 작업에서 종종 내담자

에게 할 수 있다면 5~10분 정도 빨리 와서 서로 말을 하기 전에 앉아 있으라고 권한다. 그러나 내담자가 미리 올 수 없다면 오는 대로 조용히 함께 앉아서 현재 자신의 몸과 느낌에 주의를 기울이게 한다. 5분 후에, 오는 길에 경험했던 도로의 소음, 산만함 그리고 운전할 때 누군가 끼어들고, 혹은 그날 직장에서 누군가가 짜증나게 했던 것, 내담자들이 가지고 있는 다른 문제, 그런 모든 피상적인 것이 가라앉기 시작하고, 고요함에서 우리는 정말로 무엇이 중요한지를 가슴 대 가슴의 대화heart-to-heart conversation를 시작한다.[6]

콘필드가 제안한 활동은 막연히 미지의 어떤 것에 의존하고 기대하는 비색계적 형식으로 오히려 오상五上족쇄의 색탐과 무색탐 그리고 자만의 요소가 포함되어 있어 번뇌를 소멸하여 행복과 평화에 머물고자 하는 반야통찰상담의 목적과는 거리가 있다. 반야통찰상담의 입출정 활동은 생멸의 원리를 학습하여 일반화하는 과정이면서 동시에 상담의 집중도를 높이기 위한 기능을 포함하고 있으므로 콘필드가 제안한 활동과는 차이가 있다.

반야통찰상담의 원형: 붓다의 내담자 맞춤형 상담

반야통찰상담의 원형은 붓다의 내담자 맞춤형 상담 과정이다.

상담사례의 슈퍼비전에서 수련생들이 보편적으로 가장 많이 하는 말은 '내담자가 상담 동기가 없고 문제 인식력이 떨어져서 상담 성과가 원하는 만큼 발생하지 못했다.'고 한다. 일반적으로 상담자가 범하는 오류는 "최소한 이 정도의 내담자여야 상담을 할 수 있다."라고 상담자 입장에서 상담 조건과 과정

---

6) Kornfield, 2017.

에 대한 기준을 정해 놓고 상담을 한다는 것이다. 그러나 상담자는 내담자가 서 있는 지점에서 함께 출발하고 내담자가 가는 만큼 이리저리 움직이다가 목표 지점 가까이에서는 내담자 스스로 가도록 하는 것이 효과적인 상담 과정이다. 이렇게 내담자의 상태에 따른 맞춤형 상담이 붓다의 대기설법對機設法이다. 대기설법이란 붓다가 내담자의 이해력과 처지, 마음 상태에 맞추어 적절한 언어와 방법으로 진행하는 상담 방식이다. 따라서 반야상담자가 내담자의 상태를 평가하고 이해하는 것은 반야통찰상담의 중요한 과정이다.

붓다가 내담자의 상태에 대한 평가와 이해의 과정에서 언어적인 매개 없이 바로 내담자의 상황에 가장 적절한 가르침을 펴서 내담자의 학습과 통찰을 최상의 수준으로 끌어올린 대표적인 사례가 '끼사 고따미kisa Gotami'이다. 붓다는 내담자의 현재 절실한 문제를 상담자의 관점에서 평가, 질문, 논박하지 않고 온전히 그리고 소리 없이 내담자의 현재 상태에 같이 머물며 내담자가 스스로 문제에 대한 철저한 깨달음으로 그 문제에서 벗어나게 한다.

[Sudassa 4-2] 무거운 짐을 지고 있었구나!

(전략)……

끼사 고따미는 전에 죽음을 본 적이 없었다. 그래서 사람들이 자기 아이를 화장하려고 데려가자 앞을 가로막으며 말했다. "내 아들을 살릴 약을 구할 거예요." 그녀는 아들을 살릴 방법을 알고 있는 사람을 기어이 찾아내고야 말겠다는 생각으로 죽은 아이를 업고 이리저리 돌아다니며 계속 물었다. "혹시 제 아들을 살릴 방법을 아시나요?"

……(중략)……

그녀는 붓다께 가서 삼배를 올리고 한쪽에 서서 여쭈었다.

고따미 1: 사람들은 당신이 아들을 살릴 방법을 알고 있다고 하던데 사실인가요?

붓다 1: 알고 있다.

고따미 2: 어떻게 해야 합니까?

붓다 2: 아들도 딸도 그 어떤 사람도 죽은 적이 없는 집에서 한 줌의 하얀 겨자씨를 구해 와야 한다.

고따미 3: 그렇게 하겠습니다.

그녀는 붓다께 인사를 드리고 죽은 아들을 업고 마을로 들어가 첫 번째 집 대문을 쾅쾅 두드렸다. 달이 높이 뜨도록 두 번째 집, 세 번째 집, 네 번째 집 대문을 두드려 보았지만 그녀가 찾는 겨자씨를 가진 집은 어디에도 없었다. 대문을 두드리는 끼사 고따미 손아귀에서도 점점 힘이 빠지면서 그녀는 진실을 깨달았다. '아! 내가 무거운 짐을 지고 있었구나. 나만 아들을 잃은 줄 알았는데 모든 집에 산 사람보다 죽은 사람이 더 많구나.'

그녀는 이렇게 현실을 깨닫고서 고요한 사왓티의 달빛을 밟고 기원정사로 돌아와 붓다의 발아래에서 한참을 울었다. 그녀의 울음이 잦아들자 붓다께서 말씀하셨다.

"너만 아이를 잃었다고 잘못 생각하지 말라. 모든 살아 있는 존재는 항상하지 않다. 그들이 욕망을 채 충족하기도 전에 죽음의 왕은 사나운 급류처럼 모든 살아 있는 존재를 파멸의 바다로 휩쓸어 가 버린다." 그리고 게송을 읊으셨다.

자식과 가축에 애착하는 사람을 죽음이 끌고 간다.
잠든 마을을 큰 홍수가 휩쓸어 가듯이

이 게송을 듣고 끼사 고따미는 수다원과를 성취했다.[7]

---

7) 무념, 웅진 스님 역, 2008, pp. 287-305.

앞의 붓다상담 과정을 일반상담 과정과 비교하여 보자.

일반상담에 내담자 '끼사 고따미'가 와서 죽은 아들을 살릴 수 있는 방법을 찾고자 한다고 말한다. 어떻게든 꼭 살리는 방법을 찾고야 말겠다고 하면서 상담자에게 어떻게 하면 살릴 수 있는지 아느냐고 묻는다면 상담자는 어떻게 할까?

일반상담에서는 이런 문제를 호소하는 내담자에 대해 상담자는 내담자의 정신 상태와 현실 감각에 대해 다소 의심을 품고 가장 먼저 사태 파악을 위해 심리검사를 추천하거나 실시할 것이다. 그리고 심리검사 결과에 따라 내담자의 상태를 정신분열증schizophrenia 혹은 외상 후 스트레스 장애post-traumatic stress disorder, 망상paranoia 등으로 진단하고 그 진단의 틀 안에서 치료 방법을 찾을 것이다. 내담자의 인식이 와해되어 정신 상태가 비정상적이라 진단되면 상담은 어렵다고 보고 정신과적인 접근으로 약물치료나 입원 등으로 해결 방법을 찾는다. 즉, 내담자가 심리검사를 통해 진단명을 받는 순간 내담자는 진단명으로 바뀌고 상담자의 손을 떠난다.

붓다상담의 과정

반야통찰상담은 붓다상담의 '따라감'이므로 붓다가 실시했던 상담 과정과 구조를 반야상담자는 이해해야 한다. 붓다는 설법을 시작하고 끝맺을 때 보여 줌 → 동요 → 진정 → 받아들이기의 4단계를 거친다.[8]

1. 보여 줌의 단계

보여 줌sandasseti의 단계는 문제를 제시하는 것이다. 개인과 관련된 문제는

---

8) Kalupahana, 1992/2014, pp. 151-152.

그 사람의 현재 상황을 있는 그대로 설명하고, 사건, 사물, 현상에 관련된 문제는 그것을 실제로 있는 그대로 설명한다. 즉, 현재 일어난 상황은 연기적으로 발생한 '현법'이므로 붓다의 이야기를 듣는 이에게 현실 상황에 대해 내담자의 고정된 관점을 벗어난 지금·여기의 현상을 있는 그대로 보게 하는 것이다. 이는 반야통찰상담에서 '상담 문제의 정상화' 과정과 연결하여 이해할 수 있다.

2. 동요의 단계

동요samuttejeti의 단계는 있는 그대로의 사실을 설명하여 개인, 사건, 사물, 현상의 비실체성을 강조함으로써 어떤 동요를 유발시킨다. 이것은 어떠한 유무의 존재론적 관점에도 빠지지 않기 위해서 고안된 해체의 과정이다. 반야통찰상담에서 이러한 단계는 내담자가 호소하는 문제는 원래 있는 것이 아니라 내담자의 기대나 바람, 의도에 의해 생긴 것으로 문제의 발생을 욕탐의 묶임에 근거하여 이해하도록 하는 과정이다.

3. 진정의 단계

진정sampahamseti의 단계는 문제에서 벗어나는 방법이 제시됨으로써 동요가 곧 가라앉게 된다. 이것은 의존적 일어남이라는 긍정적인 형태의 가르침을 통해 주관과 객관, 도덕과 자유를 설명함으로써 이루어지는 재건축 또는 재규정의 단계이다. 그렇게 함으로써 붓다는 언어가 사실에 관한 것이든 혹은 가치에 관한 것이든 인간의 경험 내용을 전달할 수 있다는 것을 인정하게 되었다. 이러한 단계는 반야통찰상담의 과정에서 내담자가 상담자와 이야기하면서 자신이 문제라고 규정했던 내용이 고정된 것이 아니라 일어나고 달라지는 것을 상담 과정에서 경험하면서 새로운 관점인 생멸의 원리를 이해하는 과정이다.

4. 받아들이기의 단계

받아들이기samadapesi의 단계는 붓다의 가르침을 듣는 이는 자신의 사유 방식을 전환시키고자 하는 의도적 노력 없이도 자연스럽게 붓다의 설명을 받아들이기에 이른다. 이 단계는 반야통찰상담에서 문제가 변화하고 달라져서 사라지는 것을 알고 보게 되면서 스스로 문제를 호소하던 지점에서 괴로움이 소멸하는 경험을 하게 된다.

붓다의 보여 줌 → 동요 → 진정 → 수용의 단계적 상담 과정은 인간 심리에 대한 이해를 토대로 인식을 전환하는 방법이다. 붓다는 이렇게 개인의 지적 성숙도와 심리 상태를 신중히 관찰하여 그에게 유익한 결과를 가져올 수 있는 설법을 제시하였다. 실제로 2단계의 동요 단계와 3단계의 진정 단계는 말하는 사람의 고정관념을 분석vibhaga하여 해체하는 것으로 무아를 가르치는 기능이다. 동일한 생각을 '의존성의 원리'로 설명하여 새로이 구축하는 이러한 과정은 상당한 정도의 융통성을 허용해 주며, 절대주의와 허무주의 모두를 제거하기 위해 고안된 것들이다.[9]

반야통찰상담

반야통찰상담은 사성제의 <u>삼전 십이행에</u>⑥ 기반한 시행착오적 학습 과정으로 매 회기의 입출정과 언어 상담 과정 그리고 전체 상담 회기는 나선형적으로 진행된다. 상담은 일련의 학습 원리를 토대로 새로운 성격이 형성되는 인간 발달의 과정이다. 따라서 반야통찰상담 과정은 학습과 발달, 성격 형성

⑥ 세 가지 양상(ti-parivatta)은 진리에 대한 앎(sacca-ñāṇa), 역할에 대한 앎(kicca-ñāṇa), 성취된 앎(kata-ñāṇa)이다.
진리에 대한 앎은 사성제 각각에 대한 여실한 앎(yathābhūta ñāṇa)이고, 역할에 대한 앎은 철저히 알아야 하고(pariññeyya), 버려야 하고(pahātabba), 실현해야 하고(sacchikatabba), 닦아야 하는(bhāvetabba) 사성제 각각에 대해서 행해져야 하는 역할을 아는 앎(kattabba-kicca-jānana-ñāṇa)이며, 성취된 앎은 이러한 역할이 성취된 상태를 앎(kata-bhāva-jānana-ñāṇa)이다.
열두 가지 형태(dvādas-ākāra)는 사성제 각각에 대해서 앞의 세 가지 앎을 곱한 것이다(SA III. 297).

---

9) Kalupahana, 1992/2014, p. 153.

이라는 현대 심리학의 영역과 연관되어 있다. 현대 심리학에는 학습, 발달, 성격에 대한 다양한 이론이 있지만 이미 2600년 전에 붓다는 학습과 발달 그리고 성격을 통합적으로 설명한 통합 심리학자였다.

붓다는 사성제의 삼전 십이행으로 완벽한 학습이 이루어지는 과정을 설명하고 있다. 붓다가 내담자 수준과 상태에 따라 법을 설명하는 이러한 학습 과정은 학습자는 새로운 것을 이해하고 수용하는 과정에 저항하고 거부적이다는 전제에서 시작된다. 이것을 인지발달적 관점에서 보면 자신의 인지적 도식saññā에 맞는 내용은 쉽게 받아들이지만 학습자에게 현재 다루는 내용과 관련된 도식이 없는 새로운 내용을 가르치고자 할 때는 조절 과정을 통해 새로운 도식을 형성해야 하기 때문에 교육자는 도식이 형성되는 과정에서부터 출발해야 한다는 것이다.

피아제Jean Piaget도 새로운 도식이 형성되는 첫 번째 과정이 바로 감각운동기sensorimotor period로 신체 감각을 통해서 내부에 도식이 형성된다고 하였다. 이러한 과정을 십이연기적으로 이해하여 보면 여섯 감각 장소saḷāyatana → 감각접촉phassa → 정서경험vedanā 과정을 거쳐 존재bhava → 물질 · 정신nāma-rūpa의 조건관계이다. 따라서 반야통찰상담에서 다루려는 내용은 내담자가 그 어디에서도 들어 보지 못한 새로운 원리이다. 그러므로 내담자가 관심을 갖도록 천천히 노출시키면서 상담의 주제로 초점을 모아 가는 과정이 바로 붓다 상담의 초기단계이다.

내가 보기에 사성제의 삼전 십이행은 놀라운 학습[7] 전략을 기반으로 형성되어 있다. 즉, 학습자가 학습 주제가 무엇인지에 대해서 이해하고 수용하기까지는 나선형적으로 약 3번 정도[8] 그 주제에 대한 노출이 필요하다. 상담자가 동일하거나 유사한 내용을 상담 과정에서 약 3번 정도 이야기해야 내담자는 그때서야 '아! 그것이 그러하구나.' 하고 고개를 끄덕이는 정도가 된다는 것이다. 학습의 시작점으로써 3번의 시행착오적 과정은 우리 일상에서도 어

[7] 학습심리학에서 '문제'는 그 상황에 반응을 하면 강화가 주어질 수 있지만 그 강화를 얻기 위해 할 수 있거나 필요한 반응이 유기체의 반응 목록에 들어 있지 않은 상황으로 본다. 문제해결은 외현상 갑자기 나타나는 것이 아니라 일련의 학습 시행들을 많이 거치면서 학습률이 점차 향상되는 것이다(Chance, 2003/2004, p. 265).

[8] 붓다가 제시한 사성제의 삼전 십이행은 '~이다(현재)' '~알려져야 한다(미래)' '~알았다(과거)'로 나선형의 과정적 접근이지만, 반야통찰상담에서는 적용적 필요에 따라 횟수적 접근으로 표현하였다.

떤 상황의 최종 결정 과정에서 삼세판이란 말로 쓰인다. 그리고 교육과 훈육의 차원에서도 학습자에게 3번은 기회를 주어야 한다는 학습자 권리의 원리로도 사용된다. 즉, 삼전 십이행은 우리가 어떤 주제를 이해하는 과정에서 새로운 도식인 냐냐ñāṇa가 산냐saññā에 생기고 그렇게 만들어진 도식에 따라 정보를 처리하기까지는 12번 정도의 시행착오적 순환 과정을 거치는 것으로 이해된다. 우리가 일반적으로 진행하고 있는 상담은 내담자가 준비되어 있지 않은 상태에서 많은 것을 쏟아붓는다. 상담 과정은 그야말로 새로운 학습과 발달 그리고 성격 형성의 과정이기 때문에 상담자는 학습 · 발달 · 성격 형성 과정에 대한 철저한 이해와 학습자의 상태를 평가할 수 있는 눈cakkhu이 있어야 효과적인 상담을 진행할 수 있다.

즉, 일반적 학습의 과정은 새로운 내용을 처음 접하게 되었을 때 약 3번 정도의 노출이 있어야 비로소 그 대상을 인정하고 전체를 보게 되어 자신의 고정된 관점에서 벗어날 준비가 된다는 것이다. 이러한 과정이 일반적으로 상담과정에서 나타나는 탐색을 통한 자각의 단계이다. 여기에서 변수는 심리학적 용어로 동기motivation인 학습자의 강한 관심, 기대, 의지가 있으면 3번까지 안 가도 된다. 그런데 우리가 일반적으로 진행하는 상담에서는 내담자의 상태는 심리검사로 평가하고 평가한 내용 중에 상담자의 눈에 들어오는 부분에 근거해서 일방적으로 내담자를 알았다고 생각하고 '사례를 개념화'하여 상담을 진행한다. 그러나 반야상담자는 이러한 학습의 원리를 분명히 알고 내담자에게 같은 내용이라 할지라도 천천히 친절하게 3번 정도는 시행착오적 과정으로 제시하여야 한다. 이러한 과정이 상담 초기에 잘 구축되면 그다음부터는 내담자에게 눈이 생기고 앎이 생겼기 때문에 상담은 생멸의 원리에 기반하여 진행된다.

붓다 가르침의 놀라움은 학습 과정을 여기까지만 설명하고 끝나는 것이 아니라 최종 획득과 숙달 그리고 완성으로써 단 0.001%의 오류 없이 실천적 완성의 지점까지 도달하는 방법도 촘촘하고 분명하게 설명하고 있다는 것이다. 이것이 바로 성자의 단계[9]로서 출세간의 내용이다. 즉, 일반적 학습의 과정에서 과거에 자기가 왜 오류를 반복했는지를 알게 되면 욕탐에 묶여 괴로움을 유발하는 형성 과정에서 벗어나 새로이 학습한 생멸의 원리에 기반하는 존재의 무상·고·무아의 특성을 분명하게 반야로 이어 보며 머무는sati sampajañña 상태가 된다. 생멸의 원리를 이해한 후 그 원리에 기반한 학습의 과정에서 5~7번 정도 시행착오를 거치면 수다원, 이제 시행착오를 단 한 번 정도만 거치면 사다함, 그 원리를 체득한 아나함, 그리고 어떤 경우에도 오류적 시행착오 없이 완벽한 실천이 이루어지면 아라한이다.

고차원의 학습이 무조건 7번의 시행착오만으로 일어나는 것이 아니고 세 가지 필요충분조건이 포함되어야 한다. 먼저, 이해의 조건으로 학습자가 생멸의 원리를 이해하여야 한다. 그다음 지족의[10] 조건으로 생멸의 원리에 대한 확실한 믿음으로 더 이상 새로운 다른 것을 원하거나 바라지 않으면서 학습한 원리에 근거하여 분명하게 반야로 이어 보며 자각과 통찰을 유지하는 실천의 조건이다. [참조: 반야통찰상담의 원리-괴로움 소멸과 성자]

이렇게 붓다는 인격의 발달과 완성이 한순간 일어나거나 누군가에 의지해서 이루어지는 것이 아니라 철저히 올바로 생멸의 관점에 기반하여 괴로움을 소멸하고 행복과 평화에 이르는 보편적 학습과 발달 그리고 성격 형성의 원리를 제시하고 있다.

반야통찰상담의 4수준

'심리적 고통을 줄이고 정상적인 심리 상태로 기능하는 데 몇 회기의 상담이 적절한가?'에 대한 연구[10]에서 정서적 문제를 가진 내담자들은 빨리 회복하였으나 만성적인 기질적 문제를 가진 내담자들이 정상으로 돌아오기 위해

---

[9] • 수다원(須陀洹 sotāpanna)/ 예류자(預流者 stream-winner)
• 사다함(斯陀含 akadāgāmi)/ 일래자(一來者 once-returner)
• 아나함(阿那含 anāgāmi)/ 불환자(不還者 none-returner)
• 아라한(阿羅漢 arahatta)/ 응공(應供 worthy one)

[10] 지족(知足)과 도솔천(Tusita): 도솔천은 욕계(欲界)의 6천(六天) 중의 제4천으로 어원적인 의미는 '만족시키다'로 지족천(知足天)·묘족천(妙足天)·희족천(喜足天), 또는 희락천(喜樂天) 등으로 번역한다(출처: 네이버 지식백과). 즉, 도솔천이 하늘 어디에 '있다'고 공간으로 이해한다면 이것이 바로 색계적인 인식이다. 도솔천은 외부에 존재하는 신비한 공간이 아니고 우리의 일상적 삶에서 현재 주어진 여건에 욕심 부리지 않고 있는 그대로 만족하면서 고마워하며 즐길 줄 아는 삶의 태도에 대한 비유적 표현으로 이해된다. 다시 말해, 감각적 욕망을 떨쳐 버리지는 못하였지만 더 이상 욕심을 내지 않는 지점을 도솔천으로 비유하였고, 더 높은 하늘로 비유되는 정거천은 감각적 욕망을 더 이상 추구하지 않는 마음 상태이다.

서 75% 정도까지 회복하는 데 약 1년의 기간이 필요한 것으로 나타났다. 치료의 진전은 단계적으로 일어났는데, 대부분의 내담자에게서 먼저 주관적 안정과 건강에서 진전을 보인 다음 정서적 문제와 관련된 증세의 경감, 마지막으로 생활에서 기능의 향상을 보이는 순서로 진행되었다. 또한 심리치료는 정서적인 문제와 대인관계에서 어려움을 느끼는 사람들에게도 효과적인 방법[11]이라 한다.

그러나 현대 심리상담 현장에서는 단기적이고 통합적이며 경제적인 심리상담의 필요성이 증가하고 있기 때문에 6~20회기 정도의 종결에 대한 요구가 커지고 있어 여러 이론과 기법을 통합하여 접근하는 상담자는 융통성 있게 신속하고 체계적으로 문제를 찾고 내담자와 협력 관계를 형성하여 다양한 기법들로 개입해야 한다.[12]

따라서 이러한 단기 상담에 대한 시대적 요구에 따라 반야통찰상담은 시작에서부터 종결까지의 전체 과정을 사성제의 삼전 십이행에 기반하여 4수준에 약 12~20회기 정도의 단기를 지향한다. 내담자에게 문제 소멸, 소멸의 원리 이해 그리고 원리의 일반화를 나선형적 시행착오를 경험하게 하는 것은 학습과 발달을 통한 새로운 성격을 형성하는 전인적 성장의 과정이다.

반야통찰상담에서 내담자는 문제의 일어남과 사라짐의 원리에 근거해서 문제의 흐름을 보게 되면 처음에 호소했던 문제의 형태에서 이미 달라져서 더 이상 문제라는 이름으로 남아 있지 않게 되는 것을 경험한다. 이렇게 상담의 시작에서 종결까지 상담자와 내담자는 서로 합의된 목표에 따라 현재 문제를 해결해 가는 일련의 고저와 강약의 흐름을 거치면서 점진적인 변화를 경험한다. 상담 과정은 상담자와 내담자가 만나서 그 관계의 역동으로 만들

10) Howard, Lueger, Maling, & Martinovich, 1993; Kopta, Howard, Lowry, & Beutler, 1994.
11) Strupp, 1995.
12) Prochaska & Norcross, 1999, p. 524.

어지는 현재 진행형의 현상이므로 상담 과정을 일반화하고 정형화하는 것은 의미가 없다. 그러나 내 경험으로 상담에는 일련의 흐름이 있다는 것이다.

반야통찰상담의 전체 과정은 4수준으로 변화하며 진행된다.

1수준: 문제해결 방향 찾기

1수준은 내담자가 호소하는 문제를 해결하는 방향을 찾고 문제의 사라짐을 경험하는 과정이다. 자발적 내담자의 경우 상담의 1회기에는 문제에 대한 불만족과 원하는 변화를 이야기하고, 2회기에는 상담에 오기 전 내담자가 시도해 보았던 해결 방법을 상담 과정에서 재검토하면서 문제해결 방법을 새로이 모색하고자 한다. 상담이 집중적으로 진행되는 경우에는 3회기나 4회기에 내담자는 호소했던 문제의 해결 방향을 찾거나 문제에 대한 관점이 달라져서 문제에서 느끼는 괴로움과 불만족이 약화되는 것을 경험한다.

2수준: 문제의 일어남 원리 알기

2수준은 상담에 가져온 문제가 어느 정도 해결되거나 가라앉음을 경험하는 전환기이다. 이때부터 내담자는 입출정에 대해 호기심을 가지고 질문을 하거나 주도적 참여를 시작하므로 입출정을 직접 실시하여 보게 한다. 그리고 새로이 이야기하는 문제에 반야적 원리를 적용하여 문제 일어남의 패턴을 이해한다. 2수준의 약 4~5회기는 내담자가 상담에 가지고 온 문제에 대한 내담자의 인식이 달라져서 괴로움이 잦아들고 변화를 경험하는 휴식기로서 내담자는 상담 과정에 어느 정도 거리를 두고 느슨해진다. 그러므로 상담자는 내담자의 이러한 상담에 대한 집중의 강약을 고려하면서 상담 시간에 머물러야 한다. 그리고 약 5~6회기에 접어들면 내담자는 이제 이전의 문제는 해결되었고 새로운 문제라며 다른 상황에 대한 이야기를 한다. 그러나 반야상담자는 내담자의 인식에 새로운 것이지 문제의 일어남과 사라짐의 원리에 따라 유사한 형태로 반복되고 있는 패턴을 내담자가 통찰할 수 있도록 도와야 한다.

3수준: 문제해결 원리 이해하기

3수준은 문제가 일어남의 패턴을 이해하고 일상생활에 확장해 적용하여 본다. 내담자가 상담에서 경험하고 이해한 원리를 시행 착오적인 과정으로 일상에 적용하기 시작하므로 상담에서 대화 내용은 첫 회기에 호소했던 그 문제에서는 멀어져서 현재 상황에 대한 것으로 달라진다.

4수준: 문제 소멸의 원리적용과 실천하기

4수준은 내담자가 일상에서 경험하는 문제를 생멸의 원리에 근거하여 일어남과 사라짐을 설명할 수 있다.

반야통찰상담 언어 회기의 4단계

반야통찰상담의 언어 회기는 4단계로 진행된다. 반야통찰상담의 강조점은 내담자가 호소하는 문제의 내용은 내담자가 구성한 이야기이므로 실체로 다루지 않고 그 내용을 변화시키는 것에 초점을 두지 않는다는 것이다. 따라서 언어 회기는 내담자가 호소하는 문제가 일어나는 조건과 현재 경험을 연결하여 관찰하는 펼치기, 되비춤, 되새김, 머무르기 단계의 과정적 흐름으로 진행한다. 이러한 언어 회기의 4단계는 한 회기 내에서 순차적으로 쓰이기도 하지만 개별 기법으로도 활용된다.

반야통찰상담에서 반야상담자는 내담자의 언어 안에 함께 머물면서 문제에 대한 내담자의 이해와 통찰을 도울 수 있는 내용을 4단계를 통해 인과적 흐름으로 연결해서 보여 준다. 그렇기 때문에 반야통찰상담 과정에서는 정신분석 치료를 비롯하여 일반상담에서 내담자의 상담에 대한 관여나 준비도에 따라 언급되는 '저항resistance'과 '전이transference'의 현상은 나타나지 않는다.

1. 펼치기 단계

펼치기 단계unfolding stage는 내담자의 자각과 통찰을 확장하거나 심화할 수 있는 내용을 충분히 설명하게 하여 문제를 명료화한다. 이 과정에서 상담자는 내담자가 호소하는 괴로움에 대해 어떤 판단이나 해석을 하지 않고 단지 내담자의 세계에서 인식하고 있는 내용을 분명하게 반야로 이어 보며 함께한다.

> 상담자 10: '꼬이지 않으니까'라고 표현을 했는데 **그것에 대해 설명해 주세요.**
>
> 내담자 10: (침묵) 음, 기본적으로 내가 저 사람(남편)에 대해 가지고 있는 생각이 '저 사람은 나를 배려하지 않아.'라는 전제를 깔고 시작하면 같은 말을 해도 좀 다르게 들리고, 이것도 상담에서 다루었던 내용인데요. 맨날 장난이라고 하면서 되게 안 좋은 말들을 많이 한다든지…… (상처를 많이 받았다고 했죠?) 네~. '저 사람은 나에게 상처를 주려고 하는 사람이구나.'라는 전제를 깔고 시작하면 그게 그런데…… '장난이구나.'라고 생각을 하고 저 사람은 기본적으로 '나를 좋아해.'라고 전제가 바뀌게 되니까 (음~음~) 좀 렌즈가 달라진 것 같아요. 저 사람을 보는 (음. 음) 내가 끼고 있는 렌즈가 좀 다른 렌즈로 보니까, 빨간색을 끼

다가 파란색을 끼니까 좀 다르게 보이겠죠. (하하하) 그래서 네에⋯⋯↘

상담자 11 **11**: 상담을 하러 오기 전에는 어떤 렌즈였지요?

내담자 11: 뭐,↗ 억울함! (음~) '저 사람은 나에게 상처를 주려고 하는 사람이다.'라는 생각이요.↗

상담자 12: 음, 기본적으로 저 사람은 나를 배려하지 않아. (강하게 음~) 이런 렌즈였는데 어떤 렌즈로 바뀌었다고요?

내담자 12: 음, 장난을 많이 치는 사람. (음) 나를 배려하려고 노력하는 사람이고 그리고 그것도 되게 커요. 이전 상담에서 다루었던 것처럼 '내가 힘들면 저 사람도 나만큼 고민하고 힘들 거다.'라고 생각이 든 것도. (점차 작아지는 목소리, 침묵) 그러니까 나도 예민하다면 예민한 것 같은데 (남편은) 아닌 것 같은데도, 되게 막 은근히 상대에 대해서 예민하게 받아들이는 면이 있어서, 그러니까 내가 정말 사소하게, 정말 약간이라도 기분이 안 좋은 것을 알아채더라고요.

상담자 13: 아, 그것을 알게 되었어요? 그 전에는 내 상태에 대해서 나는 알아차렸지만 남편은 나의 그런 상태를 모른다고 생각했고, (음~ 음~) 그런 것에 대해서 무척 둔감하다고 생각했었는데 이제는 나의 상태를 스스로도 볼 수 있고, 남편도 내 상태를 안다는 것을 볼 수 있게 되었네요.

내담자 13: 그 공기라는 게 좀 생기는 것 같아요. (음) 둘이 이렇게 같이 앉아 있으면 (음) 뭔지 모르겠는데⋯⋯

11 상담자 11, 상담자 12는 내담자가 이전 회기들에서 계속 이야기했던 내용을 토대로 내담자가 스스로 현재 변화를 확인하도록 하는 질문이다.

2. 되비춤 단계

되비춤 단계reflecting stage는 내담자가 설명한 문제를 상담자가 있는 그대로 되비추어 줌으로써 내담자가 자신의 문제를 좀 더 객관적으로 관찰하게 한다. 상담 과정에서 이러한 되비춤은 내담자가 자각적 통찰이 없이 외부 상황적 요소를 강조하며 하는 말이지만 상담자가 분명하게 반야로 이어 보며 들어 보고 내담자의 현재 문제에 중요한 통찰적 요소를 포함하는 내용에 대해 있는 그대로 보여 줌으로 표현된다. 되비춤은 재진술, 명료화, 반영 기법과 유사하지만 사띠 삼빠자냐로 반응하는 반야상담자의 주요한 역할이기도 하다. [참조: 재진술과 되비춤]

[Sudassa 4-3] 되비춤

대나무 그림자 섬돌을 쓸어도 먼지는 일지 않고
달빛 연못을 뚫어도 물에는 흔적이 없네.

竹影掃階塵不動 月光穿沼水無痕 (야보선사, 冶父禪師)

되비춤과 말발 딸림 그리고 따라쟁이

반야상담자가 반야통찰상담의 기본 조건인 '분명하게 반야로 이어 보며 머묾'이 흩어지거나 확립되지 않은 상태에서 '되비춤'을 시늉으로 하게 되면 오히려 내담자의 불평이나 저항에 직면한다. 다음은 상담자가 '되비춤'을 한다고 하였는데 내담자는 '말발 딸림'이라고 한 경우이다.

축어록은 수련생들의 이야기이고, 옆글은 슈퍼비전 내용이다.

수련생 1: 중학교 2학년 남학생이 학급에서 주변 아이들과 잘 어울리지 못해서 관계에 어려움이 있고, 사소한 일도 담임에게 이르고, 학급에서도 화가 나면 소리를 지르거나 문을 발로 차거나 하면서 바로 분노를 표출하여 의뢰되었다. 첫 회기 상담에서 내담자가 언어적인 면에서 음향 고저가 없이 책을 읽는 것 같은 화법으로 이야기하여 뭔가 일반 아이들과는 약간 다른↗……범주에서 벗어난 것 같았다. 두 번째 회기에서 이야기를 나누던 중에 내가 '되비춤에 대

⑫ 상담자가 서너 번 되돌리기를 하는 동안 내담자의 반응을 얼마나 면밀히 살피면서 하였는지 궁금하고, 되비춤은 연속해서 3~4번씩 하는 것이 아니고 상담자의 알아차림에 기반해서 내담자의 자각과 통찰을 도울 수 있는 이야기의 부분을 일련의 흐름으로 연결해서 표현하는 것이다.

⑬ 이 부분이 바로 반야통찰상담의 시작점이다. 이 아이가 이렇게 말했을 때 반야상담자는 이 아이의 눈치 있음과 독특함에 호기심을 가지고 여기에 머물러야 한다. 정상과 비정상은 객관적 기준에 근거하는 것이지만 지금·여기에서 상담자의 대상으로서 존재하는 이 아이에 따라 상담자가 움직여야지 정상과 비정상으로 분류하여 보게 되면 이미 상담자는 지금·여기에서 벗어난 것이다. 나의 관점에서는 상담자가 자기 말을 서너 번 따라 하는 것을 듣고 내담자가 이렇게 반응한다면 '정직한 민감성'으로 평가된다. 그러므로 ① 와~아~ 어떻게 선생님이 말발이 딸리는지 알게 되었어? 설명해 줘 봐. ② 아! 네가 들어 보니 선생님이 너의 말을 따라 해서 말발이 딸리는 것이구나! ③ 따라 하면 말발이 딸리는 것이라는 것을 어떻게 알았

한 명확한 이해 없이 반야통찰상담 축어록을 풀면서 슈퍼바이저가 실시한 되비춤을 흉내 내며 그 아이의 이야기를 듣고 그대로 따라서 해 주었다. 그때는 '집중하고 따라간다.'라고 생각하면서 아이가 말한 것을 **내가 되돌려 말해 주기를 서너 번 정도 진행된 과정에서**⑫ 아이가 **"선생님 말발 딸리죠. 그러니까 내 말을 따라 하잖아요."라고 하였다.**⑬ 아! 이게 똑같은 방법으로 이런 과정을 다른 아이들에게 했었을 때는 그 아이들은 이런 이야기를 하지 않았다. 사실 그때는 '이 아이가 눈치 없이 그런 이야기를 하나?' 하는 생각이 들기도 했었고 그 순간 이 아이는 뭔가 독특한 아이라고 생각했다. 그 말을 듣자 순간 당황해서 웃으면서 "그런 것 같다."라고 하고 이 아이하고는 좀 편안하게 언어적인 상담보다는 관계를 잘 맺는 것이 우선일 것 같은 생각이 들어서 되비춤이라는 그런 영역에서 벗어나서 일상적인 대화나 가족사를 탐색하고 회기를 끝냈다 그 후 2회기를 더 만났고 그 아이는 '아스퍼거 장애(asperger disorder)[13]'로 진단되었다.

다음은 반야통찰상담 수련생이 참가한 일반상담 워크숍에서 네 사람과 한 집단이 되어 사례 시연 연습을 하는 과정에서 시도해 본 되비춤이 '따라쟁이'가 된 경우이다.

수련생 1: 반야통찰상담적인 접근으로 상담자 역할을 하면서 내담자의 말에 되비춤을 하였더니 두 명의 내담자는 선생님이 하는 기법이 어떤 기법이고 어떤 이

---

13) 아스퍼거 장애: 사회적으로 서로 주고받는 대인관계에 문제가 있고, 행동이나 관심분야, 활동분야가 한정되어 있으며 같은 양상을 반복하는 상동적인 증세를 보이는 질환이다. 이런 특성들로 인해 사회적으로, 직업적으로 어려움을 겪게 되지만, 두드러지는 언어 발달 지연이 나타나지 않는 전반적 발달장애의 일종이다. 자폐증과는 달리 어린 시절에 언어 발달 지연이 두드러지지 않는다는 특징이 있다. 그러나 정상 언어 발달을 보여도 현학적이거나 우회적인 언어를 사용하는 경향이 있어 의사소통의 실용성 면에서 어려움을 보인다. (출처: 네이버 지식백과, 서울대학교병원 의학정보)

론에 근거해서 하느냐고 물어보고. 그중 한 명은 시연 과정에서 펑펑 울었고 자기가 살아오면서 여태껏 해결하지 못한 문제를 바라보게끔 해서 뭐가 문제 인가를 알아차렸다고 하였어요. 그리고 워크숍 다음날 강사에게 전화를 해서 '어젯밤에 내가 이러이러한 꿈을 꾸어서 미해결된 문제를 해결했다.'고 하였고 반야상담자에게도 와서 '고맙다'고 하였어요. 그래서 나는 아무것도 안 하고 단지 내담자가 한 말을 되비춤 했을 뿐이라고 하면서 '반야통찰상담이라는 것을 공부하고 있다.'고 말했더니 두 명은 계속 물어보고 했는데 반대로 한 명은 불편하다고 해서 '왜 불편하나?'고 물었더니 상담자가 자기가 한 것을 따라 한다. 거울 효과를 나타내면서 자기에게 뭔가를 하라고 하는 것 같아 불편하다고 했어요. 반야통찰상담 공부를 하면서 되비춤이라는 것을 여기서 한번 해 봐야겠다 하고 연습을 하였어요. 왜냐하면 내가 만난 내담자들은 정말 중학교에서 문제만 있다고 지정된 아이들이고 그들한테 하다 보니까 이게 맞나? 안 맞나? 계속 힘들었거든요.

수련생 2: 학교 현장에서 일이 힘든 것은 알겠는데 방금 반야통찰상담 공부에서 힘듦은 어떤 거예요?

수련생 1: 똑같이 세 명에게 되비춤 기법을 썼는데 두 명은 배우고 싶고 그렇게 하는 방법을 가르쳐 주라 하고, 한 명은 왜 따라 하냐고 하면서 불편하다고 해서 내가 반야통찰상담을 제대로 안 하고 있나 그런 생각이 들었어요.

다음은 '따라쟁이' 상담자가 어떻게 해서 자신의 되비춤이 따라쟁이가 되었는지를 알아차림 하게 된 내용이다.

수련생 1: 모래놀이 워크숍 참석은 대학원 1학기 때 첫 발표가 융의 분석심리였는데, 학부 전공이 심리학이 아니어서 리포트를 베껴쓰기 정도로 준비해서 흉내만 내는 발표를 했던 것이 부끄러워 언젠가는 융의 학문에 대해서 **정확히 공부**

어? 등등으로 아이가 무엇을 조건으로 이렇게 인식하게 되었는지를 여기에서 왔다 갔다 하다 보면 분명 뭔가 반짝거리는 진실이 드러날 것이다. '너는 아주 좋은 원석인데 사회관계에서 좀 다듬어져야 더욱 빛나겠구나.'라는 관점으로…… 진단은 아스퍼거이지만 반야통찰상담 과정에서는 내담자에게 독특함이, 다듬어지는 것이 지금 필요하다는 것을 경험하게 한다.

14 수련생 1의 이러한 생각이 바로 우리 일상에서 드러나는 행동의 원인인 의도가 마음속에 자라고 있다가 여건에 따라 나타나는 생사의 과정이다. 붓다는 이러한 과정을 형성작용(saṅkhāra)과 취(upādāna) 그리고 신·구·의 삼업(三業)으로 설명한다.

15 모래놀이 워크숍에 갔으면 반야통찰상담은 잊고 모래놀이에서 가르쳐 준 내용을 연습해야지 그 공부 상황과는 무관한 반야를 거기에서 보여 주려는 욕탐에 묶여 스스로 자초한 일이다. 반야상담자는 이런 경험을 지금·여기=현법=즉시성에 더 민감해지는 계기로 삼는다. 반야통찰상담에 명확한 믿음과 확신이 확립되었다면 또 다른 무엇을 외부에서 찾지 않는다. 그러나 상담 전공자로서 여건에 따라 여러 가지 상담 접근을 공부할 수 있다. 그럴 때는 거기에서 가르치는 공부를 있는 그대로 배우고 반야통찰상담을 공부할 때는 반야통찰상담에 몸과 마음을 두고 해 나가다 보면 어떤 것이 상담자의 유능성과 가벼움 그리고 간편함에 이르는 바르고 빠른 길인지 분명히 보이고 알아차리게 되는 지점이 생긴다.

해야겠다는 생각에서 **생生이[14]** 되었다. 그리고 최근 학교에서 저소득 가정 해체·붕괴, 이혼, 가정폭력, 성폭력, 조손, 한부모가정 학생들을 하루에 6~7명을 내담자로 만나면서 상담자가 좀 더 편하면서 유능감을 갖고 싶은 상황에서 **참석**하였다. 그리고 실습과정에 워크숍 교육생들에게 **반야통찰상담을 보여 주고 싶은 내 욕탐으로** 인해 '따라쟁이'라는 말을 듣게 되었다.[15] 워크숍에 참가한 교육생들은 현장에서 상담을 하고 있으니 내가 만나는 내담자와 다를 것이라는 나의 식識이 먼저 자리 잡으면서 두 명과의 실습에서는 좋은 성과를 거두었는데, 한 명은 본인의 말을 '따라 한다'면서 '따라쟁이'라 하여 기분이 안 좋은 상황으로 실습을 마쳤다.

(반야통찰상담) 수련 과정에서 이런 말을 할 때도 나의 무명을 알아차리지 못하다가 축어록을 풀면서 왜 따라쟁이가 생겼을까? 의문해 보니 나의 욕탐으로 인하여 반야가 명확히 확립되지 않는 상황에서 반야식의 '되비춤'을 해 보겠다는 의도로 상담자의 정직성에 문제가 생겼다. 내담자의 표정, 행동을 살피지 않고 오로지 나의 욕탐에서 상담을 진행하여 이런 말을 들었다는 것을 알아차렸다. 좀 더 지혜로워서 내담자 옆에 붙어서 촘촘히 면밀하게 다가갔으면 내담자의 소리를 정확하게 들을 수 있었을 텐데. 그리고 반야 공부에 와서도 내가 무명하여 이런 상황이 발생한 이유를 '내담자의 변인'으로[16] 몰고 간 상담자의 탐·진·치를 알 수 있었다.

3. 되새김 단계

되새김 단계ruminating stage는 내담자가 펼치기 단계에서보다 자신의 이야기에 대해 더 많은 주관성과 책임감을 경험하면서 내담자 스스로 그 문제를 확인하는 과정이다.

되비춤과 되새김은 기법 사용의 주체와 내용에서 서로 차이가 있다. 되비춤은 내담자가 자신의 역할과 영향을 의식하지 못하고 외부적인 요인들을 강조하며 이야기할 때 상담자의 입을 통해 다시 한번 현재 문제 상황과 내담자의 역할을 연결해서 이해하도록 하는 과정이다. 그리고 되새김은 내담자의 말에 현재 문제 상황에 대한 자각적 요소가 포함되어 있을 경우 내담자의 입으로 다시 한번 말하게 함으로써 지금 · 여기의 현상을 경험하게 하는 과정이다. 즉, 되새김은 말을 경험으로 변환시키는 과정으로 내담자는 자신이 한 말을 되새김하면서 문제의 일어남과 원인을 인과적으로 연결하여 이해하게 하는 요약과 명료화 그리고 해석적 요소가 내포되어 있다.

　상담 과정에서 일부 내담자는 조금 전이나 지금 한 말을 '되새김'해 보라 하면 "왜 다시 말하라고 하느냐?"고 묻는 경우가 있다. 그런 경우 상담자는 필요에 따라 다음과 같은 예로 설명한다.

16 상담자는 같이 실습했던 교육생이 '되비춤'을 잘 알지 못해서 '따라쟁이'라고 말하는 것으로 생각하고 있었다.

예시 1

상담자 1: 자! 비유적으로 깜깜한 어두운 밤에 길을 가다가 불빛이 보이면 그곳으로 가야겠습니까? 깜깜한 길을 계속 가야 합니까?

내담자 1: 불빛이 보이는 곳을 향해 가야지 길을 찾겠지요.

상담자 2: 그렇지요. 이야기 도중에 문제와 관련된 탐색이나 통찰의 내용이 있으면 불빛을 더욱 밝혀야겠지요.

예시 2

상담자 1: 예로 금 광산 밑을 흐르는 강에서 사금을 줍는데 바구니로 땅을 훑고 나니 반짝거리는 것이 있다면 무엇을 줍겠습니까?

내담자 1: 당연히 반짝거리는 것이 금이니까 주어야지요.

상담자 2: 그렇게 상담 과정에서 반짝거리는 통찰과 이해가 있으면 더욱 선명하게 알아차림 해야겠지요.

다음은 상담 과정에서 내담자의 인식이 달라졌는데도 내담자는 의식하지 못하고 말을 하고 있는 상태에서 상담자가 그 변화를 경험하도록 하기 위해 되새김을 시도한 예시이다.

내담자 51: 지금까지 이야기에서 경험된 건 그렇게 힘들었지만 지나갔다는 거……

상담자 51: 음, 힘들었지만 지나갔어요. 오늘 그 표현을 이제 세 번째 쓰시는 것 같아요. 전 시간에는 과거에 대한 이야기가 우리가 했던 이야기의 90%, 99%였어요. 그런데 오늘, 지금 알아차리신 것은?

내담자 52: 지나갔다……

상담자 52: 지나갔다! 천천히 다시 말씀해 보세요.

내담자 53: 그런 일들이 이제는 과거가 됐다. ……어려움은 있었지만 그때보다 훨씬 편안한 상태고 앞으로 전진할 수 있을 것 같다. (흐느껴 운다.)

4. 머무르기 단계

머무르기 단계anchoring stage는 상담 과정에 대한 내담자의 이해 정도를 평가하고 일어난 변화를 다지기 위해 이야기의 주제가 달라지는 지점에서 내담자에게 그동안 나눈 이야기를 스스로 재진술, 명료화, 요약하게 한다. 이러한 순환적 과정을 통해 내담자가 문제의 상황과 욕탐에 묶인 자신의 의도, 기대, 바람 그리고 인식 과정을 연결[심의식←(욕탐)→일체법]해서 일련의 인과적 흐름을 경험하게 한다.

다음은 상담의 과정에 머무르기를 시도한 예시이다.

상담자 39: 우리가 **지금까지 이야기해 보니까** 어떠세요?

내담자 39: (침묵) 지금까지요? (응) 그냥 마음이 약간 평온해졌다고나 할까? (아!) 그냥 이야기하는 것만으로도 누군가 내 이야기를 진지하게 들어 주고 그런 것…… 좀 더……

상담자 40: 이제 금방 하신 말↗ **그것을 다시 한번 말해 보실래요?**

내담자 40: 음~ 마음이 조금 평온해졌다.

상담자 41: 평온해졌어.⌒ **무엇으로 인해서 평온해졌다고요?**

내담자 41: 이야기를 함으로써 그랬던 것 같아요. 이렇게 이야기함으로써 내 이야기를 들어 주고 그런 것에 대해서……

상담자 42: **이제 마음을 평온하게 하는 방법을 경험하셨지요?**

내담자 42: 음~ 아~ 네.

상담자 43: **마음을 평온하게 하는 방법이 어떤 방법이었다고요?**

내담자 43: 이야기를 하는 것! (짧은 웃음) 누군가와 이야기를 하는 것.

상담자 44: 누군가와 이야기하는 것하고 또 하나는? 그 누군가가?

내담자 44: 상담자?

상담자 45: 그 누군가가…… 그 이야기를 편안하게……

내담자 45: **들어 주는 것.**

상담자 46: 이렇게 내 마음을 평안하게 하는 경험을 하셨네요.

　　매 회기 내담자가 이야기하는 내용은 다르지만 반야상담자는 각 회기마다 이러한 4단계의 과정을 거치면서 내담자의 인과적 자각과 통찰을 확장한다. 먼저, 내담자 호소 문제에 대한 충분한 묘사와 설명을 통한 문제를 펼치기 단계로 상담자는 내담자가 호소하는 문제에 대해 충분히 경청하고 알아차림 하면서 함께하다가 문제에 대한 설명이나 묘사가 어느 정도 진행되면 '어떤 조건으로 인해서 그렇게 되었는지, 그런 일이 생겼는지' 설명하게 하여 문제를 정상화하면서 명료화한다. 이렇게 문제를 정상화하고 명료화하는 과정에서 상담자는 문제에 대한 설명이나 묘사를 내담자의 언어를 그대로 사용하여 되비추어 준다. 이러한 과정은 내담자에게 자신이 사용한 언어를 그대로 사용하여 되비추어 주기 때문에 자신의 말에 대한 분명한 이해를 촉진하여 문제 해결의 방향으로 수렴된다. 머무르기 단계는 되비춤의 과정으로 내담자의 이해력을 확장한 내용을 다시 내담자에게 요약, 정리하게 하여 자각과 통찰을 다지게 한다.

다음은 반야통찰상담 학술 대회에서 '반야통찰상담 과정'에 대한 발표자의 경험을 이야기한 내용이다.

> 반야통찰상담 과정은 내담자가 문제를 펼치면 상담자가 되비춤해 주고 이것을 다시 내담자가 되새김하고 그다음 머무르기 단계에서 문제 이해 과정까지 가지요. 그래서 개인적으로는 반야통찰상담이 굉장히 과학적이고 매우 촘촘한 과정이라고 여겨집니다. 내담자가 말하고 상담자가 되비춰 주고 다시 되새김하면 상담자가 특별히 뭐라고 하지 않아도 내담자 스스로가 알아차리는 과정이 새삼스럽게 굉장히 경이로움을 경험했어요. 그런데 사실 우리가 1회기에서 12회기를 펼치기 단계에서부터 머무르기 단계까지 가면서 반야통찰상담의 각 회기 안에서도 4단계 펼치기, 되비춤, 되새김하고 다시 머무르기가 이루어지면서 또 1회기에서 12회기까지 큰 틀로, 움직이는 것을 보면 이것은 정말로 어떤 내담자라도 다 걸릴 수 있겠다는 것을 경험하면서 반야통찰상담 과정의 이중구조에 머리가 이렇게 쭈뼛 서는 경험을 했어요. '진짜 과학적이다.' 이런 생각을 했어요.

반야통찰상담의 되비춤 형식

되비춤은 반야통찰상담적 경청과 공감의 과정으로 내담자 말을 그대로 되돌려 주기와 내담자 이야기의 인과적 흐름을 읽어 주기 그리고 주요한 내용을 강조하기 형식으로 이루어진다.

1. 본뜨기

본뜨기 형식은 내담자의 이야기에 상담자가 분명한 알아차림으로 따라 가면서 들은 내용을 그대로 되돌려 주는 것으로 내담자가 말을 하면서도 주의를 집중하지 않을 때 사용할 수 있다. 본뜨기 형식은 상담자의 의식이 내담자의 이야기에서 흩어지지 않고 계속 현명하게 마음 기울임을 유지해야 가능하다. [참조: 재진술과 되비춤]

2. 인과적 흐름을 연결하기

인과적 흐름을 연결하기는 상담자가 분명한 알아차림을 유지하면서 내담자의 이야기를 듣고 그 내용을 인과적 흐름으로 되돌려 줌으로써 내담자의 고정된 인식의 지점을 유연하게 문제해결의 방향으로 전환하게 할 수 있다. 상담자가 내담자의 이야기를 인과적 흐름으로 연결하기 위해서는 반야적 통찰을 기반으로 들어야 한다. 이러한 듣기가 바로 반야의 비유적 기능인 바른 견해와 '알고 봄' 그리고 혜안의 작동이다.

다음은 내담자가 말한 내용을 인과적 흐름으로 연결하여 내담자에게 다시 보여 주는 예시이다.

내담자1: 내 고민은 완벽주의자인 성향이 강해서 나와 다른 사람들을 좀 피곤하게 **만든다**는 것인데요. 특히 내 지식의 밑천이 드러나거나 논리에 허점이 보이는 순간을 극도로 두려워하는 것 같아요. 그래서 있을지 없을지도 모르는 5분의 질의응답 시간을 위해서 3일 동안 거짓말 안 하고 밤새고……

반야상담자1: 자신이 지금 완벽주의 성향이 강하다는 것을 알고 있고, 그런 완벽주의 성향이 나와 다른 사람들을 피곤하게 **만든다는**[17] 것도 알고 있네요. 그리고 더 좋은 것은 그런 완벽주의 성향이 나타나는 상황이나 조건도 알고 있네요. 언제 어떤 상황에서 완벽주의 성향이 나타난다고요?

[17] 만든다는 내담자 언어 중 자신의 주도적 의지를 나타내는 용어이므로 상담자가 강조해서 언급하거나 이 부분을 내담자에게 설명하게 하여 현재 경험하고 있는 괴로움이 자신의 행동으로 일어난다는 통찰로 연결되게 한다.

반야통찰상담에서 내담자가 호소하는 모든 문제는 생멸의 원리를 알지 못한 무명avijjā의 상태에서 자기의 고정된 인식으로 상황을 원하는 대로 형성sankhāra하고 집착upādāna하려고 하는 것이므로 반야상담자는 내담자의 이야기를 인과적 흐름으로 따라가면서 듣는다. 현재 내담자는 감각접촉 → 정서경험 → 갈애 → 집착의 과정을 말하고 있으므로 상담자는 여섯 감각 장소와 관련되는 내용을 내담자가 말하도록 이야기를 더 듣고 있다가 상황에 대한 이야기가 나오면 괴로움이 일어나는 일련의 흐름을 연결해서 되돌려 준다.

내담자의 이야기를 연기적 과정에서 넓게는 다음과 같이 이해하여 볼 수 있다.

[18] 어떻게 피곤하게 한다는 것을 아느냐? 설명해 보세요.

- 내 고민은 완벽주의자인 성향이 강해서 = 존재bhava
- 나와 다른 사람들을 좀 피곤하게[18] = 정서경험vedanā
- 만든다는 것 = 형성sankhāra 갈애 → 집착 → 존재
- 특히 내 지식의 밑천이 드러나거나 논리에 허점이 보이는 순간 = 상saññā
- 극도로 두려워하는 = 정서경험vedanā

- 5분의 질의응답을 위해 3일 동안 밤새고=갈애taṇhā → 집착upādāna → 존재bhava

3. 강조적 내용 장단 맞추기

내담자가 자기 말에 몰입해 있거나 이야기하는 속도가 너무 빠를 때에는 상담자는 따라가면서 반야적 주제나 통찰이 나타나는 지점에서 단어나 몇 구절 정도를 힘주어 강조하면서 내담자가 하는 이야기에 장단을 맞춘다. 장단 맞추기 형식은 본뜨기 형식과 흐름 연결하기 형식을 압축한 형태로 상담에서 다룰 주제를 내담자에게 천천히 소개하는 과정으로 내담자가 상담 과정에서 다룰 주제에 익숙해지도록 노출하는 효과가 있다.

다음은 내담자의 이야기에 반야상담자의 언어적 반응 실습하기에 대한 슈퍼비전이다. 축어록은 수련생들의 실습 대화이고, 옆글은 슈퍼비전의 내용이다.

내담자 2: 내가 지난번 교육을 받을 때 횡설수설한 것 같고 (음, 횡설수설한 것 같고) 네. 그 아이에 대해 접근도 제대로 못한 것 같고 횡설수설한 것 같고 오늘도 조금 횡설수설한 것 같은 느낌이 들었어요. (아, 오늘도 조금 횡설수설한 것 같고) 네. 그리고 그 아이의 문제에 대해서 **슈퍼바이저가 피드백을 해 준 것도 참 많이 나에게 와닿았거든요. 와닿았는데…… 그것에 대해서도 아직 이해하지도 못한 부분이 있고** 그래요.

상담자 2[19]: 어, 슈퍼바이저가 준 피드백 내용에 대한 이해도 못하고……

내담자 3: 네. 그게 뭐냐면 "상담자가 정직성이라는 문제를 뚫고 들어갈 배포도 없고 아이가 이런 정직성의 문제를 다룰 동안 버텨 줄 힘도 안 되는 것이지요." 정확하게 나에 대해 이야기하셨어요. 그런데 그것이 어디에서 왔는지 그리고

[19] 상담자 2는 내담자 말의 핵심을 잡지 못하여 반야통찰상담을 시작하지 못하고 있다. 상담자는 "참 많이 나에게 와닿았거든요. 와닿았는데…… 그것에 대해서도 아직 이해하지 못한 부분이 있고 그래요."에 초점을 맞춰야 한다. 반야상담자가 주의집중이 안 되어 되비춤을 할 수 없다면 "많이 나에게 와닿았기는 했는데 아직 이해를 못한 부분이 있네요. 그에 대해 설명해 주세요." 하든지, 내담자 이해 정도를 살피면서 통째로 주면 소화를 못 시키겠다 싶으면, 먼저 두 개로 쪼개서 "나에게 와닿았다고 하셨는데 이것 설명해 주세요." 하고 내담자의 말을 정리한다. 여기서 상담자가 분명하게 반야로 이어 보며 머묾이 작동하고 있다면 그다음은 다시 형식을 갖춘 질문으로 묻지 않아도 충분히 딸려 나온다. 그다음 단계로 "아직 이해하지도 못한 부분이 있다 하셨는데……." 하고 기다리면 내담자가 말을 하게 되어 있다. "아직 이해하지도 못한 부분이 있다 하셨는데 그게 뭐예요?" 하고 물으면 그것은 유무 관점으로 '어떤 부분이 있다'는 접근으로 상담의 방향은 '그것'을 찾는 미로 헤매기가 된다.

㉑ "횡설수설을 설명해 주라." 하는 것은 내담자를 더욱 횡설수설하게 하므로 상담 재료로 다루지 않는다. 반야상담자 3: 아, 나를 만나니까 이런 주제를 내놓으시네요? 나를 만나니까ノ (강조) "좋습니다. 내가 잘 듣고 있을 터이니 지금하신 말씀을 다시 한번 해 보실래요?" 하고 기다린다.

㉑ 내담자 4는 내담자 스스로 문제의 중심으로 들어왔기 때문에 상담자는 내담자를 여기에 놔두기만 하면 된다. 체계화, 진지, 애먼 다리 긁고 등을 이야기하지만 핵심은 "내가 정말 내놓기 싫은 나만의 문제도 조금 알고 있어요. (음) 그런데 (4초 침묵) 문제를 정상화하라 했는데…… (3초 침묵)"이다.

㉒ 상담자 4는 내담자에게 반응 방향을 설정해 주면서 그 안에서 다시 한번 이야기하라 한다. 내담자 4는 되새김 기법 쓰기의 적절한 반응이므로 내담자 반응의 방향을 설정해 주면서 '되새김 하라'가 아니고 "이제 금방 하신 말씀을 천천히 다시 한번 해 보실래요?" 하면 내담자의 상(saññā)에 걸려 있는 내용이 다시 떠오르게 되어 있다. 이렇게 되새김으로 내담자가 내용을 한번

또 어떻게 뚫고 들어가야 되는지 지금 고민 중이거든요. (음) 그런데 선생님을 만나니까 이런 주제를 내놓고……

상담자 3 ㉑: 선생님이 이제 금방 횡설수설에 대한 주제를 내놓으셨어요. 이 자리에 와서 횡설수설하고 있는 것 같다. 저번에도 횡설수설했고 지금 이 시간에도 횡설수설한다고 하셨는데 그것에 대해 설명해 주세요.

내담자 4 ㉑: 어, 내가 상담을 하면서 정확하게 무엇에 대해서 체계화라든가 이런 게 좀 부족하다 느껴져요. 그렇게 느껴졌는데 지난번에 여러 선생님들하고 있으면서 내가 좀 느꼈거든요. (음) 그런데 오늘도 슈퍼바이저의 피드백을 보면서 내가 좀 진지해져야 되겠구나. 그리고 또 상담자로서 애먼 다리 긁고 있구나. 여러 가지를 생각했고, 음, 내가 정말 내놓기 싫은 나만의 문제도 조금 알고 있어요. (음) 그런데 (4초 침묵) 문제를 정상화하라 했는데…… (3초 침묵)

상담자 4 ㉒: 자, 선생님은 금방 그런 이야기를 하시네요. 내가 진지해져야 된다. 그리고 애먼 다리 긁고 있는 것도 알고 있고 그 부분에 대한 것을 다시 한번 천천히 이야기해 보실래요.

내담자 5 ㉓: 음. (23초 침묵) 지난번 것을 생각해 보면 (3초 침묵) 내담자의 문제를 내담자 안에서 보는 것이 아니라 외부로 바깥으로 빼 놓고 그 문제를 해결하고 있는 상담자로서 내 모습도 봤고요. 그 다음에 (4초 침묵) 그런 것들에 대해서 (10초 침묵) 제대로 의식하지 못하고…… (7초 침묵)

상담자 5 ㉔: 선생님은 지금 내가 바깥에서 보고 있고 내 안에서 보지 못한다고 이야기를 금방 하시네요.

내담자 6: 내담자가 이야기하는 그 세계에서 (네) 문제를 밖으로 빼지 말고 내담자가 인식하고 있는 세계에서 내가 머물면서 상담을 해야 하는 것으로 이해를 하는데 (그건 알고 계시네요.) 그게 잘 안 돼요.

상담자 6: 네에. 그런데 내가 잘 안 되는 것도 알고 있고 내가 그것을 알고는 있는데 잘 안 된다는 것을……

내담자 7: (네, 네) 그래서 지난번에 그렇게 횡설수설로 끝났던 것 같아요.

상담자 7: 아, 그래서 횡설수설로 끝날 수밖에 없었다.

내담자 8: 네. 문제가 안에 있다고 그렇게 슈퍼바이저가 이야기했는데도 그게 잘 안 돼요. 그래서 아버지의 문제를 가지고 오고↗ 뭐↗ 가지고 오고 이랬는데 지금은 또 (응) 뭐냐면 방법을…… (3초 침묵)

상담자 8 [25]: 새로운 방법을 생각하고 계신 건가요?

내담자 9: 네, 내담자 안으로 문제를 가지고 와야 되는데…… (18초 침묵)

[Sudassa 4-4] 되비춤 실습

실습 1: 되비춤하기
두 사람씩 짝을 지어 내담자와 상담자의 역할을 정한 후 내담자는 내담자 3을 말하고 상담자는 분명하게 반아로 이어 보며 내담자의 말을 듣고 내담자의 눈을 보면서 자각과 통찰을 촉진할 수 있다고 보이는 부분을 강조하면서 천천히 되비춤하기를 실습해 보고 경험한 것을 서로 논의하세요.

실습 2: 내담자의 현재 지점과 생각 지점을 찾아보기
내담자의 현재 지점과 생각 지점을 구분하여 찾아보세요.
내담자 3은 반야통찰상담적 접근의 특징을 잘 보여 줄 수 있는 지점이다. 현재 지점은 내담자는 슈퍼바이저의 피드백을 소화하지 못하고 있다. 충분히 소화가 되지도 않은 상태에서 생각으로 이 답답함의 원인을 찾고 해결 방법을 찾고 있다. 이것을 비유적으로 설명하자면, 새로운 음식을 먹어서 소화가 안 되고 지금 현재 위 속에 꽉 차 있는데 왜 소화가 안 되나? 뭘 어떻게 해야 소화가 되나? 하고 과거와 미래로 왔다 갔다 하면서 또 다른 새로운 시도를 찾고 있다. 그런 시도가 바로 "선생님을 만나니까 이런 주제를 내놓고……"이다.

반야통찰상담적 접근에서는 '고민 중'이나 '주제를 내놓는 것'에 초점을 맞추지 않

더 다듬어서 내놓으면 상담이 더 초점화된다.

[23] 내담자 3과 내담자 4는 상담자의 반응에 상관없이 혼자서 자기 말을 하고 있다. 내담자 3은 문제이고, 내담자 4는 그 문제에 대한 원인과 상태이다. 내담자 5는 스스로 찾은 해결 방법이다. 반야상담자가 내담자 3의 내용에 그대로 알아차림 하면서 머물게 했다면 내담자 5 같은 자기를 객관화해서 '생각'하는 반응이 아니라 바로 자기의 심·의·식을 관찰할 수 있게 된다. 내담자 5의 반응에 대해 일반상담에서는 내담자가 자기문제에 대해 직면하지 않고 있다고 상담자가 생각하여 내담자의 직면에 관심을 갖는다.

[24] 상담자 5는 내담자의 현재 상태를 초점화하여 다음 과정으로 연결하기에는 추진력이 약한 반응이다. 내담자 5에서 침묵이 많이 일어난 상황이므로 상담자도 같이 머물면서 반응 내용을 다져 주고 명료화해야 한다. 반야상담자 5: 아! 내가 문제를 안에서 보지 않고 밖에서 해결하려고 하는 나의 모습을 보았다고 하면서 그런 것을 제대로 의식하지 못한다고 하셨는데 어떻게 내가 제대로 의식하지 못하는구

나 하고 알게 되셨어요? 라고 질문을 하였다면 내담자 6의 반응은 불필요한 것이다. 내담자는 내담자 1에서부터 내담자 4까지에서 내놓을 재료는 다 내놓았는데 상담자가 상담 요리를 시작하지 않으니, 내담자 6부터는 다시 포장지에 싸서 내어놓는다. 상담자가 문을 못 열고 있으니 내담자 6부터는 반복되는 이야기이다.

㉓ 상담자 8은 상담자가 성급하게 내담자를 현재의 지점에서 벗어나 생각과 계획이라는 미래로 데리고 간다. 반야상담자 8: 지금은 또 방법을……(내담자 눈을 보고 천천히 또박또박 이야기하고 기다린다.) 내담자 8의 …… 지금은 또 뭐냐면 방법을……(3초 침묵)은 내담자 2의 자기 질문에 대한 답을 계속 찾는 것이고, 내담자 9는 생각으로는 답을 아는 데 경험적으로 이해하지 못한 상태이다. 그러므로 반야상담자가 내담자 2 다음에 지금·여기에 머물면서 불편함, 괴로움을 있는 그대로 경험하게 하는 것이 '정직성'의 주제와 '안'으로 들어가는 방법임을 경험하게 하여야 한다. 즉, 내담자가 자신의 안(심의식)에서 정직(기대)하게 슈퍼바이저의 피드백(법)을 인정하면서 머물며 시간을 보내는 것이 이 상담에서 해야 하는 내용이다.

고 내담자를 지금·여기에 머물게 한다. 내담자가 생각으로 뛰어넘기를 하면서부터 문제(고민과 해결책 찾기)가 생기기 시작했다. 이런 부분에서 반야통찰상담은 생각이 아니라 실제에 머물러야 한다. 머무는 것이 바로 뚫고 가는 최선이다. 뚫고 가는 방법은 새롭게 다른 데서 찾거나 고민해서 찾아지는 것이 아니라 정직하게 주어진 피드백에 좀 더 머물면서 찾아진다.

반야통찰상담 과정의 평가: 다섯 기능·힘

깨달음에 이르게 하는 다섯 기능·힘은㉓ 반야통찰상담 과정을 구성하는 요소로서 서로 유기적으로 문제해결에 영향을 미치고 나아가 상담 목표를 달성하도록 작용한다. 또한 이러한 기능·힘은 반야상담자의 인간적 그리고 전문적 자질을 구성하는 요소이기도 하다. [참조: 다섯 심리적 기능·힘]

확신saddha은 괴로움 소멸에 대한 여래의 깨달음과 가르침을 스스로의 경험을 통해 수용하는 과정이다. 그러므로 반야통찰상담 초기에 해야 하는 중요한 과정은 내담자가 상담 과정에서 문제해결과 목표에 대한 확신과 희망을 경험할 수 있도록 하는 것이다. 일반적으로 상담 초기에 해야 하는 중요한 내용은 상담자와 내담자 간의 신뢰감 형성이다. 상담자와 내담자 관계에서 신뢰감을 형성하여 문제가 해결될 수 있다는 '확신'은 상담 목표 달성과 상담의 성과에 중요한 요인이다.

첫 회기의 상담이 마무리되어 갈 때쯤 내담자(남, 10학년)가 "따돌림으로 인한 슬픔과 불안이 평생 갈 줄 알았는데 사라질 수 있다는 희망이 생겨 마음이 편해졌어요."한다. 그러나 이러한 확신은 반야상담자가 주는 것이 아니므로 상담 과정에서 내담자가 자신의 이야기 안에서 문제해결에 대한 희망을 발견하도록 함께하는 것이 반야상담자의 역할이다.

<u>정진</u>vīriya은 [27] 내담자가 상담 과정에서 알게 된 문제해결 방법을 일상생활에 적용할 때 시행착오를 거치면서 회기마다 점진적으로 이해의 폭이 넓어지도록 격려하는 것이다. 이러한 정진의 과정에서 내담자가 현재 문제가 해결되고 더 나아가 예방적 차원에서 그 원리를 지속적으로 실천할 수 있게 한다.

다음은 내담자(여, 40대)가 상담에서 알게 된 원리를 계속 확장하는 것과 익숙한 습관으로 되돌아가 버린 것에 대한 차이를 이야기한 내용이다.

[26] 五根 pañca-indriya · 五力 pañca-bala: 확신 (saddhā), 정진(vīriya), 사띠 (sati), 사마디(samādhi), 반야 (paññā)

[27] vīriya 는 글의 맥락에 따라 정진, 노력, 지속, 꾸준함 등으로 사용한다.

상담자 3: 상담하고 가서 일주일간 어떻게 지내셨어요?

……(중략)……

내담자 4: 마음이 편안하면서…… 이렇게…… 주위에서 무슨 일에 부딪칠 때 (음) **좀 평온하게 거기에 대응을 한다고** 그럴까? (으음) 하루 이틀은 그러는데 며칠 지나고 나면 다시 (네) 원래의 상태로 또 주위하고 부딪치게 되는 것 같고. (음) 그러다가 또 한 번씩 다시 상담을 마치고 간 날이나 그다음 날처럼 나를 유지하기 위해서 (음) 마음을 그렇게 그런 상태로 유지하고 싶은…… 그러니까 뭐랄까요. 원래 나하고 상담을 받은 나하고의 길을 one way로 갔다가 two way로 갔다가 다시 또 one way로 갔다가 이런 상태가 왔다 갔다 하다가 다시 또 오고 (음~) 이랬다는……

……(중략)……

내담자 14: 내가 내 마음, 감정을 이입시키지 않고 상황을 있는 그대로만 보려고 **노력**하는 것이 대견하다는 생각이 들고.

상담자 15: 대견하다! 네, 그래요.

내담자 15: 또 이러한 상황에서 이렇게 하니까 아이 쪽에서도 이렇게 되더라, 그것을 내가 느끼고 '아! 이렇게 변화를 가져오는 건가 보다.' 하는 인식을 갖게 되니까 뭐라 그럴까 **일단은 내 마음이 편해요.** 마음이 편하고 또 아이랑 부딪칠까 하는 걱정이 없어지니까 일단은 아이 얼굴을 봐도 **그냥 마음도 편한 것 같고**

그러죠 뭐. 아! 이렇게 계속할 수만 있다면 그래! 너하고도 잘 지낼 수 있겠다.

……(중략)……

내담자 26: 일단 계속 그렇게 마음속에 가라앉아 있던 것을 끄집어내지 않고 현재 상황만 보려고 **노력**해야 할 것 같아요. (노~력) **노력**해야지만 그렇게 되지 **노력** 없이는 그러니까 **노력**도 의식을 해야지 **노력**이 되지요. 그러니까 '내 감정을 마음속에 있는 감정을 이입시키지 말자.'라고 의식을 하고 그다음에 현 상황만 보는 **노력**을 해야지 이게 계속 유지될 것 같아요.

상담자 27: 지금 한 말을 다시 한번 해 보세요.

내담자 27: 일단은 계속 어떤 상황에 처하든지 (어떤 상황에 처하든지) 예전에 아이에게 서운했던 기억을 내 마음속에서 끄집어내지 않겠다. 끄집어내지 말자. 현 상황만 보자고 인식을 먼저 하고 (음) 이 상황을 그대로 볼 수 있는 **노력** (음) 그러면 '상황만 볼 수 있는 힘이 생기지 않을까' 하는……

사띠sati는 알아차림으로 일상과 문제 상황에 대처하고자 하는 시도들이다. 내담자들은 상담에서 알게 된 원리를 일상생활에 적용하는 과정에서 상담 전에는 문제와 자신의 의도적 행동 간의 관계를 의식하지 못하다가 상담에서 문제 상황과 자신의 의도·말·행위의 관계를 이해하고 실제 생활에 적용하려는 시도를 한다. 그러나 그 시도가 바로 완성되기보다는 시간과 학습 과정이 요구되므로 내담자가 시행착오의 과정을 이야기할 때 상담자는 순간적이라 하더라도 내담자의 현명하게 마음 기울임과 관찰하려고 하는 선한 의지chanda를 격려한다. 이것이 반야통찰상담의 목표인 행복sukha을 경험하도록 희열piti을 형성하는 과정이다.

상담자 28: 그래요, 좋습니다. 어떻게 되었든 상담 시간에 알게 된 것을 일상에 적용하려고 노력을 많이 하고 계시네요. (노력을 하고 있습니다.) 노력을 하고 계시는데 지금은 그 노력이 하루나 이틀 가고 다시 옛날로 돌아가 버리고 그러네요?

내담자 28: 그러니까 하루 이틀은 크게 의식하지 않아도 (어~) 좀 이렇게 자연스럽게 나오는 것 같아요. (아~ 그러세요.) 그러다가 다시 아들과 예전과 같은 상황을 겪게 되면 **'아! 이건 아니지.'**

상담자 29: 어떻게 '아, 이건 아니지.' 하고 아세요?

내담자 29: 일단 옛날처럼 다시 아들과 부딪치는 상황이 생기니까요. (음, 음) **이게 아니지.** 상담을 받고 며칠은 이렇게 하니까 상황이 좋았잖아요. 그런데 또 다시 내가 옛날처럼 행동하고 있으니까 이런 상황이 된다고 **자꾸 생각을 하게 되죠.**

상담자 30: 아이와 의견 차이로 부딪치는 상황과 부딪치지 않고 이야기로 했던 상황을 비교할 수 있네요. (예. 예) 상담에서 경험하고 알게 된 것을 적용하려는 노력은 아주 좋은 것 같아요.

내담자 30: 그렇지요. **자꾸 더 많이 노력해야만 (음~ 음~) 조금씩 조금씩 몸에 마음에 힘이 생기겠구나.**

상담자 31: 그래요, 그래요. 그러면 아주 의지적으로 '배운 것을 활용하려고 노력했다.'고 몇 번을 말씀하셨는데 그 노력을 구체적으로 설명해 주세요.

내담자 31: 그러니까 어떤 상황이 생겼을 때 옛날에는 곧바로 맞받아치거나 곧바로 어떤 행동이나 말이 나왔다면 **일단은 한걸음 주춤하면서 내 마음을 생각해 보는 시간을 갖는다고 표현해야 될까?** 잠깐 찰나에 '어, 아니지.' 이렇게 생각이 자연적으로 들 때는 사실 그렇게 많지는 않아요. 그런데 의식적으로 상황이 되었을 때, '아니지.' 그러면서 생각을 하다 보면 이렇게 올라갔던 마음이 가라앉는 듯한 것을 내가 느껴요.

다음은 반야통찰상담 과정에서 내담자의 알아차림이 어떻게 형성되고 있는지를 보여 주는 예이다. 내담자(남, 40대)가 상담 6회기에 와서 상담 전에는 집사람과 이야기하다가 내 생각과 안 맞으면, 예로 집사람이 A라고 하면 내가 B라니까⤴ 하면서 말이 안 통한다고 큰소리를 치며 화를 냈는데 상담을 하게 되면서 이제는 '화가 나면 안 되지.' 하는 생각이 들어 '지금 이야기를 계속하면 이러다 화나겠다. 그만하자.' 하고 집사람에게 말을 한다고 하였다. 그러면서 '나만 변하나?' 하는 생각이 든다고 웃는다.

사마디samādhi는 반야통찰상담의 입출정 활동과 상담 과정에서 내담자에게 자신이 한 말을 '되새김'하게 하는 과정을 구성하는 요소이다.

반야paññā는 반야통찰상담의 전체 과정과 각 회기에 문제와 관련된 내담자의 의도와 기대, 바람을 연결하여 경험하고 이해하는 점진적 통찰 강화의 과정이다.

다음은 내담자가 종결 회기에 그동안 진행한 상담을 평가하는 과정에 이야기한 내용이다. 내담자는 상담 시간에 상담자와 자기 문제와 관련된 내용을 언어로 외현화하여 다루지는 않았지만 스스로 자기 문제 이해의 과정에 사띠 · 사마디 · 반야적 요소가 작용하고 있음을 보여 준다.

내담자 43: 음, 일반상담의 내담자 경험도 했고, 반야통찰상담 경험도 해 보니까 (음) 일반상담을 한 후에 내 마음에 남았던 것은 내 자신에 대해서 인정을 받았구나, (음) 어, 공감이 되었구나, (음) 지지를 받았구나.

상담자 44: 인정, 공감, 지지(지지). 네. (네)

내담자 44: 이런 느낌이 있었다고 한다면 (음) 반야통찰상담인 경우는 내가 한 행동을 다시 한번 이렇게 되돌아보면서 모습과 연결되는 그런 부분을 많이 생각하게 되니까 (음) 내 자신뿐만 아니라 밖에 것도 같이 이렇게 연결해서 이해하는 (음) 그런 시간이 되었던 것 같아요. 내가 두 가지를 경험해 봤을 때 차이가 있었어요. (음, 음) 일반상담에서는 내가 어떤 행동을 하거나 또 울거나 좌절을 느끼거나 또 죄책감을 가지는 부분에 대해서 '그럴 수 있구나!' 이렇게 그 부분이 (그럴 수 있구나!) 네, (지지되었다) 음, 그런 상황에서 어쩔 수도 없었 어. 이렇게 자기 스스로의 위안, 이런 걸 가질 수 있다고 한다면 (음) **반야통찰 상담에서는 내가 상담 선생님한테 굳이 표현하지 못한 그런 속에 있는 것조 차도 스스로 이렇게 지켜보는 시간이었다.** (음) 네. 그래서 그런 의미로 언어 로 다 표현하지 못하고 남아 있는 **내 속에 것도 또 다시 어떤 의도에 의해서 이런 것들이 속에 있었나? 이렇게 비춰 보고 있다.** 네, 그런 시간이 된 것 같 습니다. 네, 그런 경험상의 차이가 있네요.

제5장

언어 반야통찰상담과

반야통찰상담 과정을 정리하다가 상담은 언어를 매개로 하는 목표 지향적 과정인데 붓다의 가르침에 의하면 언어는 욕계의 존재로서 초선 이후에는 언어가 적멸한다는 내용 앞에서 모순에 부딪혔다. 상담을 전공하면서 상담의 수단인 언어에 대해서는 누구에게서도 배우지 않았고 어느 교재에도 나오지 않았고 어떤 학술 대회에서도 다루지 않았기 때문에 '상담과 언어의 관계'에 대해서는 한 번도 생각해 보지 못했다. 그런데 언어의 본질이 욕구로서 우리가 사용하는 언어가 욕계의 존재[1]라면 욕계뿐만 아니라 색계 · 비색계도 괴로움의 원인이므로 그 존재를 벗어나고자 하는 반야의 기능을 언어에 기반하는 상담에 적용할 수 있는가 하는 대립에 직면하였다. '반야통찰상담'이라고 어느 정도 걸어왔는데 반야가 언어로 성립되지 않는 관계라면 포기해야 하나 하는 갈등으로 한동안 나아가지 못해 상담과 언어, 반야와 언어, 불교의 언어 등으로 연구나 문헌을 검색하였지만 만족스러운 자료를 찾지 못했다.

　그러다가 붓다가 자신이 깨달은 내용을 가르치기 위해[2] 사용하였던 중도적 언어에서 실마리를 찾을 수 있었다. 붓다의 언어에 대한 관점과 언어 사용의 원리를 접하고서 그동안 내가 상담 전공자로서 '말로 해 왔던 상담'에 대해 심히 부끄러움이 밀려온다. 비유적으로 그동안 나는 최고의 미용사라고 항상 자부하고 있었는데 정작 머리를 손질할 때마다 사용하는 '가위'에 대해서는 전혀 모른 상태로 한 번도 손질을 하지 않고 '그냥 있으니까 쓰는데 뭐가 문제야.' 하고 있었다.

---

1) 이중표, 2009, p. 142.
2) MN II 91-96, MN85, 보디왕자경, Bodhirājakumāra sutta.

상담심리학에는 현재 많은 이론이 있고 지금도 이론들이 만들어지고 있지만 상담이론은 모두 언어를 기반으로 한다. 내담자는 언어를 수단으로 자신의 문제를 이야기하고 자신이 원하고 기대하는 상담의 목표를 말한다. 또한 상담자도 언어를 통해 내담자와 소통을 한다. 즉, 상담은 언어를 기반으로 형성되는 목적 지향적 관계이다. 그렇다면 상담의 목표 달성을 위해 언어의 기능과 역할에 대한 이해는 필수적이지만 현대 상담과 언어의 관계 연구는 상담 과정에 상담자가 사용하는 상담기법을 중심으로만 이루어지고 있고 상담에서 언어의 의미와 역할 그리고 본질적 기능에 대해서는 거의 관심이 없다.

최근 상담의 추세는 상담에서 상담자가 내담자의 언어를 이해하지 못하기 때문에 언어가 아닌 좀 더 본능적, 심층적 차원으로 접근하기 위해 표현, 동작, 예술, 음악 등을 이용하고 있다. 이러한 접근은 인간의 마음과 무의식의 세계는 너무 깊고 다양해서 언어를 통한 합리적 방법으로는 심층에 접근하기 어렵다는 전제이다. 그러나 붓다가 설명한 것처럼 언어는 한 개인의 삶의 역사로서 오취온이기 때문에 상담에서 내담자의 언어를 상담자의 세계에서 이해하고 상담자의 언어로 바꾸려는 시도 자체가 진리에서 벗어나도 한참 벗어났다는 것을 알게 되었다.

붓다의 깨달음과 언어

현대 심리학이나 상담에서 언어의 기능과 역할에 대해서는 거의 다루지 않고 있지만, 붓다는 언어를 인간관계에서 소통의 도구로 이해하고 그 역할과 중요성 그리고 한계를 명확히 하며 평화를 위해 사용하는 실용주의적 입장을 제시하였다.

붓다는 깨달음에 이른 이로서 깨달음에 이르는 방법을 두 가지 과정으로 제시하였다. 먼저, 자신이 실라sīla와 사마디samādhi를 기반으로 반야를 통해 깨달음에 이른 과정이다. 그리고 제자들에게는 자신이 깨달음에 이른 방법과는 다른 경로를 제시하는데 그 과정은 오온의 무상·고·무아적 특성을 상호의존적 발생관계에서 이해하게 하는 사성제이다. 그러나 이 두 가지 방법은 서로 별개가 아니고, 붓다는 보고 알았고 제자들에게는 알고 보도록 하는 '알고 봄'이라는 순환적인 구조로 되어 있다.

깨달음은 언어로 표현되지 않는 영역이므로 언어화할 수 없는 현재 진행형의 주관적 경험自內證으로 외부의 타자에게 객관적으로 검증되기 어렵고 검증의 필요성이 없다. 따라서 깨달음의 과정인 초선初禪에서 이선二禪으로 나아가면서 언어는 자연스럽게 사라지게 된다.[3] 붓다는 깨달음을 얻은 후 언어로 표현할 수도 없고 표현해도 중생은 이해하기 어려운 내용이므로 드러내지 않겠다[4]고 하였지만 '사함빠띠' 범천의 간청을 듣고 설법을 결정한다. 이러한 내용은 반야통찰상담의 성립 근거이기도 하다.

이렇게 깨달음에 이르는 과정에서 사유vitakka와 숙고vicāra의 내용인 언어는**■** 자연스럽게 소멸되지만 깨달은 내용을 가르치는 과정에서 언어는 무아無我 anattā와 중도中道 majjhima paṭipadā를 표현하고 전달하기 위한 목적 지향적 수단으로 세상의 언어적 관습의 원리에 따라 사용된다. 즉, 언어의 역할은 깨달음의 표현이 아니라 깨달음으로 가는 과정을 가르치기 위한 수단으로 사용된다. 따라서 반야상담자는 언어의 중도적 기능과 특성을 바르게 이해하고 일상에서도 실천함으로써 상담 과정에서 반야를 기반으로 내담자의 이야기를 중도적 관점의 언어로 표현할 수 있어야 한다.

> **■** 먼저 사유하고 숙고한 뒤에 말을 한다. 그러므로 사유하는 것과 숙고하는 것은 언어적 형성이다(MN Ⅰ 303, MN44, 교리문답의 짧은 경, Cūḷavedallan sutta).

---

3) SN IV 263, SN40:1, 초선(初禪)경, Paṭhamajhāna sutta; SN IV 360, SN43:3, 일으킨 생각과 지속적인 고찰이 있음 경, Savitakkasavicāra sutta.

4) MN I 168, MN26, 성스러운 구함의 경, Ariyapariyesana sutta.

붓다의 중도적 언어관

2 실체론적 언어관은 브라흐
만 전통의 언어 관점으로 언
어가 곧 실재라고 생각하여
언어를 실체화한다. 예로, 우
리가 사용하는 문장의 주어
인 '나'에 대응하는 존재로서
'나'가 몸 안에 실체적으로 존
재한다고 생각한다. 그러나
아트만(atman)은 일상적인
언어 표현의 관습을 벗어난
잘못된 표현으로 붓다는 그
실체를 부정한다.

3 유물론자들의 관점인 유명
론적 언어관에서 '나'는 정신
적인 실체가 아니라 물질적인
육체를 의미한다고 생각한다.
유물론자들은 실재는 언어의
영역을 초월하여 존재하므로
단순히 자의적(恣意的)인 언
어로는 실재를 제대로 포착하
기에는 불충분하다는 것이다.

붓다는 실체론적 언어관과**2** 유명론적 언어관은**3** 모두 절대적인 유·무의 형이상학에 기초하고 있다고 보고 이 두 관점과는 논의의 전제를 달리하는 생멸의 원리에 근거하는 중도적 언어관을 제시한다.

다음은 붓다의 언어에 대한 중도적 관점에서 나타나는 특징이다.

- 중도적 언어는 실체론적 함의를 지니지 않는다. 중도적 언어는 불교에서 가장 수승한 언어이고 유익한 언어 사용에 대한 기준으로써 붓다가 깨달음을 얻은 이후 가르침을 목적으로 사용한 언어이므로 실체론적 함의를 지니지 않는다.[5]

- 중도적 언어는 실체를 상정하지 않기 때문에 언어는 세상의 일반적 표현이고, 세상의 어원이고, 세상의 관습적 표현이고, 세상의 개념으로서 의사소통의 수단이므로 언어 사용 시 언어적 관습을 지키는 것을 중시한다.

- 언어는 경험의 변화에 따라 영향을 받는다. 붓다는 인간의 경험 세계가 끊임없이 변화하는 것처럼 세상의 일반성, 세상의 용례, 세상의 관행인 언어도 다른 모든 것과 마찬가지로 변화한다고 하였다. 언어의 기본 구성요소인 단어는 객관적 실재물을 나타내는 것이 아니라 오히려 사람들이 상황에 따라 선택하는 관행상의 명칭saṅkhā이므로 단어는 개인의 견

5) 윤희조, 2009, p. 12.

해를 표현하는 수단으로 보았다. 언어를 통해 표현되는 개인의 견해는
다시 외부 환경이나 문화의 영향을 받기 때문에 그런 견해를 나타내는
명칭들도 고정화된 상태로 지속된다고 볼 수 없다고 하였다.

붓다는 단어와 견해가 존재하는 방식을 절대성(실체론적 언어관)이나 자의성(유
물론적 언어관)을 전제하지 않고 '단어가 일어난다.' 또는 '견해가 생겨난다.'라고
표현하였다. 이렇게 어떤 단어와 견해가 절대적이거나 자의적이지 않다는 사실
은 단어 사용에 지나치게 얽매이거나(지방어) 일상적으로 사용하는 어법(보편어)
을 위반하지 않고서도 동일한 것이 다른 지역에서 다른 이름으로 불리기도 한다
는 것을 인정하므로 어떤 견해나 단어에 사로잡히지 않고도 언어를 사용하는 것
이 가능하다. 이것은 언어 사용에서 문자, 단어 그대로 어원적인 절대적 의미에
매달리지 않으면서도 자유방임적인 태도를 취하지 않는 언어에 대한 붓다의 중
도적 입장이다.[6]

• 중도적 언어는 존재를 표현하는 것이 아니라 존재의 무아적 특성에 근
  거하여 경험에 따라 생성되므로 사용에 있어 실용적이다. 실체론적 언
  어관에 근거하여 아트만 같은 형이상학적 실체가 실재한다는 전제에서
  사용하는 언어는 '존재의 언어language of existence'이다. 그러나 실재는 본
  질적으로 존재하는 것이 아니고 비실체적이고 조건적이라는 붓다의 깨
  달음은 '존재의 언어'로 표현될 수 없다. 따라서 붓다는 실체화된 개념을
  해체하고, 그 개념의 유연성을 인식하여 경험의 흐름에 맞는 '생성의 언
  어language of becoming'를 강조한다.[7] 중도적 관점에서 보면 실체로서 항상
  하게 존재하는 것은 없기 때문에 언어로서 그런 존재를 항상하다고 표

---

6) Kalupahana, 1992/2014, pp. 141-142.
7) Kalupahana, 1992/2014, p. 114.

현하거나 설명한다는 것은 모순이다. 따라서 중도적 언어는 실체론적 존재의 언어에 의해 고정화되고 실체화된 언어를 유연화하는 생성의 언어이다.

• 중도적 언어는 평화적 의사소통의 수단이다. 붓다의 언어에 대한 중도적 접근은 형이상학적인 실체와 영원한 고정된 자아를 상정하지 않기 때문에 다른 언어를 사용하는 사람들과 평화를 위한 수단이고 의사소통의 수단이고 투쟁이 없는 무쟁법으로 나아가는 수단이 된다.

중도적 언어와 자아 없음

붓다는 과거·현재·미래에 걸쳐서 상존하는 브라흐만 전통의 '아트만' 개념을 반대하면서 언어는 본질적으로 상황 의존적이며 관습적이라는 것을 강조하였다.[8] 그 근거로서 자아획득에[4] 있어 과거의 자아획득은 다른 때가 아닌 그때에 참이고, 현재의 자아획득은 다른 때가 아닌 현재에 참이고, 미래의 자아획득도 다른 때가 아닌 미래에 참이라고 인정한다.[9] 따라서 붓다는 "과거·현재·미래에 대한 구분에서 '과거에 있었다ahosi' '현재에 있다atthi' 그리고 '미래에 있을 것이다bhavissati'라는 세 가지 구분되는 언어 관습과 단어의 사용을 현명한 사람들은 무시하지 않는다."[10]고 하였다. 즉, 존재에 대해 '있다' '없다'는 양극단의 관점에서 벗어나 사회의 일반적 언어 관례를 따르도록 권고하면서 시간에 따라서 명명법이 바뀌는 것뿐만 아니라 언어의 지역적 다양

[4] 자아획득 과정은 오취온의 형성 과정으로 현대 심리학 성격 형성 과정에 대한 이론들과 관련하여 이해할 수 있다.

8) Asanga Tilakaratne, 2007, p. 189.
9) DN 1 201, DN9, 뽓타빠다경, Potthapāda sutta.
10) SN III 71-72, SN21:2, 니룻띠빠타경, Niruttipatha sutta.

성까지도 설명한다.

다음은 언어로 표현되는 존재의 이름이 어떻게 형성되는지를 보여 주는 원전의 일부이다.

> 소로부터 우유가 나오고, 우유로부터 응유가 나오고, 응유로부터 생버터가 나오고, 생버터로부터 정제된 버터가 나오고, 정제된 버터로부터 최상의 버터가 나온다. 즉, 우유로 있을 때는 우유라는 이름만 얻을 뿐이지 다른 이름을 결코 얻지 못한다.[11]

우유가 시간에 따라 다른 상태로 바뀔 때 그 이름은 어떠한 실체를 가리키는 것이 아니고 각각의 상태를 묘사하는 데 적합한 이름으로 불리기[12] 때문에 존재는 시간에 따라 명명법이 바뀐다. 또한 붓다는 동일한 형태라 하더라도 지역에 따라 다른 이름을 가질 수 있고, 또 시간의 흐름에 따라 각자의 이름이 바뀐다는 것이 중요한 것이 아니라 그 말에 내포되어 있는 의미를 이해하는 것이 중요하다고 한다.[13] 붓다의 언어관은 이처럼 관습에 따라서 사용되는 다양한 언어를 인정한다.

붓다는 우리가 고정된 실체로 항상하다고 생각하는 "자아가 생기고 유지되는 과정은 단지 세상의 일반적인 표현, 세상의 언어, 세상의 인습적 표현, 세상의 개념이다."[14]라고 강조한다. 그리고 여래는 세상의 언어를 통해서 집착하지 않고 표현하기 때문에 '자아 없음', 즉 무아無我를 설명한다고 하였다.

---

11) DN 1 201, DN9, 뽓타빠다경, Poṭṭhapāda sutta.

12) Jayatilleke, 1963, p. 319.

13) MN III 234-235, MN139, 무쟁의 분석경, Araṇavibhaṅga sutta.

14) DN 1 202, DN9, 뽓타빠다경, Poṭṭhapāda sutta.

중도적 언어와 평화적 의사소통

붓다는 수부티subhūti를 아라한과에 도달했지만 아라한과에 도달했다는 생각을 갖지 않기 때문에 아라한이라 한다. 아라한은 탐욕rāga을 버림으로써 '도덕적인 완성을 이룬 사람'으로 묘사되기는 하지만 어떠한 존재에도 집착하지 않음으로써 '다툼 없이 머무르는 자'라는 특징은 욕망을 버림으로써 나타나는 특성보다 더 중요한 의미를 갖는다.

붓다는 분쟁의 길은 자신의 어리석은 존재에 대한 집착을 개념적인 언어로 표현하는 독단적이고 극단적인 태도이고, 평화의 길은 개념과 언어 사용에 대해 비독단적이고 실용적인 태도[15]라고 강조하면서 아라한과의 특성은 탐·진의 제거를 넘어 사회적 관계에서 의사소통의 수단인 언어의 사용 시 어리석음의 특성인 존재에 대한 개념적인 집착에 묶이지 않는 것이라고 하였다.[16]

또한 붓다는 언어의 관습적 사용을 인정하지만 말의 의미를 구분하여 책임 있는 언어 사용의 중요성을 강조한다.[17] 언어를 올바르게 이해하고 주의 깊게 사용하고 올바른 태도로 취급하지 않으면, 언어는 개인이나 사회 모두에 고통의 원인이 될 수 있다[18]는 것이다. 따라서 붓다는 평화로운 관계를 유지하기 위한 말의 내용, 말하는 방식, 말하는 원칙에 관한 세 가지 의사소통의 원리를 제시한다. **5** 이러한 원리는 평화에 이르는 방법인 팔정도와 계학戒學 sila sikkhā의 부분이기도 하다.

5 • 비밀스러운 말이나 공개적으로 비판하는 말은 하지 말아야 한다.
• 차분하게 말하고 조급하게 말해서는 안 된다.
• 지방어를 고집하지 말아야 하고 보편어를 침해해서는 안 된다(DN Ⅲ 127, DN29, 정신 경(淨信經), Pāsādika Sutta).

---

15) MN Ⅲ 230, MN139, 무쟁의 분석경, Aranavibhanga sutta.
16) Kalupahana, 1992/2014, pp. 324-326.
17) DN Ⅲ 127, DN29, 정신경(淨信經), Pāsādika Sutta.
18) MN Ⅲ 230, MN139, 무쟁의 분석경, Aranavibhanga sutta.

언어 사용의 원리

붓다가 가르친 언어 사용의 원리는 '말을 할 때 비밀스러운 말이나 공개적으로 비판하는 말은 하지 말아야 한다.'는 것이다. 붓다는 이 원리를 대전제로 제시하고 이 원리만 절대적으로 고수하며 무조건 지켜야 한다는 것이 아니라 이 원리를 실제 생활에 적용 시 유념해야 하는 단계별 지침도 설명하고 있다. 대전제인 일상적인 대화에서 어떠한 비밀스러운 말이나 공개적으로 비판하는 말이 진실이 아니고 옳지 않고 유익하지 않다고 안다면 결코 해서는 안 된다는 것이다. 즉, 비밀스러운 말이나 공개적으로 비난하는 말은 해서는 안 되지만 때로 그런 말이 상황에 따라 진실이고 옳고 유익하다고 안다 하더라도 말하는 때를 보아서 해야 한다고 언어 사용의 원칙이 적용되는 시기까지도 강조한다. 그러므로 붓다는 진실만을 말하고 옳고 유익하다고 판단된다 하더라도 말하는 상황과 시기의 적절성을 언어 사용의 원칙보다 더 강조하였다.

비밀스러운 말이든 공개적인 말이든 **진실하고 옳고 유익해야 한다**는 조건과 말하는 시기가 서로 잘 어우러져야 한다. 여기에서 조건은 팔정도의 바른 견해에 속하고, 시기는 연기의 조건 발생적 상황에 대한 설명이다. 그러므로 진실하고 옳고 유익한 말이라 하더라도 상황적 맥락과 조화하지 못하면 괴로움이 일어나는 존재bhava →생사jāti-maraṇa의 과정에서 분쟁으로 다시 태어난다는 것이다. 이러한 과정이 바로 사리뿟따가 바른 견해를 구족하는 것으로 설명하고 있는 업의 과보와 연기에 관한 내용[19]이다.

붓다는 의도에 의해 언어가 형성되고 표현되므로 불선한 생각에 대처하는 방법은 그 생각에 현명하게 마음을 기울임으로써 멈추고 가라앉히는 것이라

---

19) MN Ⅰ 46-54, MN9, 바른 견해경, Sammādiṭṭhi sutta.

하였다. 불선한 생각을 표현하고 나타내지 않도록 '이를 악물고, 혀는 입천장에 붙이고, 마음을 제지하고 억누르고 족대기어 굴복시켜야 한다.'[20]는 것은 바로 존재bhava를 만들어 생사의 과정을 순환하지 않으려는 굳건한 알고 봄으로 이해된다.

오직 법을 말한다와 칭찬과 격려

붓다는 언어 사용 시 주어나 주체를 설정하여 표현하는 것은 이렇든 저렇든 간에 행위자에 대해서 칭찬이나 비난하는 것이기 때문에 오직 '법을 말한다'는 현재의 행위가 괴로움의 소멸이라는 목적과 그 방향으로 향해 있느냐의 여부에 따른 옳고 그름을 가르치는 과정이라고 하였다.

> 칭찬해야 할 것을 알아야 하고 비난해야 할 것을 알아야 한다. 칭찬해야 할 것을 알고 비난해야 할 것을 알고는 칭찬도 비난도 하지 말고 오직 법dhamma을 설해야 한다.[21]

따라서 붓다에게 옳고 그름의 기준은 객관적으로 고정화되어 정해져 있거나 절대적인 존재에 의해 설정된 것으로 보지 않고, 지금·여기에서 경험하고 있는 괴로움을 소멸한다는 목적을 달성하는 데 자신과 타인이 서로 분쟁하지 않고 모두에게 이익이 되고 평화롭게 하는가이다. 즉, 옳고 그름은 현재의 괴로움을 소멸한다는 대전제에 합당하면서도 그 실천 방법이 자기와 타인 모두에게 이익이 되어야 하고 그 결과도 서로 평화로워야 한다는 것이

---

20) MN Ⅰ 120, MN20, 사유를 가라앉힘경, Vitakkasaṇṭhāna sutta.
21) MN Ⅲ 230-236, MN139, 무쟁의 분석경, Aranavibhanga sutta.

다. 이처럼 붓다는 행위의 목적과 실천 방법 그리고 결과가 모두 괴로움의
소멸이라는 하나의 방향을 향해 있어 이러한 행위를 마하반야mahāpaññā라고
하였다.

일반적으로 칭찬과 격려는 언어적 반응을 통해 상대방의 행동을 변화시킬
수 있는 방법이라는 점에서는 유사하다. 그러나 칭찬은 조건이나 기준에 근
거해서 그 기준과 조건을 충족했을 때나 다른 사람과의 비교에서 더 나은 결
과에 대한 반응이지만, 격려는 조건의 충족이나 비교 우위의 결과에 근거하
는 반응이 아니라 개인의 존재 자체에 대한 믿음을 표현함으로써 성장하게
한다고 한다.

아들러Adler는 인간의 성장을 돕는 방법으로 '격려encouragement'를 제안하였
다. 격려는 자신의 목표를 위해 어느 정도 예상하고 있는 위험을 감수하려는
확신감인 용기를 불러일으키는 것instill courage이다.[22] 격려하는 방법으로써
문제에 부딪혔을 때 포기하지 않고 새로이 시도해 보는 자신감을 갖도록 하
고, 개인의 장점을 강조하며, 개인의 가치와 성취의 개념을 구분하여 존중하
며 독립심을 자극하는 것이다. 즉, 격려는 개인의 존재 그 자체의 가치를 중
요시하며 개인의 성취와는 구분하여 인간적 존중을 표현하는 것이라 한다.

이렇게 칭찬의 한계에 대한 대안적 교육 방법으로 100여 년 전 아들러의
인간 존재의 가치를 강조하는 격려에 대한 언급은 지금도 인간관계나 교육에
서 핵심 원리가 되고 있다. 그러나 2600여 년 전 붓다는 칭찬해야 할 것을 알
아야 하고 비난해야 할 것을 알아야 하고 칭찬해야 할 것을 알고 비난해야 할
것을 알고 난 후 칭찬도 비난도 하지 않고 오직 법을 말해야 한다고 하였다.
즉, 붓다가 가르친 평화의 법에서는 개인의 행동을 기준으로 하여 그 사람 자
체를 칭찬하거나 비난하는 것은 분쟁의 법이라고 하였다. 칭찬의 대안으로

---

22) Corey, 2004, p. 127; Popkin, 1995, p. 27.

써 제시되고 있는 격려는 내담자에게 자신감을 주고 용기를 자극하여 두려울 때조차도 사회적 관심과 일치하는 방식으로 행동하고자 하는 의지[23]를 갖게 하는 것이라 하였으나 선한 방향으로 행동하고자 하는 의지 또한 주체를 상정하는 유무의 관점이므로 붓다는 오직 조건에 의해 일어나고 사라지는 현상에 대해 말하는 것이 바른 길sammāpaṭipada이고 평화의 법dhammo araṇo이라 하였다.

반야통찰상담은 내담자에게 문제를 유발하는 고정된 관점이 항상하지 않고 달라진다는 새로운 원리를 가르치는 일련의 학습 과정이므로 붓다의 '오직 법을 말한다.'라는 올바른 길ー평화의 방법이 바로 내담자가 호소하는 문제와 상담 과정에 대한 접근 원리이다. 보통 칭찬이나 비난은 대상으로써 사람이 '있다'라는 전제이다. 그러나 평화의 가르침은 존재, 사람, 대상으로써 객관적 실체를 상정하지 않고 현재 경험되는 상태, 상황에 대한 언급을 한다. 붓다는 자기나 자아를 고정된 실체가 아니라 조건에 의해 형성되는 다섯 가지 무더기로 설명한다. 따라서 인격적인 존재를 실제화해서 언급하는 것은 무명으로 괴로움의 조건이 되므로 올바른 길, 평화의 법에 대한 붓다의 가르침은 연기적으로 현재 상태의 무상·고·무아의 특성을 알게 하는 것이다.

시기에 대한 반야통찰상담적 접근

붓다는 언어 사용에 때와 시기의 중요성을 강조한다.[24] 예로, 제자들에게 어떤 행동이나 말에 대해 가르치는 경우에도 상황이 발생하였을 때 다루었고 제자가 적절하지 않은 때에 질문을 하면 "지금은 때가 아니다."라고 하면서

---

23) Corey, 2001/2004, p. 127.
24) SN II 19, SN12:17, 깟사빠경, Acelakassapa-sutta.

"언제 그 질문을 다루겠으니 그때 질문을 다시 하라."고 분명하게 말하였다. 질문자는 질문하고자 하는 욕탐에 묶여 현재 주변의 상황이 서로 대화를 하기에 적절한지, 질문이 충분히 숙고되었는지 생각해 보지 않고 말을 하기도 한다. 그러나 붓다는 대화를 주고받는 상황의 적절성과 질문의 완성도를 질문자 스스로가 알아차림 하면서 묻도록 하여 이해와 앎의 환경을 최적화하면서 학습의 상황과 학습자의 동기 등을 고려하여 학습자 중심의 학습을 실시하였다. 그러므로 말하는 시기의 적절성은 일어남과 사라짐의 흐름을 연결하여 알고 보는 반야적 통찰과 관련 있다.

　일반상담에서 내담자가 미처 자각하지 못한 내용을 상담자가 알게 되었다 하여 내담자의 통찰을 돕기 위해 명료화, 해석, 직면 등의 기법을 사용하여 내담자에게 전달하는 경우가 있다. 그러나 붓다의 말하는 시기의 중요성에 대한 가르침에 근거하여 반야상담자는 내담자가 아직 깨닫지 못한 감정이나 인과 관계를 먼저 이해하였다거나 내담자에게 옳지 않고 유익하지 않은 내용을 알더라도 상담 과정에서 그것을 다룰 시기를 조정할 수 있어야 한다.

　더 나아가 내담자의 문제해결과 심리적 성장에 도움이 되는 것이라 하더라도 내담자가 그러한 내용을 충분히 경험하고 있는 상황일 때 상담자도 함께 머물면서 다루어야 한다. 즉, 반야상담자는 내담자보다 앞서지도 뒤서지도 않고 내담자가 말하고 표현한 내용만을 재료로 언급하고 다루어야 한다.

　다음은 상담자 중심의 때와 시기에 대한 결정이 상담을 어떻게 이끌어 가는지를 보여 주는 예이다. 내담자가 준비되지 않은 상황에서 상담자가 옳고 유익하다고 생각하는 내용을 내담자에게 언어적, 비언어적으로 재촉하며 상담자가 주도하여 상담 방향을 전개해 나간다.

　　상담자 4: 음, 친엄마에 대한 감정을 가상으로라도 엄마한테 해 보지 못했던 말을 꺼내서 토해내 보는 작업을 한번 해 보면 어떨까?↗

내담자 4: 욕밖에 없을 것 같은데요.

상담자 5: 욕을 해도 괜찮고……

내담자 5: 아니에요.↘ 지금은 생각이 안 나요.

상담자 6: 음. 음.

내담자 6: 지금은 별로 생각하고 싶지도 않고요.

상담자 7: **지금은** 덮어 놓고 싶고, 굳이 그 상처를 꺼내 보고 싶지 않다는 생각이 많을 수 있기는 한데. 음, **그것이 언젠가는** 너에게 드러날 소지가 있지 않을까 하는 생각이 들더라고. 그래서 이번 기회에, 상담을 하는 기회에 그 작업을 하면 어떨까 하는 생각을 많이 했거든. 어때?

－내담자 침묵－

상담자 8: 감정을 한번 드러내는 거야. 엄마라는 존재가 있다고 한번 가정해 보고. 음……

내담자 8: 말이 아까워요.

상담자 9: 아, 말이 아깝다고?

내담자 9: 엄마이기 전에 아예 사람이 아니에요.

……(중략)……

상담자 12: 네가 그렇게 화가 많이 나는 것은 엄마의 문제가 해결되지 않았기 때문에 그렇지 않을까 하는 생각을 좀 하게 되거든. 그래서 그 부분을 한번 아프지만 건드려 보고 싶다는 생각이 들었어, 용기를 한번 내볼 수 있을까?

－내담자 침묵－

상담자 13: 희철아! 음.↗

내담자 13: (고개를 숙이며) 좋아요.[25]

---

25) 최연실, 김희정, 2011.

다음 내용은 문제가 발생한 때(현법, 연기, 즉시성과 관련된 내용)에 대한 일반적인 접근과 반야통찰상담적인 접근의 차이를 예시한 것이다. 반야통찰상담 수련자가 자신이 근무하는 센터에서 일어난 상황을 동료 수련생들에게 이야기하며 이런 경우에 어떻게 반야적으로 상담을 해야 하는지를 물었다. 그러나 수련생들은 아직 반야통찰상담적 관점이 확립되지 못하였기 때문에 자기 관점에서 문제의 원인을 평가하고 양극단의 일반적인 해결책을 제시하고 있다.

수련생 1: 초등학교 3학년 여자아이 세 명이 서로 어울려 다니다가 키가 크고 왕초역할을 하는 아이가 다른 아이에게 키가 작은 아이의 사진을 찍으라고 시켰어요. 사진에 찍힌 아이가 '왕따를 당할까 봐' 하라는 대로 하고서는 울면서 엄마랑 센터에 왔어요. 그래서 울고 온 아이에게 "알았다. 선생님이 혼내 줄게." 하고 사진을 찍게 한 아이를 불러서 사진 촬영법에 의해 동의를 받지 않고 찍는 것은 벌금을 내야 한다고 겁을 주었는데 그 아이가 '아~아~악' 하고 소리를 지르면서 나가는 거예요. 그래서 아이를 다시 불러서 말을 했는데도 또 악을 쓰고 나갔어요. 허허허. 이런 경우 어떻게 반야적으로 상담을 해야 하는 거예요.

수련생 2: 아이가 선생님의 말에 동의하지 않은 것 같네요. 일이 사진이라 간단했지만 그 아이는 센터장과 맞먹는 정도의 힘을 가지고 분위기를 주도했네요.

수련생 3: 그 아이의 행동이 좋은 것은 아니지만 법까지 언급한 것은 너무 앞서간 것 같네요.

수련생 1: 그 아이와 이야기할 때 공감해 주는 과정이 있어야 했는데 상담은 1회로 끝내야 하고 시간이 없어 마음이 급해서 못했어요.

수련생 4: 그렇게 바쁘고 상담 여건이 안 되면 지역의 자원봉사 상담자의 활용도 생각해 보세요.

수련생 5: 이런 상황을 어떻게 풀어야 할지 좀 더 생각을 해 봐야 할 것 같아요. 그 아이를 낙인찍어 보고 있지는 않는지……

수련생 6: 그 아이의 행동을 관찰하여 칭찬을 많이 해 주면 어떨까요?

수련생 1: 연기적인 인과로 설명하자면 작년부터 이런 상황이 반복되고 있었는데 이번에 처음으로 지적했어요. 그리고 (왕초 아이) 엄마를 상담했는데 아이가 친구들을 동생처럼 돌봄을 한 것 같다고 하면서 집에서도 동생을 너무 맡겨 버린다고 하더라고요.

수련생 7: 그 아이가 우리 관할 학교를 다니니까 우리 wee센터로 보내세요.

수련생 8: 아이가 선생님에게 관심을 받고 싶어서 그랬던 것 같아요. 그러니 단지 문제해결에만 관심을 두지 말고 엄마에게도 그 아이를 인정하고 공감해 주라고 하세요.

수련생 9: 이런 왕따 상황은 또 일어날 확률이 높으니 개인적 접근보다는 학교폭력 전체 교육 프로그램을 실시하는 것도 효과적일 것 같네요.

수련생 1이 질문한 내용과 여기에 동료 수련생들이 제시한 방법은 어떤 관계가 있는가? 반야통찰상담의 관점에서 보면 답변은 모두 질문을 제대로 이해하지 못한 상태에서 자신의 생각만을 말했다. 따라서 이런 방법과 제시는 질문을 한 수련생 1이 처해 있는 상황이나 질문의 의도 그리고 동기 등은 다루지 않고 이야기 내용만을 변화시키고자 하는 해결책이어서 수련생 1에게 지금 현재의 이해와 통찰을 돕지 못했다. 앞의 내용을 반야통찰상담적으로 접근한다면 수련생 1이 말한 상황이나 말 속에 등장하는 아이들이 초점이 아니다. 먼저, 수련생 1이 수련 과정에 이 내용을 내어놓는 자신의 의도를 분명히 알아차리도록 하기 위해 "이런 경우 어떻게 반야적으로 상담을 해야 하는 거예요?" 하는 질문에 초점을 맞춘다. 예로, "좀 더 설명해 주세요." 하든지, 내담자의 말을 되비춤해 주고 어떻게 해서 이런 질문이 생겼는지 탐색하게 하여 질문이 생긴 조건을 찾도록 하는 것이 반야통찰상담 초반에 해야 하는 부분이다. 이런 과정이 충분히 이루어지면 질문자 내부에서 탐색되어 나온 내용에 기반해 상담이 나아가게 된다.

그리고 수련생 1이 말한 상황을 반야통찰상담으로 접근한다면 울면서 엄마랑 같이 온 아이의 문제는 울고 온 '그때'에 아이와 엄마가 말한 내용만 다루고, 왕초 아이는 울고 온 아이와는 관련시키지 않고 다음에 선생님과 연관된 어떤 상황이 '발생했을 때' 아이와 선생님이 연결되는 그 문제만을 다룬다.

문제를 다루는 과정을 몇 가지로 정리하자면, 먼저 사진이 찍힌 아이는 무엇 때문에 울었고 왜 엄마와 함께 수련생 1에게 왔는지에 초점을 두고 들으면서 엄마와 함께 온 목적에 대해서도 관심 있게 알아본다. 이야기하는 과정에서는 울고 온 아이가 왕초 아이에 대해 언급한 정도에서만 수련생 1은 두 아이의 관계에 대해 관여한다. "알았다. 선생님이 혼내 줄게."는 수련생 1이 울고 온 아이에게는 문제해결사가 되어 이제 문제만 생기면 선생님에게 울고 오면 된다는 것을 가르친 것이다. 왕초 아이에게는 자신의 어떤 행위가 이런 결과를 발생시켰는지에 대한 이해나 학습 기회 없이 선생님은 울고 온 아이의 편이라는 생각을 갖게 하여 아이들 간의 우정, 센터의 평화 그리고 더 나아가서 선생님과 센터의 존립 목적인 '학습과 배움을 통한 성장'이라는 기회가 활용되지 못한 것이다.

악을 쓰고 나간 왕초 아이가 선택해서 엄마와 연결되기를 원하거나 상황적으로 엄마가 연결된 것이 아니면 수련생 1이 나서서 엄마를 오라하여 상담에 개입시키는 것은 아이에게 자기 혼자서는 문제를 해결할 능력이 없다는 암묵적 표현이거나 엄마라는 외부의 더 큰 힘을 동원하여 아이의 행동을 제지하려는 의도로 보일 수 있다. 왕초 아이는 그 아이의 입장에서 이야기를 들어 보고 울고 온 아이와 엄마를 연결하지 않고 수련생 1과의 관계에서만 다룬다. 이미 수련생 1은 울고 온 아이의 편에서 문제해결을 하고 있다는 생각에 왕초 아이는 선생님과 울고 고자질한 아이 모두에게 감정이 남아 다음에 언제든지 그 감정에 더해 또 다른 일이 반복해서 생길 수 있는 잠재된 상태로 마무리된 것이다. 이러한 해결 방식이 바로 잘못된 길이고 분쟁의 법이다.

언어 사용의 방식

붓다가 가르친 말하는 방식은 '조급하지 않고 차분하게 말해야 한다.'는 것이다. 즉, 조급하게 말하면 몸이 피곤하고, 마음이 흥분되고, 목이 긴장하고 쉬게 되고, 불명료하고 알아듣기 어렵게 된다는 인과적 관계로 설명하고 있다. 이러한 현상은 형성과정(몸 · 말 · 의도)을 알아차리지 못하고 욕탐에 묶인 상태에서 말을 할 때 나타난다. 조급하게 말을 하는 것은 고통, 상처, 불안, 고뇌를 수반하는 것으로 잘못된 길이고 분쟁의 법이다. 그러나 차분하게 말하면 몸이 피곤해지지 않고, 마음이 흥분되지 않고, 목이 긴장하지 않아 쉬지 않고, 차분한 말은 명료하고 알아듣기 쉽게 됨으로써 형성과정(몸 · 말 · 의도)을 알아차림 할 수 있어 고통, 상처, 불안, 고뇌를 수반하지 않는 올바른 길이고 평화의 법이다.

상담 과정에서 내담자가 말을 느리게 말하거나, 목소리가 약하거나, 또는 강하고 거칠게 말을 하더라도 상담자는 차분하고 분명하게 주의를 집중하면서 말을 하면 내담자의 말하는 방식에 조건으로써 영향을 줄 수 있다.

언어 사용의 원칙

붓다는 말을 할 때의 원칙으로 '지방어를 고집하지 말아야 하고 보편어를 침해해서는 안 된다.'고 하였다. 이는 화자와 청자 입장에서 언어 사용의 원리로 볼 수 있다. 먼저 청자는 화자가 표현하고자 하는 내용에 대해 각각 그것을 무엇이라고 명명하거나 말한다 하더라도 청자의 관점으로 '지방어'에 집착하지 않고 '이 사람은 이것과 관련하여 이렇게 말을 하는구나.' 하고 분명하게 반야로 이어 보면서 화자의 표현을 이해하고 그러한 흐름에 따라 말한다. 즉, 청자가 화자의 관점과 상태를 있는 그대로 관찰하면서 머물러 주기를 강조한 것이다. 또한 화자도 말을 할 때 언어 사용의 보편적인 원리를 침해하거나 자기가 만든 어법을 사용하여 청자를 혼란스럽게 해서는 안 된다는 것이다.

붓다는 지방어를 고집하고 보편어를 침해하는 것은 의사소통에서 고통, 상처, 불안, 고뇌를 수반하는 것으로 잘못된 길이고 분쟁의 법으로 괴로움의 일어남으로 불선업과 오취온이 형성되는 과정이라 하였다. 그러나 지방어를 고집하지 않고 보편어를 침해하지 않는 것은 고통, 상처, 불안, 고뇌를 수반하지 않으므로 올바른 길이고 평화의 법으로 괴로움의 사라짐으로 중도이고 평화에 이르는 길이라 하였다.

일반적으로 상담 과정에서 상담자가 내담자의 말이나 표현 등을 전문가의 관점에서 자신의 단어로 바꾸어 표현하는 경우가 종종 일어난다. 상담 과정에서 지방어의 사용이란 내담자의 언어 표현보다는 상담자의 언어 표현을 강조하는 것이고, 보편어의 침해는 상담자가 내담자의 말을 그대로 따라가기보다는 전문 용어나 장애 진단용 단어를 사용하는 경우로 이해된다. 따라서 반야상담자는 내담자가 표현하는 언어를 그대로 알아차림 하면서 최대한 동일한 언어로 내담자에게 되돌려 준다.

중도적 언어와 상담자 언어의 적멸

붓다가 깨달음으로 가는 과정을 가르치는 수단으로써 사용한 언어는 존재를 표현하는 것이 아니라 경험에 따라 생성되는 것으로 언어 사용의 주체나 대상으로써 실체를 상정하지 않는다. 그러므로 붓다가 사용한 언어는 양극단에서 벗어난 중도로서 상황에 따라 유연하고 실용적이며 평화적 의사소통의 수단이다. 이러한 '나'라는 존재를 상정되지 않는 붓다의 언어 사용에 대한 원리는 무아, 무상 그리고 현법으로 연결된다.

붓다의 언어 사용에 대한 가르침을 종합해 보면, 언어의 기능은 평화를 전달하고 공유하기 위한 수단이다. 그러므로 우리가 인간관계나 사회생활에서 말과 글을 사용하여 자기를 표현하는 전제는 서로 간의 평화를 위함이다. 따라서 언어를 수단으로 전문적인 직업 활동을 하는 반야상담자는 먼저 전문적 능력으로써 중도적 바른 견해인 반야를 확립하고, 다음으로 상담자의 인간적 자질에 속하는 언어 사용은 붓다가 제시한 언어의 의미와 역할 그리고 사용의 원리와 구체적 방법을 명확히 알고 실천하는 것이다. 그러므로 상담 과정에서 언어는 내담자에게 반야를 경험하게 하는 평화적 의사소통의 수단으로 사용된다.

반야통찰상담에서 내담자는 유무의 관점에서 존재의 언어를 사용하지만 상담자는 전문가로서 자신을 내세우지 않고 단지 내담자가 언급하는 유무의 고정된 이야기를 생성의 관점인 인과적 흐름으로 비추어 표현해 줌으로써 내담자에게 반야적 통찰을 경험하고 반야적 관점이 생기도록 한다. 즉, **반야통찰상담에서 언어는 내담자가 상황에 따라 선택하여 사용하는 명칭**으로 이해하면서 반야상담자는 내담자의 괴로움을 소멸하는 조건이 되어 주기 때문에 반야상담자의 언어는 적멸하고 내담자의 언어만을 다룬다.

다음은 상담 실습 과정에서 역할 연습을 한 후 내담자가 사용한 언어와 내담자의 심리적 상태의 연관성에 대한 슈퍼바이저의 피드백을 받고 수련생들이 논의한 내용이다. 상담 과정에서 내담자가 외부 상황이나 타인에 대해 언급한다 할지라도 그 말은 모두 내담자 자신의 이야기라는 것을 보여 준다.

상담 실습 내용과 피드백

내담자 1: 무슨 말을 해야 될까 계속 고민하고 있어요. **(진행형)**

상담자 1: 무슨 말을 해야 될까 고민하셨네요. **(과거형)** (네) 고민하신 것 이야기해 보실까요?

내담자 2: 내가 완벽주의의 성향이 있어요. 완벽하게 해야 된다는 생각 때문에 나도 괴롭히고 다른 사람도 괴롭힌다는 말을 좀 들어요. 그리고 이렇게 무슨 말을 할 때도 논리적으로 완벽하려고 많이 노력을 해요. 그렇기 때문에 오늘도 상담을 받으러 오면서 어떻게 내 말을 완벽하게 선생님한테 전달할까를 밤 새워서 고민을 했거든요. **그게 힘들어요. (현재형)** [6]

상담자 2: 밤 새워서까지 고민을 했다면 어제 저녁에 잠도 못 주무셨을 것 같고 많이 **힘드셨겠네요. (과거형)** [7] (네에~) 지금 얼굴 표정을 보니까 많이 긴장도 된 것 같고…… 예~ 좀 그런 부분이 나에게 많이 보이고 있어요. 그래서 지금 완벽한 것에 대해서 오늘 상담을 조금 진행하고 싶다는 말씀이신가요? (네) (내 완벽주의를 치유를 해 주세요.) 완벽주의를 치유를 하고 싶으신가요. (네) 아, 아, 그러시군요. 그러면은 여기 오실 때도 굉장히 많이 고민을 한다고 그랬는데 **평소에도 '모든 일에 대해서 완벽해야 된다.'라고 늘 생각을 하고 계신다는 말씀이시지요.** [8]

내담자 3: 네, 무엇을 하려면 완벽하게 하려고 하니까 시간도 많이 걸리고요. 굉장히 힘들어요. (음) 긴장도 많이 되고. (음)

상담자 3: 그러면 완벽하려고 하는 **그 부분이 어떤 부분에서 그렇게 많이 하신 건가요?** [9]

내담자 4: 음~ 그러니까 과제를 하려고 해도 그러니까 계속 새로 하고 새로 하고 새로 하는 것. (또 다시 하고…… 또 다시 하고……) 네. 똑같은 과제인데 처음에 해 놓은 게 마음에 안 드니까 다시 또 하고.

[6] 여기가 반야상담적 접근의 시작점이다. "힘들어요!를 설명해 주세요." 상담자가 여기에서 들어가지 못하니 내담자 3에서 또 '굉장히 힘들다'고 한다.

[7] 상담 관계의 시제
내담자가 말을 하고 있는 시제에 같이 머무르는 것이 반야통찰상담에서 그리고 강조하는 '반야로 이어 보며 머묾이다.' 그런데 상담자가 내담자 이야기에 함께하지 못하고 있다.
내담자 1: 과거형 → 상담자 1: 현재형
내담자 2: 현재형 → 상담자 2: 과거형

[8] 상담자가 다룰 능력도 안 되면서 문제를 좁혀서 구체화해야 하는데 '평소' '모든' '늘' 내담자 호소 문제를 막연히 확장해 간다.

[9] 내담자는 1~3에서 걸쳐 계속 같은 말을 말했는데도 상담자 3에서 '그 부분이 어떤 부분이냐'고 또 물으니 상담자를 이해시키기 위해 내담자 1~5는 같은 말을 계속하고 있다.

⑩ 내담자 1~2에서 문제 상황 그리고 그런 상황에서 기분과 마음의 상태도 다 이야기하였는데 상담자 3에서는 상황을, 상담자 5에서는 기분과 마음을 물어본다.

⑪ 내담자 1에서부터 내담자 5까지 계속 똑같은 말을 반복하며 상담이 나아가지 못하고 겉도는 상태에서 이 말은 정확히 지금 상담 장면에 대한 내담자의 관점이다.

상담자 4: 음, 다시 또 하고, 다시 또 하고, 공부도 하면서도 계속 힘들고.

내담자 5: 그러면서 그 내용은 숙지도 안 되면서 이렇게 과제를 계속하고 있는, 공부는 안 하면서.

상담자 5: 공부는 안 하면서 과제만 하고 있다는 거지요. **그럴 때 기분은 어떠세요? 마음은 어떠한가요?**⑩

내담자 6: **짜증나지요. 다른 걸 못하니까 다른 것도 해야 되는데.**⑪(음) 다른 것도 해야 되는데 (마음은 급하고) 마음만 여기에 매여 있다 보니까 과제는 안 되고 화와 짜증만 나는 상황이라는 거지요. (네)

슈퍼비전 피드백 논의 과정

수련생 1: 아주 독특한 그 관점. 그게 내담자 6을 보면 상담자(상담자 5의 반응)가 "그럴 때 기분은 어떠세요? 마음은 어떠한가요?" 하고 물었는데 "짜증나지요. 다른 걸 못하니까 다른 것도 해야 되는데." "이 말이 정확히 지금 상담 장면에 대한 내담자의 관점이다."라는 슈퍼바이저의 피드백은 나를 경악하게 했어요. 이렇게 보면은 어디에서도 듣지도 보지도 못한 관점이라는 사실에 대해서 난 굉장히 경악, 비슷한 단어는 아니지만 또 한편으로는 경이.↗ 나는 정말 듣지도 보지도 못했어요. 이것을 좀 더 자세히 보면 여기에 해답이 있지 않을까? 그래서 모든 이의 현재 지금 내뱉는 말 속에 답이 있다. 지금의 감정이, 과거에 대한 이야기를 하든, 미래에 대한 이야기를 하든, 다른 상대에 대해서 이야기를 하든, 지금의 감정이, 그 상황을 이야기하는 것이 바로 현재의 내담자의 상태네요.

수련생 2: 선생님들은 어떠세요? 수련생 1이 이야기하셨듯이 내담자 6의 반응은 지금 내담자가 상담자의 질문(상담자 5)에 대해 '상담자한테 짜증이 난다.'라고 이렇게 해석이 되는 부분이었잖아요.

수련생 3: 이 말을 했을 때 내담자도 지금 상담 상황이 '짜증나지요.'라고 의식을 하고 말을 한 건지, 실은 지금 내담자 6의 말은 상담자도 내담자도 의식하지 못한 지점일 수도 있어요. (그렇죠.) 보통 내가 상담을 하더라도 만약에 내담자가 이렇게 말을 했으면 '이 상황이 짜증이야.'라고 내가 의식을 못할 거예요. 지나갈 거예요. 근데 내담자가 이걸 의식하고 말했을까요?

수련생 1: 그것은 선생님, 우리가 답을 지금 갖고 있지 않습니까? 우리가 하는 말을 얼마나 의식하면서 하고 있습니까? 그래서 내담자가 의식하지 않고 뱉는다고 해도 이상할 리는 없지요.

수련생 3: 그렇죠. 이상하지 않아요. 나의 궁금증인 거죠.

수련생 4: (내담자 역할자) 상담자가 "기분이 어떠세요? 마음은 어떠한가요?" 하고 물어봤을 때는 (예) 그것이 역할 연습 과정이라는 게 내 머릿속에 있었기 때문에 답을 해야 해서 이 상황에는 짜증이 났겠다는 생각이 들어서 짜증이 난다라고 얘기를 했던 거예요.

수련생 2: 역할에 충실했다는 이야기죠?

수련생 4: 이런 상황이라면 짜증. 나는 그랬죠. 짜증났겠다 해서 짜증난다고 답을 했지요.

수련생 5: 어떻게 했든 간에 이 내용에서 내담자가 예를 들어서 본인이잖아요. 선생님이 이 역할에 충실했다는 건가요? 그렇다면 내가 찾아지는 부분은 어떤 사람이든지 본인이 하는 말을 살펴보면 다른 사람한테 하는 말이 아니라 정확하게 자신한테 하는 말이라고 일상생활에서도 찾아지는 것 같아요. 내가 누군가에게 말을 하지만 그 말은 결국은 내 생각을 그 사람에게 말을 하는 거지 그 사람의 말이 아니라고 나는 느꼈거든요. 그래서 나도 교육을 하면서도 아이들한테 "지금 네가 하는 말과 행동은 결국은 스스로에게 하는 말과 행동이다. 잘 살펴봐라." 그 말을 많이 했거든요. 그래서 여기 부분은 내 입에서 나온 모든 말은 결국은 내 자신에게 하는 말이 아닐까? 그렇습니다.

수련생 4: 나는 그 순간 감정 단어들을 쭉 생각했어요. 이 상황에서 어떤 감정 단어들이 나와야 되는지를…… 그래서 화, 짜증, 내가 요즘 많이 쓰는 게 "짜증났을 때는 표현을 해라." 그 말을 많이 들었기 때문에 내 머릿속에 딱 드는 건 '짜증'이었어요. 그래서 짜증이란 말을……

수련생 2: 지금 수련생 4가 역할에 충실해서 "짜증이 난다." 이렇게 이야기를 하고 계시는 거지요. 그런데 슈퍼바이저는 이 축어록 내용만 딱 보시면서 반야통찰 상담적으로 피드백을 주셨던 것 같고요. 근데 여기서 살펴볼 건 있지요. 어쨌든 이 장면에서 내담자 역할에 충실하긴 했지만은 실제 현법現法으로 봤을 때는 그 상황 그 자리에서 일어났던 것은 분명히 있었을 것이고, 일어난 것을 비추어 봤을 때는 슈퍼바이저의 피드백도 틀리지는 않고 우리가 상담 장면에서도 이렇게 할 수 있죠. 그리고 하고 있죠.

수련생 5: 실제 상담에서도 입에서 툭툭 나온 말이 내 안에서 가지고 있는 마음이겠죠.

반야통찰상담의 언어 반응 특징

붓다의 평화적 의사소통의 원리에 따른 언어 사용의 관점을 토대로 진행하는 반야통찰상담 과정은 다음과 같은 특징이 있다.

1. 내담자 중심의 1인칭

중도적 언어를 사용하여 평화적으로 의사소통을 한다는 증거는 '나'를 내세우지 않고 오직 법을 말한다는 붓다의 가르침에 전제하여 반야상담자는 주로 내담자 중심의 1인칭으로 이야기하는 것을 연습해야 한다. 반야상담자는 내담자와의 대화에서 괴로움 소멸로 나아가는 조건으로써 거울로 비추는 역할을 하기 때문에 기본적으로 반야상담자의 관점은 내담자와 동일하므로 내담자 중심의 1인칭으로 설명하고 묘사한다.

2. 현재 진행형

반야상담자는 상담 과정에서 주로 현재 진행형의 언어를 사용한다. 반야통찰상담에서는 내담자가 한 말에 대해 상담자가 반응할 때 가정, 추측형의 '~한 것 같네요.' '~하지 않을까?' '~하는구나.'나 동의 설득형의 '~ 하잖아요.' 같은 형태의 진술은 모두 지금·여기의 현법이 아니라 상담자의 생각을 표현하는 것이므로 반야상담자는 자신의 언어 사용에 대해 알아차림 하면서 사용해야 한다. 점차 상담자가 알아차림의 힘이 생기면 상담 과정에서 가정과 추측의 표현이 나타나지 않도록 한다.

다음은 반야상담자가 내담자 중심의 1인칭으로 현재 진행형을 사용하며 내담자와 밀착된 상담을 진행하는 부분의 예시이다.

상담자 58[12]: 그러셨어요? 지금 이야기를 들어 보니까 일단 **나**한테 걱정이라는 그런 마음, 느낌이 일어났을 때에 그것에 대해서 **내가** 잘하려는 의도가 지금 걱정이 일어나게 했다고 연결해서 이해하니까 '아, **내가** 잘하려고 했구나.'라는 것을 아는 순간 마음이 어떤 상태로 됐다고요?

내담자 58: 편안하게요.

상담자 59: 예. 그러면 **내가** 마음을 편안하게 하는 방법을 **지금** 아셨고, (예~) 그 아신 내용을 나에게 **지금** 설명을 해 주신 거네요.

> [12] 상담자 58, 상담자 59는 지금을 강조하면서 '나' '내가'라는 1인칭으로 내담자의 인식 상태에 상담자가 함께하고 있다.

반야상담자가 내담자 중심의 1인칭의 현재 진행형으로 언어를 사용하는 근거는 원전에서 붓다가 한 말 중 어디에서도 가정과 추측 그리고 미래의 불확실함을 언어적으로 표현한 부분을 찾아볼 수 없다는 것이다. 즉, 붓다는 제자들에게 '~그러지 않을까?' '~하는 것이 맞는 것 같다.'라는 표현을 쓰지 않았다. 그 이유는 붓다는 진리를 표현하는 관습적인 수단으로써 언어를 사용했기 때문에 지금 · 여기에서 실제로 경험되는 진리는 가정과 추측이 아니라 실제를 드러낸다. 일반적으로 대부분의 상담자가 상담 과정에서 내담자의 이야기를 듣고서 자신의 전문가적 판단을 전제로 추측형의 해석을 언급한다. 다음은 수련자들이 사용한 언어들에 대한 슈퍼바이저의 피드백을 논의한 내용이다.

> 수련생 1: 내가 말하는 과정에 '~하잖아요'라는 표현을 많이 쓴다는 피드백을 받고 숙고를 했거든요. 지금 내 수준에서 나를 이렇게 관찰해서 '내가 무슨 의도였을까?' 생각해 보니 상대방에게 확인받고 (그렇죠, 동조를 구하려고?) 싶은 그리고 정말 여기 보면 내가 아이러니하게 오류를 많이 했는데 실제로 하신 말씀이 아닌데 내 단어로 바꿔 가지고 말을 하면서도 사실인 것처럼 얘기를 하잖아요. 하하하. 또 하잖아요. 예, 예, 확인도 하지 않고 다른 사람한테 '여기가 있다.'고 확인을 해 주듯이 말을 하면서 상대방에게 동조를 구하고 확인받고자 하는 그런 의도이지 않았을까? 정말 말 속에도 그런 패턴이 있다는 것도 의식하지 못했고요. 그러면 이 '~하잖아요'를 반야통찰상담적 언어로는 어떻게 바꾸는 게 맞을까요?
>
> 수련생 2: 그러니까 사실인 부분을 그대로 말하거나 '~했습니다' '~해요' (~합니다) 현재 시점으로 앞에서 이렇게 언급합니다. 그렇게 해야 되는데 '이렇게 말씀하잖아요.' 하니까 내 생각이 거기에 훅 들어가서 동조를 구하는 것으로……

3. 시행착오적 학습

반야통찰상담에서 상담의 재료인 언어는 오직 내담자가 사용하는 언어만을 다루므로 상담자가 새로운 언어나 내용을 포함시키지 않는다. 상담의 초기 단계에서 이미 내담자는 자기의 생각과 언어만으로도 소화불량의 상태에서 왔기 때문에 반야상담자는 약이라고 뭔가 새로운 것을 막 쏟아부어 주는 것이 아니라 어린 시절 어머니가 했던 것처럼 그저 아프다고 호소하는 그 부위에 따뜻하게 손을 얹어 어루만져 주는 것이다. [참조: 반야통찰상담 과정]

우리는 새로움에 익숙해지고 적응하기까지는 몇 번의 시행착오 과정과 시간이 필요하다. 내담자가 상담 과정에서 일상적인 인간관계에서는 경험해 보지 못한 새로운 분위기에서 바로 얼굴을 맞대고 어디에서도 해 보지 않은 개인적 이야기를 해야 한다는 것은 상당한 긴장을 유발한다. 그러므로 상담 과정을 이해하고 적응하도록 하기 위해 상담자가 친밀감을 형성하려고 의도된 활동을 하기보다는 내담자의 언어를 있는 그대로 활용하는 것이 반야통찰상담에서 친밀감을 형성하는 과정이다.

내담자의 문제는 현재 내담자의 인식에서 생겨났기 때문에 내담자가 사용하는 언어만을 상담의 주제로 진행한다. 언어는 곧 그 사람의 마음이고 세계이고 문화이며 삶이기 때문이다. 내담자가 호소하는 문제는 내담자 스스로도 현재 이해되지 않고 해결되지 않는 내용이다. 거기에 상담자의 관점이나 인식을 주입하게 되면 내담자가 그것을 곧바로 이해하고 수용하기에는 한계가 있다.

상담 과정에서 내담자의 인지적 용량은 현재 자신의 경험과 생각만으로도 이미 꽉 차 있는 상태이므로 상담자가 제시하는 새로운 내용은 쉽게 이해되기 어렵다. 상담 장면에서는 내담자가 현재 자신의 상태를 있는 그대로 이해하는 데도 3번 정도 시행착오를 거치면서 눈cakkhu이 생기고 앎ñāṇa이 생기므로 반야통찰상담은 오직 내담자의 언어, 내담자가 내어놓은 재료만으로 진행한다.

4. 언어적 반응의 멈춤과 집중

일반상담 과정에서 상담자와 내담자는 문제가 무엇인지 그리고 문제를 해결하고자 하는 과정과 서로 합의한 목표에 이르기 위해서 서로 간의 생각을 계속 말로 주고받는다. 그러나 반야통찰상담 과정에서는 언어적 멈춤과 집중의 과정이 있다.

내담자가 상담 내용을 좀 더 역동적으로 이해하고 관찰할 수 있도록 내담자의 말이 계속 지금·여기에서 벗어나서 생각이나 관념, 추상적이고 비현실적이라고 판단되면 상담자는 내담자의 말에 언어적인 반응을 멈추고 천천히 호흡하며 내담자가 상담 국면을 바꾸어야 한다는 것을 알아차릴 때까지 기다린다. 상담자의 언어적 반응의 멈춤은 기법의 사용이기보다는 상담의 관계에 여실히 머물면서 내담자가 지금·여기에서 일어난 현상을 경험하도록 하는 조건이 된다. [참조: 비언어적 기법 상담자 침묵]

또한 내담자의 이야기 중 자각적인 내용이지만 지금·여기에 머물지 못하고 말을 하는 경우에 그 내용에 대해 집중해서 관찰하도록 그 부분에 머물며 되새김을 하도록 한다. 즉, 내담자의 반응 중에서 통찰을 강화시킬 수 있는 언어적 표현이나 신체적 반응, 표정 등을 분명하게 반야로 이어 보며sati sampajañña 경험하도록 하기 위해서 내담자에게 앞에 한 말을 다시 표현하게 한다. [참조: 반야통찰상담의 언어 회기] 비유적으로 노래나 소설, 연극, 드라마의 전개와 흐름에 고저高低, 장단長短이 있는 것처럼 반야통찰상담도 내담자의 이야기를 따라가면서 자각과 통찰을 확장할 수 있는 내용이나 시점에서 멈춤과 집중으로 내담자의 통찰을 다진다.

　다음은 '상담자의 언어적 멈춤'을 공부하던 지점에서 수련생들이 나눈 이야기이다. 수련생의 의문은 한 번도 경험해 보지 않은 내용을 단지 생각으로만 이해하려고 할 때 자연스럽게 일어나는 현상이다.

> 수련생 1: (상담자가 멈추면) 내담자가 상담 국면을 바꾸어야 한다는 것을 알아차릴까? 의문이 들었어요. 그래서 나는 그냥 '굉장히 생각 중심으로 이야기하시네요.' 라든지 '생각을 말씀하시는 거지요?' 하고 말로 해 주고 싶은데 여기서는 기다려라 하네요. (응) '상담 장면에 적용이 될까? 적용된다면 그런 효과가 과연 정말 있을까?' 하는 생각이 들었어요.
>
> 수련생 2: 내담자의 입장에서 생각해 보면 상담자가 말을 멈추면 내담자가 갑자기 '아! 뭐지? 내가 뭘 잘못 말했나?'라고 하는 막 속사포처럼 생각에 사로잡혀 말을 하다가 깜짝 놀라는 지점? 국면을 전환하는 지점?
>
> 수련생 1: 국면을 전환할 것 같기도 하고……
>
> 수련생 2: 아무래도 흐름을 쭉 가다가 맥이 '확' 끊기는 지점? 뭐, 이런 지점 아닐까요?
>
> 수련생 3: 그럴 수도 있을 것 같네요.
>
> 수련생 1: 그럴 수도 있고 안 그럴 수도 있고……
>
> 수련생 4: 느껴지기는 하지요. '뭔가 잘못되고 있다' 하하하
>
> 수련생 2: 뭐지? 이렇게……
>
> 수련생 3: 상담자가 아무 말 안 하고 있으니까……
>
> 수련생 2: 어? 하면서 얼른 자신을 한번 되돌아보는 계기?
>
> 수련생 4: 이것은 내담자의 인지나 통찰, 알아차림의 수준인 것 같아요.
>
> 수련생 2: 네. 내담자가 얼른 알아차리면 통찰, 인지가 있는 수준이고, 모르더라도 그 사람이 어? 하고……
>
> 수련생 4: 그런데 입정 시간에 관찰해 보면, 일상에서도 '아! 내가 지금 적절한 말이 아니다.'라는 걸 느낄 때가 있잖아요.

수련생 2: 알지요.

수련생 4: 내가 지금 이야기를 하면서도 '멈추어야겠다' 하지요.

반야통찰상담 과정과 관찰

반야통찰상담에서 관찰은 내담자로 하여금 자신의 마음에서 일어나고 사라지는 느낌이나 마음의 상태 그리고 여러 가지 상담 문제와 관련된 내용을 지금·여기에서 분명하게 이어 보게 하는 과정이다. 즉, 반야통찰상담에서는 내담자가 호소하는 문제를 일어난 조건과 연결해서 이해하면서 동시에 그 문제가 외부에 객관적으로 존재하는 것이 아니라 자신의 마음에서 의도와 기대에 의해 일어난 것으로 항상하지 않고 달라져 가는 것을 관찰한다. 지금·여기에서 일어남과 사라짐을 관찰한다는 것은 바로 현법으로써 상담기법 '즉시성'과 관련하여 이해할 수 있다. 그러나 반야통찰상담적 관찰과는 달리 일반상담에서 관찰은 상담자의 관점에서 상담 문제와 관련된 정보나 자료를 확보하는 과정이다.

관찰은 상담 면접의 첫 회기에서부터 마지막 회기까지 다른 모든 상담 기술이 효과를 발휘하도록 기반을 제공하는 포괄적인 기술이다. 상담자는 관찰을 통해 내담자는 그들의 문제는 물론 그 문제해결을 위한 방법에 대한 정보를 얻을 수 있다. 첫 회기 시작부터 상담자는 관찰을 통해 상담 과정에서 벌어지는 일들을 이해하는 데 도움이 되는 정보를 얻고 더 나아가 상담자는 내담자와 라포를 형성하고 상담에서의 작업을 위한 협조 관계를 형성하는 데 필요한 자료를 얻을 수 있다. 또한 사례 발표나 슈퍼비전, 내담자에 대한 지속적인 관리에 필요한 자료를 제공해 주는 것도 역시 관찰이다. 결국 이상과 같은 여러 작업의 성패는 대부분

상담자가 듣고 보는 것을 얼마나 효과적으로 처리하는가에 의해 우선적으로 좌우된다.[26]

따라서 일반상담에서 관찰은 상담자가 내담자를 관찰하여 정보를 획득하는 과정이고, 반야통찰상담적 관찰은 상담자가 내담자에게 새로운 경험을 하게 하는 조건이 되어 줌으로써 내담자가 자신의 몸과 마음에서 경험하고 있는 현상을 관찰하는 것으로 관찰의 대상과 내용에서 차이가 있다.

다음은 붓다가 지금·여기에서 일어남과 사라짐을 관찰하는 방법에 대해 설명하는 내용이다.

> 우빠와나 1: 세존이시여, '스스로 보아 알 수 있는 법sandiṭṭhiko dhammo, 스스로 보아 알 수 있는 법'이라고들 합니다. 도대체 어떻게 해서 법은 스스로 보아 알 수 있고, 시간이 걸리지 않고, 와서 보라는 것이고, 향상으로 인도하고, 지자智者들이 각자 알아야 하는 것입니까?
>
> 붓다 1: 우빠와나여, 여기 수행자는 눈(귀, 코, 혀, 몸, 마노)으로 형색(소리, 냄새, 맛, 감촉, 법)을 보고 나서 형색(소리, 냄새, 맛, 감촉, 법)을 경험하고 형색(소리, 냄새, 맛, 감촉, 법)에 대한 탐욕도 경험한다. 그러면 그는 '내 안에는 형색(소리, 냄새, 맛, 감촉, 법)들에 대한 탐욕이 있구나.'라고 하면서 자기 안에 형색(소리, 냄새, 맛, 감촉, 법)들에 대한 탐욕이 있음을 반야로 본다pajānāti. 우빠와나여, 이렇게 꿰뚫어 아는 것이 '법은 스스로 보아 알 수 있고, 시간이 걸리지 않고, 와서 보라는 것이고, 향상으로 인도하고, 지자들이 각자 알아야 하는 것이다.'
>
> ……(중략)……
>
> 우빠와나여, 이렇게 수행자는 눈(귀, 코, 혀, 몸, 마노)으로 형색(소리, 냄새, 맛,

---

26) Heaton, 1998/2006, p. 19.

감촉, 법)을 보고 나서 형색(소리, 냄새, 맛, 감촉, 법)을 경험하지만 형색(소리, 냄새, 맛, 감촉, 법)에 대한 탐욕은 경험하지 않는다. 그러면 그는 '내 안에는 형색(소리, 냄새, 맛, 감촉, 법)들에 대한 탐욕이 없구나.'라고 하면서 자기 안에 형색(소리, 냄새, 맛, 감촉, 법)들에 대한 탐욕이 있지 않음을 반야로 본다. 우빠와나여, 이렇게 꿰뚫어 아는 것이 '법은 스스로 보아 알 수 있고, 시간이 걸리지 않고, 와서 보라는 것이고, 향상으로 인도하고, 지자들이 각자 알아야 하는 것이다.'[27]

다음은 반야통찰상담 과정에서 지금·여기에서 일어남과 사라짐을 관찰하는 과정에 대한 예시이다. 반야 계발 집단상담 7회기를 시작하기 전에 서로 인사를 나누는 과정에서 태양이가 왼쪽 어깨와 목을 주무르고 손가락으로 누르면서 얼굴을 오른쪽으로 눕힌다. 입정 15분 후 경험을 나누는 과정에서 오늘은 어깨에 통증이 있어 호흡에 집중하지 못했다고 하였다.

상담자 2: 어깨에서 **경험되는 자극을 묘사해 보세요.**🔞

🔞 내담자가 말한 통증은 관념이기 때문에 상담자는 통증이라 하지 않고 자극을 묘사해 보라 하였다.

태양이 3: 왼쪽 어깨와 목 주변에 통증이 있어요. 어깨를 타고 통증이 계속되면서 목 뒤까지 올라가서 이러다가 혈압이 터져 죽는 것 아닌가 무섭기도 했어요.

바람이 3: 갱년기라 그래요. 나도 갱년기 때 죽고 싶을 만큼 우울하고 온몸이 아팠는데 한방 치료로 나았어요. 한방 치료를 한번 받아 보세요.

태양이 4: 갱년기이기도 한데 왼쪽 어깨가 이렇게 아픈 것은 직업병이에요. 운전을 할 때 주로 왼손으로 운전대를 잡고 하니까 그래요.

구름이 4: 나도 옛날에 어깨가 무지 많이 아파서 운동과 사우나도 하고 그랬어요. 근육을 좀 풀어 주어야 하니까 스트레칭을 하면 좋아져요.

---

27) SN IV 41-42, SN35:70, 우빠와나경, Upavana suttā; 각묵 스님, 2009, p. 157.

태양이 5: 아마 내 운전 습관이 문제가 있어서 그러는 것 같아요. 계속 왼쪽으로 힘을 주고 운전을 하니까 밸런스가 안 맞아서요. 스트레칭도 해 주고 하면 좋은 것을 알고는 있는데 워낙 몸 움직이는 것을 싫어해서 운동은 안 해요.

하늘이 5: 예전에 교통사고[14] 난 적 있어요? 교통사고 후유증으로도 그럴 수 있어요.

> [14] 하늘 님은 2주 전에 밤길 운전에 교통사고가 났다.

태양이 6: 그럴 수도 있어요. 예전에 3번이나 크게 접촉 사고가 났는데 교통사고라는 것이 그때는 별 증상이 없다가 나중에 여러 군데서 계속 증상이 나타나잖아요. 그래서 아픈 것 같기도 하고……

상담자 6: 자, 교통사고 경험이나 왼쪽으로 운전하는 것은 과거인가요? 현재인가요? 미래인가요? (전체: 과거!) '통증이 어깨에서 목으로 올라가 혈압으로 죽을지도 몰라'라는 생각은 과거인가요? 현재인가요? 미래인가요? (전체: 미래!) 그럼 태양 님이 지금·여기에서 경험하고 있는 것은 무엇인가요? (전체: 통증!) 그렇다면 우리가 여기에서 함께 다루어야 하는 것은 태양 님이 현재 경험하고 있는 어깨의 자극이겠지요? 태양 님! 지금은 어깨의 자극이 어떻게 관찰되세요.

태양이 7: 지금도 통증이 있어요. 예전에도 왼쪽 어깨 여기저기에서 통증이 있다가 또 괜찮아지곤 했는데 이번에는 의사가 주사를 맞아야 한다고 했어요.

상담자 7: 그래요. '통증'은 어깨에서 경험되는 자극에 태양 님이 붙인 '이름'입니다. 여기에 계신 분들에게 통증이 무엇이냐? 어떻게 경험되냐고 물어보면 태양 님이 지금 경험하고 있는 것과 똑같은 말을 할까요? 우리는 같은 단어를 쓰지만 그 단어 안에 포함된 내용이 각자 다르다는 것을 이해하시지요? 그래서 통증이라는 말은 태양 님이 현재 어깨에서 느껴지는 자극에 대해 붙인 이름입니다. (상담자는 집단원들에게 명칭과 경험이 같지 않다는 것을 구분해서 이해하도록 하였다.) 어깨에서 그대로 관찰되는 것을 설명해 보세요. 자극이 어떻게 경험되나요?

태양이 8: (고개를 앞으로 약간 떨구면서) 통증을 그대로 관찰해 보라 하니까 '서운함'이 들어요. 다른 사람들이 말할 때는 위로받는다는 생각이 들었는데……

상담자 8: 아! 통증이 서운함으로 바뀌었어요? 그렇군요. (침묵)

태양이 9: (얼굴이 약간 붉어지고 멋쩍은 웃음을 띠며) 내가 관심받고 싶었나 봐요. 아픈 것으로……

상담자 9: 관심!

태양이 10: 외로운 것 티 안 내려 했는데…… (눈물) 남들 보기에 씩씩하게 잘 산다고 보이기를 바라는데…… (눈물)

상담자 10: 통증이 이제는 외로움으로 이름을 바꾸었네요. 그럼 어깨 통증은 외로움을 느끼는 태양 님이 스스로 만든 친구이네요.

태양이 11: (계속 눈물을 흘림)

상담자 11: 자! 태양 님에게 여러분이 지금 해 주고 싶은 것이 있으면 해 주세요. (상담자가 태양 님 옆으로 가서 앉아 무릎에 손을 얹으니 계속 눈물을 흘린다. 그러자 하늘 님이 다가와서 태양 님을 안아 주자 더 크게 운다.)

구름이 11: 나도 교통사고가 두 번이나 났었어. ↗ (구름 님은 집단원 중 남성으로 이러한 상황을 그대로 견디는 것이 불편하고 부담이 되어 분위기를 바꾸려 한다.)

상담자 12: 자! 구름 님 지금 상황에 좀 머물러 볼게요.

구름이 12: (양손을 모아 머리 뒤에 받치고 상체를 뒤로 젖히고 머리를 긁는다.)

태양이 12: 여기(집단상담)에 오는 것이 두려웠어요. 혹시 외로움을 들킬까 봐……

상담자 13: 외로움을 들킬까 봐 오는 것이 두려웠네요. (약간 침묵) 그래요! 두려웠는데도 계속 집단에 참가하게 한 것이 무엇일까요?[15]

15 왜냐고 묻지 않았다.

태양이 13: 외로워도 티 안 내고 잘 살아가는 훈련 같은 것을 받아서 내 자신을 단련시키고 싶었어요.

상담자 14: 그렇군요. 다른 사람에게는 티 안 내려고는 했지만 이미 나는 스스로 외롭다는 것을 알고 있고 자신을 단련하는 훈련을 하고 싶네요. 좋아요. (다시 자리로 돌아와서 집단을 둘러본다.)

바람이 14: (태양 님을 안아 주고 싶다며 다가가서 안아 준다. 그러자 태양님이 다시 휴지로 눈물을 닦는다. 바람 님도 자리에 돌아가 앉으면서) 처음에 태양 님의 얼굴을 봤을 때 갱년기를 겪고 있는 것 같아 언제 밥이라도 먹으면서 이야기를 하고 싶었는데 아직까지 못했어요. 갱년기에는 여자들이 호르몬 때문에 힘들어요. **16**

태양이 14: (눈물을 흘리고 외롭다고 한 것에 대해 약간 미안하고 창피하다며 고개를 떨군다.)

상담자 15: 그래요. 태양 님이 지금 이야기하고 있는 외로움을 살아가면서 안 느낀 분이 있나요? 하고 상담자가 집단원 전체에게 묻자 하늘 님이 다시 태양 님 옆에 가서 앉으면서 "아니요."라고 집단을 돌아보며 "우리도 다 외롭지요?" 하고 되묻는다.

구름이 15: 여자만 힘든 것이 아니에요. 남자들도 갱년기에는 외롭고 힘들어.

상담자 16: 아! 통증에서 이제 우리의 공통점은 외로움으로 왔네요.

16 바람 님은 첫 회기부터 매 회기마다 갱년기라는 말을 한다. 바람 님에게는 갱년기라는 이름으로 다가오는 성생활의 변화, 늙음과 죽음에 대한 두려움이 있다. 이것은 그동안 바람 님이 했던 이야기에서 상담자에게 느껴지는 바람 님의 주제이다.

집단상담 과정의 주제가 외로움으로 바뀌었다. 외로움은 다시 나의 것이다, 자아가 있다, 나의 의식이 있다는 '유신견'에 대한 탐색으로 들어가는 문의 역할을 하였다. 다음날 어제 집단에서 다룬 부분이 태양 님에게는 부담되고, 감정적 후유증이 있을 거라 생각되어 점심때 상담자가 전화를 했는데 받지 않아 인터넷 메신저를 남겼다. "오늘의 찬란한 태양과 햇빛 그리고 소리 없이 부는 바람을 친구 삼아 즐기시기를……."

태양이 님 응답: 감사합니다. 오전 내내 자꾸 눈물이 흘러 일하는 중 힘들었습니다. 이러다가 우울증이 오는 건 아닌가 겁도 나더군요. 외롭다는 현 상황을 **17** 받아들일 마음이 아주 멀리 있는 줄 알았는데 몸으로 마음으로 함께하고 있다는 사실을 알아차린 이 시점은 우울모드입니다. 찬란한 빛과 바람을 친구 삼

17 남편과 이혼은 합의했지만 재산 분할 문제로 현재 별거 중이다.

아 스스로에게 위로해 볼게요.

반야통찰상담의 관찰과 수용전념치료의 관찰자 자기

반야통찰상담에서 관찰은 상호 의존적 발생관계에 대한 이해를 토대로 현재 내담자가 괴로움으로 경험하고 있는 심리 현상의 일어남과 사라짐을 있는 그대로 자신이 표현한 언어 안에서 일련의 흐름을 알고 보는 것이다. 그러나 수용전념치료ACT의[18] 관찰자 훈련은 마음챙김 훈련을 통해 '현존하는 자기감'을 확립하고 '인지적 탈융합' 작업을 위한 맥락을 제공하는 것이라 하였다.[28]

[18] ACT: Acceptance and Commit-ment Therapy

반야통찰상담의 관찰은 지금 · 여기 내담자가 경험하고 있는 현상의 일어남과 사라짐을 단지 관찰하는 것이고, ACT의 관찰은 현존하는 자기감을 확립하고 인지적 탈융합 작업을 하기 위한 사전 환경이라는 점에서 차이가 있다.

다음은 ACT에서 사용하는 핵심 요소인 마음챙김 훈련을 통해 내담자에게 관찰자 훈련을 시키는 과정의 일부이다.[29] 이 훈련의 목적은 내담자가 자신의 생각과 감정이 무엇을 말하는지에 상관없이 자신의 행동을 스스로 완전히 통제한다는 것을 알 수 있도록 하는 것이다. 반야통찰상담적 관점에서 보면 이러한 '관찰자 자기 훈련'은 나라는 존재의 무상 · 고 · 무아의 특성을 있는 그대로 알고 보기 위한 '사념처' 수행의 내용을 비색계적 차원으로 이해하여 '관찰하는 자기'는 현재 내담자가 경험하는 내용과는 다르게 크고 깊은 곳에 '있다'라는 존재론적 관점으로 이해된다.

치료자 2: 마음챙김 연습이란 걸 해 보겠어요. 눈을 감고 내 목소리를 듣는 일부터 해 봅시다.

---

28) Hayes, Strosahl, & Wilson, 1999.
29) Baer, 2006/2009, pp. 423-429.

수 전 2: 네.

치료자 3: 숨을 한번 크게 들이쉬고 내쉬세요. **호흡에 주의를 기울이세요.** 공기가 당신을 호흡한다고 **상상해 보세요.** 어떤 노력 없이도 당신의 몸 스스로가 자신을 잘 돌본다는 것을요. 자, 이제 이 사무실 안 의자에 앉아 있는 당신 자신을 **관찰해 보세요.** 당신의 **몸에서 일어나는 감각들을 알아차리세요.** [1분간 침묵] 이제 당신의 **느낌들을 관찰해 보세요.** 지금 · 여기에 있는 동안 당신의 느낌이 어떻게 변했는지 살펴보세요. [1분간 침묵] 이제는 이렇게 알아차리고 있는 것이 누구인지 보세요. **생각, 느낌, 감각을 관찰하는 능력을 가진, 당신 눈 뒤에 있는 그 자**를 의식해 보세요. 우리는 당신 자신인 이 사람을 '관찰자 자기'[19] 라고 부르겠습니다.

이번에는 지난여름 당신에게 있었던 중요한 일 한 가지를 떠올려 보세요. [1분간 침묵] 이제 이 모든 경험을 알아차린 자가 바로 당신, 즉 **관찰자 자기라는 사실을 알아차릴 수 있는지 보세요.** 우리가 관찰자 자기라고 부르는 자는 그때 당신의 생각과 느낌들을 의식하고 있었고, 지금 · 여기에서 당신의 생각과 느낌, 신체 감각들을 알아차리고 의식하고 있는 자입니다.

비록 당신의 몸과 생각, 느낌들은 변했지만 관찰자 자기는 항상 같았다는 것에 주목해 보세요.

이제 당신의 관찰자 자기적 관점에서 당신 삶의 중요한 부분들을 검토해 볼 겁니다. 당신은 **당신의 몸 자체가 아닙니다. 당신은 당신의 몸 이상의 존재입니다.** 당신은 스스로 통증이 되지 않고서도 통증을 관찰할 수 있습니다. 1분간 여유를 가지고 당신의 몸 안에 들어왔다 나가는 감각들을 바라보세요. 그리고 **당신의 몸이 변하는 동안에도 당신의 관찰자 자기는 그대로 유지된다는 것을 알아차리세요.**

이제 당신의 느낌들을 한번 볼까요. 당신은 느낌들이 끊임없이 변한다는 것을 경험했죠? 한 가지는 분명합니다. 당신의 느낌들은 그것이 얼마나 강한 것이

[19] 조건에 의해 일어나고 사라지는 의식의 현상을 '관찰자 자기'라는 주체를 설정하여 자신의 몸, 느낌, 생각, 경험(사념처)을 관찰한다는 것은 전형적인 양극단의 유무적 관점이다.

이것이 바로 서양에서 불교적 내용을 비색계적 수준으로 이해한 예이다. 현재 서양에서 불교를 기반으로 개발된 심리치료나 집단치료 프로그램은 모두 유무적 관점인데 우리는 그것이 새로운 것이라고 호기심을 갖고 배운다.

었든지 결국에 사라질 것입니다. **알아차리고 있는 당신은 당신의 느낌들보다 더 큰 존재입니다. 매 순간 당신의 느낌에서 일어나는 극적인 변화들에도 불구하고 당신은 변하지 않습니다.** 관찰자 자기는 당신의 느낌들을 느끼고 나서 보다 넓은 관점에서 그것에 따를 것인지 말 것인지를 결정합니다.

이제 마지막으로 가장 어려운 부분을 살펴보죠. 바로 당신의 마음과 생각들이요. 관찰자 자기의 관점에서는 당신의 생각들을 있는 그대로 마음의 산물, 과거의 학습 경험 등으로 바라볼 수 있습니다. 관찰자 자기의 관점에서는 당신을 보호하기 위해 노력하고 당신이 취해야 할 행동을 선택해 주는 당신의 마음의 노력에 감사할 수 있습니다. **당신은 당신의 마음보다 훨씬 큰 존재입니다. 당신은 당신 자신의 그저 당신의 몸, 느낌, 통증 또는 생각이 아니라는 것을 경험으로 알게 되었습니다.** 그 모든 것은 당신 삶의 내용물이고, 당신은 삶에서 그것들이 펼쳐질 수 있게 하는 장, 맥락 또는 공간입니다.

내담자는 마음챙김에 기반하는 관찰자의 입장 훈련으로 힘들거나 고통스러운 감정, 감각 혹은 생각의 위협을 받지 않고 그것들을 자각하고 통증 및 그와 관련된 정서와 사고에 자신을 기꺼이 더 노출시켜서 자신 안에 있는 '초월적인 부분'을 발견했다고 하였다. 이러한 내용은 자기와 대상으로서 힘들거나 고통스러운 감정과 감각 혹은 생각 그리고 자기 안에 초월적인 부분의 세 가지 '존재가 따로 각각 있다'는 존재론적 관점에 기반하는 인식이다.

ACT에서는 마음챙김 훈련을 이용하여 내담자가 모든 활동에 현존하며 가치 있는 방향과 일치하는지의 여부를 적극적으로 선택할 수 있도록 돕는다고 하였다. 그러나 반야통찰상담에서 '가치'는 내담자의 욕탐인 의도로서 괴로움이 일어나는 조건으로 이해하기 때문에 내담자가 원하는 가치의 방향으로 행동하도록 돕는 것이 아니라 그 가치와 현재 자신이 경험하고 있는 괴로움의 조건적 관계[심의식←(욕탐)→일체법]를 연결해서 관찰한다.

반야통찰상담에서 과거 · 현재 · 미래 다루기

반야통찰상담의 기본적 관점은 현법現法 diṭṭheva dhamme이다. 현법은 연기緣起 paṭiccasamuppāda의 또 다른 명칭이고, 반야가 작동하여 존재의 삼특상인 무상 · 고 · 무아의 현재 일어남과 사라짐을 흐름으로 경험하는 것으로 중도中道 majjhima patipada이다. 내담자가 호소하는 과거, 미래의 내용은 욕탐에 묶인 내담자의 마음에서 일어난 구분이므로 반야통찰상담에서는 양극단의 시간적 구분이 아니라 지금 · 여기에서 일어남과 사라짐의 조건으로 접근한다. 즉, 연기적 조건성이 과거, 현재, 미래를 포함하는 실재적 현상이므로 이러한 현상을 있는 그대로 알고 보는 것이다.

다음은 현법으로써 중도를 가장 잘 표현하고 있는 게송이다.

> 지나쳐가지 않고
> 되돌아가지 않고
> 모든 이 생각의 번짐을 극복한 자,
> 그 수행자는 이쪽저쪽을 (다) 버린다.
> 마치 뱀이 오래된 낡은 허물을 벗어버리듯이.[30]

양극단을 떠나 중도로서 '생각의 번짐'을 극복한다는 것은 이미 지나간 과거로 되돌아가거나 오지 않은 미래로 넘어가지 않고 '현재에 머묾'으로 온갖 번뇌를 극복하는 가장 효과적인 수행법으로 알려져 있다.[31]

---

30) SN V 8, SN1:8, 뱀의 경, Uraga sutta.
31) 이유미, 2017.

반야와 지금 · 여기

지금 · 여기here and now로서 현법은 원전에서 현재 단지 보여진 것과 법을 보았다는 두 가지 의미로 쓰인다.[32]

1. 현법은 '현재 단지 보여진 것'으로 과거 생 · 미래 생과 비교될 때는 '금생'의 의미가 되고, 과거와 미래에 대비되어서 나타날 때는 '현재'의 의미가 되고, 바로 지금 · 여기here and now라는 의미로 쓰일 때는 '지금 · 여기에서' 등의 의미가 된다.

   과거는 우리에게 기억의 형태로만 존재하기 때문에 현실reality이 아니고 미래는 아직 일어나지 않았기 때문에 실재하는 것이 아니므로 과거, 미래는 관념의 세계이다. 그러나 '지금'은 과거나 미래와 대비되는 용어로서 지금에 마음을 챙긴다는 것은 과거나 미래에 마음을 빼앗기지 않음이다. 그러므로 괴로움의 소멸은 오직 현재, 금생, 지금 · 여기에서만 가능하다.

2. '법을 보았다'는 붓다의 가르침Buddha Sasana인 연기와 사성제를 이해해서 법의 눈法眼 dhamma-cakkhu이 생긴 경우로 '법의 무상 · 고 · 무아를 보았다'의 뜻이다. 붓다 가르침의 핵심은 '나 자신에게서 일어나는 현상法 dhamma'에 대한 올바른 이해, 지금 · 여기에서 자신에게서 일어나는 현상의 보편적 특성인 무상 · 고 · 무아를 있는 그대로 관찰하는 것이다.

   과거를 되새기지 말고 미래를 바라지 말라

---

32) 실론섬, 2014.

과거는 사라졌고 미래는 오지 않았다

현재에 일어나는 현상dhamma을

매 순간 바로 여기서 통찰하라[33]

시간적으로 지금이란 곧 공간적으로는 여기입니다. 여기라는 곳은 이 오온五蘊을 말합니다. 여기라는 공간도 관념이고, 여기 공간에 살고 있는 확실한 요소는 '오온의 작용' 말고는 없습니다.[34]

붓다는 "과거와 미래에 관한 모든 견해는 자신이 지금·여기에서 경험하고 느낀 것vedayita을 넘어서지 못한다."라고 하였기 때문에 반야통찰상담에서 지금·여기는 내담자가 현재 몸과 마음에서 경험하는 것이므로 내담자의 현재 경험만을 다룬다.

지금·여기에서 느끼고 체험하는 것은 단지 감각접촉phassa을 조건으로 일어나는 것이므로 내담자가 이야기하는 모든 과거와 미래에 대한 내용이나 생각은 바로 현재 내담자가 경험하고 있는 것에 대한 사적 견해이다. 반야통찰상담의 과정에서 문제에 대한 통찰과 문제해결의 실행 단계의 초점은 지금·여기이다. 또한 지금·여기는 행복과 평화로 머무는 상담 목표의 지점이기도 하다.

다음은 지금·여기의 현법과 중도로서 타심통이[20] 작동하는 붓다상담의 예이다.

바라문교도에게 시집을 온 '다난자니'라는 여인은 가문의 전통과는 달리 붓다를

[20] 마음을 읽는 앎(他心智 cetopariya ñaṇa 쩨또빠리야 냐나)은 타심통의 바탕이 되는 앎으로 타인의 마음이 탐욕, 성냄, 어리석음, 주의 깊은 마음, 산만한 마음, 계발된 마음, 위 있는 마음, 삼매, 해탈된 마음인지를 분명히 아는 것이다.

33) MN III 187, MN131, 지복한 하룻밤 경, Bhaddekaratta sutta.
34) 활성 스님, 2016a, p. 9, p. 17.

신봉하였다. 하루 세 번 붓다가 머무는 처소의 방향을 대고 "나모 땃사 바가와또 아라하또 삼마삼붓닷사" 하면서 붓다에 대한 존경과 사랑이 가득하였다. 그것을 참지 못한 바라문교의 남편이 붓다에 대한 아내의 그런 믿음이 화가 나서 "도대체 붓다가 당신에게 무슨 말을 하였기에 그리 되었느냐?" 하고 묻자 아내는 조용히 웃으며 "당신도 그분을 만나 보면 알 거예요." 하였다. 남편은 붓다에게 잔뜩 화가 나서 나름 상호 모순적인 질문으로 붓다를 곤경에 처하게 하여 굴복시키리라 하고 마음을 먹고 붓다에게 가서 다음과 같이 질문을 하였다.

> **21** 남편의 마음 상태는 이미 아내와 붓다에 대한 화로 들끓고 있어 며칠을 잠 못 이루고 있다가 왔다.

"무엇을 끊고 없애면 편히 잠들 수 있고, 무엇을 끊고 없애면 슬프지 <u>않습니까?</u>**21** 어떤 하나의 법을 죽이는 것을 당신은 허락하십니까?" 하고 질문을 하자 붓다는 "분노를 없애고 끊으면 편안히 깊게 잠들 수 있고 슬프지도 않다. 분노를 표출하는 순간을 꿀에 비유하여 쾌감이 있을 수 있으나 표현을 한 후의 영향력을 독에 비유하여 깊고 오랫동안 마음을 산란하고 거칠게 하므로 분노를 다스리는 것을 <u>권장한다</u>."**22, 35)**고 하였다.

> **22** 붓다는 생각과 사유인 사견에 휩쓸리지 않고 지금·여기 마주 앉은 질문자의 상태를 여실히 관찰하며 있는 그대로 경험한 내용을 보여 준다(타심통). 붓다는 질문자가 현상만을 표현하는 것에 대해 그 현상의 원인과 조건을 연결하여 이해하게 하여 지금·여기에서 경험하게 한다.

반야통찰상담에서는 내담자가 문제로 호소하는 현재 상황은 과거 상황이 조건이 되어 지금 일어났기 때문에 현재 상황에 이미 과거가 포함되어 있고 현재 상황이 다시 조건이 되어 사라지며 미래를 포함한다는 관점이다. 즉, 반야적 관점에서는 과거나 미래라는 시간적 구분의 단위는 우리의 관념적 구분이지 객관적으로 존재하는 현상이 아님을 반야상담자는 분명히 알고 의도, 기대, 희망, 바람은 욕탐과 동의어로 이해한다.

반야상담자의 주요 능력은 내담자의 이야기 안에서 과거, 현재, 미래를 분리하여 알고 볼 수 있어야 하고 과거와 미래의 내용은 내담자가 언급하더라

---

35) SN Ⅰ 160, SN7:1, 다난자니경, Dhanañjanī sutta.

도 상담자는 현재 상황과 조건으로 연결하여 머물면서 초점화하는 것이다. 내담자의 이야기에서 언급되는 과거나 미래를 객관적인 사실로서 접근하지 않고 오직 지금·여기로서 내담자의 몸과 마음에서 경험하고 있는 내용과 그 내용의 흐름적 변화를 다룬다. 내담자가 말하는 과거는 단지 시간적 옛이야기가 아니라 욕탐에 매여 일어난 마음으로 파악해야 한다. 또한 내담자가 미래에 대한 희망과 바람을 이야기하면 상담자는 그런 이야기가 바로 욕탐임을 알고 그것이 어떤 것을 조건으로 해서 일어난 마음인지를 내담자가 언급한 내용 안에서 연결하여 흐름적으로 경험하게 한다.

　반야통찰상담의 지금·여기의 접근을 연기적 과정으로 이해해 보면 내담자의 과거나 미래에 대한 이야기를 반야상담자는 여섯 감각 장소를 조건으로 감각접촉phassa해서 생겼다는 것을 알고 듣는다. 내담자에게 어떠한 감각기관과 어떤 감각대상이 만나지면서 거기에 영향을 주는 오염원으로써 욕탐인 기대나 의도의 영향하에서 의식이 일어나 현재 이야기하고 있다는 것[심의식←(욕탐)→일체법]을 조건적인 흐름으로 이해하도록 한다. 반야상담자는 내담자 이야기의 조건적인 인과를 이해하면서 충분히 함께한다는 표현으로 내담자가 말하는 내용에 그대로 머무른다. 내담자가 한 말을 상담자가 '그대로 되비춤'하는 것은 이야기 과정의 집중과 알아차림의 정도를 내담자에게 보여줌으로써 상담에 더 깊이 관여하게 하는 분위기를 형성한다.

　다음은 연기적 조건 관계를 알지 못하는 내담자가 현재 자신이 경험하고 있는 느낌이나 생각을 어떻게 과거의 경험과 연결하여 추측하는지를 보여 주는 예이다. 이러한 내담자의 추측이 현재 자신이 경험하고 있는 문제에 대한 올바른 해결책을 찾는 데 장애가 되고 있다.

　내담자(30대 초, 여)는 현재 듣고 있는 수업을[23] 선택할 때부터 고민이 많았고 듣고 있는 지금도 계속 갈등하며 '내가 지금 뭐하나?' '이것을 해서 잘될까?' 하는 의심이 있는 상태에서 조별 과제를 하는 상황에 대한 이야기이다.

[23] 취업이 잘된다는 이과 전공으로 대학을 다시 가려 하는데, 고교 때 문과 과목만 배워서 이과 교과목 물리를 학점은행제 프로그램으로 듣고 있다.

조별 과제를 하는데 백인 여자 두 명은 노트에 써 왔고 나는 컴퓨터로 작성해서 휴대전화에 저장해 왔는데 자기들이 작성해 온 내용으로만 모으고 내 것은 보지도 않고 자기들끼리만 이야기한다. 내담자는 그들이 자기끼리만 이야기하는 원인이 나는 영어를 못하고 이민자이기 때문이라 하였다. 내담자의 기대는 그들이 먼저 나에게 다가와 내가 영어를 잘 못하더라도 알아들어 가며 내 휴대전화를 들여다보고 내가 작성해 온 내용을 인정해 주는 것이다. 그런데 자기들끼리만 이야기하고 내 것은 보지도 않으니 기분이 나쁘고 무시당한 것 같아 예민해지고 이런 예민이 '차별한다'라는 추측으로 달라졌다.

여기에서 내담자는 이런 자신의 감정과 생각의 변화를 관찰하기보다는 '차별한다'라는 추측의 근거를 과거의 경험과 외부의 대상에서 찾음으로써 문제를 해결할 방법이 자신에게는 없다고 생각하여 문제해결 방법을 알고 싶다고 하였다.

또 다시……

내담자 19: 확실하지는 않죠. 다만, 내가 그런 추측을 하는 이유는 내가 과거에 그런 확실한 차별을 받고 그게 마음속에 상처가 되었는데 지금 비슷한 경험을 하니까 아! 그들이 또 이러는 건가? (음) 비슷한 차별을 하는 건가? 그렇게 되는 거지요.

상담자 20: 그렇지요. 그러니까 지금 현재 내가 경험하는 것에 대해서 '~건가?'라고 하는 것은 추측이라고 얘기했지요? (예) 이렇게 현재 실험실에서 셋이 있는데 둘이 말하고 나를 차별하는 건가? 했는데 차별하는 건가? 하는 추측이 어디에서 생겼냐? 어디에서부터 오냐? 그랬더니 어디에서부터 온다고요?

내담자 20: 과거의 경험에서요.

상담자 21: 과거의 경험에서…… 그건 과거의 경험이었고, 실제로 신디Cindy가 지금,

'그들이 또 다시 나를 차별하는 건가?'라는 추측을 하게 하는 상황이 어떤 거지요?

내담자 21: 과거에 경험했던 상황이 반복! 비슷하게 반복되는 것이요.

상담자 22: 그래요. 그 비슷하게 일어난다고 생각하는 상황에 대해 설명해 주세요.

－침묵－

내담자 22: 예를 구체적으로 얘기하자면 자기들끼리만 이야기를 하는 거지요. 나를 빼 놓고……

상담자 23: 그렇지! 세 명인데.

내담자 23: 네.

상담자 24: 자기들끼리 나를 빼 놓고 이야기를 하니까, 거기에 대해서 또 다시 차별하는 건가 하는…… (상담자가 말을 멈추고 내담자를 쳐다보자, 내담자가 "추측이……" 하고 말을 이으면서 상담자를 쳐다본다.) 들어요. (음) 그러면서 추측의 뿌리를 가 봤더니 내가 중학교 때부터 (예!) 계속 상황마다 반복되는 것 같아. (예!)

내담자 24: 지금 와서 이렇게 상황을 생각해 보면 그게 아닌 것일 수도 있어요. 물론 어떤 애들은 차별을 목적으로 나에게 그런 것일 수도 있고, 어떤 애들은 그런 목적이 아닌데 내가 혼자 예민하게 받아들여서 over를 한 거죠. (아~) 그런 것은……

상담자 25: 이해해요?

내담자 25: 그렇죠! 생각을 해 보면 그런 것일 수도 있는데 아무래도 과거에 그런 기억이 강렬하니까 나는 상황마다 '아! 이 사람이 또 이러는 건가? 내가 영어 못한다고…… 왜 나한테 그럴까? 다른 백인들한테는 사글사글한데 왜 그러지?'

상담자 26: 자, 그래요. 이제 금방 차별과 관련해서 신디가 나름으로 몇 가지 이유를 찾았어요. 뭐였지요?

－침묵－

상담자 27: 매니저, 백인 여자 두 명이 차별하는 이유를 찾았어요. 왜 그러는 걸까요?

내담자 27: 내가 그 이유를 정확히 모르니까……

상담자 28: 정확히는 모르지만 조금 전에 몇 가지 이유를 말했어요.

─침묵─

상담자 29: 이민자니까……

내담자 29: (바로 끼어들어) 영어를 못하니까, 동양인이니까, 네. 그러니까 본인들과
다르니까 네~에~ 그렇지요. (계속 고개를 끄떡인다.)

앞 사례에서 본 것처럼 내담자의 이야기는 특히 상담의 첫 회기와 상담 초
기는 거의 대부분이 과거에 대한 내용이다. 내담자는 현재 경험하고 있는 괴
로운 문제와 관련하여 현재보다는 과거와 미래에 대해 더 많이, 자주 이야기
한다. 그러나 반야상담자는 내담자가 무엇을 조건으로, 어떤 의도로 과거와
미래에 대한 내용을 주로 말하는지를 반야로 알고 보면서 듣는다.

반야통찰상담에서 비유와 은유의 활용

반야는 현재 진행형의 주관적 경험이므로 그런 주관적 경험을 타인에게
표현하거나 전달하고자 할 때는 비유적인 이야기를 통해서 효과적으로 전달
된다.

모든 문화는 역사 전반을 통해 가치관, 도덕, 규범 등을 전해 주기 위해 이야기를
사용했다. 부처, 예수, 마호메트, 노자 등은 가르치려 한 것이 아니라 이야기를
했다. 그들은 사실이나 통계, 실제적인 정보 같은 것을 인용한 것이 아니라 인생
의 이야기를 해 주었다.[36]

반야는 모든 존재가 조건에 의해 일어나고 사라진다는 삶의 진리를 깨닫고 그 깨달음대로 일상의 삶을 살아가는 실천이다. 즉, 반야는 단지 이해하고 알았다를 넘어서 실제로 그 이해와 앎이 실제 삶 속에 적용될 때 반야라고 할 수 있다. 반야는 우리의 일상적인 개념적, 선형적 사유 방식으로는 잘 이해되거나 설명되지 않기 때문에 반야를 경험하게 하는 대표적인 수단이 시간과 공간 그리고 폭넓고 다양한 삶을 압축해서 보여 주는 이야기 형식이다. 이러한 전달 방식은 듣는 사람이 우리 삶의 실상을 보편적, 전체적 맥락에서 경험할 수 있게 한다.

반야통찰상담과 이야기

내담자의 문제는 이야기로 구성되어 있다. 반야통찰상담적 접근에서 내담자가 호소하는 문제를 정상과 비정상이라는 양극단의 이중 관점에서 이해하기보다는 단지 내담자가 구성한 이야기로 이해하고 상담자는 내담자의 이야기를 호기심으로 경청한다. 내담자가 언급하는 내용을 문제로 규정할 경우 상담은 그 문제의 해결에 초점을 두어야 하지만, 내담자가 언급하는 내용을 이야기로 들을 경우 상담은 어떤 것을 해결하고 해소해야 하는 것이기보다는 단지 내담자에 의해 구성된 이야기를 따라가면서 이야기가 생겨서 유지되고 달라져 가는 지점과 그런 변화를 야기하는 데 관여된 욕탐 요인인 내담자의 기대와 의도를 이야기와 연결해서 이해하게 된다. 모든 이야기는 시작과 지속, 변화 그리고 끝이라는 형식으로 구성되어 있고 이러한 모든 존재의 시작과 지속, 변해감과 사라짐에 대한 법칙을 알고 보는 것이 반야이기 때문이다.

---

36) Burns, 2010, p. 80.

반야의 옷: 비유

반야는 이야기에서 비유比喩를 통해서 전달된다. 실제로 반야는 우리의 의식에서 일어나고 사라지는 현상을 알고 보는 능력인데, 이러한 인식력을 고정된 형태로 전달하는 데는 한계가 있다. 따라서 비유적으로 이야기를 통해서 시공간을 압축하여 반야의 인식력을 보여 준다.

비유적 표현을 사용하는 목적은 '이미 알려진 것을 더 많이 이해하도록 하기 위해, 알려지지 않은 것에 대해 더 많은 통찰력을 제공해 주기 위해, 심미적이고 정서적인 강도를 표현할 수 있도록 하기 위한 것'이다.[37]

> 붓다는 『잡아함경』의 수많은 경에서 매우 절묘한 비유를 활용하여 내담자의 이해와 통찰을 도왔다. '비유'야말로 붓다상담의 꽃이라고 할 수 있을 만큼 붓다는 시기적절하면서도 상담 상황에 꼭 맞는 비유를 사용하여 내담자의 심금을 울리고 이해와 공감, 변화와 성장을 촉진시켰다. 붓다 스스로도 "지혜로운 사람은 비유를 통해 이해를 얻는다. 비유란 매우 수승한 것이다." 하고 비유를 찬탄하면서 즐겨 이용하였다.[38]

붓다가 사용한 비유의 내용은 원전의 여러 곳에서 볼 수 있다.[39]

다음은 붓다가 전달하려는 의도와 내용을 비유를 통해 청자의 이해와 통찰을 촉진하는 예이다.

---

37) Witmer, 1985.
38) 권경희, 2002, p. 342.
39) AN III 230-235, AN5:193, 상가라와경, Saṅgārava-sutta; DN I 47-86, DN2, 사문과경(沙門果經), Samannaphala sutta; MN I 114-117, MN19, 두 가지 사유의 경, Dvedhāvitakkha sutta; MN I 160-174, MN26, 성스러운 구함의 경, Pāsarāsi sutta; MN I 237-250, MN36, 삿짜까 긴 경, Mahāsaccaka sutta; MN I 271-280, MN39, 앗사뿌라 긴 경, Mahāassapura sutta.

띳사여, 예를 들면 여기 두 사람이 있는데 한 사람은 길을 잘 알지 못하고(범부) 다른 한 사람은 길을 잘 안다(여래·아라한·정등각자)고 하자. 길을 잘 알지 못하는 사람이 길을 잘 아는 사람에게 길을 물으면 그 사람은 이렇게 대답할 것이다. "여보시오. 이 길을 따라 잠시 가시오. 이 길을 따라 잠시 가면 두 갈래 길(의심)이 나타날 것이오. 그러면 왼쪽(여덟 가지로 된 그릇된 도)을 버리고 오른쪽(여덟 가지로 된 성스러운 도)으로 가시오. 그리고 그 길을 따라 잠시 가시오. 그 길을 따라 잠시 가면 깊은 밀림(무명)이 나타날 것이오. 그러면 그 길을 따라 잠시 가시오. 그 길을 따라 잠시 가면 크게 패인 늪지대(kāma들)가 나타날 것이오. 그러면 그 길을 따라 잠시 가시오. 그 길을 따라 잠시 가면 험한 낭떠러지(절망과 분노)가 나타날 것이오. 그러면 그 길을 따라 잠시 가시오. 그 길을 따라 잠시 가면 아름다운 평원(열반)이 나타날 것이오."라고.

띳사여, 이 비유는 뜻을 바르게 전달하기 위해서 내가 만든 것이다.[40]

붓다가 사용한 비유는 무기無記와 같은 목적이지만 언어적 설명을 포함한다. 비유를 들어 설명하는 이유는 설명하고자 하는 내용이 새로운 이해와 통찰을 요구하므로 기존의 유무적인 관점의 인식 체계에서는 이러한 내용을 이해할 수 있는 도식schema, 상saññā이 없기 때문이다. 일반적으로 우리는 어떤 정보나 이야기를 들으면 그 내용을 인식하거나 내적으로 처리하는 과정에서 기존의 도식에 동화하려는 자연스러운 과정이 일어난다. 따라서 붓다는 그러한 자연스러운 정보처리 과정에서 발생하는 오염과 오류를 제지하고 조절의 기제를 통한 도식의 변화를 유도하는 과정인 상saññā에 앎ñāṇa이 생기도록 하여 인식의 방향을 바꾸고자 할 때 비유를 사용하였다고 이해된다. 비유는 새로운 경험인 무상·고·무아라는 생멸의 관점을 전체적으로 보여 주는 것

---

40) SN III 108, SN22:84, 띳사경, Tissa sutta.

이다. 따라서 반야적 인식 과정은 기존에 가지고 있는 도식으로 이해되는 내용이 아니므로 비유적으로 설명된다. 반야통찰상담에서도 내담자에게 자신의 문제에 대한 이해와 통찰을 좀 더 객관적이고 현상적으로 이해하도록 하기 위해 비유를 사용한다.

다음 내용은 아들과 반복되는 갈등을 호소하는 내담자에게 갈등이 반복되는 이유와 갈등을 멈추기 위한 방법을 비유로서 설명한 것이다.

상담자 43: 그렇죠. 아이를 내가 딱 한번만 본다면 문제가 안 돼요. 근데 뭐가 문제죠?

내담자 43: 계속해서 봐야 한다는 것.

상담자 44: 어머니와 아드님이 이 상황에 처해 있잖아요. 그래서 지금의 상황이 다음에 만날 상황에 인과적으로 영향을 주지요. 일단 좋게 끝나면 다음에 다시 시작할 때도 어떻게 시작하지요?

내담자 44: 다시 좋게 시작이요. (예) 자연스럽게.

상담자 45: 근데 서로 불편하고 특히 나의 마음이 어지러운 상태에서, 상처받은 상태에서 끝나면 다음 시작될 때도 그 상태에서 시작된다는 것. (예) 음, 그런다고 한다면 밥 먹고 귀찮으니까 '아, 그냥 놔두어 버리자.' 이렇게 하면 그때는 밥 먹고 설거지 안 해도 좋다 했는데 그게 시간이 지나서 다시 밥을 먹어야 하는 상황이 될 때 설거지를 안 해 놨기 때문에 어때요?

내담자 45: 그 설거지가 다 말라 비틀어져 (음) 설거지하기도 힘들고.

상담자 46: 더 힘들어졌고 시간도 많이 걸리고 (음) 다시 먹어야 하는 상황을 적절하게 대처할 수 없죠. (없죠.) 그 원리가 아이와의 관계에도 적용이 된다는 거예요. 그렇다면 아이와 관계에서도……

내담자 46: 네. 남는 게 없어야 해요.

상담자 47: 그래요. 아이를 다시 보는 상황에서 마음속에 아이에 대한 서운함과 화가 남아 있는 것이 없으면 어때요?

내담자 47: 할 필요도 없고……

상담자 48: 이해하셨어요? (예) 우리가 반야통찰상담에서 하려고 하는 것이 이거예
요. 우리가 알고 있는 원리가 뭐였지요? 모든 것은 새로이 태어났다가 한순간
의 과정을 거치면 그걸로 끝나요. 아이와 내가 부엌에서 이야기하고 나면 끝
나요. 그런데 그 아이가 다시 부엌에 내려올 때 어때요? 이미 내 마음이 그 전
의 서운함과 화로 오염되어 있어서 아이를 볼 때 영향을 미치지요. (음) 그 아
이가 가져온 게 아니에요. (그렇죠.) 그 아이가 부엌에 왔다는 것도 문제가 아
니에요.

내담자 48: 그렇죠. 일단 그 모든 것은 내 마음에 남아 있는 거니까요.

상담자 49: 그래요. 그럼 어머니가 노력한다 했으니 그게 어떤 거지요?

내담자 49: 먼저 끝날 때, 소멸될 때, 한 사이클이 소멸될 때 (음) 남는 게 없이 (음)
끝나야 되는 거죠!

친절한 언어: 은유

은유적[24] 의사소통은 이야기, 신화, 우화, 동화, 비유, 일화의 형태로 사용
된다. 상담과 심리치료에서 은유는 내담자가 스스로 인식하지 못하거나 활
용하지 못하는 자원에 접근하기 위한 기법이다. 은유는 개인이 생각하고 판
단하고 인지하고 상상하고 의사소통하고 믿고 관계 맺는 방식을 이해하기 위
한 필수 요소다.[41]

은유는 개인의 심리적 현실을 이해하는 데 유용한 관점을 제공해 주기 때
문에 정신치료 분야에서 오래전부터 활용되었다.[42] 상담 과정에서 은유를

[24] 은유는 전달할 수 없는 의미를 표현하기 위하여 유사한 특성을 가진 다른 사물이나 관념을 써서 표현하는 어법(語法)으로 의미의 이동과 전환을 의미한다. '~같다' '~듯하다'와 같이 비교를 나타내는 말을 숨기고 압축된 직유의 형태를 취하기 때문에 은유(隱喩)라고 한다. 은유의 형태는 A=B이지만, 은유의 의미는 A×B이다. 이미지를 받는 말과 이미지를 주는 말이 상호작용에 의하여 의미의 질적 전환을 일으키는 것이다 (출처: 한컴 민중국어사전).

41) Thompson, 2003/2007, p. 158.
42) 이윤주, 양정국, 2007, p. 106.

사용함으로써 간접적으로 내담자의 문제 상황과 관련되지만 그 속에 내담자의 문제해결에 열쇠가 될 만한 지혜와 암시가 내포되어 있기 때문에 내담자가 이야기를 듣고 있는 동안 무의식 차원에서 그 암시를 받아들이고 그 결과 치료의 효과가 발휘된다.[43]

원전에는 수많은 역설과 은유가 등장한다. 역설은 스승과 제자 사이에서 오고 간 선문답의 형식으로 나타나고, 은유는 '직접적으로 포착하기 어렵거나 복잡하고 추상적인 개념을 이미 알고 있는 형상의 도움을 빌어' 표현함으로써 불교의 내용을 쉽게 이해할 수 있게 하는 좀 더 친절한 언어로 사용되었다.[44] 원전에 나타난 여러 사례는 불교의 주요 교화 수단인 명상 외에도 은유와 역설과 같은 언어적 가르침도 심리치료적 효과를 거둘 수 있음을 보여 주고 있다. 다시 말해, 불교에서 은유는 인식의 확장만이 아니라 고통으로부터의 해방을 궁극적인 목적으로 한다.

심리치료는 상담자의 도움을 받아야 하지만 최종적으로는 내담자가 가지고 있는 문제에 물들지 않은 또 다른 내적 힘으로 이루어져야 한다. 내담자의 문제를 해결할 새로운 길은 그 문제와 다른 것이기는 하지만 문제를 안고 있는 동일한 내담자의 내면에서 나와야 한다. 그러므로 새로운 해결책은 과거의 문제와 연결되어 있지만 새로운 대안을 가지고 있어야 한다.[45] 이러한 내담자 문제해결을 위한 내면에서의 새로운 대안을 찾는 데 은유가 활용된다.

불교적 심리치료는 직접적인 해답을 제시하기보다 간접적인 방법으로 스스로 자각을 얻게 하는 것을 목표로 한다. 그런 점에서 은유는 명상 못지않게 불교적 수행과 심리치료의 고유한 방법이라고 할 수 있다. 명상이 '나 중심의 치료법'이라고 한다면 은유는 스승과 제자 사이의 문답 또는 상담자와 내담

43) 설기문, 2002.
44) 명법, 2009; 주성옥, 2012.
45) 주성옥, 2012.

자 사이의 상담을 통해 이루어지는 '우리 중심의 치료법'이다. 명상과 은유가 붓다에 의해 고품의 소멸이라는 목적을 위해 활용되었던 것처럼 현대인이 겪는 심리적 문제해결에 더 많이 기여할 수 있을 것이다.[46]

반야통찰상담의 촘촘함과 원전의 반복

반야통찰상담은 '분명하게 반야로 이어 보며 머무는' 촘촘한 과정이다. [참조: 사띠 삼빠자냐]

다음은 반야통찰상담적으로 반응하기 실습에서 질문자 역할을 한 사람이 반야통찰상담의 촘촘함을 경험하고 이야기한 내용이다.

반야상담자 1: 어떤 경험을 하셨나요?

질문자 1: 우선은 반야가 무엇인지, 반야통찰상담이 무엇인지에 대해서도 알았으나 반야상담은 답답한 거라는 생각을 했어요.

반야상담자 2: 아~ 답답한가요?

질문자 2: 네. 내가 질문을 던졌는데 왜 그런 질문을 하니? 라고 물어보는 거잖아요. 아니, 이러니까 질문을 하죠? 라고 말씀을 드렸는데 그럼 왜 그렇게 생각했나요? 하고 물어보는 거잖아요? 그러니까 내가 그렇게 생각을 했다니까요? 왜 내 질문에 대답을 안 해 주시고 다른 질문을 내게 하시는 걸까? 하고 생각했어요.

반야상담자 3: 그런 과정이었나요? (네)

질문자 3: 5분간 똑같은 질문을 계속 물어보는 것 같았어요. 왜 이런 질문을 하나요? 왜 그렇게 생각하시나요? 그러니까 내가 듣고 싶은 답을 못 듣고 왜 계속

46) 주성옥, 2012.

이런 질문을 하시지? 라고 생각했어요.25

반야상담자 4: 그래요. 원하는 답을 안 들으셨어요. 그런데 내가 드리는 답이 원하는
답이라는 보장이 없어요. (아~) 이해하셨나요?

질문자 4: 내가 원하는 답이 딱히 정해져 있는 게 아니라 뭐라고 하시더라도 그게
내가 듣고 싶었던 거예요. (응) 그럼에도요?

반야상담자 5: 음. 그럼 듣고 싶었던 거라고 해요. 그런데 그게 듣고 나서 영양가가
있나요?

질문자 5: 그러니까 남이 그냥 말해 주는 것보다는 내가 직접 찾는 게 더 맞는 방법
이라고요?

반야상담자 6: 그런 어프로치approach예요. 답은 얼마든지 줄 수 있어요. 그런데 답
을 주는 게 아니라 그 질문에 대해서 사유하는 방식을 가르치는 거예요. (응~)
지금 그 말을 했을 때 그 말이 어디서 생겨서 왜 이런 말을 하고 있는지에 대
해서 자신을 점검하는, 통찰하는 그 형식을 가르치는 것이 반야적인 어프로치
예요. 우리가 이야기하는 동안 내가 내 의견을 이야기한 게 있나요?

질문자 6: 아니요. 나에게 계속 내 것을 물어보셨어요.

반야상담자 7: 그래요. 이게 반야통찰상담의 아주 기본적인 베이스base예요.

질문자 7: 자기를 돌아보게 하는 거요?

반야상담자 8: 상담자는 어떤 개인적인 의견을 내담자에게 주지 않아요. (아~) 오직
내담자에게 (질문자: 들어주고 다시 보게 하고……) 네. 대부분 상담에서는 어
드바이스advice를 한다고 해요. (아~ 그거 자체가 잘못된 것이다?) 그렇죠. 인
포메이션information을 줘요. (으~응) 하지만 그런 것은 내가 경험한 것과 내
담자의 세계는 달라요. (당연하죠.) 그런데 내가 경험한 것을 내담자에게 준다
는 것은 내 표현에 의하면 '장기 이식'을 해 주는 것과 같아요. 그렇기 때문에
그게 힘을 발휘하지 못해요. 그런데 자기 안에서 이렇게 찾아내거나 자기 안
에서 이렇게 뒤적거리면 거기서 힘이 생긴다는 거예요. (거기서 답을 찾는다

고요?) 그래요. 그것이 일반적인 어프로치approach와 반야통찰상담의 어프로
치의 차이예요. 이게 답답할 수는 있어요. 그런데 물으셨잖아요. 왜 같은 질문
을 세 번씩이나 하나요? 이렇게요. 그런데 앞에서 말한 것처럼 이게 처음에는
이상할 수 있어요. 왜냐면 우리는 (평상시) 그런 상황에 있어 보질 않았기 때
문이에요. (그렇죠.) 그만큼 정신이 나가 있는 거예요. (큰 웃음) 지금 생각하
고 있는 건 간극이 너무 멀어요. 이게 촘촘하지 않아요. 그런데 지금 내가 한
것은 이 간극을 촘촘하게 그 안에서 비벼대는 거예요. 상담자의 경험적 이야
기는 이렇게 들어봤자 본인에게는 도움이 안 된다는 거예요. (그렇죠.) 그런데
본인이 이야기한 그 부분에 대해서만 자꾸 비벼대니까 어땠나요?

질문자 8: 계속 더 새로운 것을 그 좁은 틈에서 찾아야 했죠.

반야상담자 9: 그래요. 그래서 촘촘해지는 거예요.

대부분의 수행자, 학자, 불교 전문가들은 원전의 내용이 '반복되고 있다'에
동의하는 것으로 이해된다. 반복反復은 '똑같은 일을 되풀이하거나 이리저리
유사한 방식으로 계속한다.'[47]는 의미이다. 그렇다면 붓다는 깨달은 자이고
인류에 역사상 가장 깊은 선정과 출세간에 도달해서 아라한과를 성취한 분이
똑같은 말을 되풀이했다는 것이 우리에게 설득되는 설명일까?

붓다는 원전에서 반복, 즉 윤회가 바로 괴로움이라 하였고 그 괴로움의 소
멸과 소멸에 이르는 방법에 대해 설명하였는데 원전의 내용을 우리가 반복하
고 있다고 생각하는 것은 상당한 혼란과 오해의 소지가 있다. 용어 오용과 남
용 그리고 혼용이 불교를 설명하거나 논할 때 여기저기에서 자주 나타나는
현상이다. 따라서 우리네 인생사의 괴로움인 재생再生, 윤회로서의 반복과 원
전의 내용이 반복되고 있다는 표현은 좀 더 분명하게 구분되어야 한다.

---

47) 한컴 민중국어사전.

현재 인류의 과학적 기술의 발달로 우리가 수만km/시간의 속도로 몇 년을 비행하여 간다 하여도 광활한 물질적 공간인 우주를 아직 충분히 이해하지 못하고 있다. 그러나 붓다는 2600여 년 전에 물질이 아닌 마음의 일어남과 사라짐의 원리를 발견하고 알게 된 사실을 45년간 말로서 가르침을 폈다. 지금까지도 붓다를 능가하는 지성인은 나타나지 않았다고 한다. 현재에도 지구상에 60억 명 이상이 매일 붓다가 가르친 대로 사띠sati-사마디samādhi-반야paññā를 수행하며 깨달음을 얻고자 하고 있다. 무엇을 수행하는가? 수행의 결과는 지금·여기에서 깨어 있음으로 일어나고 사라지는 현상을 있는 그대로 알고 보는 심리적 능력인 반야를 구족하는 것이다.

붓다는 깨달음을 얻은 이후 열반에 드는 순간까지 삶 자체가 깨어 있음이었다. 단 한 순간도 깨어 있음에서 벗어나지 않았는데 어찌 제자들에게 가르침을 펼 때는 단순히 똑같은 말을 지루하게 되풀이하고 있을까? 불교를 수십 년씩 공부하고 연구하고 붓다의 말씀을 세상에 전하는 이들이 붓다의 말을 지루한 반복으로 이해하고 추측한다는 것에 슬픔이 올라온다. 유사하거나 똑같은 말을 계속하신 그분의 뜻이 무엇일까?

『중아함경』에서는 내담자가 말한 내용을 지루할 만큼 반복해서 되풀이하는 경우가 많은데 붓다 재세 시에는 문자 없이 말로만 소통했으므로 서로 정확한 이해를 하기 위해서인 듯하다. 또한 『중아함경』 경집 때도 역시 문자 없이 구전되는 특성상 붓다의 말씀을 한 치도 틀림없이 전달하고자 하는 의도에서 반복되는 내용을 그대로 옮긴 것으로 추측된다.[48]

빠알리어 원전이 똑같은 정형구를 반복하는 형식을 띠게 된 주된 이유는 원전이

---

48) 권경희, 2010b.

합송으로 결집되어 구두口頭로 전승되어 왔기 때문이고, 외우는 사람이 외우기 편리하고 듣는 사람도 반복해서 들음으로 해서 쉽게 잊어버려지지가 않아 원전의 내용을 정확하게 전승하는 효과가 있다.[49] …… 또한 정형구를 반복하는 이유는 순수히 개인적인 생각이지만 당시 불교의 경쟁 관계였던 브라만이나 자이나교 등에…… 불교 입장에서도 그들 못지않게 많은 가르침이 있다고 대응하는 차원에서 원전의 분량을 반복하여 늘렸을 거라고 생각해 본다. …… 원전의 번역본의 경우 시대의 흐름이나 현실적인 상황을 감안하여 정형구를 삭제하여 1~2권이면 되는 원전의 분량을 7~8권으로 만드는 것은 시간적으로나 경제적으로 상당한 손실이며 불자들이 공부를 하는 입장에서 보더라도 불필요한 낭비라고 생각한다.[50]

앞에서 반복되는 원전의 내용을 '정형구'라고 한다. 붓다가 45년간 가르친 것이 '나는' '세상은' 이 모든 존재가 고정된 실체가 아니고 일어났다 사라지는 현상이라는 생멸의 원리였는데 어찌 붓다가 말한 내용이 고정된 것일까? 분명 아난다는 붓다가 한 말을 있는 그대로 기억하고 '이와 같이 들었다'고 하였지 붓다가 말한 내용을 정확하게 전승하고 암송하기 쉽도록 하기 위해 반복하였다는 언급은 내가 접한 문헌이나 자료 그 어디에서도 보지 못했다.

원전을 읽는 우리는 지금 붓다가 제자를 가르치거나 상담을 진행하고 있는 맥락에 있지 않고 글자를 읽는 맥락에 있기 때문에 단어나 문장을 정형구의 형식으로 반복하고 있는 것처럼 보인다. 읽는 우리에게는! 그러나 이 상황에서 말하고 있는 붓다는 반복이 아니라 분명하게 반야로 이어 보며 머무는 사띠 삼빠자냐sati sampajañña의 상태이다.

---

49) 마이템플, 2010; 실론섬, 2014.
50) 실론섬, 2014.

얼마 전까지도 원전을 읽다 보면 '정말 똑같고 비슷한 말을 아주 지루하게 반복하고 있다.'고 생각되어 그렇게 비슷한 문장을 뛰어넘어 새로운 말이 나오는 지점을 찾느라고 뒤적거리다가 혼잡하여 그만두기를 반복하였다. 그러나 지금 알아차린 것은 붓다는 지금·여기에 매 순간 현존하면서 의식의 끊김 없이 말을 하였고 나는 초초분분의 순간에 생각과 관념, 과거와 미래로 넘나들면서 현재에 머무르지 못하였다는 것을 알게 되었다. 즉, 붓다의 언어는 철저하게 현재의 흐름이었다.

자꾸 의도적으로 마음을 잡고 원전을 천천히 읽어 따라가 보니 실제로 섬세하고 미묘한 알아차림으로 현존하게 되면 그 상태는 언어로 표현될 수 없지만 굳이 청자에게 언어적으로 전달하려고 하면 붓다의 말씀 같은 형식일 수밖에 없겠다는 생각이 '퍼뜩' 들었다. 나는 원전을 읽는 동안 어쩌다가 한번 알아차림이 있고 나머지는 생각과 관념, 과거나 미래로 옮겨 다니면서 고전압의 한 치 빈틈없이 촘촘함fineness으로 이루어진 붓다의 언어를 저전압의 엉성함으로 이해하려 했으니 어찌 그것이 가능했겠는가?

몇 년 전 불교 공부를 하는 모임에서 붓다가 비슷하거나 똑같은 말을 반복하는 형식으로 원전이 쓰인 이유에 대해 불교학 전공 교수님은 그 당시에는 요즘 같은 마이크도 없이 야외에서 많은 대중을 대상으로 말씀하셨기 때문에 반복해서 말하여 전달하려고 하였거나 아니면 그 당시의 언어적 표현 방식이 그러했을지도 모르겠다고 하였다.

그러나 어느 날 이것이 바로 붓다의 현재 머무름의 속도이고 원전의 내용이 지루하게 반복되고 있다고 생각하는 나는 이미 알아차림에서 벗어나 딴 곳을 헤매는 것임을 깨달았다. 즉, 원전을 읽으면서 느끼는 지루함만큼 정확하게 지금 현재에 머무르는 힘이 아직 만들어지지 않았다는 것이 알아차려졌다. 그러면서 가야 할 방향과 목표가 더 분명해졌다. 지루하게 반복하고 있는 붓다의 언어를 지루하다 생각하지 않고 선명한 알아차림으로 읽을 수 있다면 나의 알아차림의 정도가 거기에 도달한다.

　따라서 반야상담자는 붓다 언어의 형식과 속도에 근거하여 내담자에게 온전히 머무르면서 언어적 표현의 촘촘함을 유지해야 한다. 일반적으로 상담자들은 내담자의 말을 몇 마디 듣기도 전에 문제를 진단하며 너무 많이 뛰어넘거나 자신의 생각이나 관점으로 넘어간다. 그러나 반야상담자의 언어는 내담자를 상담자의 관점으로 급하게 데려오거나 제시하기보다는 내담자가 현재 하는 말과 행위에서 촘촘하게 그 과정 전체를 알아차림 하도록 메우고 연결하는 역할을 해야 한다.

　실제 상담 과정에서 내담자의 말에 머물면서 내담자와 함께 가려고 하면 자연스럽게 내담자가 한 말을 다시 언급하고 상담자의 말을 할 수밖에 없다. 이것은 반야통찰상담적 관점으로 실제 상담을 진행하다 보면 그렇게 경험된다. 뭐라 말로 설명하기는 좀 복잡하지만 우리의 일상적 마음은 너무 순간적으로 변하고 흩어지기 때문에 내가 말을 하고 상대방의 말을 듣고 다시 상대방의 말에 반응할 때까지의 순간에 나의 마음은 밖으로 나가서 지구를 몇 바퀴 돌고 우주도 몇 번은 왔다 갔다 할 만큼 돌아다니다가 상대방의 말에 반응한다. 그러므로 내가 말한 지점과 내담자가 말한 지점은 이미 서로 어긋나 있는 것이다. 그래서 내담자가 말을 하고 나면 내가 그 말 속에서 자연스럽게 이어져 나오는 것이 아니라 건너뛰어서 내 말을 하게 된다. 그러나 상담자의 의식이 내담자의 말에서 벗어나지 않고 듣고 있었다면 '말하는 원칙'에 의해 내담자가 한 말을 먼저 하고 이어서 상담자가 말을 하게 된다. 이것은 '그래야 한다.'라는 당위가 아니고 '그렇게 된다.'라는 일어나는 현상적 경험이다.

　내담자의 말을 반복하고 상담자가 말을 이어 가는 것을 비유적으로 표현한다면 서로 다른 두 개의 악기가 번갈아 가며 동일한 음을 연주할 때 자기의 톤으로 하다가 상대방 악기의 톤이 바뀌면 자기의 톤을 상대방의 고저高低에 맞추는 과정이 먼저 이루어져야 자기 악기로 상대가 표현한 음을 낼 수 있다.

이것이 조율tuning 과정이다. 즉, 상담 과정에서 내담자가 한 말을 상담자가 반복하는 것처럼 다시 말하고 나서 상담자의 말을 더해서 하는 것은 바로 상담자가 내담자에게서 떨어지지 않았다는 사띠 삼빠자냐이다.

다음은 수련생이 상담 시연 실습을 한 후 반야통찰상담의 촘촘함fineness과 일반상담의 접근에 대한 경험을 이야기한 것이다.

> 수련생 1: 그동안의 상담에서 아이(내담자)가 어떤 말을 하면 내가 먼저 의미를 해석하고 방향을 제시했던 거 같아요. 그런데 반야통찰상담은 지금 촘촘하게 계속 내담자 말을 따라가는 거잖아요. 그래서 상담 과정에서 순간 내가 의식적으로 '그래, 따라가야 돼.' 하면서 되비춤을 한다고 하는데 어느 순간 또 보면 이미 내 말을 막 하는 거예요. 상담 장면에서도 순간 '아, 내 식이 발동되어 내가 앞서고 있구나.' 이렇게 했을 때 내담자가 내 앞에서는 웃으면서 '맞아요. 맞아요.' 하는데 돌아서서 얼마나 자기 것이 되었을까 하는 생각이 들더라고요. 그래서 아직도 내 식대로 계속 그 아이를 조종하려는 게 있구나.

붓다상담의 특징은 내담자의 몸과 마음의 상태인 현법에 분명하게 반야로 이어 보면서 내담자가 표현한 언어의 흐름과 상태에 밀착하여 머무르기 때문에 내담자도 의식이 분산되지 않고 상담자와 함께하는 집중 효과가 있다. 이러한 붓다의 내담자에게로의 밀착이 나에게는 타심통他心通의 구현이라고 이해된다. 원전에서 붓다의 언어에 대한 되비춤은 반복이 아니라 철저한 깨어 있음 속에서 이루어진다. 그렇기 때문에 청자도 붓다의 말에 집중할 수밖에 없다.

다음은 반야통찰상담의 사례 분석을 공부하는 과정에서 수련생이 자신의 반야통찰상담 내담자 경험에 대해 이야기한 내용이다,

수련생 1: 반야통찰상담 내담자를 해 보니까 어떠셨어요?

수련생 2: 나도 반야통찰상담에서 내담자 경험을 해 보았기 때문에 분석 사례의 이 내담자가 이렇게 진행하는 과정이 좀 더 와닿아요. (반야통찰상담의) 내담자로서 이 내담자가 느꼈던 부분들이 똑같이 느껴졌어요. 그래서 상담자가 내가 이야기하는 내용을 계속 반복하는 것처럼 그 내용을 나에게 다시 말해 주었을 때 그것을 생각하면서 아! 저 부분은 내가 저렇게 말했었고(하는 인식이 되면서) 그 부분이 또 다른 것으로 연결된다는 것. 계속 그렇게 연결되는 지점이 있었고 내가 이야기했던 그 부분에 대해서 정직하게 또 다시 내 놔야 된다는 것. 그런 것을 자꾸 생각하면서 말하고 있는 부분이 어디 빠져 나갈 부분이 없이 (아하! 으~응) 거기에 계속 몰입해서 들어가는 (아~ 예) 그런 느낌을 받았어요. 그러면서 내담자가 이야기하는 그 부분을 상담자가 어떻게 집어 들어가는지 좀 더 많이 보았어요. 그래서 나도 이제 상담 과정에서 똑같이 가 봐야겠다 하는 생각을 해서 오늘(되비춤 실습) 잘 들어 가지고 이야기를 해 볼까? 하고 나름대로 이야기를 듣다가 또 그 사이에 다른 데를 갔다 와서 처음 이야기를 놓쳤어요.

수련생 3: 그 순간이 오더라고요. (수련생 전체: 웅성웅성)

수련생 2: 어, 이런 것을 경험했어요. 그래서 이렇게 그 부분에 대해서 상담자가 똑같이 내가 한 말을 잘 듣고 이야기를 하면서 자기의 알아차림을 갖는 거지요. 이런 부분이 똑같이 가야 된다. 이런 걸 느꼈고 상담에서도 똑같이, 같은 과정을 계속 반복해 보면 정말로 일반상담과는 확실히 다르다는 것을 느끼게 되더라고요. 그래서 그런 것을 내담자, 상담자로서 같이 경험하면서 제일 중요한 것은 똑같이 가려면 내가 초점을 맞추고 안 놓쳐야 (안 놓쳐야지.) 된다는 것. 아, 이 부분이 굉장히 중요하다. (어려운 것이지요. 진짜 어려워.) 그런 부분을 하기 위해서 앞에 (언어 상담 전후에) 수행(입출정)을 하잖아요? 수행을 할 때 내 마음이 어디로 가는지 어디로 쫓아가는지 세세하게 알아차림 하면서 알고 있어야만 같이 간다는 것. (그렇죠.) 그렇게 좀 더 해야 되겠다. 좀 더 밀착해야 되겠다.

　붓다는 많은 경우 1회 상담으로 내담자를 깨달음에 이르게 한다! 현대 상담에서 상담 효과와 관련하여 가장 관심 있는 주제는 최소한의 상담 회기로 최대의 효과를 내는 것이다. 붓다 설법에 대한 연구에서 이것을 한계로 지적하기도 했지만, 나는 붓다상담은 상담자와 내담자의 알아차림이 온전히 함께하는 상담의 진수眞髓로서 붓다상담에 비추어 보면 상담 회기가 길다는 것은 상담자와 내담자의 상담 관계가 분명한 알아차림에 기반하지 않기 때문이라고 볼 수 있다. 반야통찰상담의 전체 과정은 내담자가 호소하는 문제를 탐색하는 과정에서 생멸의 원리를 이해하는 통찰이 생기도록 한다. 이것이 법안法眼 dhammacakkhu이 생긴 것이고 혜안慧眼 paññācakkhu의 작동이다.

　정신분석의 가장 큰 단점은 치료 시간이 오랜 걸린다는 것이다. 정신분석학파에서는 정신의 가장 깊은 층인 무의식을 다루기 때문이라고 하지만 반야통찰상담의 관점에서 보면 정신분석에서 정의하는 정신(무의식)은 사유와 관념의 무더기인 상의 지점으로 생각과 관념을 다루었기 때문에 실재에 대한 분명한 앎dhamme ñāṇa이 결여되어 문제마다, 생각마다, 느낌마다, 다른 문제로, 현상으로 다루어진다. [참조: 반야통찰상담의 원리-냐나] 이러한 접근은 문제와 생각을 꿰뚫는 존재에 대한 보편의 원리인 무상·고·무아에 대한 통찰이 결여된 채로 마치 '두더지 두드리기' 게임에서 얼굴을 내민 두더지를 두드려서 가라앉히는 순간 다른 곳에서 또 다른 두더지가 얼굴을 내밀어 이리저리 계속 두드려야 하는 것과 같다고 이해된다.

　일반상담의 '괴로움이 일어날 때마다 형태와 내용이 다른 여러 가지가 있다.'라는 유무의 관점에 비해, 반야통찰상담은 모든 존재의 보편적 특성인 무상·고·무아를 현재 일어난 문제에서 꿰뚫어 관찰하는 사띠 삼빠자냐를 토대로 진행되므로 상담 문제와 목표 설정을 일관되게 명료화할 수 있다.

상담사례 분석: 내 인생을 망친 부모

다음은 상담자가 어떻게 현재에서 벗어나 과거를 더듬는지를 상담 문제와 상담 목표를 중심으로 일반상담과 반야통찰상담적 접근의 차이를 비교해 본다. 이 사례[51]의 제목은 '내 인생을 망친 부모'이고, 내담자 호소 문제는 '부모의 폭력과 잘못된 양육 방식으로 자신의 인생이 망쳐졌으며, 그러한 과거 기억 때문에 분노가 치밀어서 견디기 힘들다.'이다.

다음은 상담자가 이해한 내담자의 문제이다.

어린 시절 내담자는 ① **부모의 말을 잘 따르는 착한 아이였다.** 반에서 성적도 우수한 편에 속했으며, 운동도 곧잘 해서 축구부에 가입하여 선수를 꿈꿀 정도였다고 한다. 하지만 ② **권위적인 아버지는 내담자의 의견을 수용해 주지 않았으며, 비일관적인 훈육 방식과 함께 폭력을 일삼았다.** 그래도 그런 것이 당연하다고 생각하고 지내오던 중 ③ **다른 친구들의 아버지가 모두 자신의 아버지처럼 때리지 않는다는 것을 깨달은 후부터는 끓어오르는 분노감과 무력감**에 이전의 자신과는 달리 자신 없고 소심하고 친구들과도 어울리지 못하게 되었다고 한다. 가끔씩 아버지에게 떼를 써보기도 했지만 심하게 맞는 일(내담자의 표현)이 일상이었기에 자신의 감정과 생각은 억누른 채 그저 아버지가 원하는 모범생처럼 중·고등학교 시절을 보내왔다. 하지만 그것이 효도라고 생각하고 아버지의 말을 바보처럼 따르며 살아왔지만 수능을 망치고, 재수를 하는 과정에서 상담을 받게 되었으며,

---

51) 한국청소년상담복지개발원, 2016. pp. 101-112.

부모님의 말을 잘 듣기만 하는 게 자신을 위한 것이 아님을 깨닫고, 조금씩 자신의 의견을 표현하게 된 것으로 보인다. 하지만 내담자는 ④ **과거의 기억에 사로잡혀 지금 현재 자신의 인생은 부모님 때문에 망쳐졌다는 피해의식으로 뒤덮여 끓어오르는 분노감을 주체하지 못하고 있는 상태이다.** 자신이 잘 살기 위해서는 공부를 열심히 해서 부모로부터 독립해야 한다는 의지를 갖고 있지만, 앞으로 나아가는 속도보다 ⑤ **과거의 자신을 괴롭힌 어린 시절 기억이 무거운 무게추처럼 내담자의 발목을 잡고 있다.**

이 내용에서 반야상담자는 먼저, 상담자의 3인칭 관점으로 추측, 해석된 내용과 실제 내담자의 이야기를 구분할 수 있어야 한다. 내담자 문제 이해 중 특히 ①~⑤ 부분은 내담자의 이야기를 듣고 상담자의 관점으로 인식된 내용이지 내담자의 입으로 언급한 사실이 아니다.

상담 문제에 대한 반야통찰상담적 이해

반야통찰상담에서 상담자는 단지 내담자가 선법善法으로 나아가도록 하는 조건으로 내담자의 이야기 안에서만 머물기 때문에 '상담자가 이해한 내담자의 문제'라고 따로 '이야기'를 만들지 않는다. 반야통찰상담에서는 내담자가 호소하는 문제는 내담자의 의식識에 따라 개별적으로 구성된 이야기일 뿐이고 본질적으로 모두 '탐진치貪瞋痴'에 묶여 있는 상태에서 괴로움을 반복하는 현상으로 이해한다. 따라서 반야상담자는 상담 과정에서 내담자의 이야기를 들으면서 내담자의 탐과 진 그리고 치의 정도를 평가하여 내담자의 인식의 세계와 호소 문제 간의 관계를 연결해서 이해해야 한다.

다음은 내담자의 실제 이야기와 상담자의 지각 간의 차이를 보여 주는 내용이다.

상담자가 기술한 내담자 호소 문제는 '부모의 폭력과 잘못된 양육 방식으로 자신의 인생이 망쳐졌고 그런 기억 때문에 분노가 치밀어서 견디기 힘들다.'이다. 그러나 축어록에서 내담자의 언어 어디에도 부모에게 심하게 맞았다고 하였지 부모가 폭력을 했고 양육 방식이 잘못되었다고 언급한 부분이 없다. 맞은 이유는 부모가 무조건 갑자기, 언제나 때린 것이 아니라 내담자는 '떼를 쓰다가' 맞았고 맞고서도 부모의 말을 잘 들으면 효도인 줄 알고 참았다고 하였다(내담자 12). 즉, 부모에게 맞은 것에 대해서는 내담자가 이해하고 받아들였다. 그리고 친구들과 상황을 '비교하면서부터' 억울함과 재수 없다는 생각이 생겼다(내담자 10). 상담자 관점에서 표현한 분노감과 무력감은 내담자 언어로 하면 '억울'하고 '재수 없음'이다. 분노감, 무력감과 억울, 재수 없음은 같은 의미가 아니다. 그러므로 반야통찰상담적 관점에서 보면 문제는 부모의 폭력이 아니고 내담자가 자신의 그런 상황을 학교에서 다른 친구들과 비교하면서부터 내담자의 호소 문제가 시작된다. 따라서 문제 시작 지점을 명확히 하는 것은 해결에 토대가 된다. 문제는 부모의 폭력이 아니고 친구들과 비교하여 보니 '억울하고 재수가 없더라.'라는 내담자의 이야기에 초점을 두고 시작해야 한다. 내담자가 '억울'과 '재수 없음'이라는 표현을 했기 때문에 이것이 내담자에게는 무슨 의미인지를 파악해야 한다. 반야통찰상담에서는 내담자 호소 문제가 내담자의 현재 상황에서는 정상 상태임을 인식하게 하는 것에서부터 문제에 대한 접근이 시작된다.

상담 목표에 대한 반야통찰상담적 이해

상담자가 내담자의 문제로서 기술한 부모의 폭력과 잘못된 양육 방식이라는 표현은 문제를 색계적 차원에서 인식한 것으로 내담자의 외부에 '부모'가 형태를 가지고 존재한다는 것이다. 그렇다면 부모를 어떻게 바꿀 것인가? 상담자는 문제를 내담자와 무관한 외부 대상으로 설정하고서 상담 목표는 문제라고 설정한 부모와는 더 무관하게 상담 장면에서 어루만져 주고 결국은 내담자 자신의 삶을 살도록 '돕는다'이다.

이러한 상담자의 역할은 사무량심에 근거한 자비 반응으로 이해할 수 있다. 그러나 반야통찰상담에서는 내담자의 어떠한 행동이 부모의 때리는 행동으로 연결되는지 그 조건을 찾고 내담자에게 '내가 흔드니까 부모도 같이 흔들렸구나!'를 자신의 이야기 속에서 경험하게 하는 체험적 접근을 통해 내담자에게 자신의 삶의 실상을 오롯이 보여 주고 삶에 대한 책임감을 느끼도록 한다.

다음으로 내담자 호소 문제와 상담 목표 간의 연결적 일치성을 살펴보자. 내담자 호소 문제에 따라 설정된 상담 목표는 첫째, 분노감이 많이 쌓인 내담자가 안전한 상담 장면에서 충분히 쏟아낼 수 있도록 돕는다. 둘째, 부모를 향한 분노감으로 남아 있는 인생을 낭비하지 않고 자신을 위한 삶을 살도록 돕는 것이다.

상담자가 기술한 첫 번째 목표를 살펴보면 내담자에게 분노감이 '있다'는 관점이고 그것도 많이 쌓여 있는데 그 쌓인 곳이 부모와의 관계라고 인식하고 있다. 그런데 목표는 문제가 있는 곳, 반야적 관점에서는 있는 곳이 아니라 '생긴 곳'인 원인적 환경과는 무관한 상담 장면에서 분노감을 쏟아내도록 '돕는다'는 것이다. 그러나 반야통찰상담에서는 분노감에 대한 관심보다는 내담자가 이야기하는 부모와의 관계에 대한 내담자의 인식을 다룬다. 반야통찰상담적 장면은 분노감을 쏟아내는 환경이 아니고 내담자 자신의 행위와 부모의 반응 간의 관계를 인과적 흐름으로 연결해서 이해하게 한다. 내담자가 말한 내용에서는 부모에 대한 이야기가 많이 나오는데 자기가 무엇을 어떻게 하니까 부모가 그렇게 반응하였다는 것은 거의 언급되지 않고 있다. 즉, 반야통찰상담은 가려진 절반인 내담자의 행동을 찾아서 부모와 자식 관계의 전체적 인과가 밝게

드러나도록 한다. 이것이 바로 반야적 통찰이다. 축어록은 일반상담의 과정이
고, 옆글은 반야통찰상담적 관점으로 슈퍼비전한 내용이다.

4회기 (20○○. 06. 04.)

내담자 3 **㉖**: (내담자는 자기 방에서 공부를 하다가 큰방에서 나는 TV 소리를 듣고
기억이 하나 떠올랐다고 하면서) 초등학교 5학년 때 가족끼리 계곡에 놀러 갔
는데 **(자기는 재미가 없어**㉗) 학원을 빼 먹으면 안 된다고 빨리 학원에 가야
공부한다고 '**막 했거든요.**' 다닌 지 얼마 안 됐는데, **진도도 느려지고 뒤처지**
고 짜증나잖아요.㉘ 그런데 '**징징댄다**'고 돌 던졌어요. 나한테 (누가요?) 아버
지가요. (아버지가?) 네, 한 (탁상시계를 가리키며) 이거 반만 한 거요. (아유,
큰 거네요. 맞았어요. 돌에?) 아뇨 **그냥 위협하는 거 있잖아요. 내가 여기 있**
음 옆에다 던지는 거요.

상담자 4: 학원을 빠지기 싫었는데, 가족들이랑 같이 가게 되어서 간 거라는 거죠?
(네) 〈동상이몽〉이라는 방송을 보고 그 기억이 떠올랐다는 거죠? 어땠어요?

내담자 4: 그냥 기분이 좋지 않았어요.

상담자 5: 그래서 〈동상이몽〉에 나온 주인공이 이해가 되었어요?

내담자 5 **㉙**: 아뇨! 고민도 아닌 걸로 '우와' 하니까 내가 돈 많으면 학원비 내줄 테니
까 다신 방송 나오지 않았으면 좋겠다 싶었어요. 별것도 아닌 것 같은데.

상담자 6: 그 친구의 일은 별것도 아닌 것 같다?

내담자 6 **㉚**: 가고 싶으면 가고 안 가고 싶으면 안 가는 건데 그 (학원) 안 간다고 성
적이 안 나오겠어요?

상담자 7: 그랬구나. 그렇게 최근에 떠오르지 않았던 기억이 떠올랐다는 건데……
초등학교 5학년은 아주 어렸을 때 기억은 아닌데, **과거의 기억 중에서 떠오르**
지 않는 순간들이 있는 거예요?㉛

㉖ 내담자 상태 평가 1지점:
현재 대입 '삼수' 공부를 하면
서 큰방에서 나는 TV 소리를
듣고 그 프로그램의 제목과
내용을 모두 이야기한다면 이
내담자의 '지금·여기'의 주의
집중 정도는 어떠하다는 것을
반야상담자는 평가해야 한다.

㉗ 내담자 3에서 내담자가 부
모에게 어떻게 하고 부모는
내담자를 어떻게 지각하는지
를 보여 준다. 내담자는 주변
상황과 어울림보다는 자기가
관심 있는 것만 몰두하여 상
황불문하고 '막' 하려 하거나
떼를 쓰는 것이다. 내담자는
자신의 행동에는 거의 알아차
림이 없거나 무시하고 부모의
행동만을 강조하여 확대해서
이야기하고 있으므로 상담자
표현으로는 '부모가 폭력을
하였다.' 내담자의 어떤 행동
이나 말이 조건이 되어 부모
의 폭력과 연결되는지를 내담
자의 말 속에서 찾아 연결해
서 인과를 이해하게 하는 것
이 반야통찰상담의 과정이다.

㉘ 앞에서 학원에서 결석을
안 하면 '문상'도 준다고 했
다. 이 아이는 문화상품권에
관심이 있는데 그것은 살짝
이야기하고 넘어간다.

29 내담자 상태 평가 2지점: 내담자 4부터 내담자 6까지에서 내담자의 주변상황 인식력과 공감력을 평가해 볼 수 있다.

30 내담자 6은 내담자의 현재 상황에 대한 이해를 보여 주는 지점이다. '성적은 학원 가고 안 가고와는 상관이 없다.' -상담자는 이런 내용을 내담자가 주는 '보석'으로 알고 반짝거리는 현재에서 상담에 들어가야 하는데 상담자 7 반응은 내담자가 준 지금·여기의 반짝거림을 두고 과거로 간다. 반야상담자의 접근: (내담자를 천천히 부드럽게 쳐다보며) 이제 금방(강조하면서) 한 말을 다시 한번 해 보실래요? 이것은 행위에 대한 책임성의 표현이다. 반야통찰상담에서는 단지 내담자의 말 여섯 마디에서 문을 찾아 내담자의 '식' 안으로 들어와 탐험이 시작된다. 그렇다면 이 상담의 내담자 6 이후 이야기와는 전혀 다른 이야기가 펼쳐진다. 과거 더듬기가 아니고 지금·여기 '대입 삼수'라고 하는 내담자 현실이 드러난다.

31 상담 초반에 내담자가 이야기한 초등학교 5학년 때의 학원 관련 '기억'을 상담자는 내담자의 현재 '삼수'라고 하는 상황과 연결해서 초점을

……(중략)……

내담자 8: 네, 그때 기억이 없어요. 초등학교 4학년 이전으로는 어디 좋았던 기억도 아무것도 없고 기억도 안 났는데요. 서서히 나는 거예요. 뭐, 자살 시도를 했던 기억이랑, 뭐, 원래는 안 좋은 것 몇 개만 떠올랐는데 살다 보니까 그보다 덜 좋은 것 몇 개 떠오르고, 좋은 것도 가끔은 하나 떠올랐나. 하여튼 그런 게 떠올랐어요.

상담자 9: 잠깐! **자살 시도**라는 이야기를 했는데.**32** 이전에도 잠깐 지나치듯이 이야기한 것 같아요. 자살 시도 혹시 언제쯤 어떻게 시도했는지?

내담자 9: 면접 선생님한테 말했는데……

상담자 10: 그렇기는 한데 나랑……

내담자 10: 초등학교 4학년 때 운동선수 하지 말라고, 육상선수 하지 말라고 해서 안 했고 포기했어요. 다른 날에 맞고 왔는데 아침에 학교에서 애들이 왜 그러냐고 물었는데, 맞았다니까 니들은 안 맞았느냐고 그랬는데, **애들도 맞고 참고 사는 줄 알았는데 나만 유독 그렇더라고요. 좀 재수 없더라고요.** 난 운동도 잘하고 인기도 많고 그랬는데 왜 **나만 억울하게 맞아야 하는지 모르겠더라고요. 꿈도 없어서 재수 없었는데요.** 커튼 저거 있잖아요. 커튼 봉 같은 것 저기에 뭐지 마트용 분홍색 노끈으로 목매달았어요. (근데 어떻게 되었어요, 혹시?) 줄이 끊어졌어요. (무게를 못 이기고?) 아마도요. (그때 주위에 어른들이나……) 없었어요. 아무도. (알긴 알아요?) 네. 고3 때 위클래스 때 식구들을 학교에서 불렀어요.

상담자 11: **그때 죽고 싶을 만큼 되게 힘든 상황이었나 봐요. (고3 때요?) 아뇨, 자살 시도를 했을 때.33**

내담자 11: 아! 네. 짜증났어요. 힘들고 내가 하고 싶은 것 못하고 심하게 맞았으니까요. 나랑 애들이랑 다르다는 게 용서가 안 됐어요.

상담자 12: 그때 부모님한테 자살 시도를 하기 이전에 난 정말 그것을 하고 싶고, 그

것을 하지 못해서 너무 힘들다는 말을 혹시나 한 적은 있어요?

내담자 12: 내 꿈 포기 못 하겠다 이런 거요? (네) 아마 안 했을 거예요. **그전에도 다른 것을 우긴 적 있었는데 무조건 떼쓰면 맞았으니까 부모 말 잘 들으면 효도인 줄 알고** 아무 말 안 했을 거예요. 아마 그냥 뭐 포기하라고 해서 포기했어요.

상담자 13: 그러니까 어쨌든 그렇게 부모님한테 표현을 안 하고 차라리 자살 시도를 하는 게 낫다고 생각했던 거예요, 그때는?

내담자 13: 꿈 탓이라기보다는 **내가 애들이랑 다르다고 내가 왜 이리 맞아야 하는지 억울했거든요.** 꿈도 있는데 그때 생각해 보면 그때 꿈을 포기했다는 것은 그렇게 큰 뭐지? 슬픔은 아니었는데, 지금은 아쉽지만 그때는 어쩔 수 없지만 공부나 하자 그렇게 타격은 아니었고 **애들이랑 다르다는 게 재수 없었어요.** (아, 그럴 수 있겠다.) 그때 꿈을 포기하는 게 뭐 이렇게 클 줄 알았겠어요? 그냥 뭐 다른 거 해야겠다 이렇게 생각했죠.

상담자 14: 다른 아이들은 부모님들이 챙겨주고, 맞고 지내지는 않으니까.

내담자 14: 맞는다고 해도 학원을 가지 않는다고 해도 주먹으로 맞지는 않잖아요. **왜 나만 세게 맞아야 되는지** 모르겠더라고요.[34]

상담자 15: 주먹으로 어디를 어떻게 때렸어요?

내담자 15: 머리랑 몸이랑 다 맞았어요.

상담자 16: 몽둥이도 아니고?

내담자 16: 네, 몽둥이 안 썼어요. 썼나? 아니, 뭐 주위에서 잡히는 것으로 때린 적은 있어요. 리모컨을 던진 적도 있고.

상담자 17: 혹시 아버지가 때릴 때는 술을 먹고 때리거나……

내담자 17: 맨정신으로 때렸어요. 술을 잘 못 드세요.

상담자 18: 다른 친구들은 맞고 살지 않는데, 당신만 맞는 것 같아서…… (네) 어휴, 혹시 그 이후로 자살 시도를 해 본 적은? 생각이나?

내담자 18: 없어요. 생각은 있었어요. 고등학교 2~3학년 때 죽고 싶었어요.

맞추어야 하는데, 이런 싱싱한 것을 다 놔두고 케케묵은 초등학교 5학년 이전의 기억을 더듬게 한다. 이러한 것이 바로 상담자는 '기억'이라는 것이 '있다'라는 관점이다.

[34] 내담자의 많은 말과 말의 흐름 중에 상담자 입맛을 자극하는 내용에만 초점을 맞춘다. 내담자 9에서 이미 다른 사람에게 말한 것이고 지금 내담자는 자살 시도의 지점에 생각이 있지도 않는데 상담자 10에서 내담자를 그 지점에 붙잡아 놓는다. 암묵적으로 상담자가 내담자 이야기의 방향과 분위기를 설정해 주었기 때문에 내담자는 상담자 입맛에 맞는 이야기를 해야 한다. 반야상담자 반응: 초등학교 4학년 이전으로 기억에서 안 좋았던 것, 덜 안 좋았던 것 그리고 좋은 것도 가끔, 이렇게 떠올랐는데 그중에서 지금 이야기하고 싶은 기억이 있나요? 기억의 내용은 상담 재료로 싱싱한 것이 아니므로 내담자가 기억을 이야기하더라도 그 내용을 '지금'으로 연결하여 내담자의 현재 상황으로 되돌아와야 한다. 상담자의 관점에서 주제를 정하는 것이 아니라 내담자에게 이야기의 내용과 주제를 선택하게 한다.

33 내담자는 초등학교 4학년 때 했었다는 자살 시도를 그동안에는 잊고 지내다가 자살을 내세워 식구들을 통제하고자 고3 때를 기억해 내고 WeeClass에서 이야기했더니 효과가 있다. 그리고 이 상담자도 관심을 갖는다.

34 내담자 10, 11, 13, 14에서 내담자는 부모에게 맞은 것에 화가 난 것이 아니고 다른 친구들과 비교해 보니 억울하고 재수 없고 왜 맞아야 되는지 모르겠다고 한다. 이 지점이 바로 반야통찰상담의 문이다. 상담자는 '부모의 폭력'이 내담자의 문제라고 기술하였지만 내담자의 이야기 안에서 보면 심하게 맞고, 세게 맞았다고 하였다. 이러한 표현은 객관적 기준에 의한 평가가 아니고 주관적 언급이다. 반야상담자: 자! '왜 나만 세게 맞아야 되는지 모르겠다.'에 대해 설명해 주세요.-상담의 주제와 방향을 초점화한다. 상담자 15, 16, 17, 18의 반응은 우리가 경찰이나 의사가 아니라 상담자이기 때문에 이런 내용을 캐물을 필요가 없다. 상담자가 이렇게 집요하니 내담자 19는 모두 이미 지나온 과거의 이야기로서 상담자의 말에 장단을 맞추는 반응이다. 이것

상담자 19: 그때 하고 싶은 것을 못하게 해서?

내담자 19 **35**: 고2 때는 친구도 없었고 외롭고 집에서 잔소리를 계속해서…… 흔적도 없이 누가 죽여줬으면 좋겠다고, 아니면 밀어서 떨어져 죽던가, 아니면 내 몸에 불 질러 죽던가, 그냥 흔적도 없이 죽고 싶었어요. 고2 내내 처음 한 달 빼고 그 뒤로 쭉…… 고3 때는 간간히 기분이 좋지 않을 때 충동적으로 죽고 싶었어요.

상담자 20: 그런 생각을 하면서 어떻게 잘 버텼네요.

내담자 20 **36**: 네. 그냥 목숨 겨우 연명해서 살아왔죠.

자살에 대한 반야통찰상담적 이해

상담 과정에서 상담자가 민감하고 조심스러워 하는 주제가 바로 '자살' '죽음'에 관한 내용이다. 특히 초보 상담자는 내담자가 직접 앞에서 이런 내용을 이야기하면 어떻게 접근해야 할지 생각조차 할 수 없을 만큼 압도되기도 한다.

내담자의 이야기를 잘 듣고 있으면 죽음이나 자살과 관련된 상담 주제는 하루아침에 갑자기 나타난 것이 아니고 많은 내용이 반복되고 그런 주제가 쌓여서 더 이상 그 상황을 그 상태로 유지하기 어렵다고 판단되거나 상황 자체가 그대로 유지될 수 없을 때 일어난다.

내 경우 상담 과정에서 내담자가 이야기하는 자살 내용은 그동안 내담자의 욕탐과 집착에 묶인 삶 안에서 상호의존적으로 태어난, 생긴 자연스러움으로 이해한다. 반야상담자는 내담자에게 몸을 죽이는 것과 그동안 내담자 삶을 붙잡고 있는 '주제'를 죽이는 것을 분리해 내고, 죽여야 하는 것은 몸이 아니라 반복하면서 삶을 무겁게 붙잡고 있는 주제라는 것에 초점을 맞춘다.

이 내담자도 초등학교 4학년 때 자살 시도를 했다고 한다. 반야통찰상담적 관점에서는 죽여야 하는 것은 이 몸이 아니고 생멸의 원리를 알지 못하고 끊

임없이 괴로움을 반복하고 있는 그런 말과 의도에서 일어나고 반복되는 행동이다. 반야상담자는 내담자가 죽음이나 자살에 대해 이야기하면 눈을 똑바로 뜨고 기죽지 말고 내담자의 삶에서 죽어야 하는 습관, 태도, 행동 그리고 생각들이 죽지 않고 자꾸 반복되어 내담자 삶을 붙잡고 있는 내용이 무엇인지에 초점을 맞추어 상담 과정에서 그런 내용은 죽이고 그 죽음에서 현재 삶의 여건에 맞게 새로 태어난 것에 초점을 둔다.

반야상담자는 죽음이라는 주제를 두려워할 것이 아니라 평화에 이르는 신선한 축복으로 여기고 부지런히 오직 한 번만 다시 태어나는 지점인 '아나함'까지 가야 한다. 붓다는 깨달음을 얻고 다섯 수행자에게 가서 감격어린 말로 "친구들이여, 불사不死 amata는 [37] 성취되었다! 그대들도 내가 한 대로 하면 머지않아 깨달음을 얻으리라."고 한다. 붓다는 '죽지 않는 방법'을 가르쳤다. 죽지 않는 방법은 마음의 오염원인 갈애를 벗어나는 것이다.

내담자가 호소하는 모든 문제는 사실 소멸되어져야 함에도 계속 일어나는 주제이므로 반야통찰상담에서 내담자는 괴롭고 불만족하면서도 여전히 붙잡고 있는 생각, 의도, 신념, 느낌, 마음 등을 죽이고 버리는 것을 경험하게 된다. '죽인다'는 표현이 조금 불편하다면 '버린다' '벗어난다'는 표현으로 바꿀수 있다. 원전 내용에서 붓다가 '버린다' '벗어난다' '해탈한다' '소멸한다'라는 표현을 얼마나 많이 했는지를 세어 보지는 않았지만 전체 내용의 1/3은 될 것으로 본다. '버림'은 붓다 가르침의 핵심이고 결론으로 이해된다.

반야통찰상담과 자살

다음은 '내 인생을 망친 부모' 사례로 반야통찰상담적 접근을 공부하는 과정에서 자연스럽게 상담 현장에서 상담자에게 민감한 주제인 '자살'에 대해

이 바로 상담자가 상담의 분위기를 암묵적으로 형성하는 것이다.

[35] 내담자 19의 이런 내용은 초보 상담자에게는 위기로 보이기도 하지만 반야통찰상담적 관점에서 보면 내담자가 스스로 꺼낸 것이 아니고 상담자가 계속 자살에 초점을 맞추고 몰아가니 특히 상담자 18~19의 질문에 맞춤형 반응이다. 반야상담자는 내담자가 하고 있는 이야기가 '과거 상황에 대한 언급이다.'는 것을 알고 지나 온 이야기라는 것을 내담자에게 확인시켜 주고 현재 상담의 테이블에 올려놓지 않도록 유의해야 한다.

[36] 상담자 20의 '잘 버텼네요.'와 내담자 20의 '겨우 연명해서 살아왔죠.'라는 반응은 과거형이지만 반야통찰상담적 관점에서는 이러한 언어적 상호작용은 본 상담에 대한 상담자의 자세(stance)는 '버티는 것'이고 내담자의 반응은 '겨우 연명하는' 상담 관계, 상담의 분위기가 형성됨을 보여주는 것으로 이해된다.

[37] 과거의 문제행동과 결별하여 다시 반복하지 않음

수련생들의 경험을 나눈 내용이다.

수련생 1: 그런데 아까 자살하고 싶다.↗ 아니 과거에 자살 생각을 했고 시도했었다는 것에 우리가 되게 민감하게 반응하는데 나도 그런 사례가 지금 있어요. 죽고 싶다고.↗ 가족 관계에서 민감하지 않기가 힘들어요. 물론 슈퍼바이저의 피드백을 들으면서 아~ 감感을 잡았어요. 그 상담을 어떻게 해야 하는지 감을 잡긴 잡았는데 순간적인 게 있잖아요. 그 아이를 못 믿는 거지. 순간적으로 방충망까지 열었다는 거예요. 그러니까 그 말이 탁 꽂히는 거야 나한테. 어?↗ '방충망까지 열었으면 잘못 판단하고 그날 기분에 따라서 아이가 뛰어내릴 수도 있겠네.' 라는 생각이 들어서 지금 현재 위기 관리를 열어야 되나? 지금 그런 상태거든요. 그래서 여기 피드백을 보니 어떤 식으로 상담을 진행해야겠다 생각은 드는데 위기인지 아닌지 판단하기가 쉽지는 않은 것 같아요.

수련생 2: 아이가 현재 자살과 관련된 부분에 연결이 되었다는 말이네요. 그 부분을 탐색해야 되지 않을까요?

수련생 1: 지금 당장은 그런 말 안 해요. 죽고 싶다는 생각은 들지만 그건 아니야. 그리고 상담하는 이유가 자기가 자살하고 싶다는 것에 초점을 두어서 외부에서 지원을 해 주고 담임 선생님도 알게 되고 이런 것이 아니에요. 상담에서 말을 하면 속이 시원하니까. 그냥 말하는 것으로 자기는 만족해요.

수련생 2: 관심을 받고 싶다도 아니고 (응. 응) 그냥 말하는 것으로 시원해.

수련생 1: 어딘가에 말하고 싶어해요. **자기가 나쁜 사람인 것 같고, 요즘에 남자 친구, 성인을 사귀면서 막 그런 얘기를 해요. 그러면서 옛날에는 착한 아이로 살았는데 지금은 나쁜 아이가 된 것 같다.** 자기 행동들이 많이 달라졌거든요. 그런 것 속에서 가족 간에 갈등이 <u>생겼어요.</u>[33] 어느 정도 가족이 알아요. 그러면서 가족이 강하게, 반응이 굉장히 오버해서 나와. (음! 음!) 그러니까 죽고 싶다는 생각을 했었대요. 그래서 방충망을 열었다 하니까 나는 위기라고 생각이

[33] 반야통찰상담적 관점에서 보면 중학생이 성인 남자를 사귄 행동이 조건이 되어 '나쁜 아이'가 되었고 그 나쁜 아이가 된 것은 다시 '죽고 싶다'는 생각이 일어나는 조건이 되었네요. 그러므로 죽여야 하는 것은 그 형성작용(몸·말·의도)이네요.

든 거지요. 위기 아이로 취급하고 내가 그 아이에게 말을 했어요. 상담 비밀 유지의 예외 조항에 대해서도 얘기했고, 지금은 너를 보호하는 게 먼저라고요. 그래서 담임 선생님과 부모님께도 이런 상황을 이야기하는 게 좋겠다고 하니까 절대(강조) 안 된다는 거예요. (절~대 하하하) 절대. 그러면서 아이는 "저는요↗ 그냥 상담하는 것만으로 만족해요." 이거였어요. 그때 내가 고민이 되었어요. 이 아이와 함께 상담만 하면서 같이 가야 되나? 아니면 알려야 되나? 고민이 되었어요. (그래서 어떻게 했어요?) 그래서 나는 그냥 상담하면서 나중에 완전히 (관계가) 끊겨버릴 수 있잖아요. 그래서 좀 더 같이 가자.

수련생 3: 그런데 그것도 상담자의 걱정이야. (응! 응! 그럴 수 있어.) 그것도 내담자마다 다르고 또 막상 끊길 것 같지만 그것도 아니더라고요.

수련생 1: 그것도 생각을 했어요. 그래서 같이 갔는데 다행스럽게 나를 엉뚱한데서 구해 줬어요. 아이가 직접 엄마한테 말을 한 거예요. (여러 수련생 동시에 어~) 엄마랑 싸우다가 내가 죽고 싶고, 상담 선생님한테 이렇게 상담도 받았고, 또 BDI 검사도 수치가 좀 높게 나오고, 반야통찰상담에서는 검사 안 한다고 했지만 현실적으로 어느 정도 척도를 좀 볼 필요가 있을 것 같아서 했고, 자살 면담 기록지에서도 상당히 위험 상황이었고 어쨌든 '그런 것도 했다.'라고 엄마한테 자기가 얘기를 한 거예요. 아이가 말을 했으니까 이제 나도 해도 되잖아요. 현재 부모와 통화는 했지만 반야통찰상담적 접근에서 말한 대로 그 아이와의 상담을…… 아빠한테 그런 말들을 들을 만한 조건들이 있었을 것 아녜요. 탐색해 나가야 할 것 같아요.

수련생 3: 우리는 그렇게 (반야통찰상담적인 접근을) 하면서도 현장에 있으면 실질적인 부딪히는 부분이 있을 것 같아요. 내가 경험하기로는 아이들이 아직 청소년이고 부모에게 오픈된 게 더 낫더라고요. (음! 음! 일반적으로는) 예. 예. 오픈된 후에는 가족끼리 어떻게 될 것 같아도 나름 길을 찾아가더라고요. 그래서 그걸 굳이 꽁꽁 갖고 있을 필요는 없는 것 같고……

수련생 5: 우리가 내공을 키워야 되는 것도 맞는데 상담자도 좀 안전해야 되고 안전
감이 있어야지요.

수련생 1: 우리가 반야상담자 관점에서는 몸을 죽이는 게 아니라 내담자의 사고방식
이런 것들을 내담자의 오취온을 죽여야 한다.

수련생 5: 수련생 1 말씀처럼 내담자의 이야기를 우리가 반만 펼치는데 그 반을 채
우는 것도 중요한 것 같고, 몸이 아니라 자살과 관련된 주제에 초점을 맞추는
것이 중요한 것 같아요.

죽고 싶다와 안전장치

다음은 '내 인생을 망친 부모' 사례를 반야상담적 관점으로 공부하는 과정
에서 수련생이 한 질문이다.

내담자가 '죽고 싶다.'라는 말을 하면 자세히 면밀히 상담을 진행하여 내담자의
현 지점을 파악해야 하는데 그러지 못하고 '죽으면 안 된다.'라는 결과론적 생각
에 상담을 훌쩍 건너뛰어 안전장치를 먼저 생각하게 되는 것 같습니다. 그 안전
장치는 내담자뿐만 아니라 상담자 자신에 대한 것도 크다는 것을 알게 되었습니
다. 그러나 그 부분은 어쩔 수 없는 것 같습니다. 내담자의 현 지점을 정확히 판
단할 수도 없고 그 판단에 대한 확신을 할 수도 없기 때문인 것 같습니다. 이 부
분에 대한 조언을 부탁드립니다.

상담자와 내담자가 만나는 상담의 관계가 사회 공공기관에 속해 있는 경
우에는 이런 주제는 단순히 내담자 개인의 문제가 아니고 전체 구성원들에게
영향을 주는 민감한 사항이기 때문에 상담자의 이러한 반응과 걱정은 자연스
럽기는 하지만 '공부를 한다'는 전제에서 다음과 같이 다룬다.

내담자의 현재 지점은 '죽고 싶다! 싶다!'인데 상담자는 '죽으면 안 된다! 안 된다!'의 지점을 거쳐 상담자가 나서서 '안 죽게 하려는 안전장치'를 찾고 있다. 내담자와 상담자가 머무는 지점의 간극이 서로 만날 수 없을 만큼 벌어져 있다. 앞에서 죽음과 자살에 대한 반야통찰상담적 관점은 설명하였다. 내담자의 현재 지점을 판단할 수 없고, 한다 해도 그 판단을 확신할 수 없다고 했는데 못 믿는 것은 내담자가 아니고 상담자 자신의 상담 능력이다.

어쨌든 상담에 온 내담자는 아직 안 죽었으니 지금·여기 상담 장면에서 내담자가 이야기하는 '죽고'와 '싶다'의 내용을 왔다 갔다 하면서 머물든지, 죽으면 안 된다는 생각으로 안전장치를 생각한다고 사실대로 이야기하든지 상담자가 상담의 방향을 정해야 한다.

여기에서 상담자가 생각하는 안전장치가 무엇인지, 어떻게 하는 것인지를 스스로 점검하는 것도 중요하다. 안전장치의 내용이 상담 관계에서 나온 것이 아니라 상담과 무관한 제3의 외부 도움이나 개입이라면 그것은 이미 '상담을 벗어났다'는 것을 상담자는 유념해야 한다.

붓다가 제자나 방문자와 대화하는 원전의 내용을 보면 붓다는 화자에게서 단 한 발자국도 벗어나지 않고 정확하게 내담자의 상태에 정조준되어 있으면서 이끌어 간다. 이러한 상담 관계의 경험으로 내담자는 상담 이전에 '죽고 싶다'에서 다른 지점으로 옮겨가게 한다.

[Sudassa 5-1] 정신질환이 안락사 허용 기준에 해당되는가

정신적 고통으로부터 벗어나기 위해 안락사를 스스로 선택한다. 안락사가 합법인 네덜란드에서는 정신적 문제가 너무 많아서 숨 쉴 때마다 고통스러워 안락사를 선택한 20대 여성의 사례가 거센 논란에 휩싸였다.

그녀는 열두 살 때부터 우울증을 앓아 왔다. 분노와 불안감을 자주 겪고, 대인관계의 어려움까지 생기는 '경계성 인격 장애' 진단도 받았다. 툭하면 자살 충동을 느꼈고, 환청까지 들리는 지경에 이르자 결국 네덜란드의 안락사 기관을 찾았다. 스스로 정한 안락사 날까지 그녀는 마트에 쇼핑을 가고, 좋아하는 이들과 어울리고, 수공예를 하거나, 자전거를 타는 등 평소와 다름없는 시간을 보냈다. 자신의 장례식이 치러질 화장장을 둘러보기도 했다. 마침내 다가온 그날에 자신이 가지고 간 CD의 음악을 들으면서 그녀는 의사의 도움을 받아 약물을 들이킨 뒤 천천히 생을 마감했다. 이 모든 과정엔 현지 방송사가 동행하였다.

방송이 나가자 안락사를 신청하려면 말기암 등 회복이 어려운 질병에 걸려 있거나 극단적인 고통을 겪고 있어야 하는데 그녀의 정신질환이 과연 이 기준에 해당됐는지를 두고 여론이 둘로 나뉘었다. 심리적 고통을 겪고 있는 사람들은 안락사를 허가하지 않더라도 결국은 스스로 목숨 끊을 것이기 때문에 '말기 질환'으로 간주해도 된다는 의견과 환자가 희망을 잃은 상태여도 의료진이 그래선 안 된다는 의견이 있다. 지난해 네덜란드에선 6,500여 건의 안락사가 이뤄졌는데 이중 정신질환을 이유로 안락사를 허가받은 사람은 83명이고, 지금 이 순간에도 많은 이들이 정신적 고통을 호소하며 안락사 기관을 찾고 있다고 한다.[52]

붓다는 죽여야 하는 것은 색rūpa으로써 몸kāya이 아니라 일어나고 사라짐이라는 생멸의 원리를 알지 못하는 무명avij이라고 분명히 말하였다.

---

52) BBC News, 코리아 2018. 10. 25.

제6장

반야통찰상담의

기법

"반야통찰상담은 반야에 기반하여 생멸의 원리를 흐름으로 경험하고, 그 원리를 일상생활에도 적용하여 평화로 머문다는 목표는 거창한 것 같은데 막상 반야통찰상담에 사용하는 기법을 보니 일반상담에서 사용하는 기법과 별반 달라 보이지 않는다."는 수련생들의 피드백과 "상담기법으로 보면 기존의 상담에서 사용하는 반영, 요약, 재진술, 초점 맞추기 등과 반야통찰상담의 되비춤과 되새김은 단지 표현상의 차이이지 개념이 다르지 않아 보인다. 실제 차이가 있냐?"는 반야통찰상담 학술대회 토론자의 질문에서 이 부분은 태어났다.

반야통찰상담에서는 내담자의 호소 문제나 상담 목표의 지표인 '변화'를 무상성으로 접근한다고 예[참조: 반야통찰상담의 원리]도 들어 보였는데 기존 상담기법인 요약, 반영 등과 다르지 않다는 말에 당황했다. 어찌 이런 인식의 차이가 생겼을까? 그리고 이 질문에서 아주 흥미로운 것을 발견하였고 이러한 인식의 차이를 이해할 필요가 생겼다.

붓다의 가르침은 나와 세상**❶**의 인식 과정에 대한 내용이다. 심리학에서도 인지와 사고 체계는 인간의 마음과 정신 작용의 이해에서 중요하다. 현대 상담의 주류를 이루고 있는 인지행동치료들도 모두 내담자의 인식 과정에 관심을 갖는다.

이것이 바로 붓다가 깨달은 이후 매일같이 설명한 반야가 작동하지 않는 상태에서 상sañña에 근거하여 인식하는 선택적 마음 기울임ayoniso manasikāra이다. 즉, 이미 기존의 상담기법이라는 인지 도식sañña으로 새로이 배우는 반야통찰상담의 접근을 이해하려고 하는 것이다. 피아제Jean Piaget는 인지발달이론theory of cognitive development에서 인간은 환경의 변화에 대해 능동적으로

> **❶** 나=주관=안=육내입처=육근/세상=객관=밖=육외입처=육경

자신의 인지 도식scheme을 형성하고 재구성하는 평형equilibrium 과정을 통해 적응해 가는 능력이 있다고 하였다. 평형화는 인간이 적응을 위해 자신의 내부 구조를 일정하게 유지하려는 본능적인 경향성으로 동화assimilation와 조절 accommodation의 통합 과정을 통해 이루어진다.

동화는 새로운 정보가 들어오면 먼저 기존 도식에 있는 정보와 새로운 정보를 매칭하여 유사하다고 생각되는 도식에 새로 들어온 정보를 저장하는 과정이고, 조절은 새로운 정보가 기존 도식과 맞지 않을 때는 기존 도식을 바꾸어 정보를 처리하는 과정이다. 즉, 인지발달이란 외부에서 들어오는 새로운 자극에 대해 동화와 조절을 통해 기존의 도식을 확장시켜 가는 과정이다.

이것은 고정관념과 선입견 그리고 쇄신혐기증과 인종차별 등 우리 사회의 문제라고 지적하는 주제들이 일어나는 과정에 대한 설명이다. 우리의 일반적인 인식 과정은 나의 기존 도식을 바꾸는 조절 과정보다는 있는 그대로 유지하는 동화 과정에 매우 익숙하다. 지금 경험하는 새로운 내용을 기존의 경험에 근거해서 이해하고 받아들이는 동화의 과정이 바로 붓다가 괴로움의 원인으로 설명한 사성제의 고집성제苦集聖諦 dukkha samudayaṃ ariya saccaṃ이다. 따라서 매 순간 변화하고 달라지는 현상에 대해 정보처리 과정에서 분명하게 반야로 이어 보며 머묾sati sampajañña으로 마음을 단속하지 않으면 우리는 새로운 것인데도 동화적 기제로 기존 도식에 대충 비슷하다고 내가 생각! 생각! 하는 것과 연결해서 처리하는 오류를 범한다.

반야통찰상담기법에 대한 질문을 인지 처리 과정으로 설명한다면 새로운 내용을 자연스럽게 기존 상담기법의 도식에 동화적 과정으로 처리하려 하니, 반야통찰상담적 접근이 기존 도식에 맞지 않자 '도식의 평형화가 깨어지면서 반야통찰상담기법이 기존 기법의 반영, 명료화, 재진술과 어떻게 다른가?'라는 질문이 생긴 것이다. 즉, 여실히 있는 그대로 보기에서 실패한 것이다.

이러한 이해를 상담 과정에 적용해 보면 분명 내담자가 상담 과정에서 생기는 새로운 탐색과 통찰을 먼저 자신의 기존 도식에 저장하는 동화의 과정을 거치고 나서 새로운 도식을 만드는 조절 과정으로 나아간다. 그러므로 상담의 과정도 새로운 도식ñāṇa의 필요성을 인지하는 데까지는 최소 3~4번 정도 시행착오를 거쳐야 한다. 그리고 분명한 이해와 알아차림 되는 과정은 생멸의 원리를 전제로 약 7번 정도의 시행이 있어야 한다는 것을 사성제의 삼전 십이행과 사념처의 깨달음 보증에서 보여 준다.

인지발달의 과정적 원리에 의하면, 현재 우리가 진행하고 있는 상담의 속도는 생각으로 진행하기 때문에 너무 빠르게 뛰어넘기를 한다. 그러므로 반야상담자는 내담자의 인지적 처리 과정과 학습의 시행착오적 과정을 알아차림 하면서 지금 진행하는 상담의 속도보다 더 천천히 해야 한다. 이렇게 반야상담자는 한 회기 동안에 진행할 수 있는 상담의 내용과 속도가 어떠한지 내담자의 알아차림의 수준과 상담에 대한 관여도를 잘 파악해야 한다.

상담 과정에서 사용하는 여러 기법은 상담 목표에 도달하기 위한 디딤돌에 비유될 수 있다. 붓다가 상담에서 사용한 기법에 대한 여러 연구들[1]을 살펴보면, 붓다는 내담자의 상태나 역량에 따라 다양한 기법을 사용하여 내담자가 괴로움의 본질과 원인 그리고 소멸을 통찰적 이해로 경험하게 하였다. 따라서 붓다상담의 기법은 반야통찰상담기법의 원형이라고 할 수 있다.

상담 과정에서 상담자가 사용하는 여러 기법은 내담자의 자각 수준을 높이고 정서 표현이나 통찰을 촉진하는 것을 주요 목표로 한다. 그러나 일반적으로 자각awareness과 통찰insight을 명확히 구분하지 않고 혼용하거나 유사한 맥락에서 연결적인 의미로 사용하기도 한다. 자각은 언제 변화가 일어나는지를 아는 상태이고, 통찰은 변화가 어떻게 왜 일어나는지를 이해하는 것으로 자각과 통찰은 구분된다.[2] 자각이 일어나야 통찰이 생기고, 통찰은 부적응적

---

1) 권경희, 2010b; 전나미, 2005; 정혜자, 1992.

2) 김영혜, 이혜성, 2002.

상태의 순환 패턴을 되풀이하지 않기 위한 방법을 계획[3]하게 된다고 한다.

일반적으로 상담에서 강조하는 자각은 사띠sati, 통찰은 반야paññā와 연결하여 이해하여 볼 수 있다. 붓다는 사띠 · 사마디 · 반야는 상호 촉진적 관계이므로 사띠에 의한 마음의 고요와 집중을 전제로 반야적 통찰이 일어난다고 설명한다. 그러나 일반상담 과정에서 상담자나 슈퍼바이저가 '자각'과 '통찰'이라는 단어를 어떤 의미로 사용하는지 알아보기 위해 상담 사례집[4]에서 자각과 통찰을 키워드로 검색하였다.

다음은 자각이라는 단어가 사용된 상담 사례의 일부이다.

> 자신의 감정과 욕구가 무엇이었는지 명료화하도록 하고 이유를 명확하게 **자각시**키는 것(p. 98), 자신의 생활에 어떻게 영향을 미치는지 **자각**하고(p. 259), 부정적 감정이 들면 그것을 들여다보고 **자각**하고(p. 113), 자신의 정서처리 방식에 대한 **자각**을 높일 수 있는(p. 114), 정서적으로 자신의 **자각력**을 높이면서(p. 115).

앞에서 자각이라는 단어는 상담 문제와 연관된 감정, 정서, 욕구 등이 생기고 일어난 이유나 그 영향을 분명하게 경험적으로 받아들이는 과정으로 상담 효과의 주요한 요인인 통찰을 유도하는 것으로 볼 수 있다.

다음은 통찰이라는 단어가 사용된 상담 사례의 일부이다.

> 역전이는 중요한 **통찰**을 제공(p. 34), 내담자에게 결핍된 인정, 자율성, 허용, 칭찬에 대해 내담자가 **통찰**(p. 37), 대인관계 문제에 대한 **통찰**(p. 69), 인지적 **통찰**(p. 70), 문제들을 조망할 수 있게 도와주면 스스로 **통찰** 경험(p. 186), 조망능력이 있어 **통찰**의 계기가 된 것(p. 190), **통찰력**이 있고 문제해결을 위해 적극적

---

3) Horowitz, 1998, p. 10.
4) 한국청소년상담복지개발원, 2015, 2016.

(p. 259), 아직 **자기통찰**을 하기 어려우며(p. 140).

통찰이라는 단어는 내담자가 문제를 이해하고 수용하는 자각을 거쳐 해결하기 위한 사전 조건으로 인지적 조망 능력의 의미로 사용하는 것으로 보인다. 즉, 통찰은 상담 과정에서 필수적으로 생성되어야 하는 상담 효과의 기본 요소임을 알 수 있다. 따라서 자각과 통찰은 내담자 문제해결 과정에 핵심 요인으로 자각은 통찰을 유발하고 통찰은 문제를 해결하는 조건적 역할을 하는 것으로 볼 수 있다.

일반상담에서는 상담자가 다양한 상담기법을 사용하여 내담자의 자각과 통찰을 유도하지만, 반야통찰상담에서는 상담자가 어떤 기법을 사용하는 것이 아니라 거울적 조건이 되어 줌으로써 내담자가 자기 이야기의 흐름을 이해하며 자각과 통찰을 경험하는 과정이다.

다음은 수련 과정에서 자각과 통찰의 의미에 대해 일반상담과 반야통찰상담의 차이를 이야기한 내용이다.

수련생 1: 일반상담에서 통찰이 일어난다. 자각이 일어나면 치료가 된다 그러잖아요.

수련생 2: 반야통찰상담에서 통찰이라고 했을 때 자신이 반복하고 있는 패턴을 분명한 알아차림을 통해서 자각과 통찰해 가면서 뿌리째 뽑아지는 건데⋯⋯ (아직 확신이 없어요.)

수련생 1: 그게 반야로 봐야 된다 하는 거잖아요. (응) 그래서 일반상담에서는 자각과 통찰이면 끝나지만, 반야인 경우에는 그 자각과 통찰이 일어남과 사라짐으로 연결해서 아는 것이다. (그렇지요.)

수련생 2: 어, 나는 좀 이해했어요. 방금 선생님 말씀을 듣고요.

수련생 1: 그 차이다. 그래서 일반상담에서 말하는 자각과 통찰이 반야하고 다르다. (응) 그런 얘기잖아요.

수련생 3: 일반상담에서는 내담자의 통찰을 일으키기 위해서 상담자가 의도적으로 기법을 사용해서 유도를 하는 거예요. (수동적 결과라는 것이지요.) 상담자가 계획을 가지고 이끌어 나가는 것인데, 반야통찰상담에서는 내담자가 스스로 상담 과정에서 인과적 흐름을 경험하도록 할 뿐이에요. 상담자는 항상 같이 머물러 있는 거지, 의도를 가지고 이끌어 가지 않고요. 그래서 내담자가 경험하는 것에서 일반상담과 좀 차이가 있는 것 같아요.

반야통찰상담 기법의 특징

상담이라는 전문적 활동이 목적을 달성할 수 있도록 하는 수단과 방법이 바로 상담의 기법이다. 비유적으로 아무리 명의라고 하더라도 명의 그 자체로 직접 환자를 치료하거나 수술하지는 못한다. 명의도 도구나 기계를 사용하여 환자를 치료하듯이 상담 과정에서 상담자는 내담자와 합의한 목표를 달성하기 위해 전문적 기법을 사용한다. 따라서 반야통찰상담도 상담이라는 형식과 틀 속에서 반야를 경험하고 계발하는 과정이므로 반야상담자는 여러 상담기법을 사용한다. 그러나 일반상담자와는 구별되는 반야상담자가 갖추어야 하는 상담 능력이면서도 자질이 바로 상담 과정에 '분명하게 반야로 이어 보며 머묾'을 유지하는 것이다.

일반적으로 내담자들은 지금 자기가 문제라고 생각하는 것에만 관심을 둘 뿐 문제의 원인과 그 문제가 일어나게 된 조건 간의 연결을 보지 못하거나 문제의 원인을 과거나 주변상황 그리고 타인과 연결하여 이해하고 있는 정도이다. 따라서 반야상담자가 문제는 상호의존적으로 발생하는 현상임을 통찰할 수 있도록 원인과 조건을 연결해서 표현함으로써 문제라고 지각하는 현상이 고정되어 있는 것이 아니라 생기고, 유지되고, 달라지는 과정임을 꿰뚫어 이해하도록 한다. 그러므로 반야통찰상담 과정에서 사용하는 모든 기법은 분명하게 반야로 이어 보며 머무는 사띠 삼빠자냐sati sampajañña를 토대로 한다. [참조: 사띠 삼빠자냐]

경청과 분명하게 반야로 알고 봄

경청active listening은 내담자의 말과 행동에 대해 상담자가 선택적인 주의를 기울이는 것으로 상담의 전체 과정에 지속적으로 유지되어야 하는 기본 기법이다. 그러므로 모든 상담기법은 경청의 하위 기법으로 분류되기도 한다. 상담자의 경청적 태도는 내담자가 말을 할 때 진지한 관심을 나타내는 눈길을 보냄으로써 함께하고 있음을 알리고 내담자의 이야기에 관심이 있음을 나타내는 자연스럽고 이완된 자세로 나타난다.[5] 상담자의 언어적, 비언어적 경청 반응은 내담자에게 생각이나 감정을 자유롭게 표현할 수 있도록 하고, 자신의 방식으로 문제를 탐색하게 하며, 상담에 대한 책임감을 갖게 하는 효과가 있다.

일반적인 기법으로써 경청은 내담자의 말과 행동에 대해 상담자가 선택적인 주의를 기울이는 것이라 하였는데, 반야통찰상담의 경청은 상담자가 선택적으로 주의를 기울이는 것이 아니라 내담자의 이야기를 들을 때 분명하게 반야로 알고 봄을 유지하면서 이야기의 내용보다는 이야기의 흐름과 변화의 과정에 초점을 두고 언어적, 비언어적 반응을 주시하는 것이다. 따라서 반야통찰상담에서 경청은 상담자가 내담자의 이야기에 분명하게 반야로 알고 봄을 유지하는 일방향만이 아니라 내담자에게도 자신이 이야기하는 내용 간의 상호 연결성과 그 원인적 조건까지도 함께 이해하고 경험하도록 하기 때문에 양방향적 경청이다.

---

5) 이장호, 2005, p. 107.

다음은 반야통찰상담의 과정에서 내담자가 상담자와 함께 이어 보며 머문 경험에 대한 내용이다.

> 내담자 6: 네~. (음) 일반상담을 하게 되면 (음~) 내담자와 이렇게 쭉 같이 가는 것
> 보다는 (음~) 내담자의 이야기를 따라가다가 길을 잃어가지고 (음) '아! 그랬
> 어요.' '그래서 어땠어요.' '아! 참 힘들었겠군요.' (힘들었겠군요.) 그렇게 하면
> 서 내담자의 속마음을 이해하고 공감한다고 했는데 상담이 끝나고 나면 아!
> 이게 내가 제대로 한 건가? (음) 그것에 대한 미진함! 또 잘하지 못했다는 그
> 런 부족함을 느꼈다고 한다면, 반야통찰상담에서 내가 느끼는 것은 상담 선생
> 님이 내담자 이야기를 잘 듣고 (음~) 그 이야기를 상담 선생님이 다시 해 주
> 면서 그중에서 내담자에게 중요하다고 생각하는 부분에 머무르도록 이렇게
> 하는 과정이 (음~) 일반상담에서는 반영이다, 뭐, 이렇게 하는 것하고는 조금
> 다른 거 같습니다.
>
> 상담자 7: 표현하는 것과 머무르는 것에서 차이가 있다. 음……
>
> 내담자 7: 네~네. 그렇게 상담자가 계속 내담자와 같이 가다 보면 내담자는 그 감정
> 과 느낌에 머물면서 좀 더 자기 내부의 것을 생각하고 또 얘기도 하면서 거기
> 에서 어떻게 또 다른 감정이 이루어지는가 하는 (음) 그 부분을 정확하게 이해
> 할 수 있는 그런 시간이 되었다.↗ 그런 부분에서 (음) 상담이 끝나고도 그 뒤
> 에 '아, 내가 그런 부분을 잘 몰랐구나.' 그런데 이렇게 상담 선생님이 연결해
> 주니까 아~ 그렇게 느낌과 감정이 나왔던 것은 분명한 원인이 있었고, 또 내
> 가 뭘 하기 위해서 그랬었는지 이런 부분들을 이해함과 동시에 음…… 속에 남
> 는 부분은 별로 없고 말한 것에 대한 허전함이나 말하고 나서 드는 그런 미진
> 함에 대한 생각들이 반야통찰상담에서는 내 자신을 돌아보고 '아, 맺힌 부분이
> 그렇게 있구나!' 하면서…… 뭐라고 할까요? 다른 경험을 했다 할 수 있습니다.

반야통찰상담의 촘촘함과 분명하게 반야로 이어 봄

상담자가 내담자와 상담의 속도를 맞추어야 한다는 것은 초보 상담자라도 다 알고 있는 내용이다. 그러나 대부분 상담자는 자신의 속도로 내담자를 이끌려 하기 때문에 상담 과정이 단단하거나 촘촘하지 못하고 성글성글 빠진 부분이 생기게 된다. 비유적으로 우리는 모두 자연 재배 식품을 선호하고 성장 촉진제를 써서 온실에서 자란 식품을 기피하지만 실제로 일상에서는 자연 재배 식품보다는 온실에서 성장 촉진제로 자란 식품을 더 많이 접하고 섭취하게 된다. 생리물리학의 압력이론Tension Theory에 의하면, 자연 재배 식품은 세포 조직이 치밀하고 세포 내 빈 공간이 없이 촘촘하여 '고전압 식품'이고, 온실 재배 식품은 세포 내 조직의 크기가 크고 그 세포 내의 공간이 비어 있어 '저전압 식품'이라 한다.[6]

> 패스트푸드는 소화하려는 노력을 하지 않아도 저절로 흡수가 되니까 비만을 초래하는 것처럼 식물도 패스트푸드 같은 성장 촉진제나 비료를 많이 먹어서 빨리 만들어진 것들은 전압이 낮아서 결합력이 약해져 빨리 부패하게 된다. 그러나 자연 재배 식품은 이온 간의 강한 결합으로 단단하고 부패가 잘 안 된다. 이것을 사람이 소화를 시키려면 전기 압력을 더 높여서 흡수를 해야 하기 때문에 인체는 생존을 위해 스스로 전기 압력을 높여 흡수를 함으로써 생존을 지속한다.

이것이 바로 반야통찰상담과 일반상담의 차이이다. 반야통찰상담은 상담자가 내담자의 언어와 행위에서 벗어나지 않고 그것을 소재로 하여 상담을 진행하기 때문에 자연 재배의 고전압 상담이고, 일반상담은 상담자가 전문가라는 이름으

---

6) 송광일, 2012, pp. 18-35.

로 내담자를 이끌고 도와주어 빠른 성과를 내려하기 때문에 성장 촉진제를
투여하는 저전압 상담으로 비유해 본다.

다음은 반야통찰상담적 경청과 공감으로써 분명하게 반야로 이어 봄에 대
해 공부하는 과정에서 나눈 이야기이다.

수련생 1: 반야통찰상담의 경청은 연기적 과정을 염두에 두면서 들어야 된다.↗ 나
는 이렇게 이해했어요.

수련생 2: 상담자가 잘 경청한다는 것은 반야적으로 촘촘하게 들으면서 오는데 양방
향적으로 내담자까지도 그런 부분을 알아차릴 수 있도록 하는 것이잖아요?

수련생 3: 그러니까 경청하는 사람이 내담자의 말 속에서 나타나는 행동의 원인과
결과를 이해했으면 (연기적으로……) 이것을 그대로 내담자에게 되돌려 주면
자연스럽게 내담자도 흐름에 공명↗…… 같이 가지 않을까요?

수련생 4: 내담자는 처음에는 바로 인식은 안 될지 모르지만 상담 과정에서 쭉 그런
방식으로 해 가면 내담자도 그런 원리를 이론 공부는 안 했지만 (그렇죠.) 원
리를 인식하게 된다는 것이지요.

수련생 5: 그러니까 내담자는 두서없이 이야기를 하는데 상담자는 들을 때 촘촘하
게 잘 알아차리면서 듣게 되면 내담자의 이야기 안에서 행동이 일어났을 때
그 원인과 결과가 이렇다는 것을 알고 그 내용을 듣는다는 것이지요. (그렇
죠.) 내담자와 똑같이 붙여 가면서…… 그래서 내담자도 본인이 한 말을 상담
자에게서 다시 들으면서 내담자가 '아! 그랬구나.' 하고 상황을 이해하고 알아
차려서 이해할 수 있도록 같이 가야 해요.

수련생 6: 여기서도 지금 양방향적 경청이라고 했잖아요.

수련생 7: 상담자가 내담자의 이야기를 촘촘하게 따라가면서 내담자의 말 속에서
원인과 결과를 걸러 내고 그대로 따라가는 것이 반야통찰상담적 경청이죠.

수련생 8: 우리가 상담 시연에서 본 것처럼 분명한 알아차림의 경청이 처음부터 끝

까지 다 드러나고 있어요. 내담자가 하고 있는 말에 대해서 상담자가 어떤 판단이나 추측 그리고 예상하지 않고 있는 그대로 따라가면서 그 말 속에서 내담자에게 반복적으로 돌려주는 말,↗ 아니면 내담자가 쓰고 있는 말을 한 가지씩 되돌려 주면서 알아차림 할 수 있도록 하고 있어요. 그래서 반야통찰상담에서 경청은 일반상담과는 달리 분명한 알아차림 속에서 내담자의 이야기를 놓치지 않고 계속 내담자의 언어로 따라가면서 내담자에게 말을 되돌려 주는 것↗……

공감과 우리

공감empathy은 경청과 함께 또 다른 상담자의 기본 반응 기법이다. 비유적으로 상담의 과정은 공감(방바닥)과 경청(사방의 벽) 그리고 질문(방으로 들어가는 문)으로 이루어져 있으며 내담자의 이야기는 방 안을 꾸미는 살림살이일 수 있다. 이처럼 공감은 상담의 환경이 형성되는 기반이다. 칼 로저스Carl Rogers는 상담자의 '무조건적인 긍정적 존중'과 '진솔성' 그리고 '공감적인 반응'이라는 특성은 내담자의 치료적 변화를 위한 필요조건[7]이라고 하였다. 더 나아가 상담자의 의식적 공감력과 함께 무의식적 상태에서의 교감을 강조하기도 한다.[8]

내담자는 공감을 통해 상담자가 자신이 경험한 것들과 접촉하고 있으며 자신과 정서적으로 함께 있다고 느낀다. 상담자의 공감은 내담자의 긍정적 변화와 매우

---

7) Rogers, 1957; Rogers, 1961/2009.
8) 정준호(Brazier), 2018.

강한 연관성이 있다. 아마도 치료 기법 그 자체보다 치료 성과를 더 많이 예언해 줄 것이다. 실제로 어떤 연구에 의하면, 공감은 치료 성과 변량의 90%를 설명해 준다.[9]

이처럼 공감이 치료 성과를 예언하는 가장 강력한 변인이라는 연구와 함께 내담자와의 완전한 동일시를 위해서는 먼저 상담자의 탐ㆍ진ㆍ치의 소멸을 강조하는 연구도 있다.

> 서양 심리치료자들의 공감에 대한 논의는 공감자와 공감을 받는 사람 간의 이원론적 주객분리의 관점을 전제로 하여 이루어져 진정한 공감이 가능한지에 대한 의문을 낳게 한다. 이러한 주객분리의 상태에서…… 어떻게 완전한 동일시가 가능한지 서양 심리치료의 이론으로써는 이해할 수 없다.
>
> 상담자가 내담자에 대한 완전한 공감perfect empathy의 가능성은…… 공空적 상태일 때 가능하므로 상담 실제에서 이를 실현하기 위해는 상담자의 탐ㆍ진ㆍ치의 제거가 그 무엇보다 중요하다.[10]

일반적으로 공감은 내담자의 변화를 유도하는 가장 중요한 기법으로 공감 기술은 상담자의 유능성과도 연결되는 능력이므로 상담자가 계속 배우고 노력해야 하는 기술이다. 그러나 반야통찰상담에서 공감은 분명하게 반야로 이어 보는 과정으로써 단지 연습과 노력에 의해 만들어야 하는 '기술'이 아니라 반야상담자의 '삶의 태도'이기도 하다.

---

9) Elliott, Bohart, Watson, & Greenberg, 2011.
10) 이희백, 2011.

공감과 연민

최근 서양 심리치료 분야에서 공감 반응은 **연민**憐憫 compassion과 연관되어 다루어지고 있다. 거머Germer와 시겔Siegel은 상담자가 분리된 자아 감각을 가지고 내담자의 정서에 전염되지 않으면서 타자의 정서적인 경험을 이해하고 공유하는 공감 반응을 한다는 것은 한계가 분명하므로 공감적 반응의 대안으로써 불교의 연민을 제시한다.[11]

> 불교심리학에서 연민심은 공감의 한 형태이다. 우리는 다른 사람의 고통을 우리 자신의 고통처럼 느끼면서 자연스럽게 그들이 고통으로부터 자유로워지기를 원한다. ……연민심은 인간의 잠재력을 완전히 일깨우는 모든 긍정적인 마음의 상태를 향상시키도록 배양하고 강화하는 정신적 역량으로 특징지어진다. ……불교 명상 체계에서 연민심은 강력한 명상적 통찰에 기반을 둔 '사무량심'과 깊은 관련이 있다. 요컨대, 연민심은 내적 치유와 자신과 타인을 보호하기 위해서 혼란스러운 마음을 정화하는 힘으로 여겨진다.[12]

공감과 존재의 특성: 무상 · 고 · 무아

이처럼 "내담자들과 공감적으로 함께하는 것이 그들에게 안전감을 형성하고 관계적 지혜relational wisdom의 열매인 치유healing를 가져온다는 증거가 많아지고 있어"[13] 공감은 상담 효과를 위한 필요조건이지만 반야통찰상담에서는 내담자가 호소하는 정서나 감정에 대해 상담자가 정서적으로 지지하는 반

---

11) Meeks, Cahn, & Jeste, 2012/2014, p. 294.
12) Makransky, 2012/2014, pp. 101–102.
13) Surrey & Jordan, 2012/2014, p. 259.

응은 이미 내담자가 말하고 있는 정서나 생각이 '있다'라는 고정된 관점에서 접근되기 때문에 내담자가 표현하는 정서나 생각의 내용을 초점화하지 않는다. 따라서 반야통찰상담에서는 내담자가 호소하는 '문제'는 만들어졌고, 생겼다는 '태어남'의 관점에서 출발하여 어떻게 달라지는지를 관찰하는 것이 상담의 주요 과정이기 때문에 반야상담자는 내담자가 호소하는 문제를 고정화, 실체화시키는 언어적 공감 반응을 하기보다는 내담자가 느끼는 감정이나 생각을 함께 분명하게 반야로 이어 보며 머문다.

다음은 내담자가 상담 과정에서 경험한 반야적 공감에 대한 내용이다.

내담자 8: (반야통찰상담에서) 공감↗(음~) 공감하는 부분에 대해서 '아~ 힘드셨겠군요. 아~ 그럴 수도 있겠군요.'라는 표현은 안 썼고, 대신에 '아~ 그런 감정이셨네요. 아~ 그런 상황이셨네요. 그것이 이제 새로 태어났군요.'이렇게 표현의 차이가 있고요. 그리고 (반야상담자가) 공감해 주는 것으로 끝나는 것이 아니라 '그 부분에 대해 다시 질문하면서 머물러 보세요.' 하는 부분들이 상담자와 내담자가 같이 공감하는 시간이었다는 생각이 들고, 그렇게 하니까 나도 나를 내적으로 좀 더 깊게 보는 시간이 되고, 또 상담자도 그렇게 있는 내담자를 방해하지 않고 바라보면서 그런 과정들이 어떻게 달라지는지 같이 가 주는 (같이 가 주는↗) 그런 느낌이어서 일단 일반상담에서는 상담자가 말로 공감해 주는 걸로 끝나고 그다음 과정은 '네가 가 봐. 네가 그 내용을 다시 또 다른 걸로 이야기해 봐. 그래서 어쨌다는 거야.' 하는 부분과는 좀 더 차이가 있는 것 같습니다.

상담자 9: 아~ 그러세요. 음, 지금 일반적인 상담에서는 '어~ 힘들었겠다.' 이렇게 공감해 주고 이해해 주고 하면서…… 그다음에 '네가 또 그거에 대해서 뭔가 이야기를 해 봐.' 이렇게 하는데, 반야통찰상담에서는 '같이 가 준다.'는 표현을 쓰시네요. 그걸 어떻게 경험하셨어요?

내담자 9: 상담자가 '어~ 머물러 보세요.' (음) '다시 그걸 설명해 주실래요.' (음) 하
면서 내담자가 이야기하는 상황에 상담자가 같이 머물고 그 설명하는 동안 지
켜본다는 그런 생각이 들었어요. (음) 그래서 그 부분을 따로따로 내가 이렇게
들어 보니까 '내 생각은 이런데요.' (음) 이렇게 말하지 않고 (음) 내담자의 입
장에서 같이 기다려 줬다. (음) 이런 부분에서 같이 가 주는 느낌이 듭니다.

반야통찰상담적 공감은 내담자의 정서나 감정 그리고 그들의 생각에 대한
이해를 상담자가 언어로 표현하는 방식이 아니라 인간 존재 모두의 실존적
현상인 괴로움에 대한 공통적인 현실에 대해 함께하는 것이다. 따라서 반야
적 공감은 상담자가 자신의 입장을 유지한 채로 내담자의 이야기를 있는 그
대로 듣고 반응해 주는 차원이 아니라 상담자와 내담자가 모두 무상·고·무
아라는 동일한 존재적 여건에 처해 있음을 분명히 알고 보면서 내담자의 이
야기를 듣는다. 그러므로 내담자의 이야기는 단지 내담자만의 이야기가 아
니고 '우리의 이야기'가 된다. 즉, 반야통찰상담에서 공감은 너와 나의 구별 없이
'우리'의 무상·고·무아의 실상을 함께하는 것이다.

재진술과 되비춤

재진술paraphrasing은 내담자의 진술 중에서 어떤 상황, 사건, 사람, 생각을
기술하는 내용을 상담자가 유사한 의미의 다른 말로 바꾸어 주는 것이다. 내
담자가 한 말과 같은 의미이지만 표현을 다르게 하여 되돌려 줌으로써 내담
자에게 자기가 한 말의 내용에 주의를 환기시키는 역할을 한다.
일반적으로는 상담자가 내담자의 말을 그대로 반복하면 내담자가 지루해
하고 상담의 흥미를 잃을 수 있기 때문에 유사 언어로 바꾸어 표현해야 한다

고 권장한다. 그러나 내담자의 진술을 다른 말로 바꾸려는 시도는 반야적 관점인 '생멸의 원리'를 위배하는 것이기 때문에 반야상담자는 '거울의 역할'로서 내담자의 표현을 '있는 그대로 되비추어' 준다. 오히려 내담자의 말을 있는 그대로 분명하게 반야로 이어 보면서sati sampajñña 내담자 언어 중 자기 탐색이나 통찰로 이어질 수 있는 부분에 목소리나 억양을 강조하여 반응한다.

다음은 반야통찰상담의 기법을 공부하는 과정에 수련생들이 나눈 대화의 내용이다.

> 수련생 1: 반야통찰상담적 접근은 내담자가 얘기한 것을 다시 한번 되비춤하여 자기 문제를 알아가는 과정 중에 딱 이렇게 붙여지는…… 붙여짐이 있어요. (예) 그런데 일반적인 접근은 그 순간에 인정은 하지만 나중에는 도루묵이 돼 버리는 과정이 (예) 되지 않을까…… (예)
>
> 수련생 2: 내담자 입에서 해결책이 나올 수 있도록 하는 게 반야통찰상담이잖아요. (그렇지.) 그런데 (일반상담에서는) 그러지 못하고 상담자가 제시하는 답, 이런 것이기 때문에 되돌아가서 보면 내가 그것이 아니니까 실천으로 이어지지 않겠죠.

다음은 일반상담과 반야통찰상담에서 재진술기법 사용의 차이를 예시한 것이다.

> 내담자: 담임 선생님이 싫어요! 다른 아이들이 잘못했을 때는 가만히 계시다가도 내가 조금만 떠들면 막 야단을 치거든요.
>
> 일반상담자: 그러니까 너는 담임 선생님이 너를 불공평하게 대한다고 생각한다 말이지.
>
> 반야상담자: (아이의 눈을 쳐다보며) 담임 선생님이 싫어요! 다른 아이들이 잘못했

을 때는 가만히 계시다가도 내·가·조금만 떠·들·면·(앞의 내용을 천천히 강조한다.) 막 야단을 치거든요.

재진술과 거울로서 소리 없이 움직임

붓다는 단지 내담자의 인식 세계에 그대로 머물면서 내담자가 하는 말을 있는 그대로 밀착sati sampajñña하기 때문에 붓다와 대화를 주고받는 과정에서 내담자는 자연스럽게 스스로 자신의 관점이 달라지는 경험을 하게 되는 접근이 바로 '소리 없이 움직임'이다. 반야상담자는 내담자와 동일한 지점에 머물면서 거울의 역할로서 내담자의 말과 행동을 되비추어 준다.

붓다상담의 기법에 대한 연구에서 붓다는 내담자가 질문한 말을 반복하고 나서 다음 말을 이어 가거나 붓다 자신이 한 말도 여러 번 되풀이하고 있다[14]고 하였다. '반복'의 효과는 내담자가 한 말을 되풀이함으로써 내담자의 의도를 이해하려고 상담자가 노력하고 있음을 알려 주며, 상담자 자신이 내담자의 말을 제대로 이해하고 있는지 확인하고, 내담자의 감정과 생각은 무엇인지 내담자 스스로 돌아보게 한다. 하지만 현대 상담에서는 내담자의 말을 그대로 반복하면 너무 많은 노력과 시간이 소비되는 등 비생산적이고, 상담의 초점이 상담자에게 옮겨지는 등 역효과가 있기 때문에 가장 중요한 것에 초점을 맞추어 내담자의 진술보다 더 짧고 간결하게 하는 '재진술기법'을 선호하고 내담자의 말에서 드러난 기본적인 태도나 주요 감정 및 사고, 행동 등을 상담자가 다른 참신한 표현으로 바꾸어 말해 주는 반영 기법이 사용된다[15]고 하였다.

---

14) 권경희, 2010b.
15) 권경희, 2010b.

그러나 붓다는 내담자가 질문한 말을 반복하거나 붓다 자신이 한 말을 여러 번 되풀이하는 것이 아니고 붓다의 말을 듣고 있는 내담자의 인식의 지점에 함께 머무르는 것으로 이해된다. 원전의 내용을 제3자 관점에서 표면상으로 글자를 눈으로 읽을 때는 단순한 반복처럼 보이지만 내담자가 붓다와 말을 주고받는 상황적 맥락은 분명한 알아차림의 현존이었다.

자신의 몸과 말 그리고 의도적 행위에 대해 끊임없이 주의를 기울이고 되비추어 숙고할 필요성을 강조한 붓다의 관점[16]은 아들 라훌라Rāhula에게 한 설법에 잘 표현되어 있다.

> 붓 다 1: 라훌라야! 거울은 무엇을 위한 것이냐?
> 라훌라 1: 세존이시여. 그것은 되비추어 보기 위한 것입니다.
> 붓 다 2: 라훌라야! 바로 거울과 마찬가지로 행동도 거듭 되비추어 숙고하고 나서 몸으로 행해져야 하고, 또 되비추어 숙고하고 나서 말로, 마음으로 행해져야 하느니라.[17]

반야상담자의 거울적인 역할을 언어적 내용만으로 이해한다면 내담자의 말을 단순하게 반복하는 것으로 보여질 수 있다. 그러나 반야통찰상담의 마음과 행동의 관계에 대해 '언어는 곧 표현하는 사람이다.'라는 관점이기 때문에 내담자가 한 말을 상담자가 다른 말로 바꾸어 표현하는 것은 현재 내담자의 인식 차원을 상담자의 인식 차원으로 이동하도록 하는 암묵적 간섭으로 본다. 즉, 상담자가 내담자의 언어를 다른 말로 바꾸어 준다는 것은 내담자의 이야기를 들으면서도 이미 상담자의 인식 세계가 펼쳐지고 작동하고 있는 것

16) Kalupahana, 1992/2014, p. 230.
17) MN I 415, MN61, 암발랏티까에서 라훌라를 교계한 경, Ambalaṭṭhika rāhulovāda sutta.

으로 이해된다. [참조: 중도적 언어와 상담자 언어의 적멸] 따라서 반야통찰상담에서는 상담자가 "내담자의 사고방식과 일치하는 언어를 사용하는 것은 상담자의 효율성을 증대시키므로"[18] 내담자 이야기를 분명하게 반야로 이어 보며 머묾이 유지되어야 한다.

다음은 내담자가 기술한 단어를 상담자가 유사한 의미의 다른 말로 바꾸는 것이 상담 과정에 어떻게 영향을 주는가를 보여 주는 예이다.

> 내담자 10: 시어머니(시아버지의 세 번째 부인)가 있는데 또 시어머니가 있잖아요. 나는 **상 시어머니**가 있고 남편이 어릴 때 고모님 댁에서 자랐어요. 중학교를 졸업하고 친어머니가 돌아가시니까 시골에서 아무것도 할 게 없잖아요. 그래서 그 고모가 영등포에 살았는데 영등포에 작은 공장들이 많았잖아요. 그 공장에 취업을 시킨 거예요.
>
> 상담자 11: 고모가 (예), 남편을 (예), 그래서 고모가 **진짜 시어머니**네.
>
> 내담자 11: 예~예. **가짜 시어머니**가 여러분 계시지만……

내담자 10에서 **상** 시어머니라고 말했는데 상담자 11은 **진짜** 시어머니라는 단어로 바꾸었다. 그러자 내담자 11에서 그동안 시아버지와 함께 살았고, 지금 같이 살고 있는 시어머니들을 **가짜**라고 했다. 내담자는 시어머니들을 진짜, 가짜로 구분하려는 의도나 생각은 전혀 없었고 단지 남편의 고모를 '상' 시어머니라고 표현했다.

상하의 구별은 같은 범주 안에서 위계적 표현이고, 진짜와 가짜는 다른 범주로 구별 짓는 표현이므로 현재 시어머니와의 갈등을 이야기하고 있는 내담자에게 상담자가 가짜라는 단어를 씀으로써 내담자에게 암묵적으로 시어머

---

18) Wickman, 1999.

니에 대한 갈등을 증폭시키는 역할을 한다.

일반상담에서는 상 시어머니와 가짜 시어머니라는 표현을 큰 차이 없이 내담자의 말을 상담자가 다른 말로 바꾸어 표현해 주는 재진술기법으로 볼 수 있다. 그러나 반야통찰상담에서는 내담자의 언어를 상담자의 언어로 바꾸는 것은 내담자가 현재 말하고 있는, 생각하고 있는 지점을 상담자의 사유적 맥락으로 끌어들여 내담자에게 상담자 맥락에서 생각하고 말하게 하는 상담자의 언어적 제한으로 이해된다. 이러한 오류를 범하지 않으려면 상담자는 내담자가 말을 할 때 분명하게 반야로 이어 보며 알아차림으로 내담자 말의 조건적 흐름을 되비추어 주는 것이다. 따라서 반야통찰상담에서 기법의 사용 원칙은 내담자의 언어를 상담자가 그대로 따라 흘러감으로써 내담자에게 자신의 상태에 대한 연기적 흐름을 관찰하게 하는 것이다.

일반상담에서 상담자 중심의 언어 사용의 예는 캐나다에서 참가했던 마음챙김에 기반하는 심리치료Mindfulness Centered Psychotherapy 수련 과정에서도 빈번하게 나타났다. 상담 시연을 지켜보면서 상담자가 얼마나 부주의하게 내담자의 언어에 반응하는지를 새삼스럽게 느끼게 된다. 예로, 내담자가 어제 저녁에 어머니와 대화하면서 자기를 어린 시절에 적절하게 돌보아 주지 않았다는 서운함이 올라와서 어머니에게 '실망'했다며 지금까지도 기분이 안 좋다고 하였는데, 상담자는 "어머니에게 '화'가 났군요?"라고 반응한다. 내담자가 말한 '실망'과 상담자가 언급한 '화'가 같은 맥락과 의미일까? 이것이 내담자의 지점을 상담자의 생각 지점으로 뛰어넘기를 하는 예로서 마음놓침mindlessness이다. 이미 상담자는 내담자라는 현재를 벗어나 상담자의 관념으로 넘어가 버린 것이다. 지금까지 우리는 이런 식으로 상담을 해 왔고 지금도 이렇게 한다.

내담자가 말한 '실망'과 상담자가 표현한 '화가 났다'는 다른 세계이다. 반야통찰상담적 장면이라면 상담자는 내담자의 실망이나 어머니가 어떻게 어린 시절에 돌보았는가? 하는 내용이 아니라 '지금까지도 기분이 안 좋다.'는 내담자의 마지막 말에 초점을 두고 상담은 시작되어야 한다. 그런데 상담자는 재진술이라는 상담기법으로 내담자의 언어를 자기 방식으로 접근하는 것이다. 그러나 반야통찰상담은 철저하게 내담자의 언어와 행위에 기반하여 상담을 진행한다. 즉, 내담자의 입에서 나온 표현의 맥락을 벗어나지 않고 머문다. 이것이 바로 사띠 삼빠자냐, 현재에 기반한 반야통찰상담이다.

일반적인 상담 장면에서 상담자는 내담자가 현재 머무르고 있는 말과 행위 그리고 생각의 지점에서 벗어나서 전문가라는 이유로 상담자에게 친숙한 개념과 과정으로 내담자를 이끈다. 그러다가 내담자가 못 따라오면 저항이다, 내담자의 상담 동기가 낮다든가 이해 능력이 부족하다고 해석한다. 그러나 반야상담자는 자신의 생각이나 관점을 세우지 않기 때문에 전혀 움직이지 않는다. 오직 내담자의 말과 행위 속에서 함께 머무르며 내담자가 자신의 말과 행위에 대해 좀 더 알아차림이 촘촘해지면서 단편의 끊어진 이야기가 아니라 인과적 흐름에서 자신이 행위의 주체임을 경험하게 한다.

다음은 따돌림으로 휴학을 하게 된 내담자의 반응을 반야상담자가 분명한 알아차림으로 되비춤을 하는 과정에서 알아차림이 유지되지 못하고 끝부분에서 상담자의 알아차림이 어떻게 흩어지는지를 [상담자 9-1]에 예시하였다. 그리고 상담자의 알아차림이 유지되었을 때의 반응은 [상담자 9-2]로 예시하였다.

상담자 8: 제임스James는 여기 상담을 어떤 상황 때문에 오게 되었지?

내담자 8: 말을 해야죠! (음) 학교에서 애들한테 따돌림을 당했어요. (음) 오래전이었죠. 2년 전부터요. 그래서 마음에 상처가 남는 거예요. (음) 상처들이 마음에서 계속 순환, 순환을 해요. 그래서 사람들만 보면 놀렸던 사람이 다아~, 모든 사람이 나를 놀리는 것 같고, 시선이 나한테만 쏠리는 것 같고, 그런 느낌

을 계속 받는 거예요. (음) 학교를 다니면서, 어디를 가면서도 그래서 좀 많이 아팠어요. 네~예↘(음)

상담자 9-1: 제임스의 이야기를 들어 보니까 너가 학교를 다니면서 약 2년 정도 친구들한테서 따돌림을 받았구나. (응! 응!) 그러면서 그것이 계속 순환되고, 순환되면서 너의 마음에 상처가 됐어. 그래서 그런 상처를 가지고 학교를 가도 그렇고, 학교가 아닌 다른 데를 가도 그것이 **계속 생각이 나고 그러면서 너를 힘들게 했구나. 음, 괴롭게 했어.** (잠시 후) 그래서 그런 상황이 계속되다 보니까 현재는 어떻게 된 거지?

내담자 9: 학교를 쉬게 됐어요.

[상담자 9-1]은 내담자의 이야기를 듣는 동안 반야상담자의 알아차림과 집중력이 충분하지 못해 뒷부분에서 마음이 흩어지면서 내담자가 한 말을 놓쳐 내담자가 한 말과는 다르게 상담자가 해석하여 내담자가 언급하지 않은 "너를 힘들게 했구나. 음, 괴롭게 했어."라고 하였다. 그러나 내담자의 이야기에 반야상담자의 사띠 삼빠자냐가 유지되었다면 상담자의 거울 역할은 [상담자 9-2]와 같다.

상담자 9-2: 제임스의 이야기를 들어 보니까 **나는** 학교를 다니면서 약 2년 정도 친구들한테서 따돌림을 받았어. (응! 응!) 그러면서 그것이 계속 순환되고, 순환되면서 나의 마음에 상처로 남았어. 그런 상처를 가지고 학교를 가도 그렇고, 학교가 아닌 다른 데를 가도 **다 나를 놀리는 것 같고 사람들의 시선이 나에게 쏠리는 느낌을 받아서 좀 많이 아팠어.** (잠시 후) 그래서 이런 상황이 계속되다 보니까 지금은 어떻지?

내담자는 다른 사람이 자기를 놀리는 것 같고, 시선이 자기에게 쏠리는 것 같은 느낌을 계속 받아서 좀 많이 아프다고 했지, 그런 생각이 힘들게 괴롭게 했다고 말하지 않았다. 내담자는 느낌으로 아프다고 말했는데 상담자는 생각으로 힘들고 괴롭게 한다고 해석하였다. 일반상담에서는 비슷한 말이고 상담자가 내담자의 말을 좀 더 참신하고 의미 있는 말로 바꾸어 재진술해 주었다고 할 수 있으나, 반야상담적 관점에서는 상담자가 내담자의 의식의 흐름에 함께하지 못하고 상담자의 인식이 작용하여 내담자의 말과 상태를 판단하고 해석한 것이다. 이렇게 내담자가 언급한 것을 그대로 함께하며 내담자의 의식적 흐름에서 벗어나지 않는 것과 내담자와는 다른 상담자의 관점에서 내담자의 이야기를 듣는 것은 '내담자 호소 문제는 내담자의 마음에서 생겼으므로 내담자 마음에서 소멸되어야 한다.'는 반야통찰상담의 원리를 위배한 것이다.

반야상담자는 문제에 대한 어떤 관점이나 해석을 하지 않고 내담자와 동일한 관점을 유지하기 때문에 내담자의 이야기에 반응할 때 1인칭으로 묘사한다. [참조: 반야통찰상담의 언어적 반응 특징]

[상담자 9-1]에서 "너가…… 따돌림을 받았구나. 너를 힘들게 했구나." 하는 상담자의 반응은 상담자가 분리되어 내담자의 이야기를 밖에서 타인 입장에서 들었다는 것이다. 그러나 [상담자 9-2]에서 "나는…… 따돌림을 받았어. 나에게 쏠리는 느낌을 받아서 좀 많이 아팠어."의 상담자 반응은 1인칭으로 내담자와 동일한 관점을 유지하고 있어 내담자에게 좀 더 몰입해서 자기 상황을 탐색할 수 있게 한다.

다음은 '따돌림 사례'로 반야통찰상담적 재진술의 특징에 대해 학습하는 과정에서 수련생들이 나눈 이야기이다.

수련생 1: '힘들었어.' 이런 내담자가 하지도 않은 말을……
수련생 2: 우리가 진짜 많이 쓰는 것 같아요. 일단 내담자가 오는 것은 힘들어서 왔

으니까요. (예. 예)

수련생 3: 힘든 것 맞는데…… (하하하)

수련생 1: 내담자가 말한 대로 해 주는 게……

수련생 2: 힘든 것은 사람마다 다르다. 그 힘든 게 뭐니? 다 내용이 다르잖아요. 그 내용을 그대로 읽어 줘야지 힘들다는 어떤 명칭을 이름을 붙이는 거잖아요. (그렇지.)

수련생 1: 실체가 없는 감정을 상담자가 이름 붙여 주는 거잖아요. 사례를 보면 내담자는 느낌으로 아프다고 말했는데. 상담자는 생각으로 힘들고 괴롭게 한다고 해석을 해서 그렇게 말하는 거죠. 상담자가 마음대로 그것을 만들어서요.

수련생 4: 상담자 언어를 쓴다는 것은 내담자에서 나온 게 아니라 상담자의 인식에서 나온 것이기 때문에 맞지 않다는 것이지요.

수련생 5: 반야통찰상담적으로 접근해 보면 그것을 듣는 것만으로도 공감한다는 느낌이 들고 또 그렇게 전개를 해 주니까 내가 이런 과정을 거쳐서 여기까지 왔다는 느낌도 들고. (그렇지요.) 지금까지 한 것을 알게 되거든요. (그렇지요.) 그 나름대로 보면 기법의 사용이었는데 그 안에 일어나고 사라진 것을 그대로 읽어 주는 것이 반야통찰상담 과정에 다 공통적으로 들어가 있어요.

요약과 되새김

요약summarization은 내담자가 하는 말의 내용에서 두 가지 이상의 진술 내용을 묶어서 정리해 주는 것이다. 내담자의 언어 표현 중 여러 요소를 서로 묶어 공통적인 주제, 유형을 밝혀내고 두서없는 이야기를 정리하여 검토함으로써 내담자에게 자기의 말의 내용에 주의를 환기시키고 통찰을 촉진한다.

다음은 요약 기법 사용에 대한 일반상담과 반야통찰상담적 접근의 예이다.

내담자: 2학기를 시작하고 전학 와서 친구를 사귀기가 어려웠어요. 내가 복도를 걸어가면 가끔 아이들이 나를 어깨로 밀고 가거나 쳐다보면 혀를 내밀기도 해요. 어쩌다 담임 선생님이 그런 것을 보시기도 하지만 아무 말씀을 안 하세요. 집에서는 엄마 아빠가 장사하시느라 늦게 들어오시고, 학교에 가도 재미가 없어요.

일반상담자: 그러니까 이곳에 전학 온 이후로 다른 아이들이 너를 계속 놀리고, 선생님도 이 점을 아시는 것 같지만 별다른 조치를 취하지 않으시고 있고, 그렇지 않아도 힘든 부모님한테는 말씀드리기가 꺼려진다는 거지.

반야통찰상담 과정에서 요약은 두 가지 형태로 사용된다. 주로 내담자에게 자기가 한 말을 스스로 정리하여 다시 말하게 하는 되새김과 상담자가 내담자의 통찰을 강조하기 위해서 내담자가 한 말의 인과적 흐름을 있는 그대로 되비춤이다.

반야상담자 요약 1: 그래. 이제 금방 한 말을 다시 한번 이야기해 줄래?

상담자가 내담자에게 바로 앞에 한 말을 '되새김해 주라.' 요청하면 내담자는 자신이 이전에 무슨 말을 했는지 진지하게 생각하게 되고 자기가 한 말 중에서 스스로 중요하다고 생각하는 부분에 초점을 두고 다시 말하게 된다. 이렇게 말을 되새김하는 과정에서 자연스럽게 내담자는 자신의 말을 요약하고 정리하면서 자기의 말이 달라지는 것을 알고 변화를 경험하게 된다.

반야상담자 요약 2: 새로 전학 와서 친구를 사귀기가 어려웠어. 그러다 보니 혼자 다니게 되고, 친구들이 나를 어깨로 밀거나 혀를 내밀기도 하고…… 그런 것에 담임 선생님도 아무 말씀을 안 하고, 부모님은 장사하시느라 늦게 들어오시고, 학교에 가기는 하지만 재·미·가 없어.

다음은 요약 기법을 공부하는 과정에서 수련생들이 나눈 대화이다.

수련생 1: 반야통찰상담적 요약은 그대로 읽어 주는 것이네요.

수련생 2: 그래서 나도 이걸 보면서 재진술에도 그대로 읽어 줬는데…… (으응) 이 재미라는 말은……

수련생 3: 차이는 아이가 마음에 상처가 되고 어필하고자 하는 그 부분에 대해서 상담자가 자세하게 들려준다는 거네요.

수련생 4: 내담자는 상담자가 이렇게 읽어 주는 것을 들었을 때 다시 자기 귀로 듣는 거잖아요. 들을 때 통찰이 이루어지고 환기가 이루지는 거죠.

수련생 3: 저렇게 표현하니까 내 마음이…… 그 부분이었네. (정확히……)

수련생 1: 내가 저렇게 말하고 있구나.

다음은 반야상담자가 내담자의 이야기를 이전 회기에 사용하였던 단어나 언어를 그대로 사용하면서 내담자 이야기의 흐름이 달라짐에 초점을 두고 요약하는 예이다.

내담자 85: 묵혀 놓지도 못해요. 막 화를 내요. 내가…… (음) 전에는…… (음~ 음) 그 화가 막 품어져 나오는 걸 (음~ 음) 뭐 분수처럼 나오는 걸. (음~음) 어, 일렉트로electro에 힘으로 나오는 것을 누가 막아요.

상담자 86: 밥솥에서 김이 막 솟아오르듯이…… (이 말은 내담자가 상담 초기에 자기가 화나는 것에 대한 이야기를 할 때 썼던 표현이다.)

내담자 86: 예~ 그 파워를 조절해야 그게 안 나오지 그걸 누구든 (음) 손으로 인력으로 막을 수 없잖아요. (음) 근데 이렇게 누가 가다가 탁 쳤다거나 그러면……

상담자 87: 그냥 튕겨 나와요. 음.

내담자 87: 탁! 신경이 (음) 항상 이렇게 다 올라와 있어요.

상담자 88: 항상 꽉 차 있었어. (음)

내담자 88: 예~ 예~. 그래서 맨날 어휴~ 짜증나. (내담자는 1~2회기에 자기 마음
에 화가 얼마나 꽉 차 있는지를 구구절절 이야기하였다.) 이랬거든요. 그런데
그게 내가 제일 많이 느낀 (음) 건데 내 속에서 탁 (화가) 나와야 되는데 (음~
음) …… 그게 내가 느끼는 바가 어떻게 이렇게 달라질 수 있을까! (음) 그게
좀 궁금하네요. 나도요.

상담자 89: 음, 예전과 지금이 달라졌어요. 일상에서 화나는 상황은 상담하기 전과
똑같이 **지금**도 오는데 예전에 **내가**[2] 했던 방식과는 다르게 **지금**은 '그것이
온다'라는 것을 알고, 또 그것이 '어느 정도'라는 것도 알게 되었다. 예전에는
화가 나면 무조건 묻었어. 그리고 그 화가 **나도** 모르게 튕겨져 나가고 그래서
후회하고 그랬던 것들이 **지금**은 **내가** 어느 정도 화가 오고 있다. 그리고 **지금**
어떤 상태인지를 알게 되고 또 그것들을 이렇게 **나름 내 방식으로** 표현하고
있고……

[2] 상담자는 지금 현재와 내담자 중심의 1인칭 주어를 사용하여 표현함으로써 반야통찰상담의 언어적 반응의 특징을 강조하고 있다.

반영과 되비춤

반영reflection은 내담자의 말과 행동에서 표현된 기본적인 감정, 생각 및 태
도를 상담자가 다른 참신한 말로 부연해 주는 것으로 재진술과는 다르게 밑
바탕에 흐르고 있는 감정을 파악해서 되돌려 주는 것이 핵심이다. 반영은 단
지 내담자가 말로 표현한 것 이상으로 깊숙이 들어가지 않는다. 적절한 반영
은 내담자로 하여금 이해받고 있다는 인식을 갖게 한다. 내담자가 표현한 것

이상으로 상담자가 언급하는 것은 명료화나 해석적인 기법이다. 그러나 반야통찰상담에서는 일반적인 기법인 재진술이나 반영과는 달리 상담자가 내담자의 말을 '되비춤'하여 내담자의 상태를 인과적 흐름으로 반영해 주는 것을 강조한다. [참조: 반야통찰상담 과정]

일반상담 과정에서 내담자는 문제와 관련하여 많은 정서나 감정을 표현하므로 그런 내담자의 감정을 상담자가 잘 이해하고 적절한 시기에 공감적으로 때로는 참신하게 반응해 주는 것이 상담 과정에 효과적이라고 한다. 그러나 반야통찰상담에서는 내담자가 호소하는 그 어떤 이름의 감정이나 생각이 어떤 것을 조건으로 해서 생겨나게 되었는지를 연결해서 흐름으로 이해하게 한다.

반야통찰상담에서 내담자가 슬프다, 억울하다, 화난다, 불안하다 등 정서나 감정을 이야기할 수 있지만, 반야상담자는 내담자가 호소하는 그런 정서나 감정은 내담자의 인식에서 생긴 것으로 '실체'가 아니라는 것을 알고 본다. 그리고 내담자가 지금 인식하면서 언급하고 있는 감정이나 문제가 어떻게 해서 생겼는지 탐색하도록 내담자의 이야기에 근거하여 '어떤 것을 조건으로 현재 그런 감정이 생겼다.'라고 상담자가 이해한 내용을 여섯 감각 장소salāyatana → 감각접촉phassa → 정서경험vedanā의 조건으로 연결해서 표현해 준다.

다음은 반영 기법에 대한 일반적 접근과 반야통찰상담적 접근의 예이다.

> 내담자: 어젯밤 중학교 1학년때부터 사귀던 여자 친구가 전화를 걸어서 다짜고짜 이제 그만 만나자고 하더군요. 도저히 공부에 집중할 수 없었어요.
>
> 일반상담자: 여자 친구의 일방적인 결별 선언으로 충격이 큰가 보구나. 너는 왜 그만 만나자고 하는지 이유라도 알고 싶은 모양인데?
>
> 반야상담자 [3]: 어젯밤에 중학교 1학년 때부터 사귀던 여자 친구가 전화해서(여섯 감각 장소六入) 그만 만나자고(감각접촉觸) 하니 지금까지 공·부·에 집·중·할 수가 없었어(정서경험受)……

[3] 이러한 십이 연기적 흐름은 단지 내담자의 이야기 안에서 나온 정보에 근거해서 이해하는 차원이다.

내담자의 말에는 '충격이 크다'거나 '여자 친구가 그만 만나자고 한 이유를 알고 싶다'는 내용이 포함되어 있지 않다. 단지 내담자의 말로는 지금까지 '공부에 집중할 수 없었다'는 것이다. 그런데 이미 내담자는 공부에 집중할 수 '없었다'라는 과거형을 쓰고 있으므로 현재 말하고 있는 상담 시간에서 공부에 대해 집중할 수 없었던 상황이 달라졌다는 맥락적 표현이다. 그러므로 상담자는 내담자 언어의 시제(과거, 현재, 미래)나 상태에 대한 묘사의 지점을 주의 깊게 들어야 한다. [참조: 중도적 언어와 상담자의 언어 적멸] 일반상담자의 '충격이 큰가 보구나.'나 '이유라도 알고 싶은 모양인데?'는 상담자의 고정된 지점에서 내담자의 이야기를 듣거나 보고 있는 상태적 표현이다. 그러나 반야상담자의 '공 · 부 · 에 집 · 중 · 할 수가 없었어……'라는 표현은 상담자가 내담자의 지점에 함께 그대로 머물기 때문에 내담자에게 대화의 주제를 초점화해 주어 더 깊은 통찰로 연결할 수 있다.

명료화와 펼치기

명료화clarification는 내담자의 말 속에 '내포되어 있는 것'을 내담자에게 '명확하게 해 주는 것'으로 내담자가 말하고자 하는 의미를 상담자가 생각하여 내담자에게 말해 주는 기법이다.

명료화는 반영과 유사하지만 내담자가 이야기하는 특정 사건의 인과적 고리 안에서 무엇이 일어났는지를 알게 하는 것으로[19] 내담자의 반응에서 나타난 감정 또는 생각 속에 암시되어 있거나 내포된 관계와 의미를 상담자가 중요하다고 판단해서 내담자에게 분명하게 말해 주는 것이다. 즉, 명료화의 재

---

19) Horowitz, 1998.

료는 내담자 자신이 미처 자각하지 못하는 의미나 관계이고 명료화하는 과정
에서 내담자 말의 의미를 명확하게 하기 위해서 질문으로 부정확한 부분을
다시 묻기도 한다. 상담자의 명료화 반응은 내담자로 하여금 자기가 이해받
고 있다는 느낌을 갖게 하고 미처 생각하지 못했던 측면을 생각하게 하는 효
과가 있다고 하였다.[20]

다음은 명료화 기법에 대한 일반적 접근과 반야통찰상담적 접근의 예이다.

> 내담자: 그 아이는 정말 재수 없는 아이예요!
>
> 일반상담자: 재수 없다는 말은 그 아이한테 화가 나 있고 또 그 아이가 너무 싫다는 뜻
> 인가?
>
> 반야상담자: (내담자 말을 판단하지 않고 스스로 명료하게 표현할 기회를 주기 위해
> 내담자와 눈을 마주치며 천천히) 설명해 보세요.

반야통찰상담에서 명료화는 현재 내담자의 말만으로는 충분히 인과적 흐
름을 이해할 만한 정보나 내용이 나오지 않았기 때문에 내담자에게 계속 이
야기하도록 하는 '펼치기' 과정과 연결된다. 내담자는 상담자의 '설명해 보세
요.'라는 말을 듣고 자신의 감정보다는 '설명'이라는 단어의 영향으로 상황이
나 내용을 실제로 기술하고자 하는 방향으로 주의가 기운다. 이는 내담자로
하여금 자신의 주관적 감정보다는 일어난 상황 쪽으로 주의를 옮겨 가게 해
서 자신이 이렇게 말한 이유를 발견할 수 있는 환경을 제공한다.

다음은 반야통찰상담 과정에서 내담자가 자기 문제를 통찰한 이후 해결 방
법을 찾은 내용을 명료화하는 예이다.

---

20) 이장호, 2005, p. 109.

상담자 149: 음. **나름으로** 상담에서 배운 것들을 적용하고 계시네요. (네) '아직은 완전하지는 않고 상담 종결까지 시간이 좀 남아 있다. 그러나 상담하는 동안 내 삶에서 그리고 **내 생각**이 변화하고 있고, 그런 변화에 맞춰서 행동하려고 하고 있다.' 좋습니다. 이제 오늘 여기에서 우리가 찾은 방법이 뭐죠?

내담자 149: 독립!

상담자 150: 아, (하하하) 독립! **내가 생각하는 독립에 대해 좀 설명해 보세요.**

내담자 150: 아, 분리라는 것은 이렇게 있는 걸 잘라서 나누는 것 같은데, 독립은 온전한 하나가 하나로 서 있는……

상담자 151: 온전한 하나하나로 서 있는…… (예) 좋아요. 그래서 독립, 독립을 찾으셨어요. 그러면 지금 간절히 원하고 바라는 것은 우리 가족이 온전히 하나하나로 서 있는 거죠.

내담자 151: 그렇죠. 독립이죠.

상담자 152: 그렇죠. 그래서 우리 가족이 온전히 하나하나로 서 있으려면 그동안 **내가** 해 왔던 것처럼 '독립이 뭐다'라는 걸 보여 줘야 되겠네요. **내가** 매일 저녁 밤 8시면 가족에게 모여서 '기도하자'고 했던 것처럼 독립에 대해서도 **내가** 가족에게 행동으로 보여 줘야 되겠네요.

내담자 152: 그렇지 않을까요? 선생님? (그래요.) 강하게 보여 줄 필요도 없을 것 같아요.

상담자 153: 그래요.

내담자 153: 예. 그냥 생활 속에서 (음) 그게 뭐 폭풍처럼 와 가지고 해결되는 게 아니니까 그냥 천천히, 그냥 천천히라기보다는 내 삶을 그냥 독립이라는 틀에서 굴러가다 보면 (음) 그냥 그렇게 (음) 아, 패턴이 바뀌지 않을까?

해석과 머무르기

해석interpretation은 내담자의 인식 밖의 것을 말해 주는 것으로 분리되어 있는 사건, 말을 연결하거나 방어, 감정, 저항, 전이를 지적해 주거나 주제, 패턴, 행동 및 성격 속의 인과 관계를 지적하거나 설명해 주는 것이다.[21] 일반상담에서 내담자가 의식하지 못하는 의미까지 지적하여 설명해 준다는 점에서 해석은 가장 어렵고, 무의식에 관한 분석적 전문성을 요한다. 해석은 적절히 사용하면 내담자의 변화, 통찰, 성장을 촉진하여 새로운 시각에서 문제를 이해할 수 있도록 돕지만 내담자가 준비되지 않은 상태에서 해석을 할 경우 내담자에게 위협적일 수 있으므로 해석의 시기는 중요하다.[22]

> 일반상담자: 민수가 여자 친구를 떠나보낸 것은…… 네가 어린 시절 어머니한테 버림받으면서 느꼈던 그 두려움을 다시 느낄까 봐 두려워하기 때문인지……

일반상담에서 상담자가 사용하는 기법은 언어를 기반으로 상담자의 의도된 목적에 따라 내담자를 향해 사용하는 기법들이다. 그러나 반야통찰상담에서는 상담자가 기법을 사용하는 것이 아니고 내담자 스스로 자신의 언어나 표현이 어떻게 달라지고 변화해 가는지에 대한 흐름을 인과적으로 관찰하게 할 수 있도록 내담자가 요약, 해석을 경험하거나 표현하게 하는 '머무르기' 과정과 연결된다. 또한 내담자에게 자신의 이야기를 정리하고 요약하게 하는 과정에서 상담자는 내담자의 문제에 대한 이해도를 평가한다. 따라서 반야

---

21) Hill, 1982.
22) Loewenstein, 1951.

통찰상담에서는 여러 기법을 상담자가 특정 목적과 의도를 가지고 사용하는 것이 아니라 내담자가 표현하고 언급하는 과정에서 스스로 경험하고 발견하고 연결하기 때문에 상담기법과 상담 과정이 수단과 목적으로 분리되지 않고 하나의 흐름으로 연결된다.

다음은 내담자가 이야기하는 과정에서 경험하고 발견한 것을 스스로 연결하는 반야통찰상담적 해석의 예이다.

> 상담자 82: 어머니가 아이하고 대화를 해야 되는데, 내가 바뀌어야 된다는 건 알고 있지만 내가 그것을 실행하는 것은 지금은 어렵다. 그래서 내가 느끼는 건 무거움이다. 어머니가 무거움을 느끼면서 아이를 외면하고 있다. 이렇게…… **(침묵) 자, 이제 이야기를 해 본 과정에서 경험한 것을 말해 보실래요.**
>
> 내담자 82: 그걸…… 그러니까…… 처음에 내가 말했듯이 **내가 그 아이를 대하는 상태에 대해서 내 마음을 나도 그냥 잘 몰랐던 것 같아요. (응) 이렇게 이야기를 하는 과정에서……** (응) 아! 내가 현재 이 아이를 우리 아이를 외면하고 모른 척하고 있구나. (떨리는 목소리) **그런 걸 이제 알게 되고……** (응) 그거에 대해서 조금 다시 서로 소통할 수 있고…… (응) 다시 대면하면서…… (응) '이야기를 좀 해야 되겠다.'라는 생각을 하게 된 것 같아요.
>
> 상담자 83: 오늘 이야기에서 '내가 이 아이를 외면하고 있구나.'라는 것을 알았어요.
>
> 내담자 83: 네.
>
> 상담자 84: '외면하고 있구나.' '내 마음이 무겁다.'는 것도 내가 알았어요. 그러면서 **지금 현재 어머니가 찾은 것이 있어요. 뭘 찾으셨다고요?**
>
> 내담자 84: 아이하고 소통하려고 노력해야 되겠다는 것.

즉시성과 현법

즉시성immediacy은 내담자의 통찰을 위해 숙련된 상담자들이 사용할 수 있는 중요한 기법으로 상담의 효과를 담보하기 위해서는 필수적이다.

일반상담 과정에서 즉시성은 지금·여기의 상담 관계에서 내담자가 보이는 반응이나 표현 등에 대해 상담자가 피드백을 주거나 내담자의 이야기가 과거나 미래에 대한 내용으로 현재에 대한 내용이 결여되었다고 생각되면 그러한 내용을 현재의 문제와 연결하여 이해하도록 하는 기법이다. 그러나 반야통찰상담 과정은 내담자의 상태와 상황에 맞춤형으로 접근한 붓다상담의 따라감이므로 그 자체가 현법現法적 접근이다.

일반상담에서 관계의 즉시성은 상담자와 내담자 사이에서 현재 이루어지는 상호작용을 활용하며 내담자의 자각을 촉진하는 것이다. 현재 상담자가 내담자와 대화를 하면서 내적으로 경험하는 것을 활용하여 피드백을 주는 것으로 특히, 내담자에게 부적응적 특성이 반복되어 나타날 때 그 점에 초점을 맞추어 문제와 관련된 내담자의 패턴을 인식하고 통찰을 하게 하여 변화에 대한 적극성을 유도한다고 한다.

다음은 일반상담에서 시도한 관계의 즉시성 기법의 예이다.

일반상담자: 지금 나하고 이야기하는 동안에 계속 겉도는 이야기만을 하고 진짜 마음을 털어놓지 않고 **있는 것 같습니다. 혹시** 다른 사람들하고 이야기할 때도 당신의 속마음을 털어놓기가 힘이 드시나요?

반야통찰상담은 상담자와 내담자의 지금 현재의 관계적 맥락에 기반하여 내담자의 문제나 상태를 다루기 때문에 반야통찰상담 과정 자체가 '즉시성으로 피어나는 꽃'으로 비유될 수 있다. 반야통찰상담적 관점에서는 내담자가 '겉돈다' 할지라도 상담자가 내담자에게 밀착하면 내담자는 자연스럽게 상담에 들어오게 된다. 반야통찰상담에서는 내담자가 지금 하는 이야기가 전부이지 이것 말고 또 다른 털어놓을 '숨은 이야기'가 있다는 전제를 하지 않는다. 즉시성에서는 '~같습니다' '혹시~' 라는 가정과 추측성 질문이 성립되지 않는다. 상담자가 이런 질문을 한다는 것은 이미 상담자는 지금 · 여기에 머물지 않는 것이다.

그리고 상담 내용에 대한 즉시성 기법은 내담자의 이야기에서 과거 · 거기서 생긴 일보다는 지금 · 여기서 일어난 일들에 초점을 맞추는 기술로서 과거 이야기에 치중하는 내담자에게 그때 경험했던 내용이 지금 현재의 상황에 어떻게 반영되고 있는지 그리고 현재 문제와 어떤 관련이 있는지에 초점을 맞추어 언급하게 하는 것이다. 그러나 반야통찰상담에서는 내담자의 과거 · 미래에 대한 이야기를 '있다'라는 존재적 접근이 아니라 내담자의 의도, 기대에 의해 일어난 인식으로 접근한다. 따라서 시간이나 관계 · 상황적 관련성이 아니라 조건적 인과로 이해하게 한다.

일반상담 과정에 사용되는 즉시성은 상담자가 내담자라는 객관적 대상을 향해 사용하는 기법이지만, 반야통찰상담의 현법으로써 즉시성은 상담 관계에서 드러나는 조건적 현상을 내담자가 경험하는 과정이다.

다음은 반야통찰상담에서 시도한 즉시성 기법의 예이다.

상담자 58: 자, 지금까지 셀리나Celina가 이야기를 하면서 말이 이렇게 흘러가다가 중간중간에 '모르겠어요.'라는 표현을 자주 써요. (네. 하하) 우리가 여기서 하는 반야통찰상담은 '인과의 관계'를 이해하는 거예요. 그런데 셀리나는 앞을 말하고 뒤도 말해 놓고서는 결론은 '모르겠어요.'라고 해요. (네)

내담자 58: 뭔가 이게 원인이고 이게 결과다까지 해 놓고 그다음에 모르겠다고……

(음) 말을 해요. (그래요.)

상담자 59: 그것에 대해 관찰해 볼까요?

내담자 59: 네, 좀 그래요. 뭐를 딱 이게 '내 의견이야.'라고 말하는 거, '이게 내 분석
이야.'라고 뭔가 그 상태를 고정시켜 놓고 하는 거 좀 무서워해요. 이것은 학
교에서도 지적을 받는 건데, (아, 그래요?) 좀 강하게 의견을 말할 필요가 있
다라고. (음) 그러니까 뭔가 있는데 남한테 이렇게 말하는 것을 무서워하는 거
같아요.

질문하기와 생멸의 원리

질문inquiry은 상담 과정 전반에 걸쳐 다양한 목적으로 모든 상담자가 사용
하는 상담의 기본 기법이다. 일반적으로 상담자는 질문을 통해 상담 과정이
핵심 주제에서 벗어나지 않도록 하면서 내담자의 말을 정확하게 이해하고 상
담 진행에 필요한 정보를 얻을 수 있고 내담자의 자기 탐색과 통찰을 위해서
도 활용된다.

상담 과정에서 일반적으로 사용하는 질문의 형태는 폐쇄형과 개방형이다.
폐쇄형 질문은 일반적으로 '누가' '언제' '어디서'와 제한적인 단어로 시작하여
구체적인 정보, 특히 어떤 사실에 대한 정보를 요청하는 것으로 몇 마디 한정
된 반응만을 이끌어 낸다. 개방형 질문은 상담자가 상담 초기에 가장 많이 사
용하는 언어적 기법으로 내담자의 탐색을 요구하지만 일정한 대답을 기대하
는 반응이 아니며 내담자의 생각, 느낌, 가치관을 자유롭게 표현하도록 유도
하는 반응이다.[23] 따라서 개방형 질문은 폐쇄형 질문에 비해 내담자로 하여
금 자유로운 감정 표현, 자기 탐색, 통찰을 하게 하는 데 효과적이다.[24]

붓다의 질문 반응 기법

반야통찰상담은 붓다상담의 따라감이므로 붓다의 대화방식은 반야통찰상담의 토대가 된다. 붓다는 내담자들과 대화에서 폐쇄형 질문과 개방형 질문을 포함하여 네 가지 형식(일향기 · 분별기 · 반문기 · 무기)으로 반응하였다.[4], [25)]

첫 번째는 명확히 설명되어야 할 질문에 대한 반응 형식으로 질문이 붓다의 관점과 합치하는 경우에 "그렇다."고 반응하였다. 이렇게 붓다가 명확하게 반응한 질문들은 개념적인 용어나 절대적인 태도로 진술되는 궁극적인 진리들의 존재를 함축한 내용이 아니라 주변의 경험적 증거에 의거하여 아주 납득할 만한 긍정적인 답변을 요구하는 것들이다.

두 번째는 먼저 분석한 후에 설명되어야 할 질문에 대한 반응 형식이다. 질문이 생멸의 원리나 중도적 관점에 부합되지 않는 경우에는 먼저 그 질문을 해체하여 시비是非를 분별하여 반응하였다. 이러한 답변 형식은 붓다가 제시한 비절대주의적이고 실용주의적인 진리관의 기본적인 특성을 보여 준다. 즉, 진리는 절대적으로 고정되어 있는 것이 아니라 괴로움 소멸의 방향으로 나아가는 유익성에 대한 검증을 상황의 전후 맥락에 따라 분석해서 결정하는 것이다.

붓다가 질문에 반응하는 전제는 '그 질문들이 괴로움의 소멸로 향하고 있는가?'이다. 그러므로 반야통찰상담에서도 내담자의 많은 말과 질문에 대해 상담자는 오직 괴로움 소멸의 방향에 초점을 두고 다루어야 한다.

세 번째는 반대 질문을 한 후에 설명되어야 할 질문에 대한 반응 형식이다. 질문이 애매모호한 것일 수 있다는 점을 고려하여 물음에 바로 응답하지 않

> **4** 네 가지 형식(四記答): 일향기문(一向記問 ekaṃsa-vyākaraṇīya), 분별기문(分別記問 vibbajja-vyākaraṇīya), 반문기문(反問記問 paṭipucca-vyākaraṇīya), 무기(無記, abyākata)

---

23) Cormier & Hackney, 1987; Ivey, 1987.
24) 김영혜, 이혜성, 2002.
25) 운허용하, 1983.

고 질문자에게 질문의 내용이나 의도를 되물어 봄으로써 질문자가 자기 질문의 뜻을 분명하게 하거나 돌이켜 보게 할 때 사용하였다.

반야통찰상담에서 이러한 반문기 형식은 질문자의 의도를 분명하게 하기 위해 내담자에게 펼쳐서 설명이나 되새김을 하게 하는 것이다.

네 번째는 보류되어야 할 질문에 대한 반응 형식으로 붓다는 질문이 중도적 관점에서 성립되지 않고 사견과 망상에 근거하여 진실하지 않고 옳지 않고 유익하지 않다고 판단되면 질문에 언어적으로 반응하지 않았다.

일반적으로 우리는 상대방의 질문이 내 생각과 다르다고 판단되면 내가 알고 있는 지식을 동원하여 그 질문의 모순이나 오류를 지적하면서 자신이 알고 있는 또는 가지고 있는 관점을 제시하는 방식으로 대응한다. 그러나 붓다는 지금 · 여기에서 상대방의 인식을 전환하게 하는 가장 적극적이며 평화적인 방법으로 생멸의 원리를 벗어난 질문에 대해서는 무기無記 abyākata하였다.

붓다는 네 가지 반응 형식을 적절히 활용해 내담자 스스로 해결점에 도달하게끔 하였지만 붓다가 즐겨 쓴 반응 기법은 반문기와 분별기였다. 붓다는 내담자의 질문에 대해 즉각적으로 답을 하기보다는 그와 관련된 사항을 되물음으로써 내담자로부터 답을 유도해 본래 의도된 결론이 내담자의 입을 통해 나오도록 이끌었다. 또한 내담자의 생각이 왜곡되었을 때는 이를 분해하고 옳고 그름을 분별하여 올바른 결론에 이르도록 했다.[26] 이러한 붓다의 질문 반응 형식은 반야통찰상담에서도 동일한 목적으로 사용된다.

붓다는 내담자의 질문에 내담자의 이해 수준과 의도에 따라 다양한 질문기법을 사용하였지만 모두 붓다가 궁금한 것을 묻기 위한 수단이 아니고 내담자의 자각과 통찰을 확장하고 심화하기 위한 내담자 중심의 질문기법이다. 이렇게 붓다의 질문기법은 매우 절묘하여 질문에 따라 대답을 하다 보면 내

---

26) 권경희, 2010b.

담자는 자연스럽게 자신이 붓다가 의도한 결론에 도달하게 된다.

통찰 촉진의 질문: 묘사와 진술형식

반야통찰상담에서도 내담자의 자기 탐색과 통찰을 경험하도록 폐쇄형 질문과 개방형 질문을 사용하지만, 질문은 상담자가 내담자에게서 정보를 얻기 위한 목적이 아니라 내담자가 자기 문제나 상황에 대해 좀 더 통합적으로 연결하여 관찰할 수 있는 기회를 제공하기 위해서 사용된다.

특히 반야통찰상담에서 사용하는 개방형 질문은 의문문 형식이 아닌 묘사와 진술 형식으로써 "어떤 것을 원인으로 현재 상황이 생겼는지 설명해 주세요." "무엇을 조건으로 해서 이런 상황이 일어났는지 말씀해 주세요." "바로 앞에 한 말을 되새김해 보세요." "지금 한 말을 펼쳐서 표현해 보세요." 등으로 현재 이야기하고 있는 내용에 대한 내담자의 관점을 흐름으로 연결하여 이해하도록 한다. 반야통찰상담에서 사용하는 진술형의 질문은 상담자의 경청을 토대로 상담 관계를 친밀하고 신뢰롭게 형성하기 위한 격려와 지지이며, 내담자의 자각과 통찰을 확장하도록 돕는 수용과 공감의 기법이기도 하다.

다음은 반야통찰상담의 질문기법에 대한 경험을 수련 과정에서 이야기한 내용이다.

수련생 1: 반야통찰상담에서는 내담자에게 지금 · 여기에서 자신이 경험하는 것에 대해 원인과 조건을 연결하여 일련의 흐름으로 이해하도록 하기 위해 개방형 질문을 사용하는 것 같아요.

수련생 2: 나도 이렇게 잘 연결이 안 되는데 그걸 내담자가 경험하도록 질문한다는 것이 쉽지 않지요.

수련생 1: 수련생 2가 반야통찰상담 내담자의 역할을 할 때 상담자가 개방형 질문을 사용했는데 그때 어떠셨어요?

수련생 2: 제일 처음에는 몰랐어요. 그랬는데 상담자의 질문을 몇 번 들으니까 아! 그렇게 연결해 가는구나. (허허허) 이게 이제 머릿속에 들어온 다음부터는 내가 말하려고 할 때 '내가 한 이 말이 어디에서 왔지?' 하고 생각을 하고 '그것 때문에 이렇게 했구나.' (통찰이……) 하고 이제 조금씩 연결이 되니까 상담자가 그것을 조건으로 해서 그런 생각이 일어났다고요? 하고 물으면 얼른 또 생각이 들었어요. 원인에 대한 생각을 좀 더 하게 된 거 같아요. 바로 결과만 얘기하지 않는…… 그런데 이렇게 하려고 하면 사실 상담자의 입장에서는 그걸 다 이렇게 조망하고 바라보고 있어야지, 맥락을 이렇게 집고 있으니까 내담자한테 얘기했을 때 그럼 어디에서 왔을까요? (으응) 이렇게 연결이 됐네요? 하고 이렇게 개방형 질문을 할 수 있지…… (못해요.)

생멸의 원리에 기초한 개방형 질문

반야통찰상담에서는 생멸의 원리에 기반하는 질문을 하여 내담자가 묘사하고 기술한 내용을 토대로 자신의 문제 상황이나 감정 그리고 마음의 상태에 대한 일어남과 사라짐을 경험하게 한다. [참조: 반야통찰상담의 원리- 연기적 원리에 따른 반야통찰상담의 대화 형식]

다음은 생멸의 원리를 토대로 제자들이 붓다에게 질문을 하거나 도반끼리 문답을 주고받는 예시들이다.

예시 1

사리뿟따1: 세존이시여, 청정한 삶이 오래 가지 않은 것에는 **어떠한 원인과 어떠한 조건이 있습니까?**

붓 다 1: 붓다에 의한 가르침으로 제자들에게 깨달음이 있었다 하더라도 학습계율이 시설되지 않았고, 의무계율도 부과되지 않았다면 깨달은 제자들이 멸한 뒤에, 그들이 그 청정한 삶을 빠르게 소멸시킨 것이다. 예로, 여러 가지 꽃들을 실로 잘 묶지 않고 놓아 두면 바람에 흩어지고 부서지고 해체되는 것과 같다. 그 이유는 그것이 실로 묶여(윤리와 계율) 있지 않기 때문이다.

사리뿟따 2: 세존이시여, 청정한 삶이 오래간 것은 **어떠한 원인과 어떠한 조건 때문입니까?**

붓 다 2: 붓다가 열심히 가르침을 폈고, 그들에게는 다양한 학습 자료가 많이 있었고, 제자들에게는 학습계율이 시설되었고 의무계율도 부과되었다. 깨달은 제자들이 멸한 뒤에, 그들이 그 청정한 삶을 오래도록 유지시킨 것이다. 예로, 여러 가지 꽃들을 실로 잘 묶어서 놓아 두면 바람에 흩어지지 않고 부서지지 않고 해체되지 않는 것과 같다. 그 이유는 그것이 실로 잘 묶여 있기 때문이다.[27]

예시 2

아난다: 세존이시여, **무슨 원인과 무슨 조건 때문에** 세존께서는 미소를 지으십니까? 이유 없이 여래께서는 미소를 짓지 않으십니다.[28]

예시 3

위빳시 보살: **무엇이 있을 때** 늙음 · 죽음이 **있으며, 무엇을 조건으로 하여** 늙음 · 죽

---

27) Vin III 7-9, Vin 1, 웨란자의 이야기, Veranjakaṇḍa.
28) AN III 214, AN5:180, 가웨시경, Gavesī-sutta.

음이 **있는가?**[29]

다음은 생멸의 원리에 기반하지 않는 질문에 대해 붓다가 어떻게 대응했는
지를 보여 주는 예시이다. 붓다의 이러한 대응은 분별기문 형식이다.

> 몰리야팍구나: 세존이시여, **그러면 누가 느낍니까?**
>
> 붓 다: 그것은 합당한 질문이 아니다. 나는 '중생이나 사람이 느낀다.'고 말하지 않는
> 다. 만일 내가 '중생이나 사람이 느낀다.'고 한다면 '그러면 누가 느낍니까?'라
> 는 그대의 이 질문은 합당하다. 그러나 나는 이와 같이 말하지 않는다. 내가
> 이렇게 말하지 않기 때문에 나에게 '그러면 **무엇을 조건으로 느낌이 있습니**
> **까?'라고 물어야 그것이 합당한 질문이다.** 만일 그대가 이렇게 묻는다면 나는
> 여기에 대해서 '감각접촉을 조건으로 느낌이 있고, 느낌을 조건으로 갈애가
> 있다.'라고 합당한 설명을 할 것이다.[30]

붓다는 '누가'라는 존재가 있음을 전제로 하는 질문에 대해 '누가 느낀다'라
고 말하지 않았기 때문에 질문 자체가 성립되지 않고 생멸의 원리에 근거한
"무엇을 조건으로 느낌이 있습니까?"라는 것이 적절한 질문이라고 설명하고
있다.

일반상담에서 상담자는 내담자가 질문을 하면 그 질문이 내담자에게 문제
의 이해와 통찰을 경험하게 하는 방향인가에 대한 숙고 없이 상담자의 생각
을 설명하면서 내담자를 설득시키려 하거나 정보를 준다. 그러나 붓다는 제
자들의 질문에 모두 설명이나 응답을 하기보다는 질문자의 질문이 생멸의 원

---

29) DN II 31, DN14, 대전기경(大傳記經), Mahapadana sutta.
30) SN II 13, SN12:12, 몰리야팍구나경, Moliyaphagguna sutta.

리를 위배하는 경우에는 질문에 대해 언어적으로 반응하지 않았다. 이것이 바로 붓다의 무기이다. 질문은 생멸의 원리를 통찰하고 괴로움을 소멸하고자 하는 방향에 있지만 질문의 형식이 잘못되었을 경우에는 먼저 질문 형식의 오류를 이해시킨 다음에 대답을 하였다. 따라서 먼저 반야상담자는 내담자에게 질문을 할 때 기본 전제는 내담자에게 탐색과 통찰을 경험하게 하기 위한 목적에 부합되는 것이어야 한다. 내담자의 질문에 반응할 때도 붓다의 경우처럼 질문이 생멸의 원리에 기반하는가를 먼저 검토하고 내담자가 그 질문을 통해 생멸의 원리를 경험하도록 도와야 한다.

다음은 상담자가 내담자의 이야기를 생멸의 관점이 아닌 '있다'라는 고정된 관점으로 세 차례에 걸쳐 동일한 질문을 함으로써 내담자에게 이야기를 반복하게 하여 혼란과 피로도를 가중시키고 있는 반응을 생멸의 원리에 따른 반야통찰상담적 반응과 비교하여 제시한 예이다.

내담자 10: 네. 실험을 하는데 파트너가 백인 여자아이예요. 언제부터 다른 백인 여자아이가 참여하게 됐는데 새로 참여하게 된 백인 여자아이가 자꾸 그 애하고만 얘기를 하려고 하 · 는 · 거예요. (음) 나는 그게 또 예민하게 받아들여지는 거예요.

상담자 11: 세 명이 한 팀이라는 거예요? (예) 두 명은 백인 여자아이고 나 혼자.

내담자 11: 여기서도 나는 또 예민해지는 거지요.

상담자 12: ① '예민'이 어떤 거예요?[5]

내담자 12: 아! 또, 이렇게 내가 영어를 잘 · 못 · 하고 외국인이니까 자기네들끼리만 이야기를 하려고 하는 건가? 이런 식으로 나는 모든 상황에서 약간 이렇게 피해의식을 느껴요.

……(중략)……

상담자 15: 그래요. 모든 상황이라는 표현을 썼어요, 아까 매니저 이야기를 하고, 현

[5] 반야상담자 12: 아! 이야기를 들어 보니까 팀에 새로 참여하게 된 백인 여자아이가 기존에 있던 백인 여자아이하고만 이야기를 하려고 하는 상황에서 '내가 예민해지는구나.' 하고 알게 되었네요.

재 학교에 실험팀원 이야기를 하면서 또 · 다 · 시 · 라는 표현을 썼어요. 그러
면서 예 · 민 · 하 · 게 · ② **모든 것을 예민하게 받아들이는 그 내용이 뭐였지
요?**[6]

–침묵–

내담자 15: 음, 불편해지는 거죠. 또 기분이 나빠지는 거고.

상담자 16: 그래요. ③ **그 예민해지는, 예민해지게 하는 생각이 뭐예요? 어떤 것때
문에 예민해지죠?**[7]

내담자 16: 음, 그러니까 차별하는 건가? 내가 걔네랑 다르니까 차별하는 건가?

상담자 17: 차별하는 건가?[8]

**[6] 반야상담자 15: 이렇게 예
민해지면서 모든 상황에 약간
의 피해의식을 느끼네요.**

**[7] 반야상담자 16: 피해의식
을 느끼는 것이 조건이 되어
불편해지고 또 기분이 나빠지
네요.**

**[8] 반야상담자 17: 불편해지
고 기분 나쁜 것은 다시 '차별
하는 것인가' 하는 생각이 일
어나게 하는 조건이 되었네요.**

마음챙김의 치료자와 반야상담자의 개방형 질문 비교

다음은 최근 인지와 행동 그리고 마음챙김을 연결하여 중독 행동의 치료
성과를 유지하고 빠른 회복을 돕고자 하는 '마음챙김에 기반하는 재발 방지'
프로그램의[9] 치료자가 내담자에게 적절한 알아차림과 지혜를 발전시키기
위해 일련의 개방형 질문을 하는 예시[31]이다. 이 예시의 MBRP 치료자가 내
담자와의 대화에서 사용한 개방형 질문과 반야상담자의 개방형 질문을 비교
하여 이해해 본다.

**[9] MBRP: Mindfulness-
Based Relapse Prevention**

치료자 1: 수행하는 동안 무엇을 관찰했나요?

내담자 1: 마음이 산만해졌어요. 내가 집단에 늦은 것에 대해 생각했어요.

치료자 2: 그런 생각이 떠올랐을 때 어떻게 했나요? 잠시 동안 그 생각을 따라갔나
요? 다시 명상으로 돌아올 수 있었나요?

---

31) Marlatt, Bowen, & Lustyk, 2012/2014, p. 352.

내담자 2: 나는 잠시 동안 그 생각들에 머물렀어요. 그러던 중 **당신의 목소리가 다시 들려와서** 명상으로 돌아오기 위해 노력했어요.

치료자 3: 그러니까 당신은 이곳에 앉아서 듣고, 당신의 호흡에 집중하려고 노력했 군요. 그리고 생각이 떠올랐을 때 그 이야기를 조금 따라갔고요. 다시 나의 목 소리를 듣고 명상으로 돌아왔군요. 그 후에 어떻게 됐나요?

내담자 3: 그 후에 나는 잠시 동안 집중했고, 다시 생각하기 시작했어요.

치료자 4: 그리고 그 후에는요? 당신은 무엇을 알아차렸나요?

현재 이 내담자는 치료자가 지시한 대로 호흡에 집중해서 호흡을 관찰할 만큼 이해가 성숙되지 못했다. 그런데 치료자는 내담자가 관찰한 것을 버리 고 다시 호흡으로 돌아오라고 계속 교육하고 있다. 그러나 반야상담자는 상 담자의 관점이나 지점을 세우지 않기 때문에 내담자의 현재 인식의 지점을 확인하고 그다음 지점으로 옮겨가도록 하는 조건이 된다.

반야상담자 2: 아! 이야기를 들어 보니까 마음이 산만해졌다는 것을 관찰했고, 마음 이 산만해진 원인이 집단에 늦은 것에 대한 생각 때문이었다고 자신의 상태 와 원인까지 관찰하셨네요.

(잠시 시간을 두고 나서) "그런 관찰을 해 보니까 어떠세요?" 하고 질문할 수 도 있지만 상담자가 이렇게 언급하고 기다리고 있으면 치료자 2, 3, 4처럼 연 속적인 질문기법을 사용하지 않아도 대부분의 내담자는 스스로 바로 연결해 서 그다음 이야기를 한다.

반야상담자는 내담자 1의 반응을 통해 현재 내담자의 관찰 방식과 마음의 흐름이 어떤 상태인지를 보여 준다. 명상 시 산만한 마음의 상태와 여기 참석 할 때 늦었다는 과거의 생각을 연결하여 현재 상태는 이전의 경험에 영향을 받는다는 것과 또한 내담자 2의 반응처럼 현재 상태는 지속되지 않고 치료자 목소리인 새로운 자극을 따라간다는 마음이 변하는 원리를 이해하게 한다. 즉, 마음은 호흡에 집중해야 하는 현재보다는 과거나 미래로 떠돈다는 것을 내담자의 지금 · 여기 경험에 근거해서 이해하도록 한다.

반야상담자 3: 잠시 동안 그런 생각에 머물다가 치료자의 목소리를 듣고 명상으로 돌아오려고 노력했다는 것을 어떻게 알 수(알아차림) 있었지요?

반야상담자 4: 아! 잠시 집중하다가 다시 생각하기 시작했다는 것으로 바뀐 것을 어떻게 알 수 있었지요?

치료자는 내담자에게 자기가 원하는 방식으로 가르치려는 의도가 앞서 내담자가 현재 생각하고 있는 것과 알아차린 것은 다루지 않고 치료자가 생각하는 알아차림에만 관심을 두고 내담자의 말을 건너뛰면서 '그 후에?' '그 후에?' 하고 미래로 간다. 그러나 반야통찰상담에서는 내담자에게 현재 경험하는 것의 원인과 조건을 연결하여 일련의 흐름으로 이해하도록 하기 위해 묘사와 진술형의 질문을 사용한다.

제7장

반야통찰상담과
비언어적 접근

일반적으로 상담 과정에서 내담자는 언어적인 표현뿐만 아니라 다양한 비언어적 표현 방식을 사용한다. 내담자의 언어적, 비언어적인 표현에 대한 상담자의 정확한 이해는 상담 관계와 상담 과정 그리고 상담 목표에 영향을 주기 때문에 반야상담자는 상담의 맥락에 내담자의 비언어적 반응을 다룰 수 있어야 한다.

이 장은 상담 과정에서 상담자와 내담자가 함께 경험할 수 있는 여러 가지 비언어적 반응 중 자주 나타나고 상담의 흐름에 직접적인 영향을 주는 눈물과 웃음 그리고 침묵에 대한 설명이다. 반야통찰상담에서는 내담자의 눈물은 정서경험의 과정으로, 침묵은 인지적 처리 과정으로 그리고 웃음은 문제에 대한 이해와 통찰 과정으로 이해한다.

반야통찰상담과 침묵

반야상담자는 내담자의 이야기에 분명하게 반야로 이어 보며 내담자의 침묵과 상담자의 침묵을 활용하여 내담자의 자각과 통찰을 확장하게 한다.

상담 과정에서 침묵은 내담자와 상담자 모두 보일 수 있는 반응이지만 그 의미와 역할이 다르다. 내담자의 침묵은 당황, 저항, 드러내기 어려운 감정, 생각 등을 의미하고, 상담자의 침묵은 내담자에게 스스로 문제를 숙고할 수 있는 시간을 주며 말을 하도록 촉진하는 효과가 있어 내담자에게 상담 과정에 대한 책임감을 부여한다.[1]

내담자의 침묵

초보 상담자는 침묵의 시간이 아무것도 하지 않는 것처럼 여겨지기도 하고, 침묵이 두려워서 벗어나기 위해 내담자보다 먼저 말을 하기도 한다. 그러나 내담자의 침묵 다루기는 상담 효과에 영향을 미치므로 상담자의 상담 유지 능력과 연관된다.

상담 과정에서 내담자가 보이는 침묵은 다음과 같은 다양한 의미로 해석될 수 있다.

- 상담 과정에서 말한 내용을 생각하고 있는 중이거나 방금 획득한 통찰을 평가하고 있다.
- 내담자가 다음에 무슨 내용을 이야기할 것인지를 상담자가 결정해 주기를 기다리고 있다.
- 상담자나 내담자가 지루해하거나 자기 생각에 빠져 있다.
- 내담자가 상담자나 상담 과정에 적대감을 가지고 있어 저항의 의미이다.
- 상담자와 내담자가 말없이 침묵으로 교류하고 있다.
- 상담 관계가 피상적이어서 상담자와 내담자가 서로 깊은 수준으로 들어가는 것을 두려워하거나 머뭇거리는 것이다.

다음은 상담 과정에서 나타나는 내담자 침묵의 여러 의미를 보여 주는 예시이다.

내담자 14: 나는 모든 상황에서 이런 비슷한 경우가 있으면 예민하게 받아들여요.

---

1) 이장호, 2005.

피 · 해 · 의 · 식이 있는 거 같아요.

상담자 15: 그래요. 모든 상황이라는 표현을 썼어요. 아까 매니저 이야기를 하고, 현재 학교에 실험팀원 이야기를 하면서 또 · 다 · 시 · 라는 표현을 썼어요. 그러면서 예 · 민 · 하 · 게 · 모든 것을 예민하게 받아들이는 그 내용이 뭐였지요?

─ 침묵 1[1] ─

내담자 15: 음, 불편해지는 거죠. 또 기분이 나빠지는 거고.

상담자 16: 그래요. 그 예민해지는, 예민해지게 하는 생각이 뭐예요? 어떤 것 때문에 예민해지죠?

내담자 16: 음, 그러니까 차별하는 건가? 내가 걔네랑 다르니까 차별하는 건가?

……(중략)……

상담자 32: 그래요. 그들도 어떤 부분은 다른데, 어떤 부분은 똑같다고 생각해요. 그리고 그들이 나를 이민자라고 생각하는 것은 사실이에요? 추측이에요?

내담자 32: 사실이지요.

상담자 33: 사실이에요. 그리고 영어를 못한다는 것은 사실이에요? 추측이에요?

내담자 33: 사실이지요.

상담자 34: 이제 금방 사실이라고 했어요. 그러면 인간관계는 사실을 토대로 성립이 되어져요. (음)

─ 침묵 2[2] ─

내담자 34: 다르니까, 사실은 이민자인 것도 맞고, 영어를 못하는 것도 맞으니까요. 음, 걔네도 그렇게 생각하겠지요. 우리랑 다르니까…… (응) 음, 거리를 두고 싶을 수도 있겠고 (응) 네에. (고개를 끄떡인다.)

상담자 35: 그것이 사실이라면 사실을 전제로 해서 인간관계는 성립이 되는 거예요. 앨리Aly는 사실이라고 말해 놓고, 사실을 추측으로 만들어 버려요. 내가 이민자이니까 영어를 못하니까 저러는 건가?

[1] 상담자의 질문에 답을 찾느라 생각하고 있는 과정에서 나타난다. 이러한 침묵은 탐색이나 통찰을 돕는 과정이 아니고 질문의 답을 찾는 사유의 과정으로 내담자를 더욱 생각에 머물게 한다.

[2] 내담자가 문제에 대한 조망을 주관적 해석이 아니라 상담자가 제시한 해석에 대해 생각하고 있는 과정을 보여 준다.

3 주관적 인식에서 현실적 사실을 인정하고 수용해야 함은 이해했지만 '만약'이라는 가정과 '그 아이들의 입장'에서는 타자 중심의 표현은 내담자에게 아직 통찰적 수용이 일어나지 않은 상태임을 보여 준다.

– 침묵 3 **3** –

내담자 35: 그러면 받아들여야 하는 거네요. 만일 그런 일이 일어난다면……

상담자 36: 그렇게 이해되었나요?

내담자 36: 음. 그게 어차피 사실이고 사실을 토대로 인간관계가 형성된다면 그 아이들의 입장에서는……

코리Corey는 상담 과정에서 침묵은 다양한 의미를 포함하고 있기 때문에 침묵이 발생하면 상담자는 먼저 침묵에 대한 상담자 자신의 느낌을 인식하고[2] 침묵을 깨는 것보다는 서두르지 않으며 의미를 탐색하는 것을 권한다.[3] 히튼Heaton은 내담자의 얼굴 표정, 눈의 초점, 몸짓, 사소한 동작 등은 침묵의 의미를 이해할 수 있는 단서를 제공하기 때문에 상담자는 침묵이 발생한 전체 맥락을 이해하고 관찰함으로써 내담자가 침묵하는 이유를 발견할 수 있다[4]고 하였다. 이러한 여러 연구를 종합해 보면, 상담 과정에서 침묵이 발생했을 때 상담자는 그 침묵에 대한 자신의 느낌을 먼저 인식하고 내담자가 보이는 여러 가지 비언어적인 단서를 면밀하게 관찰함으로써 침묵의 의미를 찾아야 한다.

다음은 반야상담자 역할 연습에서 상담자 역할자와 내담자 역할자가 침묵의 시간을 다르게 경험한 내용으로, 초보 상담자가 상담 과정에 자신이 없어 침묵할 때 그에 따라 내담자도 침묵하게 되어 상담이 고착되는 되는 예이다.

---

2) Corey, 2001/2004, p. 36.

3) Corey, 2001/2004, p. 557.

4) Heaton, 1998/2006, p. 38.

역할 연습 장면

상담자 2: 선생님이 '완전하다'라고 **생각하는 것은 어떤 건가요?**

내담자 3: 음, 실수도 좀 안 하고 (실수도 안 하고↗) 잘하는 것. (잘하는 것↗)

상담자 3: 선생님은 잘하고 싶고 실수 안 하고 싶어서 다른 사람도 피곤하게 하고 선생님도 피곤하게 하고 그러시는군요. (멋쩍은 웃음)

-**침묵 23초**-

내담자 4: 그리고 자꾸 내가 어떤 것을 할 때 내 자신도 통제를 하고 다른 사람이 하는 행동을 볼 때도 불편한 것이 올라와요.

상담자 4: 선생님 스스로도 통제를 많이 하고 남에게도 통제를 많이 하면서 불편함이 올라오신다고 하셨는데, **그 불편함이 어떤 불편함인가요?**

-**침묵 11초**-

내담자 5: 이런 거죠. 여기 상담에 올 때도 이야기를 해야 되잖아요. '무슨 이야기를 할 건가?'를 자연스럽게 이야기를 하지 못하고⋯⋯

역할 연습 후 경험 나누기 장면

상담자 역할자 1: (상담자 3 후에) 23초 침묵은 어찌 해야 될지 몰라서 계속 침묵을 했던 거고, 수련 과정 중에 생멸의 원리라고 해서 '일어나고 사라진다'라는 이야기는 계속 들었지만 상담에서 내가 (상담자 2 반응) 말을 할 때도 전혀 몰랐는데 슈퍼바이저가 이런 질문은 유무의 관점이라고 피드백을 해 주셔서 '아! 이게 그런가 보구나!' 여기가 제 지점입니다. 하하하.

내담자 역할자 1: 여기(11초 침묵)서 침묵이 내담자 침묵이에요? 상담자 침묵이에요? 이 침묵이 내 침묵인 것 같아서 물어보는 거예요. 상담자가 질문을 한 다음에 침묵이 있었거든요.

토론자 2: 그럼 여기는 두 분 다 침묵이 있었던 자리네요. 그러면 두 분 다 이야기를 해 보시죠.

상담자 역할자 2: 그냥 반야상담자 역할을 뽑는 순간부터 굉장히 마음에 부담감이 있었어요. 너무 진실하게 '일반상담도 모르는데 내가 어떻게 반야통찰상담을 한단 말인가?' 너무 힘들어 가지고 말을 길게 하지를 못하고 멋쩍고 그랬거든요. 그래서 나는 침묵했고 또 내담자 표정을 보니 너무 힘들어한다는 생각이 든 거예요. 내가 느끼기에 내 마음에 불편함이 있으니까. 그래서 '내가 뭐 질문을 잘못했나?' 그런 생각도 들면서 굉장히 불편하고 힘들었어요.

내담자 역할자 2: 내가 침묵을 했던 건요. ↗ 상담자가 내가 이야기하고 싶어 하는 걸 끌어내는 게 아니라 "그 불편함이 어떤 불편함인가요?" 하고 질문을 하니 그거에 대한 답을 찾느라고 머리를 굴리느라고 침묵이 있었어요. 열심히 찾았어요. 하하하.

토론자 3 : 음. 보통 내담자들이 상담자가 이렇게 질문을 하면 상담자의 말에 맞추고 싶어서 '네~예', 그렇게 하는……

상담자의 침묵

반야통찰상담에서 상담자가 사용하는 언어 반응은 내담자의 자각과 통찰을 확장하기 위해 내담자의 반응을 있는 그대로 되비추는 것이지만 내담자의 지금 · 여기에서 벗어난 질문이나 표현에 대해서는 상담자는 비언어적 반응으로써 '침묵'하기도 한다. 내담자 침묵의 의미에 대한 이해와 대처방안에 대해서는 여러 상담학 교재에서 다루고 있지만 상담자의 침묵 반응은 거의 언급되어 있지 않다. 반야통찰상담에서는 내담자가 문제에 대해 자기중심적이고 관념적인 이야기를 계속하면서 상담자에게 동조를 구하려 하거나 과거나 미래의 내용을 이야기한다면 상담자는 그런 내용에 관여하지 않고 상담의 내용으로 다루지 않는 적극적 방법이 바로 상담자의 침묵이다.

다음은 상담 과정에서 상담자의 침묵이 내담자의 자각과 통찰에 어떤 역할을 하는지에 대해 설명한 내용이다.

> 선한 말에 대한 계율을 지키는 일은 경솔한 말에 대한 알아차림과 관찰을 포함한다. 상담 과정에서 필요 없는 것을 이야기하는 것은 순간의 풍요로움을 약화시킬 수 있다. 때로 침묵의 공유가 표현의 깊이를 낳을 수 있을 때, 침묵의 감촉은 최상의 평온함으로 남게 한다. 우리가 내담자와 침묵으로 온전히 함께할 수 있을 때, 단지 존재하는 것만으로도 그들이 자유를 찾도록 도울 수 있다.[5]

집에 오면 아무것도 안 하고 TV만 **열심히 보는** 남편의 수동적인 행동방식을 비난하던 내담자가 남편은 운전을 하면서도 차선이 막혀 있으면 여유 있는 다른 차선이나 **빈 차선으로 바꿔 타야 하는데**[4] 막혀도 계속 그대로 자기 차선에 있다고 하였다. 상담을 받기 전에는 "차선을 바꾸라."고 신경질적으로 말을 했는데 지금은 말은 안 하고 '지켜보기'만 하는데 '답답해 죽겠다'며 양손을 들고 위아래로 흔들며 "상담자 님도 차가 막히면 당연히 다른 차선으로 바꾸지 않으세요?" 하고 나와 눈을 마주친다. 그리고 상담자가 언어적 반응 없이 내담자를 부드럽게 바라보고 있으니 천천히 고개를 떨군다.

일반상담에서 상담자는 내담자가 자신의 의견과 생각을 표현했을 때 전문가의 관점에서 그러한 내용이 적절하지 않거나 효과적이지 않다고 판단되면 내담자의 말에 다시 자기의 의견, 설명, 해석, 이해를 덧붙임으로써 생각으로 가득 찬 내담자의 머릿속에 상담자의 생각과 관점을 흘러넘치게 주입한다. 그러나 반야통찰상담에서 상담자는 오직 내담자가 문제를 생멸의 원리에 따

---

5) Morgan, 2012/2014, p. 494.

4 캐나다에 와서 사는 한국 사람들에게 초기에 가장 적응이 안 되는 것 중 하나가 운전 습관이다. 캐나다에서는 신호를 받아 방향을 틀 때부터 자기가 갈 방향의 차선을 유지한다. 옆 차선이 아무리 비어 있고 자기 차선은 꼼짝도 않고 밀려 있어도 중간에 끼어들거나 차선 바꾸기를 거의 하지 않고 자기 차선에서 기다린다. 그런데 우리는 옆 차선이 비어 있으면 자기 방향이 아니어도 차선을 바꾸어 조금이라도 더 가 보려고 하는 한국식 운전 습관으로 옆 차를 당혹스럽게 하지만 거의 모두 조용히 끼워 준다. 혼자만의 욕심으로 무리해서 중간에 차선 바꾸기를 몇 번 하고 나면 아무도 하지 않는 것을 하는 창피함에서 알아차리려는 것이 있어 차츰 바쁜 마음을 내려놓고 흐름을 따라 가게 된다.

라 이해하고 통찰하도록 하는 조건paccaya이 되기 때문에 내담자의 맥락에 머물면서 관찰의 능력과 힘을 높여 준다. 이것이 반야통찰상담의 생멸의 원리에 따른 무상적 접근이고, 지금·여기를 여실히 관찰하는 현법이다.

다음은 반야통찰상담 수련생이 내담자로서 경험한 상담자의 침묵에 대해 이야기한 내용이다.

> 수련생 1: 나는 반야통찰상담에서 사용하는 여러 가지 기법들이 다 의미가 있지만 그중에서 침묵이 가장 크게 와닿았어요. 내담자가 정말 필요 없는 변명이나 이런 거 할 때 무기, 무기로서의 침묵이 가장 크게 와닿은 거 같아요.
>
> 수련생 2: 크게 와닿았다고요?
>
> 수련생 3: 경험이 있으신 건가요?
>
> 수련생 1: 그렇죠. 나만 그런 경험을 했나⤴? 반야통찰상담을 할 때 내 변명…… 진짜 구질구질하게 다 늘어놓잖아요. 그런데 상담자가 아무 말도 안 해 버렸을 때, 아~ 이건…… 맨 처음에는 그것도 못 알아차리죠. 좀 지나다가 알죠. '아, 정말 쓸데없는 말을 너무 많이 하고 있구나!'라는 것을 알죠.
>
> 수련생 2: 선생님이? (내가 내담자가 되었을 때) 아! 선생님이 내담자가 되었을 때요.
>
> 수련생 1: 네. 내 상황을 상담자에게 막 이해시키려고 정말 나한테 도움이 안 되는 말들을 계속하고 있는 나 자신이 보이더라고요.
>
> 수련생 3: 상담자가 침묵을 해 주면……
>
> 수련생 1: 일단 멈춰 버렸을 때 더 이상 '아, 이런…… 내가 말하고 있는 게 부적절하구나!' 하는 알아차림이…… 그걸 아니까 멈추게 돼요. (3초 침묵)

반야통찰상담에서 상담자의 침묵은 여건에 따라 세 가지 방법으로 사용될 수 있다. 이러한 방법은 모두 붓다가 무기無記를 통해 내담자의 인식을 전환하고자 했던 것과 동일한 목적으로 사용한다.

가장 적극적인 접근은 내담자의 반응이 지금·여기의 내용이 아닐 때 언어적인 반응을 멈추는 것이다. 그러나 상담자가 준비되지 않았거나 익숙하지 않아 바로 확고한 언어적 멈춤이 어려운 경우에는 내담자의 이야기에서 관념적, 개념적 내용이나 과거 미래적인 진술은 상담의 재료로 언급하지 않는 변별적 침묵 반응을 보인다. 언어적 멈춤이나 내담자 말의 내용에 대한 변별이 어려운 경우에는 내담자에게 자신이 지금 이야기한 내용을 펼쳐서 설명하게 하여 내담자의 고정된 관점을 생멸의 관점으로 옮겨 가도록 한다.

침묵과 붓다의 무기

상담자의 침묵과 관련되는 원전의 근거는 붓다의 무기無記 abyākata이다. 우리의 상식적 인식 수준에서는 붓다의 무기를 침묵과 같은 내용으로 보고 무기의 대용어代用語로 침묵을 사용하기도 한다. 그러나 붓다가 대화 과정에서 사용한 무기는 내담자가 현재 말하고 있는 언어적 맥락을 해체함으로써 내담자가 묶여 있는 사유적 과정에서 벗어나게 하는 적극적인 지금·여기의 실현이다. 또한 무기는 사건에 대한 붓다의 태도로서 제자나 방문객과의 대화에서 상대방이 생멸의 원리에 근거하지 않은 관념적 내용을 말하는 경우에 지금·여기에서 행을 멈출 수 있는 조건이 되어 준다. 언어적 대화를 멈추는 것은 사건에 엮어서 무명의 업을 만들지 않고 상대방에게 무명의 상태에서 또 다른 관념이 생기지 않도록 하는 아주 적극적인 사건 소멸의 방법이다. 그러나 붓다의 무기와는 달리 일반적으로 상담 과정에서 일어난 침묵은 언어적 과정에서 비언어적 과정으로 사유의 채널이 바뀌는 것이지 사유적 맥락을 해체하지는 못한다.

붓다는 형이상학적인 질문에 대해 무기하는 이유로 "이러한 질문은 참으로 이익을 주지 못하고, 법에 기반을 둔 것이 아니며, 청정범행의 시작에도 미치지 못하고, 역겨워함에도 인도하지 못하고, 욕망의 빛바람으로 인도하지 못하고, 소멸로 인도하지 못하고, 고요함으로 인도하지 못하고, 최상의 반야로 인도하지 못하고, 바른 깨달음으로 인도하지 못하고, 열반으로 인도하지 못하기 때문에 나는 이것을 설하지 않는다.”[6]고 하였다.

붓다의 가르침은 우리의 상식적 관점인 사견과 다른 전제에서 설해지기 때문에 붓다는 유무의 논쟁에서 벗어나기 위해 먼저 무기로서 대화를 멈추고 청자의 인식을 전환한 다음에 연기론의 전제에서 사성제와 현법에 대해 설명한다.[7] 즉, 붓다의 이러한 무기의 태도는 청자의 관점을 기존의 유무적 관점에서 생멸의 관점으로 전환하여 괴로움의 소멸과 평화로 나아가게 하는 경험적 실천이다.

붓다는 대답할 가치가 없거나 대답해 봤자 혼란만 가중시키는 질문에 대해서는 답을 거부하거나 침묵한 경우 그리고 내담자의 요청을 거절하거나 질문에 반응하지 않는 경우도 있었다. 대답을 듣는 자리에 있음으로써 오히려 나쁜 과보를 받게 되거나, 당시 상황에서는 들어주기에 어림없는 요청일 경우 그리고 붓다가 말을 하더라도 질문자가 이해하기 어려운 경우 등은 침묵하였다.[8]

이러한 내용을 종합해 보면, 붓다의 무기는 지금 · 여기에서 경험하고 있는 괴로움을 소멸하는 가장 강력하고 적극적인 방법임을 알 수 있다. 그런데 상담 과정에서 상담자가 침묵하는 것을 불편해하거나 두려워하는 것은 언어의 의미와 역할에 대한 명확한 이해가 확립되지 않았기 때문에 언어만이 상담의 도구라는 상식적 관점에서 벗어나지 못하고 있는 것이다.

다음은 붓다가 어떤 상황에서 무기하는지를 보여 주는 원전의 내용이다.

---

6) DN 1 188-189, DN9, 뽓타빠다경, Potthapāda sutta.
7) 윤희조, 2009; 이홍만, 2009.
8) 권경희, 2010b.

붓 다 1: 웃띠야여, 나는 최상의 반야로써 제자들에게 법을 설하나니, 그 법은 중생들의 청정을 위한, 슬픔과 비탄을 건너기 위한, 고통과 고뇌를 사라지게 하기 위한, 방법을 얻기 위한, 열반을 실현하기 위한 것이다.

웃띠야 1 **5**: 고따마 존자가 최상의 반야로써 제자들에게 설한 그 법으로 세상 사람들이 모두 열반으로 인도됩니까? 아니면 반입니까, 아니면 삼분의 일입니까?

붓 다 2: −무기 **6** −

아난다 2: (참으로 웃띠야 유행승에게 '오, 참으로 나는 모든 질문 가운데 최고의 질문을 했다. 내 질문을 받은 사문 고따마는 맥없이 주저앉아 대답을 하지 못하고 견뎌내지 못하는구나.'라는 그릇된 견해를 갖지 않도록 해야겠다. 이런 잘못된 견해는 웃띠야 유행승에게 오랜 세월 동안 불이익이 되고 괴로움이 될 뿐이다.) 도반 웃띠야여, 그렇다면 이제 비유를 하나 들겠습니다. 이 비유를 통해서 지혜로운 사람들은 내가 하려는 말의 뜻을 잘 이해할 것입니다.

······(중략)······

아난다 3: 그와 같이 여래는 세상 사람들이 모두 열반으로 인도되거나, 반 혹은 삼분의 일이 그렇게 되는 것에는 관심이 없습니다. 그러나 여래는 '세상으로부터 열반으로 인도되었고, 인도되고, 인도될 자들은 모두 반야를 무력하게 만드는 마음의 오염원인 다섯 가지 장애를 버리고, 사념처四念處에 잘 확립된 마음으로 칠각지七覺支를 있는 그대로 닦은 뒤에 비로소 세상으로부터 열반으로 인도되었고, 인도되고, 인도될 것이다.'라고 압니다. 도반 웃띠야여, 그러므로 그대가 세존께 드린 질문은 전혀 다른 관점에서 질문을 드린 것입니다. 그래서 세존께서는 그대의 질문에 설명을 하지 않으신 것입니다. **9)**

5 붓다는 진실로 괴로움을 소멸할 수 있는 유일한 법을 강력하게 이야기하고 있는데, 웃띠야는 대화의 맥락에 머물지 않고 붓다의 말을 자신의 견해로 분석하여 질문을 한다.

6 붓다가 궁극의 진리를 말하였지만 질문자가 그 내용을 이해하지 못하고 자기의 관점을 고수하면서 대화를 지속하자 붓다는 가장 조용하지만 강력한 대화의 방식을 취한다. 즉, 이미 궁극을 보여 주고 설명하였기 때문에 그 이하의 내용은 모두 괴로움의 소멸에 유익하지 않으므로 더 이상 말을 섞지 않는다.

9) AN V 193-195, AN10:95, 웃띠야경, Uttiya sutta.

조주의 차나 한 잔 하게

붓다의 무기와 달리 중국의 선사 조주趙州는 제자나 방문객이 사건에 의한 관념을 표현할 때 '차나 한 잔 하라喫茶去'는 행으로써 사건과 거리를 두어 상대방의 인식을 전환하여 현실을 직시할 수 있는 심리적 환경을 조성하였다.

다음은 조주가 어떻게 화자의 인식 전환을 위한 심리적 환경을 조성하는지를 보여 주는 예이다.

7 학승들의 학습 정도와 상태를 파악하기 위해 '여기'를 연기적 원리에 근거하여 질문한다.

8 여기를 선원이라는 공간적 장소로 이해하고 '있다'는 색계적 유(有)의 관점에 근거하여 답을 한다.

9 '없다'는 무(無)의 관점에 근거한 답변이다.

10 사견에 근거한 질문이다.

어느 날 선원에 두 학승이 새로이 입문하여 조주께 인사를 드리러 왔다.

조주 1: 그대는 여기에 온 적이 있는가? 7

학승 1: 있습니다. 8

조주 2: 차나 마셔라. (옆에 앉은 학승을 보며) 그대는 여기에 온 적이 있는가?

학승 2: 없습니다. 9

조주 3: 그대도 차나 마셔라.

원주 3: 스님은 어찌 여기에 온 적이 있다고 하는 이나 온 적이 없다고 하는 이에게 모두 차를 권하십니까? 10

조주 4: 그대도 차나 마셔라.[10]

반야통찰상담과 눈물

상담 첫 회기 동안 계속해서 눈물을 흘린 내담자가 상담이 끝나고 눈물과 콧물을 닦아 자기 앞에 소복이 쌓인 휴지를 휴지통에 넣기 위해 양손으로 모

---

[10] 문화콘텐츠닷컴(문화원형용어사전).

으면서 "내가 휴지를 정말 많이 썼네요. 다음에 휴지를 사 올게요." 해서 서로 웃고 넘어갔는데 종결 회기에 휴지를 사 가지고 왔다. 내담자가 상담 회기를 마치고 상담실을 떠난 후 그 휴지 박스를 한쪽으로 옮기면서 그동안 상담을 진행하면서 내담자의 눈물은 거의 일상으로 보아 왔지만 '반야적 관점'에서는 눈물이 어떤 의미일까? 하는 궁금함에서 이 부분이 태어났다.

[그림 7-1] 상담 과정에 눈물을 흘린 내담자가 종결회기에 가져온 휴지

눈물의 의미와 역할

상담 과정에서 내담자가 우는 것은 그리 낯선 일은 아니다. 원전의 여러 내용을 살펴보면 제자나 방문객들은 붓다에게 와서 눈물을 흘리며 자신이 처한 상태를 바꾸고 싶어 하거나 현재의 상태를 그대로 유지하는 방법을 물어본다. 그러나 내가 살펴본 원전 어디에도 붓다가 눈물을 흘렸다는 내용은 발견하지 못했다.

상담 과정에서 내담자의 눈물 흘림이 타자를 자신의 삶에 붙들지 못하는 고통과 한 그리고 아픔의 절규로 보는 관점[11]은 눈물이 바로 탐 · 진 · 치의 표현과 관련되어 있다는 것을 보여 준다. 그렇다면 성자의 수준에서는 나타나지 않는 눈물은 우리가 무명avijā과 갈애taṇhā에 묶여 자신의 괴로운 현실을

---

11) 오효정, 박세원, 2015.

정서경험vedanā → 갈애taṇhā → 집착upādāna → 존재bhava의 과정에서 현법으로 경험하는 것으로 이해된다.

원전에서 붓다의 울음은 찾아볼 수 없지만 붓다가 방문객과 환담할 때나 제자들이 가르침을 이해했을 때 그리고 중생의 삶에 대한 연민의 마음으로 웃음, 미소를 지어 보였다는 내용은 나타난다. 따라서 눈물의 의미는 우리 삶의 실상인 괴로움과 번뇌를 표현하는 정서의 영역으로 이해되지만, 웃음은 성자의 수준에서도 나타나는 것으로 보아 이해와 통찰 그리고 자유의 표현으로 이해된다.

그러므로 반야통찰상담 과정에서 내담자의 눈물은 자신의 욕탐과 아집에서 생긴 괴로움의 경험이거나 괴로움의 원인을 자각하면서 애착과의 결별 과정으로 볼 수 있다. 즉, 눈물은 현재 괴로움을 경험하는 상황에서 염오, 이탐의 방향으로 나아가는 출발점으로 이해된다.

내담자의 눈물

상담에서 내담자가 눈물을 흘리는 순간은 상담자와 내담자가 진솔하게 만나는 지점으로써 깊이 있는 탐색으로 이어져 상담의 목표에 다가갈 수 있게 한다.[12] 그러므로 상담자는 내담자가 눈물을 흘릴 것 같은 징후를 민감하게 알아차린 후에 눈물을 흘리는 행위의 의미와 동기를 탐색할 때 민감성과 인내 그리고 허용적 태도가 필요하다.[13]

다음은 상담 과정에서 의미 있었던 내담자의 눈물 경험에 대한 연구[14]에서 나타난 내용이다.

---

12) Kottler, 1996/1997; Nelson, 2008.
13) Heaton, 1998/2006.
14) 이정윤, 서영석, 2017.

- 내담자는 상담실이라는 편안한 분위기와 흐름, 기다려 주는 상담자를 오롯이 느끼며 자연스럽게 눈물을 흘리면서 자신이 직면한 문제의 맥락에 '접촉'하고 자신의 상태와 생각을 정리하였다. 그러므로 상담에서 의미 있었던 눈물은 전체 상담 과정에서 전환점이 되어 줌과 동시에 상담의 성과와도 연결될 수 있는 중요한 시점으로 보았다.

- 내담자는 상담 과정에서 눈물을 흘린 이후부터 자신의 마음을 정리하고 새로운 결심을 하는 과정을 거치면서 예전과는 다른 세계를 경험하였다. 즉, 내담자의 눈물은 자신의 상태, 욕구와 미해결 감정과 접촉하고, 문제의 원인과 이를 둘러싼 사람들, 과거 경험의 맥락을 이해하게 되면서 파편화되었던 부분들이 서로 연결되는 경험을 하게 됨으로써 이전 상담과 다음 상담을 이어주는 강렬한 감정의 도가니임과 동시에 내담자의 적극적인 의사결정 과정이라 하였다.

- 내담자는 눈물 흘림을 계기로 상담자와 신뢰감이 쌓이고 상담은 더 활발히 진행되었다.

- 내담자는 일상생활에서도 눈물이나 정서 표현에 있어 더 개방적이고 감정을 조절할 수 있게 되었다.

이러한 연구 결과를 종합해 보면, 상담 과정에서 내담자의 눈물 흘림은 단지 정서적 표현만이 아니라 인지적 요소와 행동적 요소를 포함하는 일련의 자각과 통찰이 흐름으로 일어나는 과정임을 알 수 있다. 그러나 단지 상담실이라는 물리적 공간이 내담자의 눈물에 영향을 주기보다는 상담자에 대한 신뢰에 기반하는 상담 관계가 자연스럽게 감정에 접촉하고 표현하여 정리하도록 촉진한 것으로 볼 수 있다. 따라서 내담자의 눈물 흘림은 상담의 깊이와 방향 그리고 효과에 깊이 영향을 미치는 주요한 상담 상황이므로 반야상담자는 내담자의 눈물을 흘리는 상황적 맥락과 의미에 분명하게 반야로 이어 보며 머문다.

또 다른 연구에서는 내담자의 눈물은 억압된 감정과 미해결된 과제를 내포한 신체 언어이므로 상담자는 내담자의 정서와 사고의 흐름을 파악하고 눈물의 의미를 구체화하는 질문을 통해 내담자가 표현하는 감정이나 사고의 패턴을 확인해야 한다[15]고 하였다. 그러나 반야통찰상담에서는 내담자가 눈물을 흘리면서 치유를 경험할 수 있도록 상담자는 분명하게 반야로 이어 보며 내담자와 함께하기 때문에 내담자가 눈물을 그친 후 그 의미를 확인하기 위한 언어적인 질문을 하지 않고 단지 우리로서 공명하면서[11] 기다리고 있으면 내담자가 먼저 상담자와 언어적으로나 비언어적으로 접촉을 시도한다.

내담자의 눈물에 대한 일반상담자의 역할은 좋은 엄마good-enough mother로서 견디고surviving 덜 불안할 수 있도록 담아 줌containing으로써 내담자가 자기를 수용하도록 돕는 것[16]이다. 내담자의 눈물 흘림은 자기 위로의 과정이므로 일반상담자는 안아 주는 환경holding environment으로써 무조건적 수용의 태도를 보인다면 내담자의 타인을 이해하고 받아 주는 능력holding capacity도 향상시킬 수 있다는 것이다. 그러나 반야상담자는 내담자의 눈물에 대해 단순히 지지자나 수용자의 역할이 아니라 '우리'로서 내담자의 실존적 괴로움에 그저 함께 머문다. 그럼으로써 반야통찰상담에서 내담자의 눈물 체험을 통한 변화는 자기가 원하는 것을 명료화하고 타인을 이해하는 정도의 수준이 아니라 자신의 욕탐에 묶인 마음에서 오는 괴로움을 통찰하고 괴로움이 생기는 원인과 소멸의 방법을 알고 실천하는 행위적 과정으로 연결된다.

다음은 반야통찰상담 과정에서 내담자가 보인 눈물의 의미가 달라지는 것을 보여 주는 예이다. 내담자는 2회기에는 자신이 원하는 것을 얻지 못한 자

11 공명(共鳴): 남의 사상이나 감정·행동 따위에 공감하여 자기도 그와 같이 따르려 함(출처: 표준국어대사전).

---

15) 오효정, 박세원, 2015.

16) Linehan, 1999; Macdonald, Cartwright, & Brown, 2007.

기 보존에 대한 욕망으로 눈물을 흘렸고, 3회기에는 남편과 자기가 같은 생각과 마음이라는 것을 알게 된 우리로서 공명의 눈물로 바뀌었다.

> 2회기 내담자 31: (울먹이며) 내가 생각하기에 스스로 대개 자존감은 높은 사람이 아니라고 생각을 해서 누군가 나에게 "너, 잘하고 있어.", "예뻐.", "좋아." 이런 말을 듣고 대개 사랑을 많이 받고 있다고 느끼면서(흐느낌) 좀 힘을 얻을 수 있는 사람인 것 같은데…… 그것을 제일 가까이 있는 사람이 해 주면 좋겠는데. 나는 동반자가 해 주는…… 나는 그게 필요했거든요.
>
> 3회기 내담자 10: '그냥 둘 다 똑같이 힘들구나.' (울음)라는 생각이 들고 이 사람도 '나만큼 고민하고 있구나.' 하는 것. 그리고 내가 나 혼자 겪고 있는 힘듦이라고 생각해서 좀 억울하다고 생각했던 것을 '알아주고 있구나.' 하는 생각이 드니까 훨씬 더 마음이 편해지더라고요. (계속 우는 목소리로 말함.)

일반적으로 상담자가 내담자의 이야기에서 부정적이고 억압되었다고 판단되는 정서를 상담 과정에서 눈물로써 표현하도록 자극하기도 하는데, 반야 상담자는 내담자의 정서 표현 방식을 있는 그대로 함께 머물면서 내담자 중심의 접근을 한다.

다음은 내담자가 그동안 자신의 억압된 정서를 눈물로 표현하지 못하고 꿀꺽 삼키는 '마른 눈물'에서 반야통찰상담 과정에서는 눈물을 삼키지 않고 조금씩 내뱉는 경험으로 달라져 가는 경험을 이야기하고 있다.

> 내담자 6: 내가 생각할 때 그 스토리를 끄집어 낼 때는 주체를 못하게 막 그야말로 오열이 막 솟구칠 거 같았거든요. (음) 그런데 그렇게 담담하게 얘기를 하고 (음) 그게 저는 참……
>
> 상담자 7: 아, 그러셨어요? (네) 리사Lisa 님이 하신 이야기들에는 충분히 정서가 함

유되어 있음에도 불구하고 이야기를 잘 정리하면서 가시고 순간순간 조금씩 올라오긴 하는 것 같았지만 그것들이 터져 나오거나 그러진 않았어요.

내담자 7: 내가 내 자신한테 놀랐어요.

상담자 8: 오~우! 그러셨어요?

내담자 8: 내가 그런 이야기를 할 때는 막 그야말로 엉엉 울면서 이야기가 나왔어야 될 것 같은데 '어떻게 그렇게 담담하게 얘기를 하고 돌아섰지.' 그런 생각이 들더라고요.

상담자 9: 어, 내가 생각해도 그런 이야기는 격렬한 정서, 울면서 해야 하는 것이라는 건 알지만 그렇게 눈물이 나오지는 않았네요.

내담자 9: 네. 그렇죠. 뭐라 그럴까…… 좀…… 하여간 놀랐어요.

상담자 10: 어, 그런 경험을 했던 그 순간에는 내 감정에 충실할 수 없었을 거예요. 말씀하신 것처럼 상황이 굉장히 무서웠고, 두려웠고, 불안했고, 또 나만이 아니고 아이들을 보호해야 된다는 것 때문에…… (네) 감정을 그 상황에 포함시키면 훨씬 더 위험해진다는 것 때문에……

내담자 10: 네. 그러니까 그런 일이 생길 때마다 내 감정에 정말 충실했으면, 내 자신이 일단은 무너져야 되니까. (그렇죠.) 내가 무너지면 또 아이들의 울타리가 될 수 없으니까. 그것 때문에 정말 버텼던 것 같아요.

상담자 11: 그래요. 그 상황에서는 어찌됐든 그게 최선이라고 생각을 하시고……

내담자 11: 그런데 20년이 넘게 그 감정을 이렇게 막~ 확~ 그냥~ 그야말로 랩으로 막 싸 버린다. 이제는 내 감정이라는 게 아예 나오지 못하는 건가? 그런 생각을 하면서 지냈어요.

상담자 12: 이제 여기(상담)에서 그 부분을 조금씩 더 점검하실 수 있을 거예요.

내담자 12: 그러니까 이제 나를 돌아보면 내 자신을 생각하면서 울지를 못하니까 드라마나 영화를 보면서 거기에 집중을 해 가지고 그 주인공 입장이 되어서 내 안에 눈물을 빼내왔던 것 같아요. 아니, 어렸을 때부터 내가 엄청 잘 울었어요. (그래요, 음) 사실 나는 눈물도 많고 감정이 굉장히 여렸어요. 그런데 어떻게 이렇게 살고 있는지 어떨 땐 내가 이렇게 좀 낯설어요.

……(중략)……

상담자 30: 그렇죠! 내가 처음 시작할 때 어떻게 지내셨느냐? 그랬더니 밤에 잠을 못 자면서 이런저런 생각이 있었고, 하루 이틀 지나면서 '아! 이건 아니다.'라는 생각이 들어서 추슬렀다는 표현을 하셨어요? '추스른다'는 것에 대해 내가 듣고 싶었어요.

내담자 30: 그러니까 (1회기 상담 후) 이틀 동안 그 마음이 막 힘들고 고통스러웠던 것은 내 자신만을 바라보다 보니까 내가 겪고 온 그게 뭐라고 할까. 내 자신이 너무 불쌍하다고 생각이 드니까 그 감정에 휘말리다 보니까 고통스러웠는데. (음) 그렇지만 이제 계속 내가 나만을 바라보고 있을 수 없으니까. (음~ 음~) 다시 아이들을 챙겨야 되고 (음) 또 나한테 자기의 인격으로 그렇게 한 것 아니지만 (음) 그래도 나한테 너무나 큰 고통을 준 남편이지만, 지금은 또 상태가 안 좋으니까 내가 돌봐야 되니까…… 또 다시 나를 예전의 나로, 감정이 없는 나로, 흔들리지 않는 나로 돌아가야 되는 거라고 내 자신한테 그렇게 타이르게 되는 거죠. 결국은…… 추스른다는 것은……

……(중략)……

내담자 32: 그러니까 너만을 바라보지 말라. 지금은 너를 바라볼 수 있는 때가 아니다.

……(중략)……

내담자 35: 네. 그렇게 생각하니까 또 그 감정에 휘말리던 그게 또 점점 사그라지면서 아이들이 보이고 남편이 보이고 그러네요.

상담자 36: 사그라진다는 것을 어떻게 경험하셨어요?

내담자 36: 그러니까 내가 불쌍하다는 마음, 또 고통스러웠다는 과거의 마음, 그 흔들리는 마음 그리고 막 이렇게 서러움을 끄집어낼까…… 끄집어낼까…… 울고 싶었던 그 마음……

상담자 37: 음.

내담자 37: 그런 마음들이 있어서 그것을 추스르려고 했지만 그것을 옛날처럼 정말 꽉꽉 눌러 담기는 안 되는 것 같아요.

……(중략)……

내담자 39: 네, 순간순간 이렇게 울컥하는 마음이 들다가도 '꿀꺽' 삼켜지는…… 그런 마음으로 살았는데 이번에는 꿀꺽하지는 않았던 것 같아요.

상담자 40: 오, 그런 차이를 경험하셨어요.

……(중략)……

내담자 42: 그러니까 가게에 앉아 있다가도 이 사람(남편)이 한번 들어와서 막 휘몰아치고 가면 이게 꿀꺽, 정말 올라와요. 목구멍까지 이게 탁 올라오는데…… 거기서 정말 내 자신이 나도 모르게 꿀꺽 삼키는…… (웃음) 그 꿀꺽을 허구한 날 느끼고 살았거든요.

내담자 43: 그런데 지금은 꿀꺽이 안 됐어요.

상담자 44: 안 됐어요.

내담자 44: 네. 꿀꺽이 안 됐어요.

내담자 45: 조금은 이렇게 나왔던 게 다시 안 들어가고 그게 좀 뱉어낸 기분……

다음은 상담장면에서 내담자의 눈물에 대한 수련생들의 접근과 반야상담적 접근을 비교한 내용이다. 축어록은 수련생들의 대화이고, 옆글은 슈퍼바이저의 피드백이다.

수련생 1: 한 시간 동안 내내 울었던 아이[12]가 있었거든요. 시작하면서 명상을 해 보자, 입정을 하자고 딱! 말을 넣는 순간에 '하기 싫다.'고 했는데 이전 회기에 한번 했기 때문에 그래도 한번 해 보자고 했어요.[13] 한번 해 보고 나서도 너가 정말로 이 부분이 하기 싫으면 다음부터는 안 해도 된다.[14] 그러니 오늘은 한

---

[12] 아이가 상담에 오기 전부터 울고 온 것이 아니니 분명 상담자와의 관계에서 상담 상황이 조건이 되어 울음이 일어났는데, 상담자가 '명상을 해 보려고' 하는 욕탐에 묶여 아이의 상태를 파악하지 못해서 일어난 상황이다. 아이는 원래 우는 아이가 아니고 상황에 따라 운다.

[13] 상담자가 깨어 있으면서 딱! 말을 넣었으면 아이도 상담자의 깨어 있음 안으로 들어왔을 텐데, 상담자가 '이전에 한번이라고' 하는 과거에 묶여 있으니 내담자가 오늘, 지금·여기에 어떤 상태로 앉았는지 전혀 사태 파악을 안 하고 상담자가 눈이 먼 상태에서 습관대로 상담을 진행하려고 하여 일어난 상황이다. 이런 상황은 앞 시간의 입정에서 내담자에게 충분한 설명이나 이해 없이 실시되었고 내담자도 필요성을 경험하지 못했기 때문에 일어났다. 그러므로 반야상담자는 여기에서 다시 부드럽게 내담자가 입정에 호기심을 갖도록 머무르는 것이 이 상담의 추후 방향에 중요한 분기점이었다.

아이의 '하기 싫다.'는 말이 반야통찰상담이 시작되는 첫 번째 기회였다. 반야적으로 접근하는 예시로는 ① 선생님이 이해할 수 있도록 하기 싫음에 대해 설명해 볼래? ② 선생님은 우리가 이야기를 시작

번 해 보자 하고 시작했는데, 그때부터 아이가 말도 안 하고, 눈물을 뚝뚝 흘리면서……[15] 한 시간 동안 내내 화장지를 찢으면서 그렇게 있었어요. (음) 내가 죽어 버리는 줄 알았잖아요.[16] 하하하. (그랬는데 상담자가?) 그랬어요. 내가 죽어 버리는 줄…… 정말 같이[17] 그냥 거기서 머물러 주지 못하고 나도 생각에 빠져 혼자 이 아이를 어떻게 해야 되나?…… 흐으↗음…… ① **다음 상담에 안 와 버리면** (흐흐흐흐.) 흐으↗음…… ② **가기 전에 뭔가를 해 줘야** 되지 않나? 하고 (가기 전에 뭐를 해 줘야 돼.) 어, ③ **다음에 와야 되니까.**[18] 그랬었는데, 상담 마무리 부분에서 아이에게 "사실은 너가 이렇게 울고 앉아 있어서 선생님의 마음도 굉장히 불편했다. 힘들었다. 어떤 부분에서 그랬냐?"[19] 하고 물어봤더니, "하기 싫은데 선생님이 (억지로……) (하기 싫은데……) (억지로 시켜서……) 하기 싫은데 하라고 해서 그랬다."라고 하더라고요. 그러니까 하기 싫은 것을 하라고 했을 때 이 아이는 눈물을 흘리는 이 방법을 늘 항상 했어요.[20] 다음 회기에 편안하게 그 부분에 대해 이야기를 나누어 보니 눈물 흘리는 것을 자기 방어기제로 쓰는 것들이었어요. (음)

수련생 2: 한두 시간, 세 시간씩 울다가 실신하는 아이가 있었어요. (허~) 말도 안 해. 막 울면서 몸을 떨다가 맨날 의자에서 이렇게 뚝 떨어지는 거예요. 이렇게. 그런 아이를 한 1년 반 정도 만났어요. 또 눈물…… 울었다 하면 경련이 오는 거예요. 그런데 나중에 시간을 함께 보내면서 보니까 그 아이가 울었던 것은 자기가 말을 많이 하지 않아도 알아서 해 주라는 거였어요. 자기 고집을, 주장을 말로 표현할 수 없으니까 자기가 그렇게 울음으로써 항변하는데 그걸 알아줄 사람은 거의 없잖아요. 그렇게 하면 모든 사람이 본인한테 관심을 가져 주고, 신경을 써 주고, 배려를 해 주니까 그런 패턴을 항상 했던 거예요. 그 아이의 눈물에는 통찰이 있는 것보다는 그걸 (욕망!) 네, 그걸 탐·진·치에 계속 머물러 있었던 거예요.

수련생 1: 그래서 내 내담자가 의뢰된 원인이 그거였어요. 나한테 보여 준 그 한 시

하기 전에 명상이 아니라 마음을 고요하고 평화롭게 한 다음에 이야기를 하면 더 효과적일 것 같은데 네가 '하기 싫다 하니' 어떻게 하면 좋을까? ③ 그럼 선생님만이라도 할 테니까 네가 선생님에게 지시문을 좀 읽어 주고 시간 체크를 해 줄 수는 있어? 등으로 아이를 지금·여기에 붙들어 매어 더 깊이 들어가는 방법은 여러 가지가 있다.

[14] '이 부분이 하기 싫다면' 지금 안 해야지 이번은 내담자의 뜻대로 하겠다는 이중적 메시지에 내담자가 화가 났다.

[15] 여기가 반야통찰상담적 접근의 두 번째 기회이다. 상담자가 그동안은 깨어 있지 못했지만 아이가 말을 안 하고 '눈물을 뚝뚝 흘리는 그때'라도 반야가 작동하였다면 바로 여기에 머물면서 아이의 눈물로 들어가는데 상담자가 너무 멀리 나가 있었다.

[16] 여기에서 바로 상담자의 '명상을 해 보자.'는 의도가 죽어야 했는데 '내가' 죽는 줄 알기만 했지 나의 욕탐이 죽지는 않았다.

[17] 두 번의 기회를 놓쳤어도 여기가 반야통찰상담의 사띠 삼빠자냐로 머물 수 있는 세 번째 기회였다. 이 순간에라

도 화장지를 같이 찢으면서 머물든지, 아이 옆이나 앞으로 가까이 가서 손, 어깨, 무릎 중 가능한 부위를 부드럽게 쓰다듬으면서 숨을 들이쉬고 내쉬면서 기다려 주든지 하여 상담자가 내담자의 울음이라는 비언어적 채널에 상담 모드를 바꾸어야 했다. 일반 상담자들의 오류적 신념 중에 하나가 내담자가 말을 안 하면 '상담을 할 수 없다'는 것이다. 언어라는 채널과 도구에 너무 많이 의존하기 때문이다. 내가 거기에 있었다면 아이를 쳐다보고 있다가 천천히 옆으로 가서 나의 어깨에 기대게 하고 손을 잡아 주면서 마음껏 울라고 했을 것이다. 그리고 그 아이가 울 때 나는 그저 그 아이의 호흡이 가라앉도록 천천히 부드럽게 나의 호흡을 조절하면서 기다려 준다. 여기에서 아이가 상담자의 지지와 동조 속에서 울 만큼 울었다면 우리말로 뿌리가 빠졌거나 흔들려서 다음에는 쉽게 이런 상황에서도 눈물로 반응하지 않는다. 그리고 아이가 눈물을 그친 후에도 왜 울었냐고 묻지 않는다. 만일 상담자가 성급하게 묻는다면 그것은 울면서 아이가 스스로 한 치유와 정화작업의 효과를 상담자의 질문으로 삭감시켜 버리기 때문이다. 비유적으로 내담자가

간 우는 모습을 위클래스Wee Class 상담 선생님 앞에서도 그 모습을 보이니 (음) 이 선생님이 아이에게 분명히 뭔 일이 있다. 그래서 위센터Wee Center에 의뢰해야 된다 해서 오게 되었지요. 상담을 해 보니 정말 뭔 일이 없더라고요. 허허허.

수련생 3: 내가 오늘 울음 사례 공부를 하면서 그리고 선생님들이 이야기를 하셨을 때, 그 원인을 멀리서 찾지 않고 그 아이가 울음을 시작한 지점을 보는 게 상당히 중요한 것 같아요. 반야통찰상담적 접근에서는 다른 사람들이 기존에 해 왔던 대처 방식을 반야상담자가 똑같이 하는 게 아니라 그 상황의 허虛를 찌르는 방법으로 접근해야 하고, 이 울음이 커졌을 때의 상황을 상담자가 알아차림 하고 파악하는 것이 굉장히 중요한 것 같다고 생각돼요. 과거의 어떤 이유를 가져오는 게 아니고……

수련생 2: 그래서 허를 찔렀어요. 이제 자주 보니까. (어) 이번에는 상담실에서 눕는 게 아니라 이동 중에 길바닥에서 누웠어요. 다들 경악을 금치 못하고 난리가 났어요. 그런데 ① **잡아 주지 않고 그냥 놔뒀어요.** 그리고 일단은 한참 지나서 아무도 안 봐주는데 자기 혼자서 이렇게 떨고 있기는 좀 그렇잖아요. 그래서 ② **떨기가 좀 줄었어요.** 그리고 나중에 아이에게 말했어요. 어, 위기 관리 회의를 열어서 너가 학내에서 이런 어려움을 겪고 있으니 다음에는 너가 경련이 일어나서 누우면 선생님들이 여기서 너에게 해 줄 수 있는 게 없으니까 그때는 무조건 앰뷸런스를 부르는 것으로[21] 회의에서 결론이 났다. 그랬더니 ③ **그 뒤로부터는 한 번도 눕지를 않았어요.** 그동안 1년 반을 누웠는데요. 허허허.

수련생 4: 1년 반을 누웠는데.

수련생 2: 처음에 그 울음의 의미를 몰랐을 때는 진짜 상담자가 많이 걱정하고 내 식대로 생각을 하다 보니까 그랬는데 나중에 그 울음의 의미를 알고는 대처 방식을 바꾸니까 달라졌어요.[22] 그 뒤로 상담실에 안 왔어요.

눈물 상담 사례 슈퍼비전

A상담자와 내담자가 사 온 휴지에 대해 이야기한 후 A상담자는 자기가 진행한 상담에서 내담자가 너무 오랫동안 울어서 조기 종결한 사례를 슈퍼비전을 받고자 하여 반야통찰상담적 관점으로 슈퍼비전을 실시하였다. [참조: 슬픔의 눈물 사례 슈퍼비전]

반야통찰상담과 웃음

거실에서 흔들의자에 앉아 녹음한 상담 사례를 듣고 있는데 내담자와 함께 웃는 소리가 들리자 지나가던 딸아이가 "상담에서 웃는 거 맞아요? 그것 fake 아니야?"라고 하였다. 그 말에 '상담에서 웃는 것이 그렇게 이상하고 적절하지 않음으로 지각되나?' 하는 물음에서 이 부분이 태어났다.

일반적으로 상담에서 '우는 것'은 상식적으로 이해되지만 '웃는 것'은 쉽게 이해되지 않을 수 있다. 그러나 나의 경우 상담 과정에서 웃음을 많이 경험한다. 내가 내담자의 질문에 웃음으로 답하기도 하고, 내담자의 이야기를 들으면서 내담자와 함께 '웃고 있지만 눈물이 난다'를 경험하기도 하고, 내담자가 상담자의 질문이나 반응에 대해서도 웃음으로 반응하기도 하고, 이야기 과정에 상담자와 내담자가 서로 마주보며 웃기도 한다. 그런데 생각해 보니 지금까지 상담에서 정서의 표현으로 눈물은 익숙하게 '그럴 수 있다'이지만 딸아이가 이상하게 여기는 것처럼 상담 과정에서 '웃는다'는 눈물만큼 의미 있는 정서적 표현으로 다루어지지 않았다는 생각이 들었다. 그래서 상담 과정에서 웃음이 어떤 의미가 있는지에 대해 연구 내용을 찾아보니 검색되지 않았다. 최근에 '웃음치료'라는 시류적 관심에서 웃음이 치료적 맥락과 연결되어

그동안 울음이라는 음식 만들기를 막 끝내고 이제 시식, 음미해 보려 하는데 상담자가 그 음식이 뭐냐, 왜 만들었냐고 방해를 하는 것이다. 그러나 반야상담자는 내담자가 말을 먼저 시작할 때까지 기다리거나 내담자의 호흡이 바뀌는 지점을 확인하고 이야기를 시작한다. 사실 반야통찰상담에서는 언어(말·입)는 내담자가 사용하는 채널이고 상담자의 언어 사용은 단지 내담자와 주파수를 맞추기 위해서만 사용된다. 반야상담자는 비언어적 채널인 눈과 귀(알고 봄)가 활성화되어 있어야 하고 상담자의 호흡이 부드러워야 한다. 이것이 반야상담자가 상담 관계에서 작동시키는 채널이다.

17 ①, ②, ③은 상담자가 얼마나 자기 보존(유신견)에 빠져 있는지를 보여 주는 예이다.

18 이러한 표현은 상담자 마음의 불편과 힘듦의 원인을 내담자가 제공했다는 맥락적 표현이다. 마무리 부분에서 반야상담자는 "상담 시간 동안 우느라고 너도 힘들고 선생님도 마음이 불편하고 힘들었는데 우리 어떻게 마무리를 할까?" 하고 내담자에게 상담 마무리의 책임을 부여한다.

20 내담자의 눈물 흘리는 패턴을 알게 된 것이 상담의 성과가 아니고 상담 시간에 눈물을 흘림으로써 경험한 것을 확인하여 과거와의 결별이 이루어지고 새로운 생이 시작되도록 하는 것이 반야통찰상담적 접근이다. 그리고 다음 회기에 내담자가 울지 않으면 울음에 대해 질문하기보다는 내담자가 그날 자발적으로 이야기하는 싱싱한 주제를 다루어야 한다.

21 이러한 해결 방법은 일반 상담에서는 효과, 성과가 있는 것으로 평가될 수 있다. 그러나 반야통찰상담적 관점에서 보면 이것은 내담자의 현실적 경험에서 나온 것이 아니고 상담자가 처방한 방법이므로 아이의 울음과 실신이라는 현재의 행동을 일시적으로 억제하여 다른 패턴으로 새로운 생이 일어나는 유의적 과정이다. 반야통찰상담에서는 그 아이가 울면서 경험한 내용을 일련의 흐름으로 연결하여 다룬다.

22 상담자가 혼자서 내담자 울음의 의미를 알고 대처방식을 바꾸는 것이 아니고 상담 과정에서 그런 상황이 펼쳐지면 내담자에게 자기 울음의 의미를 경험하게 하여 스스로 대처방식을 바꾸어야겠다는

있는 것은 알겠는데 상담과 웃음은 현재까지는 연구적인 관심의 내용이 아닌 것 같다.

[그림 7-2] 인면와 **23**

웃음의 형태와 의미

웃음은 사람의 마음을 표정 변화나 소리로 나타내는 방식의 하나로써 마음의 긴장이 갑자기 무너지고 즐거움 · 여유 · 대상을 비판할 수 있는 심리적 거리가 생길 때 나온다. 일반적으로 웃음은 얼굴의 표정 변화와 목구멍을 거듭 울리는 소리로 구성되어 있지만 표정 변화만 있고 소리는 없는 웃음, 소리만 있고 표정의 변화는 없는 웃음 등의 여러 형태가 있다.[17] 앙리 베르그송 Bergson, Henri Louis은 웃음은 타인과의 협조 관계에서 나타나므로 사회를 형성하는 기능이 있고, 사회의 테두리를 벗어난 사람을 다시 불러들이는 작용을 하며, 기계적으로 경직되어 보이는 것에 대한 반응으로 행위나 말에서 동현 動現象을 발생시키는 다양한 기능이 있다고 하였다.[18] 또한 후기 구조주의

---

17) 한국민족문화대백과사전.
18) 앙리 베르그송, 2000/2002.

자들은 웃음이 기성旣成의 의미를 전복시키고 새로운 삶의 의미를 창출하는 것으로 재평가하고 있다.[19]

웃음은 인간에 대한 깊은 믿음을 일깨우는 통로이기 때문에 인간관계에서 평화적 공존이나 화해를 지향하는 대화에는 인간 존재에 대한 근원적이고 긍정적인 의미를 지니는 웃음이 필요하다. 이러한 웃음은 자기 자신에 대한 웃음에서 시작해야 하는데 이는 자신이 완벽하다고 생각하는 위선의 가면을 벗어던지는 해방의 행위이기 때문이다. 인간은 진정으로 자기 자신에 대하여 웃을 때 본래의 진정한 모습으로 되돌아가는 것이다. 따라서 웃음은 서로의 사이를 가로막고 있는 편견의 장애를 걷어내게 하고, 오해의 장벽을 허물게 한다.[20]

상담 과정에서 웃음의 역할

일반적으로 상담 과정에서 웃음은 상담자와 내담자의 마주침, 동의, 일치 그리고 알아차림으로 이해되는데 상담과 웃음에 관련된 연구 자료를 찾지 못해서 다음은 상담 현장에 근무하는 상담전문가 10명에게 '상담과 웃음'에 대해 질문하여 응답한 내용을 정리한 것이다.

상담전문가들은 내담자 웃음의 의미가 상담의 시기에 따라 달라지는 것으로 경험하였다. 상담 초기에는 허탈과 슬픈 웃음이, 중기에는 문제에 대한 이해와 수용을 위한 노력으로, 후기에는 인정과 알아차림에 의한 새로운 에너지의 획득으로 이해하였다. 따라서 상담 과정에서 웃음은 다양한 의미로 나타나는 내담자의 중요한 반응임을 알 수 있다.

---

19) 문학비평용어사전, 네이버 지식백과.
20) 최종석, 2009, p. 40.

자각이 생기고 그 자각을 상담자가 다져 주면 통찰과 행동의 변화로 이어진다.

23 경북 경주시 사정동 전(傳) 흥륜사지 출토. 통일신라. 국립경주박물관 소장. (출처: 한국민족문화대백과)

웃음이 상담에 미치는 영향에 대해 상담전문가들은 다음과 같이 경험하였다. 첫째, 내담자에게 힘이 생겨서 자신의 문제를 직면하고, 문제를 긍정적인 관점에서 바라보고 해결 방법을 찾아가는 데 용기를 줄 수 있다. 둘째, 내담자가 자신이 문제를 어리석게 해석하고 해결하려고 하고 있다는 것을 통찰하는 순간이나 불일치를 알아차리고 이후 문제에 대한 관점을 달리하여 문제해결 방향으로 나아갈 수 있게 한다.

이렇게 상담 과정에서 웃음은 문제해결과 관련하여 나타났다. 상담자와 내담자가 이야기하는 과정에서 통通하는 지점이 생기고 문제를 해결할 수 있다는 희망이 생기거나 문제를 해결하고 있는 과정이나 해결했을 때 웃음을 경험하였다. 또한 웃음은 신뢰감의 형성과 이야기를 촉진하는 역할을 하기도 하지만 신뢰감이 형성되지 않은 상태에서는 염려나 불안의 표현으로 나타나기도 한다.

일반상담에서 웃음은 일반적이거나 전형적인 반응으로 다루어지지 않고 단지 내담자의 언어와 불일치한 비언어적 단서로 이해한다. 히튼은 상담 과정에서 나타나는 웃음은 긴장되고 불안하며, 걱정거리를 숨길 때도 사용되므로 상담자는 내담자가 언제, 어떻게 웃는지 주의를 기울여야 한다고 하였다.[21] 그 예로, 다음은 상담자가 내담자에게 현재 하고 있는 이야기와 불일치하는 웃음에 대해 언급하자 내담자가 웃음의 의미를 설명하는 내용이다.

> 케이트Kate는 자신의 두려웠던 경험을 얘기하며 웃곤 했다. 나는 처음에는 별 생각 없이 지나갔지만 나중에는 그녀의 웃음이 그리 정상적으로 보이지 않았고, 오히려 강요되거나 긴장된 느낌을 주었다. 그녀는 이 같은 고통스러운 웃음으로 말을 끝맺곤 했다. 몇 회기가 지난 후 "웃고 있으시군요. 당신은 그리 웃을 만한 상

---

21) Heaton, 1998/2006, pp. 36-37.

황에 있지 않은데도 말입니다."라고 물었다. 이러한 개입은 도움이 되었다. 그녀
는 "이전에도 사람들이 그러더군요. 전혀 모르고 있었는데 말이지요. 하지만 선
생님을 화나게 하거나 당황스럽게 하고 싶지 않아서 내가 웃는 걸 거예요."

상담 진행 방식과 웃음

내담자가 상담자의 상담 진행 방식에 대해서도 웃음으로 반응을 보이는 경
우도 있다. 부정적인 측면으로는 상담자의 해석이나 반응이 맞지 않는 것 같
지만 부정하면 이야기가 길어질 것 같을 때도 웃으면서 호응해 주는 '척'한다
는 것이다. 긍정적인 측면에서는 상담자의 해석으로 자신 행동의 원인과 함
께 연결되는 내용을 알아차릴 때 허탈한 웃음을 짓게 되기도 하고, 자신의 문
제를 다른 각도에서 보거나 해결되었을 때 미소 짓기도 한다고 하였다. 또한
상담자가 유머가 있고, 내담자의 문제를 편안하게 비유와 은유로 해석해 줄
때 웃는다고 하였다.

상담자의 웃음

상담자는 내담자의 이야기를 들으면서 내담자 마음의 변화가 읽어질 때와
알아차렸을 때 기쁨과 평온함의 웃음이 있다고 하였다. 반야통찰상담에서
웃음의 전형적인 반응은 상담자와 내담자가 서로 통찰이 공유될 때 나타나는
것으로 이해된다. 붓다도 제자들이 알아차림이 있을 때 다양한 형태로 웃음
을 보였다.[22]

---

22) 최종석, 2009, 재인용.

천신 1: 능히 행할 것은 말해도 좋지만 행하지 않을 것은 말하지 말라. 행하지 않으
면서 말만 하는 것, 지혜로운 이는 그 잘못을 아네.

……(중략)……

붓다 1: 그대는 지금 누구를 꾸짖는가?

천신 2: 잘못을 뉘우치나이다. 세존이시여, 잘못을 뉘우치나이다.

그러자 붓다가 빙그레 웃으셨다.

붓다의 이러한 웃음은 상담에서 내담자가 자신의 문제에 대한 이해와 통
찰을 통해 변화가 나타났을 때 반야상담자가 보이는 웃음의 원형이다. 붓다
의 웃음은 무명의 속성인 탐욕, 진에, 우치의 삼독을 극복한 대자유의 웃음이
다.[23]

그때에 아난다는 세존께서 빙그레 웃으시는 것을 보고, 곧 합장하고 부처님께 여쭈
었다.

……(중략)……

아난다: 세존은 실없는 웃음 떠나셨나니, 세상에서 위없는 높으신 어른의 이는 희어
서 백옥 같은데, 가장 훌륭한 분 이제 웃으시었네. 용맹스럽게 부지런히 정진
하여 스승 없이 스스로 깨치셨나니 묘한 말은 듣는 이 즐겁게 하네.[24]

다음은 반야상담자가 내담자의 이야기를 듣는 과정에서 문제를 이해하게
되었을 때 웃었던 경험을 이야기하였다. 그런데 상담자의 이해와 알아차림

---

23) 최종석, 2009, p. 56.
24) 최종석, 2009, 재인용.

이 내담자와는 공유되지 못했기 때문에 상담자의 웃음이 오히려 내담자를 상담 관계에서 소외시키고 위축시키는 역할을 하여 상담자가 '자제'와 '조심'이라는 단어로 자신의 웃음을 평가한 내용이다.

> 수련생 1: 여기 붓다의 자유의 웃음에 대한 부분이 나오는데, 나는 이것이 되게 마음에 와닿았어요. 상담을 하던 중에도 뭔가 알 것 같다 하면 이렇게 내담자는 내가 왜 웃는지 모르지만 나는 웃음이 나오는 거예요. 그런데 이걸 좀 조심해야 되겠다. 왜냐하면 그 사람과 내가 이렇게 통해서 나오는 웃음이 아니고 나 혼자 알았다고 웃음이 나오는 경험인데…… 나는 너무 기쁘고 자유로워서 웃었지만 상대는 그렇게 보지 않을 수 있어 웃음을 자제해야겠다고 생각한 적이 종종 있었습니다.
>
> 수련생 2: 나는 최근에 그것에 대해 지적을 받았어요. (그걸로?) 예. (음) 상담 시연 연습을 하던 과정에서 (음) 내가 상담자가 되었는데 내담자의 이야기를 듣고 내 딴에는 반야통찰상담을 좀 배웠다고 (그렇지요.) 이제 내담자의 말이 이해가 된다고 웃었어요. (그렇죠.) 그런데 내담자 역할을 하던 사람이 굉장히 기분 나빠하더라고요. (음)

붓다는 내담자가 자신의 문제에 대해 스스로 깨달은 내용을 이야기할 때 웃음을 보였지, 내담자의 말을 듣는 동안 내담자는 알아차림에 이르지 못했는데도 붓다가 먼저 혼자서 '알았다'는 웃음을 보이지 않았다. 원전에 나타난 붓다의 웃음은 대부분은 내담자가 말하는 과정에서 스스로 알아차림과 이해에 이르렀을 때 언어를 멈추고 단지 웃음으로 그 깨달음을 격려하는 비언어적인 공감의 극치를 보여 준다.

내담자의 웃음

내담자의 웃음에 내포되어 있는 의미에 대해 상담전문가들은 다음과 같이 이해하였다.

- 내담자는 마음을 무겁게 하고 답답하게 느끼던 문제가 상담 과정에서 좀 더 가벼워지면서 받아들일 수 있고 해결 가능하다는 희망을 가질 때 웃는다.
- 상담자의 지지와 격려로 문제해결에 대한 힘이 생기고 스스로 상황을 변화시킬 수 있다는 자신감이 생길 때 웃는다.
- 내담자가 문제와 관련된 자기의 의도나 기대를 이해함으로써 힘들게 한 것이 타인이 아니고 자신의 어리석음이나 욕심 등으로 스스로 그랬다는 자각과 통찰이 일어날 때 웃는다.

다음은 붓다의 제자가 중생의 괴로움과 그 결과가 어떠하다는 생멸의 원리로 알고 보는 통찰에 따른 연민의 웃음이다.

목갈라아야나: (어느 곳에 이르자, 마음에 생각한 바 있어 빙그레 웃었다.)

락카나: (그것을 보고) 부처님이나 부처님 제자로서 빙그레 웃으면 거기에는 반드시 까닭이 있습니다. 존자는 지금 무슨 까닭으로 빙그레 웃습니까?

목갈라아야나: 지금은 물을 때가 아닙니다. 우선 마을에 들어가 밥을 빈 뒤에, 세존 앞에 가서 물으세요. 그것이 때에 알맞은 물음입니다. 그때 그대를 위해 말하겠습니다.

······(중략)······

락카나: 이제 다시 존자께 묻노니 무슨 까닭으로 빙그레 웃었습니까?

목갈라아야나: 길을 가던 중, 몸이 다락집 같이 큰 어떤 중생이 울부짖고 슬퍼하고

괴로워하면서 허공을 날아가는 것을 보았습니다. 나는 그것을 보고 '저런 중

생은 저런 몸을 받아 저렇게 슬퍼하고 괴로워하는구나.' 하는 생각이 들어서

웃었습니다. (생사를 보는 천안)

세존: (여러 수행자들에게) 착하고 착하다! 내 성문 제자 중에서 진실한 눈, 지혜, 이

치, 법을 가져 확실히 통달한 사람은 그런 중생을 볼 수 있다. 나도 그 중생을

보았다.[25]

또한 상담자들은 내담자의 웃음을 이해하는 과정에서 나온 웃음과 회피하는 과정에서 나온 웃음의 색깔은 다르며 표정도 다르게 경험하였다. 상담 과정이나 내용을 이해할 때의 웃음은 내담자가 오랫동안 고통스러워했던 문제가 너무나 이해되었을 때 나타난다. 문제를 너무 심사숙고하다 보면 해결 불가능하고 너무 무겁게 느껴지다가도 의외로 조금 보는 각도를 달리하여 해결할 돌파구를 찾았구나 하는 허탈한 웃음이나 환희의 미소 등 밝고 희망찬 웃음이다. 하지만 반대로 회피할 때의 웃음은 상담자를 의식해야 하므로 감추려는 의도가 있어서 불편하고 어색한 웃음이다.

붓다도 자신이 아직 진정한 깨달음을 얻지 못하고 육체적 고행으로 깨달음을 얻을 수 있다고 생각하여 수행하던 어리석었던 시절을 회상하고 조용히 웃는 내용이 원전에 나타난다.[26]

다음은 내담자가 그동안 부분적이던 정보가 합쳐져서 자신의 상황을 전체적으로 볼 수 있게 되었을 때 나타나는 웃음이다.

---

25) 최종석, 2009, 재인용.
26) 최종석, 2009, 재인용.

열아홉 살인 내담자가 부모의 이혼한 사유가 채무문제 때문인 것으로 알고 있었는데 나중에 어머니의 외도와 관련되어 있음을 알게 되어 별거 중이던 아버지와 연락을 하였다. 그런데 아버지가 생부生父가 아니라는 말을 들은 후부터 학교 자퇴, 비행 행동 등으로 포기하는 생활을 하게 됐다는 말을 하면서 헛웃음을 보였다. 상담자가 "웃음의 의미가 뭐냐?"고 묻자 비난과 체념이 섞인 듯한 목소리로 "선생님 같으면 웃기지 않느냐?"고 반문하였다.

다음은 집단상담에 참가했던 상담자가 상담 과정에 보인 웃음에 대한 집단상담자의 피드백이 상담자로서 역할을 어떻게 제한하는가를 보여 주는 예이다.

예전에 참가했던 집단상담에서 힘들었던 내용을 말하면서 표정은 웃고 있었나 봅니다. 그때 집단상담자가 불일치를 지적하면서 '웃지 말라'고 했던 적이 있었습니다. 그 일은 나에게 굉장히 의미 있는 기억으로 현재까지 남아 있습니다. 아주 무색한 경험이었는데, 내가 무엇을 잘못해서 야단맞는 기분이 들었고 '내가 정직하지 못하나?'라는 생각이 들게 했습니다. 그래서 지금도 이야기의 내용과 표정을 일치시키려고 노력하고 내담자를 만날 때도 그 경험을 토대로 내담자의 웃음의 의미에 대해 유심히 살펴보게 됩니다.

이 예에서 집단상담자는 '웃음은 즐거움의 표현'이라는 고정관념으로 언어적 표현과 웃음 간의 불일치는 '문제이다'라는 전제에서 내담자의 비언어적 반응인 웃음을 잘못된 것으로 판단하여 상담자 중심으로 '웃지 말라'는 지시적 해결을 제시하였다. 이런 경험은 추후 참가자에게 웃음에 대한 억압과 혼란이 증폭되는 계기가 되었다. 그러나 반야통찰상담에서는 내담자의 행동이나 말 그리고 정서나 마음 상태에 대해 옳고 그름이라는 상담자적 기준으로 판단하여 내담자에게 "하라" "하지 말라"는 조언을 하지 않는다. 상담 과정에서 내담자가 지금 현재 보이고 있는 비언어적 반응이 내담자의 통찰을 촉진할 것으로 보이는 경우에는 내담자에게 부드럽고 진지하게 말의 내용과 웃음, 눈물, 침묵 간의 관계를 "설명해 주라" 하여 내담자가 자신의 의도와 행동 간의 연결성을 통찰하는 경험을 하도록 한다.

상담자와 내담자가 함께 웃음

상담전문가들은 상담자와 내담자가 함께 웃는 것은 친밀감과 신뢰감의 표현으로 편안함을 느낄 수 있는 촉진제 역할을 하고 공감대가 형성되어 경계가 풀리면서 내담자가 자연스럽게 이야기할 수 있는 환경을 제공하는 것으로 이해하였다. 또한 상담자와 내담자가 함께 웃는 웃음은 내담자에게 자신의 문제를 이해하고 해결할 수 있다는 실마리를 찾았다는 희망의 미소로 긍정적 에너지가 생기게 한다. 그러므로 상담전문가들은 상담의 과정에서 웃음이 많아진다는 것은 내담자나 상담자 모두에게 상담이 잘 진행되고 있다는 의미로서 웃음은 상담의 효과에 긍정적인 영향을 주는 것으로 평가하였다.

현법으로써 반야적 통찰의 궁극을 보여 주는 웃음은 바로 '염화미소: 꽃을 집어 들고 웃음을 띠다'이다.

> 붓다가 영산靈山에 있을 때 범왕梵王이 금색의 바라화波羅花를 바치면서 설법을 청하였다. 그때 붓다가 꽃을 들어 대중에게 보이자 모든 사람이 무슨 뜻인지를 몰라 망연하였지만 대가섭大迦葉만이 미소를 지었다.[27]

---

27) 한국민족문화대백과.

다음은 수련생이 반야통찰상담 사례에 나타난 웃음의 의미를 공부하는 과정에서 자신이 실시한 상담에서 내담자와 함께 웃었을 때의 의미에 대해 알아차림 하게 된 내용이다.

> 수련생 1: 최근에 학부모님을 만나서 해야 하는 말이 있었어요. 아이의 자해에 대한 부분과 상담으로 변화된 부분 그리고 아버님의 폭력적인 행동이 아동학대가 될 수 있다. 뭐, 이런 이야기를 해야 해서 학부모님을 오시라고 해놓고 긴장이 되었어요. 아버지가 처음에는 붉으락푸르락해서 왔지만 이야기를 하다가 내가 상담이 끝나가는 지점에서 "아버님께서 키를 가지고 계시는 것 같아서 오늘 뵙자고 했습니다."라고 했더니 아버님이 웃으면서 "나는 집 키도 없고 차 키도 없습니다." 하면서 막 웃으셨어요. 음~ 그때는 나도 웃으면서 넘어갔는데…… 지금 돌이켜 생각해 보니까 그때는 아버님이 "농담이고요." 하고 웃으셨는데 아버님의 그 웃음의 의미가 '아, 이제 키를 가지고 있는 건 아는데 이걸로 내가 뭘 어떻게 할 수 있을까? 이런 거에 대한 확신은 없다.'라는 뜻이었다는 생각이 들었습니다. 그때 험상궂은 아버님과의 상담에서 많이 웃을 수 있었고 '그 웃음들이 이러한 의미들이 있었구나!' 하고 오늘 공부에서 되짚어 볼 수 있었습니다.

제8장

반야상담자

상담자의 특성과 역할

우리가 교과서에서 배우고, 슈퍼비전에서 선배 상담자들에게 들어서 알고 있는 상담자의 역할은 '전문적 관점과 지식으로 상담을 이끌면서 내담자가 해결 방법을 찾을 수 있도록 도와야 한다.'였다. 그러나 반야통찰상담을 참구參究하면서 상담자의 역할에 대해 다시 생각하게 되었다.

최근 상담의 효과에 관한 여러 연구에서 긍정적인 치료 결과에 가장 강력한 예견 요인은 치료자의 자질과 치료적 관계에서 상담자와의 강한 동맹이라는 핵심적 특질을 내포하고 있어 상담자 요인이 상담자가 사용하는 이론이나 기법보다도 치료의 결과에 더 중요한 것으로 나타난다.[1]

상담자는 상담 관계에서 내담자의 변화를 이끌어 내기 위한 치료적인 도구로서 상담 이론에 상관없이 상담자 요인은 내담자의 긍정적 변화를 일으키는 중요한 요소이다. 그러므로 상담자가 갖추어야 할 치료적 요인으로 내담자를 존중하고 수용적인 태도, 경험이 풍부한 전문가로서 대하기 편안함 그리고 내담자가 문제를 인식하고 변화를 실천할 수 있도록 하는 개입 능력이 필요하다.[2]

긍정적인 상담의 결과를 예언하는 공통 요인으로서 '유능한 상담자'는 내담자들과 라포를 형성하고 그들에게 희망을 주며 그들이 경험하는 문제의 원인과 발달

1) 김창대, 권경인, 한영주, 손난희, 2008; 이장호, 정남운, 1998; Jørgensen, 2004; Wampold, 2000, 2006, 2011.
2) 김영근, 2013.

과정을 설명할 뿐 아니라 내담자들에게 지금과는 달리 생각하고 느끼며 행동할 수 있는 방법을 학습할 기회를 제공한다.[3]

앞의 연구를 종합해 보면, 상담자의 자질과 내담자와의 치료 동맹이 가장 중요한 치료의 공통 요인으로 나타났다. 상담자에게 필요한 특성으로는 공감, 따뜻함, 이해, 수용 그리고 비난, 무시, 거부 없음이고 상담자가 상담 과정에서 사용하는 특정한 개입 방법보다도 상담 관계에서 보여 주는 공감이 치료 효과에 더 큰 영향을 준다고 하였다.[4] 그러므로 반야통찰상담에서는 반야상담자가 사용하는 이론이나 기법 같은 기술적 전문성보다는 바른 견해를 갖추고 상담 관계에 즉시적으로 반응하고 분명하게 반야로 이어 보며 머무는 sati sampajañña 것을 강조한다.

상담의 과정과 방향에 중요한 영향력을 미치는 상담자의 의도는 의식적으로나 무의식적으로 상담 과정에서 작용하는데, 상담자가 자신의 의도를 표현하는 언어적 특징은 내담자에게 직접적으로 제안(~해 보는 것이 어떨까?, 용기를 내어 볼 수 있을까?)을 시도하는 디지털 의사소통과 비언어적으로 제안(침묵의 반응)을 강조하는 아날로그 의사소통을 함께 구사한다.[5] 이렇게 상담 과정에서 나타나는 상담자의 의도에 대한 내담자의 수용은 '권위에의 수용'일 가능성으로 치료를 계획대로 진행시키며 상담의 전개 방향을 명확히 하는 장점이 있을 수 있으나, 내담자 중심의 상담에서는 오히려 치료 효과를 저하시키기도 한다.[6] 그러나 반야통찰상담에서는 상담자가 상담 과정에 대한 어떠한 의도 없이 내담자의 말과 행동을 그대로 함께하며 문제를 통찰하고 소멸되는 방향으로 나아가도록 하는 조건이 되어 준다.

---

3) Heaton, 1998/2006, p. 11.
4) 이은경, 양난미, 서은경, 2007.
5) 최연실, 김희정, 2011.
6) Hill & O'Brien, 1999/2001.

상담자의 역할과 마음챙김

최근 상담 현장에서 상담자의 자질과 치료 효과를 향상시키는 방법으로 마음챙김 명상을 권장한다. 치료자의 마음챙김 명상 훈련은 내담자와 치료 과정에 대한 밀착된 주의와 주의 유지력을 향상시키고, 상담 과정에 나타나는 전이와 역전이에 대한 자각과 조절이 가능하게 하고[7], 스트레스나 부정 감정을 반추함으로써 불안을 감소시키고 긍정 감정과 자기 자비가 증가하여[8] 치료자의 self-care와 치료 효과와도 관계가 있다.[9] 또한 치료자의 마음챙김은 강한 치료 동맹을 확립시키기에 아주 적절한 많은 자질을 길러 준다.[10] 명상이 주의의 계발, 연민과 공감, 치료적 현존, 괴로움에 대한 더 넓혀진 시각 등과 같은 심리치료적 기술을 논리적으로 형성시켜 준다.[11] 그러나 반야통찰 상담에서는 상담자의 마음챙김을 포함하는 계·심·혜 삼학을 강조한다. [참조: 반야상담자 윤리]

상담자 발달과 지혜

지혜와 상담의 관계 연구에서 지혜는 상담 또는 개인의 바람직한 삶의 방법을 찾는 것과 분리할 수 없는 관계로서 모든 상담 접근 및 방법과 관련된 높은 수준의 광범위한 개념으로 정의한다.[12] 특히, 상담자의 지혜는 상담 과정에서 사례개념화에 영향을 미치고 상담자의 역전이 감정을 잘 조절하여 역

---

7) Fatter & Hayes, 2013.
8) Biegel, Brown, Shapiro, & Schubert, 2009; Shapiro, Brown, & Biegel, 2007.
9) Ryan, Safran, Doran, & Muran, 2012.
10) 박성현, 2017, 재인용.
11) Germer, 2005.
12) 이수림, 조성호, 2009.

전이 조절을 매개로 하여 내담자와의 관계 형성에 영향을 주어 내담자의 작업 동맹에 직접적인 영향을 미쳤으며 상담의 성과에도 긍정적인 영향을 주는 것으로 나타났다.[13] 이러한 연구결과는 내담자가 상담자의 전문성보다는 상담 관계에서 나타나는 상담자의 태도와 행동에 영향을 많이 받는다는 것을 의미한다. 이는 공감과 온정적이고 수용적인 태도, 친화적 행동, 따뜻함 등 상담자의 태도와 행동이 작업 동맹에 긍정적인 영향을 준 선행 연구의 결과를 지지하는 것이다.[14]

상담자 발달 수준과 지혜 관련 연구[15]에서 전문성이 높게 평가된 상담자의 발달적 특징과 지혜 개념이 공유되고 지혜는 다원론적 요인으로 구성되어 있으며 상담심리학자들은 지혜를 자신의 독특한 경험에 근거하여 각자 다르게 정의하지만 지혜를 상담기법이나 기술 이상으로 강조하였다.[16] 이러한 연구는 지혜가 상담자의 인간적, 전문적 특성과 밀접한 관련이 있다는 것을 보여 주는 것이다.

반야상담자

조건으로서 거울

현대 상담의 여러 이론에서 강조하는 상담자의 특성에 따라 상담자의 역할을 적극적인 치료자active therapist나 지시자director에서부터 촉진자facilitator, 수

---

13) 이수림, 조성호, 2009, 2010.
14) 권희경, 1999; Hersoug, 2004; Sandell et al., 2007.
15) Schon, 1983; Skovholt & Ronnestad, 1992.
16) No, Ann-Young, 1993.

용적 반응자acceptive responsor 등으로 다양하게 제시하고 있다.

반야상담자는 내담자가 호소하는 문제를 통해 삶의 실상인 생멸의 원리를 경험하고 체득할 수 있는 '조건으로서 거울의 역할'을 한다. 즉, 내담자가 자신의 문제를 스스로 규정하고 그 문제의 원인을 자신의 삶과 조건에서 찾아내어 자신에게 가능하고 현실적인 해결 방안을 선택하는 일련의 학습과정에서 '연기적 조건paccaya'이 된다. 붓다가 제법이 무아라 하였기 때문에 반야통찰상담에서는 상담자가 인격으로서 객관적인 존재를 상정하지 않고 상담자와 내담자가 상담이라는 현상dhamma에서 단지 내담자에게 통찰이 생기는 조건이 되어 준다.

반야통찰상담은 내담자가 그동안 괴로움이 반복되는 연기적 과정에서 괴로움을 소멸하고자 하는 방향으로 전환하는 것이 주요한 과정이므로 상담자는 내담자가 문제해결과 괴로움의 소멸 쪽으로 방향을 전환하도록 하는 조건이 되어 준다. 다시 말해, 괴로움의 일어남으로 인도하는 불선법akusala dhamma에서 선법kusala dhamma으로 나아가게 하는 방향 전환의 조건이 되는 것이다. 선법이란 올바른 관점으로 괴로움을 소멸할 수 있다는 확신을 하고 문제의 원인인 의도를 인과적으로 통찰하는 과정이다. 반야상담자는 상담 과정에서 내담자의 말은 '실재dhamma'가 아닌 '생각sañña'이기는 하지만 그저 내담자의 말과 행위에 밀착하여 생멸의 과정으로 이해하며 듣고 머문다.

일반상담자는 전문가라는 관점을 유지하면서 내담자의 이야기를 듣지만, 반야상담자는 내담자의 이야기를 생멸의 원리에 기반하여 알고 보면서 상담자 관점을 세우지 않고 내담자가 호소하는 모든 문제는 무명의 상태moha에서 자기의 고정된 인식으로 상황을 원하는 대로 취하려 하거나raga 싫다고 거부하는dosa 형성작용saṅkhāra과 집착upādāna으로 이해한다. 따라서 반야상담자는 내담자의 호소 문제를 감각 · 지각saḷāyatana → 인식phassa → 경험vedanā → 동기taṇhā → 판단 · 결정upādāna의 상호의존적 흐름에서 어느 지점인지를 분명하게 반야로 이어 보며sati sampajañña 듣는다. 그리고 내담자에게 이런 흐름과 상태를 되비춤해 주고 되새김하게 함으로써 스스로 자신의 현재 상태를 경험하게 한다. 따라서 반야상담자는 내담자가 지금 하는 말과 행위를 재료로 하여 상담을 진행한다. 더 들을 것도 없다. 더 캘 것도 없다. 부족한 것도 없다. 안 나온 것도 없다. 단지 상담자가 입맛이나 취향을 가지고 있지 않다면 내담자의 말과 행위만으로도 상담의 재료와 내용은 넉넉하고도 넘친다. 그러므로 반야상담자는 상담 과정에서 내담자가 지금 가지고 있는 문제나 생각을 상담자가 나서서 과거나 미래로 연결하지 않는다. 반야적 원리로 내담자가 현재 자신의 문제에 굳건히 머물고 있으면 저절로 생멸의 원리에 따라 달라지기 때문에 이야기하는 과정에서 문제의 양상과 형태가 달라진다.

반야상담자의 역할은 상담 과정에서 내담자가 자기 문제를 통찰할 수 있는 여건, 환경, 조건이 되는 것이다. 반야통찰상담에서는 무아의 원리에 따라 내담자와 상담자를 인간, 자아, 사람이라는 관념, 상, 이름, 개념으로 설정하지 않는다. 그리고 내담자와 내담자의 문제는 상호의존적으로 일어난 현상dhamma이므로 상담자도 내담자의 관계에서 전문가라는 사람, 숙련가라는 이름이 아니라 내담자와 함께 생겨난 조건으로 이해한다. 따라서 반야상담자는 모든 것은 조건에 의해 일어나고 사라진다는 것을 여실히 알기 때문에 현재 내담자가 호소하는 문제에서 원인과 조건을 함께 볼 수 있는 바른 견해를 구축하여 내담자를 상담자의 전문가적 판단에 의한 해석의 지점으로 끌어오는 것이 아니라 내담자가 머물고 있는 지점으로 다가가 함께 머무른다. 여기에 옳고 그름의 판단은 없다. 단지 내담자는 실재와 생각을 혼돈하고 생각을 사실로 열심히 강조할 수 있지만 상담자가 관심을 갖지 않고 언급하지 않고, 내담자의 호소 문제 속에서 생각, 가정, 욕망을 사실과 연결하면서 그 지점을 확고히 유지한다. 즉, 내담자가 상담자는 자신과 다른 지점에 있는데 '나를 기다리며 견디어 주는구나.'라고 이해하고 알아차림하도록 언어적, 행위적으로 부드럽게 반복하며 머무른다.

치료에서 가장 깊은 변화는 자애롭고 지혜로운 자각으로 자신의 내적인 삶을 유지할 수 있는 개인의 역량으로부터 나온다. 그러한 자각은 무조건적인 현존으로 주의를 집중함으로써 배양된다. …… 치료자들이 그들의 내담자에게 현존의 충만함을 제공할 때, 그들은 내담자에게 자신과 조율하는 실제의 예를 보여 주는 것이다. 그들은 또한 분리되지 않는 주의가 가지고 있는 치료의 향기를 직접적으로 제공한다.[17]

최근 상담의 흐름은 개인이 지각하는 실재는 객관적으로 알 수 없다는 관점으로 나아가고 있다. 이런 관점으로는 실재에 대한 지식의 구성에 사회적 상호작용의 영향력을 강조하는 사회 구성주의에 근거한 가족치료적 모델로는 협동언어체계collaborative language system 모델과 이야기치료narrative therapy 등이 있다. 가족치료적 모델들은 사람들은 언어를 통해 자기 정체성을 정의하고 관계를 맺으며 실재를 구성한다는 관점이다. 그러므로 치료 장면에서도 치료자가 미리 준비된 지식이나 이론을 가지고 치료에 임하는 것이 아니라 내담자와의 치료적 대화를 통해서 사회의 영향력에 근거하여 구성된 그들의 경험 세계와 의미를 파악하도록 치료자가 '알지 못함의 자세'를 취할 것을 요구한다. 즉, 치료적 관계에서 중심이 되는 사람은 치료자가 아니라 내담자로서 치료자는 내담자가 이야기하고 싶어 하는 대로 이야기를 이끌어 가며 치료자가 중요하다고 생각하거나 미리 듣고 싶어 했던 것을 이야기하도록 이끌지는 않는 것이다.[18] 이러한 후기 가족치료 모델의 내담자 언어에 대한 '알지 못함의 자세'는 도교[19]와 불교[20]적 관점과도 연결된다.

17) Brach, 2012/2014, p. 65.
18) Anderson & Goolishian, 1988, 1992.
19) 김형효, 2008, 56장, 71장.
20) 현각, 2000.

그러나 반야상담자는 알지 못함의 자세를 넘어서 칭찬해야 할 것과 비난해야 할 것을 분명히 알지만 내담자의 어떠한 말과 행위 그리고 의도에 대해서도 옳고 그름의 판단 없이 그리고 칭찬하거나 비난하지 않고 오직 내담자가 지금·여기에 일어난 현상으로서 괴로움을 있는 그대로 경험하도록 거울로서 되비춘다. 이러한 상담 관계에서 반야상담자가 유지해야 할 관점과 태도의 근거는 붓다가 제시한 괴로움의 소멸로 이끄는 올바른 길이고 평화의 방법이다.

반야상담자의 '거울' 역할은 내담자의 표현을 있는 그대로 되비추어 주는 것이다. 여러 원전에서 붓다는 단지 내담자의 말을 있는 그대로 밀착하여 따라가면서 내담자의 인식의 세계에 그대로 머물면서 듣는 자신의 인식이 자연스럽게 달라지는 경험을 하도록 하였다. 붓다의 이러한 접근이 바로 '소리 없이 움직임'이다. 반야상담자는 내담자의 인식 지점과 수준에 동일하게 머물면서 거울의 역할로서 내담자의 말과 행동을 되비추어 준다. [참조: 반야통찰상담 기법 - 재진술]

다음은 반야통찰상담 수련생이 반야상담자의 역할을 하면서 경험한 변화를 이야기한 내용이다.

수련생 1: 일반상담으로 했을 때는 쉽게 가고 편안하게 간다는 말들이 사실은 상담자의 의도대로 끌고 가려고 하는, 어찌되었든 상담자가 결론을 내놓고 상담을 진행하는 상황들에서…… 반야상담자로 접근한다고 했을 때는 뭔가가 '알아차린다' 하고, 일반상담을 할 때와 반야통찰상담을 할 때 내 마음의 자세 자체가 달라진다, 달라졌다? 예전에 상담했던 방식과 지금 상담하는 것이 좀 달라지지 않았나? 내담자를 만나는 마음 자세나 행동이 예전에 했던 상담과 지금 상담이 달라져 가고 있지 않나? 그게 좀 찾아졌던 것 같아요.

수련생 2: 달라졌다고 말씀하시니까 나도 그 달라짐 중의 하나가 '초집중', (아~ 그렇죠. 나도.) 초집중과 그다음에 또 달라짐 중 하나가 '결론을 내지 않는다.' 예전에는 좀 내 식sañña대로 가는 부분이 없잖아 있었는데, 이제 그런 부분에서 많이 개선된 것 같아요.

수련생 1: 일단은 상담자 자신이 마음 자세나 이런 것들을 좀 더 준비하고 그러지 않나? (그런 것 같아요.)

수련생 2: 입출정은 내담자를 위한 것보다 상담자 자신에게 큰 도움이 되는 것 같아요.

수련생 3: 상담자도 입출정에서 준비를 같이할 수 있는 거죠.

수련생 2: 예. 같이하는 거죠.

수련생 4: 나 또한 사실은 반야통찰상담을 접하기 전에는 그냥 상황에 따라 상담을 했다고 한다면, 반야통찰상담을 접하면서부터 내담자의 이야기에 더 집중하고 그 언어 안에서 따라가려고 하니 어렵다고 느껴졌던 것들이 좀 더 쉽게 다가왔어요. 왜냐하면 새로운 것을 자꾸 찾아서 그다음에 뭘 말해야 하지? 뭐해야 되지? 이런 불안감이 약간 있었는데, 지금은 아이들이 됐든 학부모가 됐든 교사가 됐든 교사도 아이의 문제를 가지고 오지만 결국은 그 사람의 문제이다 보니까 그 사람이 말하는 언어에서 정말로 초집중하고 그 이야기를 되비춤해서 이제 또 "이렇게 한다는 거죠?" 하고 확인해 주고 혹시라도 내담자의 표정이 아닌 것 같으면 "그 부분을 다시 한번 이야기해 보세요." 하는 식으로 하다 보니…… 그리고 예전에는 끝나는 시간을 염두에 두지 않고 그냥 주로 말을 했다면 이제는 최소한 5분 정도는 내담자와 이 시간에 무엇을 경험했고 어떠했는지를 정리하는 시간이 있어야 되니까 시간 안배를 하죠. 그래서 학교 상담 시간이 45분이지만 내담자와 이런 부분을 주고받고 하면서 마무리하는 것으로 내가 많이 변한 것 같아요. 그리고 내담자의 말을 그대로 촘촘하게 붙여 가는 거……

일반상담에서 상담자의 역할은 내담자가 호소하는 중요한 사건들을 내담자의 말에 치우치지 않고 구체적 사실을 탐색하는 것이다. 그리고 내담자가 이야기하는 중요한 타인에 대한 기술도 어떻게 관계하는지 그 양상에 주목하며 상담자가 상담 관계에서 할 수 있는 역전이를 통찰하여 객관적 입장을 유지하여야 한다.

다음은 일반상담 사례 슈퍼비전 논평의 일부이다. 슈퍼바이저는 상담자가 내담자의 이야기에 대해 객관적 관점을 유지하기 위해 어떻게 해야 하는지에 대해 언급하고 있다.

> 내담자의 현실에 대해 내담자의 렌즈를 통해 걸러진 이야기만을 듣는 상담자는 내담자 이야기의 객관성에 대해서 의구심을 가질 때가 있다. 내담자의 문제를 해결하기 위해서 정확한 사례개념화는 매우 중요하다. 하지만 정확한 사례개념화를 위한 자료로서 내담자의 말은 충분하지 않다. 그렇다면 결국 내담자의 입에 의존하여 사례개념화와 상담을 진행해야 하는 상담자가 염두에 두어야 할 사항은, 첫째, 사건은 상담자에게 그대로 전달되지 않고 내담자에 의해 늘 선택되고 해석되어 전달되므로 중요한 사건들에 대한 구체적인 탐색이 중요하다. 둘째, 중요한 타인에 대한 기술을 어떻게 하는지 그 양상에 주목해야 한다. 셋째, 상담자가 경험하는 역전이에 주목해야 한다. 상호 주관성의 개념이 상담 현장에 도입된 이후로 많은 사람들은 이제 상담자가 객관적인 사람이 될 수 없다는 것을 안다. 내담자는 상담자를 자신에게 익숙한 드라마(예: 가해자와 피해자, 관중과 주연, 유혹자와 피유혹자 등)에 적극적으로 끌어들이며 이 과정에서 상담자는 다양한 감정과 욕구, 즉 역전이를 경험하게 된다. 그러나 상담자에게 불편한 이 역전이는 사례개념화에서 매우 중요한 자료로 활용될 수 있다.[21)]

앞에서 제시한 일반상담자의 역할과는 달리 반야상담자는 내담자가 하는 이

---

21) 한국청소년상담복지개발원, 2016, p. 34.

야기의 사실 여부에 초점을 두지 않고 내담자가 이야기하는 모든 내용은 마음이 의도와 기대라는 욕탐에 묶여 현상, 대상을 지각하고 인식하여 판단하고 결정하고 행동하는 일련의 과정이라는 생멸의 원리에 기반하여 분명한 알아차림으로 듣는다. 그러므로 상담자는 내담자가 자기 이야기에서 [심의식←(욕탐)→일체법]을 연결할 수 있도록 즉시성으로 펼치기, 되비춤, 되새김하고 머무르는 시행착오적인 순환 과정으로 3~4번 정도 지속하여 나아간다.

반야상담자의 역할을 비유적으로 설명해 보자. 한 공간에 아이client가 엄마 counselor와 함께 산다면 그 공간을 누가 많이 차지할까? 그런데 엄마가 자신의 짐을 빼고 아이에게 온전히 그 공간을 채우도록 해 준다면 아이는 그 공간을 자기를 잘 표현하는 것들로 채울 것이다. 일반상담의 관계는 상담자가 상담 과정을 계획하고 주도하면서 내담자는 상담자의 치료적 요구에 반응하는 형식으로 진행된다. 그러나 반야통찰상담은 상담자가 내담자와 함께하지만 상담 관계에 상담자의 어떠한 의견이나 생각, 관점이 주입되지 않기 때문에 상담 관계는 내담자의 내용으로만 채워진다. 따라서 반야상담자는 내담자에게 넓고 고요한 상담 환경을 제공함으로써 자각과 통찰의 기회를 높인다.

다음은 반야통찰상담에서 강조하는 통찰의 기능과는 달리 '통찰'을 치료자에게 필요한 기술이라고 제안한 내용이다.[22]

통찰은 우리가 책으로부터 쉽게 주워 모을 수 있는 것 이상의 경지로 데려가는 시작점이다. 지혜의 한 요소로서 통찰은 자기 생각과 동기뿐만 아니라 타자의 관점에 대한 직관과 깊은 이해를 갖도록 한다. 통찰은 환자가 의미하는 것을 정확하게 이해하기 위해 흥미 있게 경청하는 것과 긴 시간 동안의 주의 깊은 내적 성찰을 요구한다. 이러한 능력은 성공적인 심리치료에 대단히 중요하다. 이런 종류

---

22) Siegel & Germer, 2012/2014, pp. 218-219.

의 통찰은 우리가 막연히 역전이라고 부르는 것을 예리하게 주시하는 것, 즉 그 것이 의미하는 것이 무엇이고, 어디로부터 오는 것이며, 우리 관계에서 무엇을 분명히 하고 싶은 것인지에 대해서 개방된 호기심을 가지고 우리 자신의 정서적 반응을 주시하는 것을 포함한다. 이런 방식으로 '자기 내면에서 일어나는 일을 관찰하는 능력'이야말로 지혜로운 심리치료자가 되는 데 필요한 기술이다.

우리가 스스로 했다

다음은 반야상담자의 역할을 보여 주는 노자Lao-tzu의 도덕경道德經의 내용 이다.

> 최상의 군주에 대해서는 백성들이 그의 존재만 안다. 그다음 가는 군주에 대해서 는 백성들이 그를 찬양한다. 그 다음 가는 군주에 대해서는 백성들이 그를 두려 워한다. 그 다음 가는 군주에 대해서는 백성들이 그를 무시한다. 군주가 신용을 지키지 않으면 백성들도 군주를 신뢰하지 않는다. 최상의 군주는 백성들에게 마 음을 많이 쓰지만 말은 적게 한다. 그리고 어떤 일을 성취하였을 때 백성들이 "우 리 스스로 이 일을 성취했다."고 말할 수 있게 도와준다.[23]

순풍順風에 나타나는 '최상의 지도자'는 도의 경지에 이르렀기 때문에 무 위無爲를 할 수 있는 사람으로 어떤 일을 나서서 주도하지도 않고, 다른 사람 에게 강요하지도 않기 때문에 백성들이 그의 존재를 알기는 하지만 그의 역 할을 감지하지는 못한다. 그러나 이러한 지도자가 있기 때문에 백성들은 스 스로 자기 할 일을 성공적으로 끝낼 수 있고, 일이 성공적으로 끝난 후에도

---

23) 김형효, 2008, 17장.

"스스로 이 일을 했다."라고 말할 수 있다. 최상의 상담자는 상담 과정에 나서서 어떤 일을 하지 않고 내담자에게 무엇을 하라고 강요하지도 않으며 내담자가 스스로 바뀔 수 있는 환경을 제공해 주어 변화를 경험한 후 "내가 이와 같은 변화를 가져왔다."라고 말할 수 있도록 해 준다.[24]

이렇게 순풍적인 반야상담자의 역할을 보다 잘 이해하기 위해 정원사에 비유하여 볼 수 있다. 먼저, 전문 정원사는 '바꾸기'를 목표로 사례개념화라는 틀에서 자신의 전문가적 plan을 가지고 내담자의 정원에 있는 것이 건강하지 않기 때문에 뽑아 버리고 잘라내고 그 자리에 전문가가 권하는 새로운 식물을 가져다 심어서 예전에 없었던 새로운 정원을 꾸며 준다. 그리고 전문가의 역할은 정원을 새롭게 만들어 주는 것까지이므로 관리는 내담자 혼자의 몫이다. 그러나 반야 정원사는 '가꾸기'를 목표로 현재 내담자 정원의 형태를 그대로 유지하면서 내담자가 새롭게 원하는 것을 제시하면 실제로 그것을 내담자가 자신의 정원에 심고 가꾸어 보게 하는 시행착오의 과정을 거쳐 내담자가 자신의 정원을 언제든지 바꿀 수 있고 유지할 수 있는 경험을 하게 해야 한다.

> 상담자는 상담 기술로 내담자를 변화시키는 게 아니라 내담자가 갖고 있는 본성을 발현하도록 돕는 역할을 한다. 상담을 진행하다 보면 의도와는 무관한 내담자만의 고유 영역들로부터 자발적인 성장을 이루는 모습을 많이 목격하곤 한다. 내담자의 진여가 드러나는 순간, 부처님이 '모든 사람은 불성을 지닌 존재'라고 말한 이유를 새삼 깨닫게 된다.[25]

따라서 반야상담자는 모든 것은 조건에 의해 일어나고 사라진다는 생멸의

원리를 여실히 알고 보기 때문에 내담자가 호소하는 현재 문제의 원인과 조건을 함께 보면서 내담자가 그런 상호의존적 관계를 경험하게 하기 위해 내담자의 알아차림의 수준과 힘을 파악해야 한다. 상담에서 내담자의 문제와 그 문제에 대한 내담자의 대처 능력 등을 상담 과정에서 정확하게 평가하는 것은 상담자의 중요한 능력이고 상담 과정의 필수 요인이다. 대부분 상담에서는 내담자의 문제와 내담자의 상태를 평가하기 위해 다양한 심리검사를 실시하지만 반야상담에서는 내담자에 대한 이해나 평가의 방법으로 검사를 실시하여 평가나 진단을 하지 않고 상담 과정에서 상담자가 분명하게 반야로 이어 보며 머묾이 활성화된 상태에서 팔정도, 삼학, 다섯 기능·힘을 기준으로 하여 내담자의 말과 행위를 통해 내담자의 알아차림과 집중의 정도를 평가한다. [참조: 반야통찰상담 과정의 평가]

입술에서 빛이 발하다

상담은 언어를 수단으로 내담자를 만나는 과정이므로 상담자의 언어는 상담의 효과와 직결된다. 따라서 반야상담자의 원형적 모델은 붓다이지만 중국 선불교 선사인 조주趙州의 언어 사용의 원칙은 반야통찰상담적 언어 사용의 예시로 볼 수 있다. 조주가 제자를 다루는 방식은 너무나 부드럽고 정교하여[26] 학인들에게 임제나 덕산처럼 고함을 치거나 주장자를 휘두르는 거친 교화 수단을 사용하지 않고 한두 마디 말로서 불법을 자유롭게 설하여 지도하였다. [참조: 조주의 차나 한 잔 하게] 그래서 송대 법연선사는 조주의 입술에서는 빛이 발한다는 의미로 '구순피선口脣皮禪'이라 하였다.[27]

---

26) 오쇼 라즈니쉬, 1978/2001.
27) 성본 스님, 2005; 윤창화, 2012.

다음은 조주의 경험주의적 가르침의 방식을 보여 주는 선불교적인 일화이다.

남전이 고양이 목을 자르다: 남전참묘(南泉斬猫)

어느 날 대선사 남전이 선원의 동당東堂과 서당西堂의 선승들이 고양이를 가지고 다투고 있는 것을 보고 고양이를 잡아들고서 말했다. "불법을 체득한 반야의 안목으로 생사대사를 해결한 궁극적인 한마디―句를 말할 수 있으면 고양이를 죽이지 않겠지만, 말하는 사람이 없으면 이 고양이를 참살하겠다." 선승들은 말이 없자 남전은 고양이를 절단해 버렸다.[28]

조주가 짚신을 머리 위에 이고 나가다: 조주초혜(趙州草鞋)

그리고 저녁때 외출했다가 돌아온 제자 조주가 스승인 남전에게 인사를 드리자 남전은 낮에 있었던 고양이 참살 사건을 이야기하였다. 그리고 조주에게 "만약 그대가 그 장소에 있었더라면 어떻게 하겠는가?" 하고 물었다. 그러자 조주는 말없이 곧장 짚신을 벗어 머리 위에 이고 밖으로 나가 버렸다.[29]

남전과 조주의 일화를 단지 '더 높은 공부adhisikkhā'를 위해 비유적으로 상담 장면에 적용하여 이해해 본다면 고양이는 내담자의 호소 문제이고, 동서당의 선승은 내담자와 내담자가 언급하는 주변 상황과 인간관계 그리고 남전은 일반상담자, 조주는 반야상담자로 설정해 볼 수 있다.

반야상담자(조주)는 문제의 연기적 진리를 명백히 알기 때문에 문제나 문제와 관련된 조건을 전혀 궁금해하거나 언급하지 않는다. 단지 내담자에게 현재 발생된 현상의 지점에서 문제를 문제로 인식하기보다는 현재 어떤 지점

---

28) 성본 스님, 2005, 벽암록, 제63칙.
29) 성본 스님, 2005, 벽암록, 제64칙.

이고 그 근원, 본래가 어디인지 그리고 문제의 해결 방법과 해결된 지점까지를 동시에 보여 주며 알아차리게 한다. 그러나 일반상담자(남전)는 내담자의 호소 내용에서 문제의 핵심을 고양이로 이해하고 없앤다. 그러나 고양이, 선승도 문제가 아니고 남전의 현재 상황에 대한 성급한 주관적 판단이 문제의 핵심이다. 이렇게 일반상담자는 문제에 매달려 해결사로 "그 고양이를 상담실에 데려와 보세요."하거나 아이디어 제공자로 "아마 밥을 안 주면 다른 곳으로 갈 거예요." 정도의 역할을 한다. 즉, 일반상담자는 내담자가 호소하는 문제는 단지 연기적으로 일어난 현상에 대한 인식일 뿐이라는 생멸의 원리에 근거하여 상담을 진행하지 않기 때문에 일어난 문제가 실재라고 생각하여 '고양이가 어떻게 생겼냐?' '고양이는 언제 왔냐?' '처음에는 누구 것이었냐?' 등등으로 내담자는 이미 다 알고 있는 내용을 상담자가 몰라서 궁금한 것을 질문하면 내담자는 지루해하고 상담 과정은 고착된다.

거울과 보살

반야상담자는 내담자가 호소하는 문제를 통해 삶의 실상인 생멸의 원리를 경험하고 체득할 수 있는 '조건으로서 거울의 역할'을 한다. 그러나 현재 불교를 기반으로 하는 여러 불교상담 이론에서는 대부분 상담자의 역할을 보살Bodhisattva로 규정한다.

선 치료Zen therapy에서 보살은 모든 중생을 위하는 마음으로 깨달음을 향한 구도적 삶을 살아가는 사람으로 세상을 위한 이상적인 상담자의 불교적 모델이라고 하였다.[30] 보살은 지금 일어나고 있는 모든 일이 바로 해탈에 이르는 문이라는 선 치료의 핵심적 메시지를 전달하는 데 중요한 역할을 하는 상담자

---

30) Brazier, 2001/2007, p. 30.

로 보고 있다. 그러므로 보살로서 상담자의 중요한 기술은 내담자가 본래 갖추어진 불성이 뚜렷하게 발현될 수 있는 공간을 마련해 주는 것이라 하였다.

> 심리치료자는 자신의 내면에 내담자를 위한 안전한 마음의 공간을 마련해 놓아야만 내담자와 하나가 될 수 있다. 이것이 바로 모든 생명을 보살피는 보살의 길이다.[31]

현재 서양에 많이 소개된 티베트 불교와 상담을 연결하려는 서양의 지혜연구와 상담이론에서는 이상적인 상담자로서 '보살'을 제시한다. 그러나 '보살'은 붓다가 '……내가 깨닫기 전, 아직 바른 깨달음을 성취하지 못한 보살이었을 때……'라는 표현으로 나타난다.[32]

붓다는 궁극의 깨달음에 이른 인격을 '아라한阿羅漢 arahatta'이라 하였다. 아라한은 스스로 계·정·혜를 구족하여 감각적 욕망을 여의고 바른 사마디에 들어 바른 깨달음으로 열반(평화와 자유)에 이른 자이므로 자타의 구분 그리고 외부와 나의 경계가 없기 때문에 어떠한 언어적으로나 행위적으로 구분이 없다. [참조: 괴로움의 소멸과 성자] 붓다는 고정된 실체로서 '나'를 세우는 것이 바로 괴로움의 원인과 조건이라 하였다. 따라서 어디에서도 누가 누구를 도와주는 인격적인 관계를 설정하지 않는다. 이러한 붓다의 현상에 대한 중도적 접근은 타인에게 행한 사실적 행위가 아니라 내가 '도와주었다' '도와준다'라는 생각을 하지 않는 것임을 금강경金剛經 Vajracchedika-Prajnaparamita-Sutra에서도 강조하고 있다.

---

31) Brazier, 2001/2007, p. 54.
32) SN II 104, SN12:65, 도시경, Nagara sutta; 각묵 스님, 2009, p. 310; AN IV 438-448, AN9:41, 따뿟 사경, Tapussa sutta; 대림 스님, 2007, p. 489; MN I 237-250, MN36, 삿짜까 긴 경, Mahāsaccaka sutta; 대림 스님, 2012, p. 157.

사띠 삼빠자냐와 자비

붓다는 깨달음을 얻은 후 제자들에게 설법하는 과정에서 자기가 깨달음을 얻기 전에 가졌던 마음이 보살의 대명사인 '자비'를 포함하는 사무량심四無量心이라고 하였다. 붓다의 관점에서 '보살'은 깨달음으로 나아가는 인격을 묘사하는 명칭이다. 붓다는 보살로서 사띠 삼빠자냐를 토대로 지족知足하며 생사를 반복하다가 마침내 이번 생에 다시는 태어나지 않는 완전한 열반(평화와 자유)을 이룰 것이라고 분명히 선언하였다.[33] 따라서 붓다는 철저하게 괴로움의 순환을 끊는 유일한 방법으로 지금·여기에서 일어난 현상을 철저히 관찰하며 머무는 '분명하게 반야로 이어 보며 머묾'을 강조하였다. 그러므로 분명한 알아차림은 깨달음에 이르는 필요충분조건이지만 자비는 깨달음으로 나아가는 과정적 단계로 이해된다. 불교 용어들의 특징은 1인칭의 주관적 체험을 기술하는 것이다. 즉, 깨달음은 본인이 스스로 경험하는 것에 대한 묘사적 용어이지만 자비는 자타의 구분을 전제로 더 강하고 우위의 존재가 상대적으로 약하고 하위인 존재에게 베푸는 물질적, 심리적 보상의 의미이다.

일반적인 상담 과정에서는 내담자를 최대한 존중하며 괴로움을 덜어 주면서 즐거움을 주고, 내담자가 괴로움을 떠나 즐거움을 얻으면 함께 기뻐하는 마음과 내담자를 평등하게 대하는 것이 상담자의 역할과 자질이다.

거머Germer와 시겔Siegel은 심리치료에서 불교 수행 체계 중 사무량심의 한 요소인 연민에 관심을 가지고 상담자가 먼저 자기 연민을 수련하여 치료의 과정에 활용할 것을 강조한다.[34] 칼 로저스Carl Rogers도 상담자와 내담자의 관계에서 상담자의 세 가지 존재 특성인 진솔성congruence, 무조건적 긍정적 관심

---

33) MN III 123, MN123, 경이롭고 놀라운 일 경, Acchariyaabbhuta sutta.
34) DN II 220–252, DN19:61, 마하고윈다경, Mahagovinda sutta.

unconditional positive regard 그리고 공감empathy을 성공적인 치료의 핵심 요인으로 강조하였다.[35] 이러한 상담자의 세 가지 존재 특성은 붓다가 보살이었을 때 많은 사람들을 범천의 세상이나 욕계慾界의 여섯 하늘로 인도한 사무량심의 수행과 연결하여 나타난다.[36] 그리고 붓다는 자신이 깨달음에 이른 후 사무량심의 수행은 임시적으로 괴로움이 잦아들게 하는 방법이었지만 팔정도라는 직접 문제의 근원을 소멸하고 행복과 평화로운 삶으로 인도하는 강력하고 궁극적인 방법을 제시한다.[37]

상담자의 자비적 태도는 내담자를 위로하고 편안하게 해 줄 수는 있지만 내담자의 현실적 삶의 본질인 괴로움의 소멸로 이끌지는 못하므로 괴로움의 소멸을 실천하는 반야에 기반하는 반야통찰상담적 관점과는 차이가 있다. 그러므로 반야상담자는 상담 과정에서 분명하게 반야로 이어 보며 내담자와 함께 머문다.

다음은 불교상담자 역할의 원형으로서 제시한 '보살의 특성'을 보여 주는 사례이다.[38]

필립Philip과 산드라Sandra에게 아이가 생겼고 필립은 산드라의 사랑이 딸에게만 향하는 것을 견디기 힘들어하였다. 그는 어렸을 적에 홀대 받고 비난 받은 경험만 있었기 때문에 자신이 부모로부터 받지 못한 사랑을 아빠로서 온 마음을 다해 딸에게 주는 것을 어려워하였다.

불교상담자는 내담자에게 자신을 '보살'로 생각하고 딸아이를 자신의 어린

35) Rogers, 1957.
36) DN II 220–252, DN19:61, 마하고원다경, Mahagovinda sutta.
37) SN V 420–423, SN56:11, 초전법륜경, Dhammacakkapavattana sutta.
38) Wegela, 2009, p. 5.

시절의 모습으로 이해하며 받아들이도록 상담을 진행한다. 상담자의 이러한 시도는 내담자의 현재 사유 방식과 관계 지각 방식은 다루지 않고 내담자를 괴로운 중생을 보살피는 보살로 이미지화하여 다른 사람을 보살피는 행위를 하도록 한다.

내담자에게 자신을 성숙된 인격으로 이미지화하여 외부의 대상인 딸아이를 어린 시절의 자신으로 생각하고 부모에게서 받기를 원했던 방식으로 '못다 이룬 사랑의 욕망'을 재현해 보라는 처방은 내담자 삶의 현실에서 일어난 변화를 있는 그대로 관찰하게 하는 생멸의 원리에 근거한 경험적 접근과 차이가 있다.

반야상담자는 지금 내담자가 머물고 있는 지점은 아내에게서 자기보다 더 사랑받고 있는 것 같은 딸아이에게 질투를 느끼고 자기는 혼자라는 외로움을 경험한다는 것에 초점을 두고 그 질투와 외로움이 어디에서 생겼는지 그리고 질투에서 외로움으로 마음의 상태가 달라지는 것을 관찰하게 한다. 이미 질투로 괴로워한다는 것은 현재 자신에게 일어난 변화에 대해 내담자 스스로도 자연스럽지 않다고 느끼며 평화롭게 공존하고자 하는 의도임을 이해하게 한다.

자비와 법

상담에서 기초적이고 핵심적인 기법이나 태도는 공감과 수용이다. 최근에는 치료자의 자기-자비self-compassion는 내담자에 대한 자비만큼이나 효과적인 치료에 중요하다 하여 자비가 기존의 공감과 수용을 대신하며 관심의 대상이 되고 있다.[39] 상담자의 자기 자비가 낮으면, 자신에 대해서도 비판적이고 통제하려 하며 내담자에 대해서도 마찬가지이므로[40] 자기 자비를 늘리는

---

39) Gilbert & Procter, 2006.
40) Henry, Schacht, & Strupp. 1990.

것이 타인 자비를 늘리는 것이라는 연구[41]의 전제는 자기와 타인의 구별에서 출발하여 결론은 자기와 타인이 만나야 하는데 '그대가 나에게로 오면 된다.' 이다.

붓다가 제시한 반야 발달 과정인 삼학과 팔정도의 실천 수준 그리고 인격 완성 과정에서 보면 자비는 자아 중심적인 욕계에서 나아가 대상이 형태적으로 존재한다는 색계 수준의 관점과 대상이 형태 없이 존재한다는 비색계 수준의 관점으로 나타나는 특성이다. 그러나 존재가 '있다'라는 인식이 소멸되면 자타의 구분이 성립하지 않기 때문에 자비를 베풀 대상이 상정되지 않는다.

서양의 심리학은 아직도 마음의 이해 수준이 자타의 대립적 관점에 기반하기 때문에 항상 자기를 중심으로 타인과 대상, 세상을 이해하고자 한다. 이러한 예는 서양 심리학의 연구 주제와 대상의 변화에서 그대로 나타난다.

서양 심리학은 1980년대는 자아정체감ego-identity 연구에서 1990년대는 자기존중감self-esteem 그리고 2000년대는 긍정심리학의 흐름 속에서 주관적 안녕감subjective wellbeing이 강조되었다. 주관적 안녕감의 핵심에 물질적이고 경제적인 외적 요인보다 개인이 주관적으로 경험하는 정서와 인지가 안녕감에 더 영향을 주는 요인이라는 여러 연구의 결과와 맞물리면서 요가가 한동안 인기를 끌다가 명상meditation과 마음챙김mindfulness이 대세를 이루었다. 특히 마음챙김에서도 자애loving-kindness와 자비compassion의 계발에 관심을 갖다가, 자아ego에서 자기self를 강조하면서 자기 자비나 연민self compassion으로 옮겨 가고 있다. 그리고 최근 지혜의 정의와 구성요소에 대한 연구에서 친사회적 특성과 자비의 강조는 서양 심리학의 근간인 '자기 안녕의 확보'라는 것을 보여 준다.

붓다는 자기가 깨달은 진리인 생멸의 원리를 유무의 관점에 묶여 자타를

---

41) Breines & Chen, 2012.

구분하는 일반사람은 이해하기 어렵다는 것을 알고 있었고 그럼에도 가르침을 펴기로 했을 때는 모든 중생을 대상으로가 아니라 '오염이 적은 중생'에게는 도움이 될 것이라는 전제에서 가르침을 시작한다. 따라서 붓다의 가르침을 모든 사람이 다 이해하는 것은 아니었으므로 붓다는 생멸의 원리에 기반한 올바른 관점으로 세상을 이해할 수 있는 준비가 되어 있지 않는 내담자에게 보여 주는 단순하지만 적극적인 자비의 표현이 바로 무기無記 abyākata였다고 나에게는 이해된다.

보살의 역할은 깨달음에 이르지 못한 중생에게 자비를 베푸는 것으로 설정되지만 완성된 인격인 아라한은 계·심·혜 삼학을 통해 깨달음에 이른다. 불교의 일부 문헌과 지혜 연구에서 자비慈悲 compassion와 지혜智慧 wisdom는 동전의 양면으로 묘사된다.[42] 그러나 반야와 자비는 결코 동급이 아니다. 반야는 괴로움을 소멸하고 평화에 이르기 위한 지도와 나침반의 기능이다. 깨달은 자가 괴로움 속에 있는 중생들에게 베푸는 마음인 자비는 괴로움을 축소, 감소시킬 수는 있지만 궁극으로 괴로움을 멸하는 기능이 아니다. 이러한 자비에 근거한 관계는 전문가로서 상담자와 자신의 문제를 해결하기 위해 전문가의 도움이 필요한 내담자가 해결해야 하는 문제가 '있다'는 유무적 관점에서 상정되는 일반상담의 맥락과 동일하다고 이해된다.

중생의 세계는 욕계kamadhatu, 색계rūpadhātu, 비색계arūpadhātu이고, 생사의 윤회에서 벗어난 세계가 바로 출세간anulokuttara이다. 붓다는 자신이 경험하는 세계를 있는 그대로 관찰하며 차례대로 멸해서 출세간에 이르렀다. 스스로를 깨달은 자로서 여래, 아라한이라고 했지 보살이라고 하지 않았다.

보살은 존재로서 나의 마음, 식에 외부의 객관적 존재로서 좀 더 성숙한 인격적 존재가 있고 그 존재는 나보다 못한 존재를 이끌어 준다는 색계와 비색

---

42) Walsh, 2015.

계적 인식이다. 그러나 색계를 넘어 비색계가 소멸하는 과정인 무소유, 비상 비비상非想非非想을 넘으면 모든 것은 나의 인식sañña과 느낌vedanā이 만들어 내는 것이라는 원리를 냉철히 알고 인식과 느낌의 작용으로 인한 오염원에 영향받지 않으면 세상과 타인이 존재하지 않는다. 이 세상에 나와 너, 안과 밖의 구별이 없어져 세상과 타인과 객관이 사라지며 오직 지금 · 여기의 현상dhamma만이 일어났다 사라진다는 여래, 아라한의 인식에서는 누가 누구를 구제한다는 주관과 객관의 구분이 없다. 세계가 존재하지 않기 때문에 자타를 구분하는 말과 언어 그리고 행동으로 나타나지 않는다. 붓다는 이러한 자타 구분이 일어나지 않는 상태의 발달 과정을 안眼 cakkhu · 지知 ñāṇa · 혜慧 pañña · 명明 vijja · 광光 aloko으로 비유하여 설명하였다.[43]

반야상담자와 내담자의 관계: 지금 · 여기의 우리

최근 이루어진 수많은 상담 관련 연구는 치료자가 사용하는 구체적인 기법 등 다른 요인들도 치료 성과에 영향을 미치지만, 경험적 연구는 상담의 '관계성'이 가장 중요한 내담자 변화 요인임을 거듭하여 보여 주었다.[44] 상담자의 배려와 관심 그리고 자기 공개와 신뢰감은 내담자의 지혜 계발에 도움이 되는 요인으로 나타났다.[45] 이러한 여러 연구들은 촉진적이고 긍정적인 상담 관계는 내담자의 상담자에 대한 신뢰와 친밀감을 토대로 형성된다는 것을 보여 준다.

---

43) SN V 422, SN56:11, 초전법륜경, Dhammacakkapavattana sutta.
44) Norcross & Beutler, 2011, p. 113.
45) 이수림, 양미진, 2009.

서양의 심리치료가 개인의 권리를 강화하고 자신이 원하는 만족을 제공하지 못하는 세계에 대한 분노를 북돋우는 치료법이라면 인간의 괴로움을 극복하는 것이라는 심리치료의 목표를 달성하기는 어렵다. 심리치료자는 자신을 내려놓고 무조건적으로 내담자에게 모든 주의를 기울여야 하는 반면에 내담자에게는 자기 자신에게 좀 더 관대하라고 하는 것은 심리치료에 있어 흥미로운 역설이다.[46]

상담 과정에서 내담자가 자신을 치료자와 동일시하는 경우 좋은 결과를 얻을 가능성이 높기 때문에 상담자와 내담자가 '함께한다'는 느낌은 치료 관계를 고양한다. 그리고 두 사람이 온기와 애정을 공유하는 긍정과 존중의 마음은 치료 효과를 높인다.[47] 써리Surrey와 조단Jordan은 일반적으로 치료자가 치료 회기 동안에 불확실하다거나 부적절함을 느끼면 자기가 배우고 믿는 이론으로 돌아가거나 진단적으로 명명diagnostic labels하며 상담 과정에서 거리를 두게 되는데 그렇게 이론과 진단명에 의한 추론에 의지하는 것은 치료자를 내담자로부터 멀어지게 하여 치료자와 내담자 모두에게 혼자라는 느낌을 증가시키기 때문에 치료자는 이론화를 시작하려는 충동이 일어나는 것을 오히려 현재 순간과 내담자와의 관계로 되돌아오는 것을 상기시키는 수단으로 사용하라고 권고한다.[48]

반야통찰상담은 상담자와 내담자의 지금·여기의 즉시적 관계에서 일어난 경험현상을 다룬다. 비유적으로 내담자가 상담이라는 나무에서 이해와 통찰의 꽃을 피우는 상담 과정을 통해 얻게 되는 반야통찰상담의 열매는 행복과 평화적 경험이다. 반야상담자는 상담 과정에서 가시적, 주도적 역할을 하지 않고 그저 거울로서 내담자가 머무는 지점에 함께하면서 내담자가 '스

---

46) Brazier, 2001/2007, p. 59.
47) Surrey & Jordan, 2012/2014, p. 262.
48) Surrey & Jordan, 2012/2014, p. 263.

스로 이루었다.'라고 경험할 수 있도록 한다.

내담자는 상담의 관계에서 상담자의 온전한 이해와 공감, 수용되는 경험을 기반으로 자기 문제의 실체를 파악하여 인식이 전환되고 실제적인 문제해결력을 획득할 수 있다.[49] 이러한 상담자와의 관계에서 내담자는 자기가 괴로움으로 경험하는 문제에 대한 새로운 이해의 눈慧眼 paññācakkhu을 갖게 되고 그 해결력을 일상생활에 적용할 수 있게 된다.

> 내담자로서 나를 찾아오는 사람들의 고통과 삶에 대한 고뇌가 근본적으로 나와 다르지 않다는 것을 알게 되었다. 내담자와 나는 나 중심의 우주를 갈망하고 있는 것이다. 우리 모두는 이런 점에서 서로 다르지 않다.[50]

반야상담자는 내담자에게 문제의 원인을 이해하고 해결할 수 있도록 하는 연기적 조건으로서 상담자와 내담자의 관계는 지금·여기의 공명共鳴 resonant으로 '우리'가 된다. 우리는 함께 깨달음을 추구하는 자라는 동일한 근원에서 출발하였기 때문에 경계 없이 같은 삶의 조건에 처해 있는 상호의존적 관계이다. 반야상담자는 내담자에게 전문적 도움을 준다는 역할이 아니고 내담자와 본질적으로 동일한 삶의 조건에 처해 있어 상담자의 경험으로도 내담자의 현재 삶의 현상을 잘 이해할 수 있다. 따라서 반야통찰상담에서 상담자와 내담자의 관계는 경계 없는 동일 근원과 조건을 전제하기 때문에 상담 장면에서 상담자의 역할이 주도적이지 않으면서 내담자 스스로 삶의 진리에 대해 알아차림 할 수 있도록 한다.

---

49) 이은경 외, 2007.
50) Brazier, 2001/2007, p. 37.

반야상담자의 인격적 자질과 전문성

상담에서 상담자의 인간적 그리고 직업적 윤리는 현대화될수록 더욱 중요한 주제로 부각되면서 상담 전공 교과목과 전문가 수련의 필수 과정이 되었다. 반야통찰상담에서는 상담적 역량을 단지 기술적 차원으로 보는 단편적 관점이 아니라 모든 것은 상호 연관적이라는 원리하에 반야상담자는 계·심·혜의 삼학에 대한 분명한 이해와 실천을 일상적으로 한다.

어떤 분야든지 전문가는 자신의 전문가적인 역량과 관련된 수단이나 능력, 도구 등은 항상 잘 관리하고 돌본다. 미용사는 미용 가위를, 요리사는 식재료와 요리 도구를, 성악가는 목소리를, 운동선수는 자신의 체력과 기술을 관리하고 돌본다. 그렇다면 상담전문가들은 유능한 상담자의 역할을 하기 위해 무엇을 관리하고 돌보아야 할까? 상담 교과서에서는 상담자는 인격적 자질과 전문가로서 기술적 능력이 필요하다고 한다. 그래서 상담 현장의 상담자들 대부분은 자신의 상담 능력을 향상하기 위해 끊임없이 교육을 받는데 그 교육의 대부분이 상담 방법과 기술에 대한 내용이다.

반야상담자의 인격적 자질과 전문성은 삼학을 토대로 구축된다. 반야통찰상담은 청정함과 고요함을 기반으로 이루어지기 때문에 반야상담자는 먼저 자신의 일상적 삶을 윤리적으로 청정하게 유지하도록 정진해야 하고, 다음으로는 마음에 대한 지속적 관찰과 고요함을 유지할 수 있어야 한다. 따라서 반야상담자의 인간적 자질 함양과 전문적인 능력의 구축 그리고 윤리적 힘을 강화하기 위해서 서로를 강화시키는 '상호간의 상태inter-are'로서 상호작용하는[51] 삼학을 익히고 실천하고자 노력한다.

---

51) Hanh, 2007, p. 2.

다음 내용은 반야상담자의 인격적 자질과 전문성의 궁극이 어디를 향하고 있어야 하는지를 보여 주는 원문의 내용이다.

꽃향기를 훔치는 도둑

눈병을 앓고 있던 수행자가 연꽃이 핀 연못의 언덕에 앉아 꽃향기를 맡고 있었다. 그때 연못의 천신天神이 수행자에게 말하였다.

> 천신 1: 물에서 피어 오른 이 연꽃은 그대의 것도 아닌데 향기를 맡네. 향기도 훔칠 수 있는 것 가운데 하나이니 그대는 '꽃향기를 훔치는 도둑'이다.
>
> 행자 1: 나는 빼앗지도 않고 꺾지도 않고 그저 멀리서 향기를 좀 맡았을 뿐인데 무슨 이유로 나를 도둑이라고 하는가?
>
> 천신 2: 구하지도 않고 버리지도 않는 것을 취하는 것을 세상에서는 도적이라고 하네.

그때 어떤 남자가 연뿌리를 캐어 한 짐 가득 짊어지고 갔다. 그러자 수행자는 천신에게 말하였다.

> 행자 2: 지금 저 남자는 저렇게 꽃을 꺾고 뿌리를 캐어 무겁게 지고 갔으니 그는 간사하고 교활한 사람이다. 그런데 그대는 어찌하여 저것은 막지 않고 나더러 향기를 훔친 도적이라고 하는가?
>
> 천신 3: 하녀의 더러운 행주치마처럼 비속하고 탐욕스러운 사람에게는 나의 말이 해당되지 않지만 나는 그것을 말해야 하네. 파리 다리로도 흰 비단은 더럽혀지니 청정함을 구하는 때 묻지 않은 사람에게는 작은 허물도 크게 나타나는 법. 마치 먹물로 흰 구슬에 점을 찍듯이 아무리 작은 것이라도 모두 드러나네.
>
> 행자 3: 훌륭하구나! 이치 있는 말로써 나를 편안케 하네. 너는 부디 언제나 나를 위하여 자주 그런 게송을 말해다오.

천신 4: 나는 네가 산 하인도 아니고 남이 너에게 준 자도 아니거늘 무엇 때문에 항상 너를 따를 것이며 자주 너에게 말해야 하리. 너는 스스로 여러 가지 이익되는 일을 알아야 한다.

수행자는 이 게송을 듣고 기뻐하면서 자리에서 일어나 떠나갔다. 그리고 고요한 곳에서 정신을 집중하여 마음의 일어남과 사라짐을 관찰한 결과 온갖 번뇌를 끊고 아라한이 되었다.[52]

삼학의 실라

1 불교에서 계(戒 sīla)는 출가자, 재가자 모두에게 자발적인 실천사항으로서 공부하고 살아가는 과정에 명심하고 스스로 지킴으로써 그 이로움을 경험하게 되어 더욱 잘 지키게 되는 것이다. 율(律 vinaya)은 출가자에게 부과된 것으로 세세한 면까지 일일이 규정하고 어기게 되면 벌칙이 정해져 있다.

실라戒 sīla는**1** 복종obedience이 아닌 조화harmony 또는 조율coordination의 의미로[53] 행복을 추구하는 데 필요한 근본적인 변화를 가져오는 가장 효과적인 방법이다.[54] 반야통찰상담에서도 상담자의 윤리는 상담 과정과 목표에 영향을 미치는 주요 요인으로 상담자의 마음을 청정하고 고요하게 하는 조건이 된다.

불교에서 윤리훈련은 그 가르침이 신성한 근원으로부터 전해지는 것이 아니라 내적 및 외적 경험에 대한 직접적 탐색으로부터 나온다는 점에서 일반적이지 않다. 그래서 불교의 윤리훈련은 세속적이고 경험적인 심리치료에 곧바로 적용 가능하다.[55]

52) SN I 204, SN9:14, 향기 도둑경, Gandhatthena sutta.
53) 비구 보디, 1994/2016, p. 94; Hanh, 1998.
54) Dalai Lama, XIV, 2001a, p. 35; Dahlsgard, Peterson, & Seligman, 2005.
55) Morgan, 2012/2014, p. 481.

반야상담자의 윤리적 깨어 있음

반야상담자는 다음 여덟 가지 바른**2** 행위와 말 그리고 생활의 원칙에 깨어 있고자 한다.

> 붓다에게 행위나 규칙의 옳고 그름은 그것의 상황적이거나 맥락적인 타당성 그 자체에만 있는 것이 아니라, 오히려 그것이 특정한 맥락이나 상황 속에서 개인이나 집단에게 얼마나 타당한가에 초점을 두었다. 따라서 어떤 행위나 규칙이 전 인격성 또는 그와 연관된 집단 전체에 미치는 효과가 바로 그런 행위나 규칙에게 도덕적인 성격을 부여해 주는 것이다. 도덕적인 인간은 자신과 자신이 속한 사회 집단에서 도덕적인 행위의 수행과 더불어 성장해 간다.56)

1. 반야상담자는 생명을 해치는 것을 버리고, 생명을 해치는 것을 멀리한다. 겸손하고 자비로운 마음으로 일체 생명의 이익을 위하고 연민하며 머무른다.

> 상담자가 생명에 대한 존중이라는 윤리에 깨어 있으면서 상담을 진행할 때 얻게 되는 장점은 그러한 윤리가 상담자를 미묘한 수준까지 검증하도록 하고 우리의 의도와 행동 사이의 일관성을 증가시킨다는 것이다. 즉, 생명 존중에 대한 윤리는 상담 관계의 질을 결정하는 요소이다. 그리고 상담이 끝난 후에도 내담자에게는 긍정적인 연결의 치유 경험으로 작용할 수 있다.57)

반야상담자의 윤리적 깨어 있음은 단지 일상적 생활 차원뿐만 아니라 반야

2 '올바른'으로 번역되는 삼마(sammā)는 그것이 총체적이면서도 완전한 것을 의미한다. 따라서 '올바른(正 sammā)'의 반대인 '그릇된(邪 micchā)'이라는 말 역시 일면적이거나 어리석은 혼란에 빠진 것에 의거한 것이다. 그러므로 옳고 그름이라는 도덕적 판단은 참 아니면 거짓이라는 절대주의적인 이분법의 산물이 아니라, 괴로움의 소멸을 기준으로 참됨과 어리석음이라는 인식에 근거한 필연적인 결과라고 할 수 있다(Kalupahana, 1992/2014, p. 25).

---

56) Kalupahana, 1992/2014, p. 222.
57) Morgan, 2012/2014, p. 486.

통찰상담 과정에도 적용되어야 하므로 '살아 있는 생명을 해치지 말라.'는 윤리적 깨어 있음의 적용은 상담의 과정에서 내담자의 호소 문제와 연결하여 점검해 볼 수 있다.

태어나는 것이 우리의 거친 신체뿐만 아니라 상담에서는 내담자가 호소하는 문제에 나타나는 생각이나 느낌, 마음의 상태 등도 태어난 존재이므로 반야상담자는 그것을 상담자의 의도대로 다루거나 없애려 하지 않고 분명하게 반야로 이어 보며 내담자가 자신의 문제가 일어난 조건과 현재 상태 그리고 달라지는 과정을 관찰하게 함으로써 사라지는 경험을 하게 한다.

2. 반야상담자는 주지 않은 것을 가지는 것을 버리고, 주지 않은 것을 가지는 것을 멀리한다. 준 것만을 받고, 준 것만을 받으려고 하며, 스스로 훔치지 않아 청정하게 머무른다.

> 치료적 관계에서 무엇 때문에 우리는 내담자로부터 돈을 받는가? 능숙한 주의 attention라는 사실에 우리 모두가 동의할 수 있을 것이다. 상담 시간에 부주의함으로써 내담자의 시간과 돈을 훔쳐서는 안 된다. ……우리가 내담자에게 묻는 질문과 왜 그런 질문을 하는지에 대해 마음챙김 할 수 있어야 한다. ……만일 우리가 쓸모없는 호기심이나 우리의 특별한 이익을 만족시키기 위해서 질문을 한다면 그런 질문을 통제하는 것이 훨씬 공정하다.[58]

반야통찰상담 과정에서 '주지 않는 것을 갖지 말라.'는 윤리적 깨어 있음의 적용은 내담자의 생각이나 느낌을 상담자가 전문가라는 관점에서 판단하고 해석하여 내담자에게 추측성으로 표현하지 않고 분명하게 반야로 이어 보며

---

58) Morgan, 2012/2014, pp. 487-489.

머무는 것이다. [참조: 반야통찰상담의 언어적 반응 특징]

3. 반야상담자는 불선한akusla행위를 버리고, 범행梵行팔정도을 닦는다. 저속하고
   무익한 감각적 쾌락에 대한 욕망의 추구를 멀리한다.

상담은 언어로 하는 전문적인 계약 관계에 의한 목표 지향적인 서비스이
므로 상담자는 상담의 과정에 사용하는 언어에 대해 민감하여야 하고 적절한
사용에 대해 일상생활에서도 공부해야 한다. 따라서 말과 관련된 윤리는 특
히 반야상담자에게 중요하다.

선한 말과 관련된 계율은 아마도 심리치료에 가장 영향력이 있는 요소이다. 우리
가 말하는 것이나 말하지 않는 것은 치료적 만남에서 하나의 핵심적인 특징이다.
가장 중요한 것은 신뢰성이 치료 관계에서 최우선되는 힘이라는 것이다.[59]

4. 반야상담자는 거짓말을 버리고, 거짓말을 멀리한다. 선한 의도로 자신과 주변
   의 이익을 위해 경험하고, 알고 있는 대로 진실되게 말한다.

붓다는 깨달음을 추구해 가는 과정에서 다른 계율은 어기게 될지라도 그
어떤 경우에도 '진실만을 말하겠다.'는 서원을 결코 어기지 않았다고 한다.[60]

진실sacca에 전념하는 일은 윤리戒의 영역은 물론 정신적 순화定의 영역마저 넘
어서 우리를 지혜慧와 존재의 영역까지 나아가도록 하는 중요한 의미가 있다. 진
실한 말이 인간관계의 의사소통에서 차지하는 비중은 개인적 깨달음을 성취하는

---

59) Morgan, 2012/2014, p. 492.
60) 비구 보디, 1994/2016, p. 102.

데 지혜가 차지하는 비중과 같다. 진실한 말과 지혜 이 두 가지는 각각 참된 것을 지키려는 동일한 노력이 내적·외적으로 드러난 것이다. 지혜는 진실을 실현하기 위한 것이다. 진실한 말을 지켜내는 것은 윤리적 원칙의 범주를 넘어 지혜로 파악한 진실에 발을 딛고 서게 되는 일과 맞닿아 있다.

5. 반야상담자는 말 옮기기를 버리고, 불화를 조성하는 말을 멀리한다. 여기서 듣고 저기로, 저기서 듣고 여기로 말을 옮기지 않는다. 분열되고 소원한 관계를 화합하게 하는 말을 한다. 반야상담자가 말로 퍼뜨리는 것은 바로 '화합'이다.

친목과 화합을 증진시키는 말은 금생에서나 미래 생에도 선업의 결과로 신뢰할 수 있는 벗들을 얻게 한다. 의도적으로 적개심과 분열을 조장하는 말이나 개인이나 집단을 남들과 소원해지도록 만드는 말의 동기는 성냄의 마음瞋心으로 경쟁자의 성공이나 덕성을 미워하는 마음, 남을 헐뜯고 모욕을 주려는 의도 등이 있다. 말 옮기기는 심각한 도덕적 일탈 행위이다. 그 뿌리가 되는 증오만 해도 이미 충분히 무거운 불선업인데 이런 행동을 하려면 미리 생각하지 않으면 할 수 없기 때문에 사전 계획 의도까지 첨가되어 그만큼 부정적인 힘이 더 강해진다.

상담 과정에 내담자가 다른 사람에 대해 불평을 할 때, 우리는 어떻게 듣고 반응하는가? 우리는 자주 줄타기를 한다. 때로 우리는 피상적인 공감의 상태에 빠져 내담자의 주관적 의견을 존중할 뿐만 아니라, 거기서 더 나아가 내담자가 누군가를 원망하고 비난하는 것에 맞장구를 칠 수도 있다. 우리는 모두 그런 순간에 민감해질 수 있다. 그것은 누군가를 희생시켜서 결속의 품격을 떨어뜨리는 것이다.[61]

---

61) Morgan, 2012/2014, p. 495.

6. 반야상담자는 거친 말을 버리고, 거친 말을 멀리한다. 듣는 이를 편하게 하고, 애정이 깃든 말을 한다. 듣는 이의 가슴에 와닿게 예의 바르고 친절하게 유익함을 주는 말을 한다.

거친 말은 화가 나서 내뱉는 말, 듣는 사람에게 고통을 주려고 하는 말로써 일반적으로 세 가지 형태—독설·모욕·빈정거림—로 나타난다.
다음은 붓다가 상대방의 거친 말에 대응하는 방법과 그 효과에 대해 설명하는 원문의 내용이다.

> 온화하고 유순하고 바르게 생계를 유지하고 바른 구경의 지혜로 해탈하였고 지극히 평화롭고 모든 것에 고요하고 분노가 없는 자가 어떻게 분노하겠는가? 분노에 맞서서 분노하는 자는 더욱 스스로를 나쁘게 만들 뿐 분노에 맞서서 분노하지 않으면 이기기 어려운 전쟁에서 승리한다.
> 이런 사람은 자신과 상대 둘 다의 이익을 도모하는 사람이니 상대가 크게 성이 난 것을 알면 마음을 챙기고 고요하게 자신의 평화를 지키며 처신한다. 이렇게 하는 그는 자신뿐만 아니라 상대방까지 둘 다를 구제하나니 이를 어리석다 여기는 사람들은 진리를 모르는 것이다.[62]

7. 반야상담자는 잡담을 버리고, 잡담을 멀리한다. 시기에 맞고 사실에 부합되는 말을 한다. 절도를 잃지 않고 온유하면서도 사리에 맞게 하는 반야상담자의 말은 보석처럼 빛난다.

8. 반야상담자는 정신을 혼미하게 하는 약물이나 술을 피하고 멀리한다. 음식은 몸

---

62) SN I 162, SN7:2, 거친말 경, Akkosa sutta.

을 유지하기 위한 최소 요소로 알고, 때가 아닐 때에 먹는 것을 피하고 멀리한다. 춤, 노래, 오락을 즐기거나 관람하는 것을 피하고 멀리한다. 향수, 화장품, 장신구로 몸을 꾸미고 치장하는 것을 피하고 멀리한다. 몸과 마음이 머무는 생활 공간을 검소하고 깨끗하게 유지하며 사치스러운 생활용품을 피하고 멀리한다.

반야상담자는 이러한 생활 방식을 통해 마음을 고요하게 하여 반야적 통찰이 활성화되도록 해야 한다. 그 이유는 상담에서 내담자가 호소하는 문제 중 일부는 생활 방식이나 태도와 관련된 내용이기 때문이다.

원전의 여러 곳[63]에서 붓다와 제자들은 식사와 음식에 대한 절제와 계율을 구족하여 병이 없고 고통이 없고 가볍고 생기 있고 편안하게 비난받을 일이 없이 행복을 경험하며 머문다는 것을 스스로 알 수 있어 속박에서 벗어나 담담하고 차분하게 사슴과 같은 마음으로 머문다고 하였다. 즉, 음식에 대한 절제와 계율의 지킴의 목적은 바로 마음을 고요하고 평안하게 하기 위해 필요한 사전 조건이다.

꼬살라 왕은 한 양동이 분량의 음식을 잔뜩 먹고 숨을 헐떡거리며 세존께 다가가서 절하고 곁에 앉았다. 그때 세존께서는 왕이 숨을 헐떡거리는 원인을 아시고 "사람이 항상 사띠sati하면서 먹는 음식의 양을 알면 느낌들은 줄어들고 수명은 보호되고 천천히 늙어간다."고 게송을 읊으셨다.

그 후 왕은 음식의 양을 점차적으로 줄여 한 대접 정도만 먹게 되어 자신의 몸이 날씬해지자 손으로 몸을 쓰다듬으면서 "금생과 내생 모두에 속하는 두 가지 이익

---

63) MN Ⅰ 256-270, MN38, 갈애 멸진의 긴경, Mahātanhāsankhaya sutta; MN Ⅰ 437-436, MN65, 밧달리경, Bhaddāli sutta; MN Ⅰ 447-455, MN66, 메추라기 비유경, Latukikopama sutta; AN Ⅳ 166-167, AN8:9, 난다경, Nanda sutta.

으로 그분, 세존께서는 나를 연민하셨구나!"라고 감흥을 읊었다.[64]

가슴을 흐리게 하는 것은 어떤 물질이든 사용을 금지하는 것과 관련이 있는 이 계율은 우리가 소비하는 모든 것에 적용된다. '우리가 먹는 것이 바로 우리 자신이다.' 우리가 먹는 음식의 건강과 더불어 우리가 읽는 자료들, 우리가 받아들이는 미디어, 우리의 전체적 자아를 성장시키는 정도를 조사할 수 있다. 우리의 마음챙김적 소비가 임상 작업뿐만 아니라, 전체적인 웰빙에 미치는 영향을 알 수가 있다.[65]

어렸을 때 부모님과 같이 밥을 먹다가 말을 하면 혼났던 기억이 있어 밥 먹을 때는 밥만 먹어야 한다는 생각이 지금도 굳건하다. 캐나다에 와서 외현적으로는 사소한 상황이지만 '동서양의 문화 차이는 도저히 좁혀질 수 없겠구나!' 하고 느낄 때가 종종 있다. 그중 하나가 장소나 시간에 상관없이 먹는 모습으로 여기 사람들은 공공장소, 버스, 전철, 수업 시간에도 자기가 먹고 싶을 때 음식을 먹는다. 심지어 워크숍 강사가 강의하다가 가서 음식을 가져와 먹으면서 말을 하는 장면은 '아니! 이렇게 경계가 없구나!' 하는 놀라움이었다.

[Sudassa 8-1] 음이온anion 침대가 아니고 라돈radon 침대

최근 한국의 대표적인 침대 회사에서 '음이온 침대'로 판매한 제품에서 음이온이 아니라 라돈이라는 폐암 유발의 주요 원인으로 알려진 1급 발암물질이 검출되었다.

침대는 우리의 기본 욕구인 수면욕을 충족시켜 주는 수단으로서 편안하고 안락

64) SN I 81, SN3:13, 양동이 분량의 음식경, Doṇapāka sutta.
65) Morgan, 2012/2014, p. 498.

하고 행복하게 자고 일어나고자 하는 바람의 상징이다. 수면장애를 호소하는 많은 사람들은 편안하고 쾌적한 잠자리에 대한 열망과 그리움이 커져 간다. 그리고 이런 열망을 돈으로 충족시킬 수 있다는 생각에서 음이온이 발생하는 조건을 인위적으로 만들었다.

친환경 침대로 알고 비싼 돈을 들여 구매해서 '음이온이 발생하는 숲속에서 잠을 잔다'고 믿고 있었는데 침대에서 발암물질이 나오고 있었다는 사실에 직면한 현대인은 잠자리에 대한 불안이 커져 가고 있다. 라돈이 검출된 침대의 이름은 네오그린 헬스neo green health, 파워 플러스 포켓power plus porket, 파워 트윈플러스 power twin plus, 파워 그린 슬리퍼power green sleeper 등으로 이름만 들어도 건강함이 불쑥불쑥 솟아나는 것 같다.

현대 도시인의 꿈에 그리는 생활환경은 모든 물질문명을 밤낮에 상관없이 누리면서도 동시에 자연환경은 음이온이 뿜어져 나오는 폭포수와 울창한 산림 속에 있는 것 같은 쾌적하고 깨끗한 공기도 마시고 싶다! 싶다!이다. 두 마리 토끼를 한꺼번에 잡고 싶은 욕탐에서 생긴 것이 바로 음이온이 발생한다고 믿고 개발했는데 발암물질이 나오는 침대이다.

공기의 비타민vitamin of air으로 불리는 음이온이 공기 중에 확산될 때는 평균 수명이 약 25초 정도이고 기껏 이동해야 30cm 가량을 움직일 수 있다. 그러나 늦은 밤까지 TV를 켜 놓고, 컴퓨터를 하다가 휴대전화를 들여다보며 음이온이 나오는 침대에서 편히 자고 싶다는 우리의 욕망에 따라 '폭포수 음이온'이라는 이름으로 10m거리까지 퍼져 나갈 수 있는 새로운 제품을 개발하고 있는 중이라고 한다.[66]

물리적 환경으로서 음이온이 나오는 침대가 아니어도 탐·진·치에서 벗어난 마음은 편히 잠들 수 있다. 우리를 잠 못 이루게 하는 것은 불편한 잠자리가 아니다. 욕탐으로 어지러운 마음이 편히 쉬지 못하고 잠들지 않기 때문이다.

---

66) 한국과학기술정보연구원, 2006.

삼학의 찟따

찟따인 심학 $\frac{사마디samādhi}{찟따citta}$ 은 반야상담자가 스스로 일상생활에서 마음의 집중과 관찰 수행을 지속적으로 실시하여 마음의 안정과 고요가 1시간 이상 유지될 수 있도록 정진하는 과정이다. 반야통찰상담은 입출정 시간을 포함하여 일반적으로 상담 진행 시간이 1시간 정도 소요되므로 반야상담자는 최소 1시간 이상으로 사념처 수행을 확립하고 지속할 수 있어야 한다. 우리가 휴대전화나 컴퓨터로 1시간 이상 영화를 보거나 작업을 하려면 건전지battery가 최소 1시간 이상은 충전되어 있어야 중단되거나 꺼지지 않고 작업을 완수完遂할 수 있는 것처럼 반야통찰상담의 토대는 바로 상담자의 사띠sati · 사마디samādhi · 반야paññā가 상호 순환적으로 활성화되는 사띠 삼빠자냐의 상태이다. 상담자의 고요한 집중력과 선명한 통찰력이 상담의 과정에 효과적이라는 것은 "명상을 한 치료자의 내담자들이 명상을 하지 않은 치료자의 내담자들보다 치료에서 효과가 더 좋다."[67]라는 연구 결과에서도 알 수 있다.

삼학의 반야

반야慧 paññā는 반야상담자의 직업적 전문성을 넘어 삶에서도 실천되어야 하는 심리적 과정이다. 그러므로 반야상담자는 개인적, 직업적, 관계적 영역에서 골고루 고요와 평화를 경험할 수 있도록 정진해야 한다.

---

67) Grepmair, Mitterlehner, Lowe, Bachler, Rother, & Nickel, 2007.

상담 문제와 내담자 윤리

반야통찰상담에서는 상담 문제와 그 문제의 해결 과정에서 내담자의 윤리 감각과 청정함 또한 상담 효과에 작용하는 중요한 변인이다. 따라서 내담자 가 호소하는 문제가 신체 증상, 통증, 느낌, 마음의 상태, 현상에 대한 내용일 때 윤리와 연결하여 탐색하고 관찰할 수 있도록 한다.

다음은 오취온의 괴로움에서 벗어나는 방법은 행동身 · 말口 · 의도意를 단 속하고 보호하는 것임을 설명하는 원전의 내용이다.

> 대덕이시여, 여기 외딴 곳에서 홀로 머무는 저에게 '누가 자신을 보호하는 자인 가? 누가 자신을 보호하지 않는 자인가?'라는 생각이 일어났습니다. 그리고 '누 구든지 몸身으로 나쁜 행위를 하고 입口으로 나쁜 행위를 하고 의도意로 나쁜 행 위를 하는 자들은 자신을 보호하지 않는 자이다. 비록 코끼리 부대로, 기마부대 로, 전차부대로, 보병부대로 보호하고자 하더라도 그들은 자신을 보호하지 않는 자이다. 그 이유는 그런 방법들은 밖의 보호이지 안에 속하는 보호가 아니기 때 문이다. 그러므로 누구든지 '몸으로 좋은 행위를 하고 입으로 좋은 행위를 하고 의도로 좋은 행위를 하는 자들은 자신을 보호하는 자이다.'라는 생각이 일어났습 니다. [68]

이러한 내용을 반야통찰상담 과정에 적용하면 반야상담자는 내담자가 자 신의 문제와 행동身 · 말口 · 의도意를 단속하고 보호하는 일상적 실천의 관계 를 연결하여 이해하도록 해야 한다.

---

68) SN Ⅰ 72-73, SN3:5, 자기보호경, Attānarakkhita sutta.

다음은 딸의 쇼핑 중독을 호소하며 상담을 의뢰한 어머니가 종결 시점에 상담의 성과를 평가하는 과정에서 어머니는 상담의 효과로 딸이 이제는 '엄마의 감정을 읽는다'는 예로 슈퍼마켓에서 일어난 상황을 이야기하였다.

엄마 19: 또 하나는 같은 건데. 어~ (아이가) 감정을 읽어요. 이제는……

상담자 20: 비앙카Bianca가요?

엄마 20: 네.

상담자 21: 엄마의 감정을~

엄마 21: 예를 들어, 어제 있었던 일인데 슈퍼마켓에 갔는데요. 계산원이 비닐봉지 줄
까요? 그래서 노no 그랬어요. 그런데 밑에 비닐봉지가 있었어요. 그래서 내가
담아도 되는데 좀 많이 쑥스러우니까 내가 안 하는 것처럼 비앙카에게……

……(중략)……

내담자 27: 엄마가 돈 안 내려고…… 그거 돈 내야 되잖아요. 그 밑에 비닐봉지 몰래
그냥 꺼냈어요.

……(중략)……

상담자 32: 음, 그래서 비앙카는 엄마의 의도를 알고 그렇게 해 줬어. 그러고 나서
비앙카가 엄마에게 말하기를 뭐라고 했다고요?

엄마 32: 본인(엄마)도 하기 힘들고 쑥스러운 것을 왜 나(비앙카)한테 전달을 하냐고
그러는데……

상담자 33: 음, 그 말을 들었을 때 엄마는 어떠셨어요?

엄마 33: 맞는 말인데요. 내가 말하지는 않았는데 내 행동을 보고 내 감정을 '딱' 읽
었잖아요. ↗

……(중략)……

엄마 36: 언제까지 갈지는 모르겠지만. (웃음)

다음은 앞의 상담을 종결한 후에 어머니를 개별 추후 상담할 때 나눈 이야기의 일부이다.

상담자 117: 그동안에는 비앙카가 엄마의 (기분) 상태를 확인하는 게 얼굴 표정이었는데 이제는 행동을 보고 그 의도를 알아차린다.

내담자 117: 그렇죠.

상담자 118: 좋아요. 그 예로서 어머니가…… 그……

내담자 118: 쇼핑 비닐봉지.↗

상담자 119: 나는 그 얘기를 듣고 음…… 내 감정은 슬픔이었어요.

내담자 119: 진짜요↗ 그래요? 왜 슬펐을까요?↗

상담자 120: 왜 슬펐을 것 같으세요?

내담자 120: 그냥 비앙카가 모른 척하고 받아들여야 하는데 그렇지 않아서요?

상담자 121: 뭐를?

내담자 121: 비닐봉지를……

상담자 122: 일단 슈퍼마켓에 가서 어머니가 물건을 샀는데 내가 백bag을 안 가져갔으면 비닐봉지를 사야 되잖아요. 그런데 어머니에게 살 거냐고 물었을 때 노no라고 했어요. 그러면 어머니는 노라고 했을 때 어떤 생각을 했죠?

내담자 122: 들고 갈 수 있었거든요. 비앙카랑 나랑 쇼핑백도 있었고……

상담자 123: 그래요, 그래요. 들고 갈 수 있었고, 내가 가지고 간 쇼핑백도 있었고 그랬는데 어머니가 어떻게 행동하셨다고 하셨죠?

내담자 123: 근데 (백이) 좀 냄새나는 것 같아서 그냥 있는데도 불구하고 하나 뺐죠.

상담자 124: 그래서 그걸 빼서 어떻게 하셨어요?

내담자 124: 내가 뺐으니까는 눈치 보여서 못 담겠더라고요. 비앙카에게 밑으로 던져 주며 너가 담아라 그랬죠.

상담자 125: 눈치 보면서 어머니는 못 담았어요. 뭣 때문에.

내담자 125: 돈 주고 사야 되는데 그냥 가져와서……

상담자 126: 그래요. 어머니가 눈치 보이는 일을 누구에게 시켰어요.

내담자 126: 비앙카한테……

상담자 127: 그래요. 그래서 비앙카가 (종결 상담에서) 저 자리에 앉아서 뭐라 그랬죠.

내담자 127: 엄마가 못하는 일을 왜 나를 시키냐고 나도 하기 힘든데(그래요. 그래요.) 아! 아! 그 말이 맞아. 어떻게 그걸 알아냈네.

상담자 128: 어머니는 딸이 나의 의도를 '알아차렸다'고 하는 좋은 성과로 그 예시를 들었어요. 나는 그 예시를 듣고 마음이 혼란스러워졌어요.

내담자 128: 아~

상담자 129: 지금 '아~' 그러셨는데 뭔 것 같으세요?

내담자 129: 좋은 예가 아니다.

상담자 130: 어떻게 좋은 예가 아니에요.

내담자 130: 눈치를 봐야 하는↗ 그 정당한 행위가 아니라서…… 맞아요?

……(중략)……

상담자 132: 어머니가 정당하지 않아서 못하는 행동을 아이에게 하라고 (비닐봉지를) 던져 줬어요. 그러면서 그걸 던져 줬더니 아이가 한 행동에 대해 '아! 우리 아이가 이제는 나의 의도를 아는 좋은 능력이 생겼다.'라고 말하는 것에 대해 어머니 가시고 나서 다시 오시라고 전화할 때까지 나의 마음이 불편했어요. 어머니가 이걸 그렇게 이해하고 계신다고 한다면 정말 점검해야 된다. 아주 사소한 것이지만 이건 중요한 내용이에요. 이건 윤리의 문제이기 때문에 자녀에게 보여 주는 도덕성의 문제이기 때문이에요.

내담자 132: 아~.

상담자 133: 그 비닐봉지가 얼마지요?

내담자 133: 25센트.

상담자 134: 그래요, 25센트. 어머니는 그걸 아끼려고 이 아이에게 뭘 가르치신 거예요?

내담자 134: 도둑이요.

상담자 135: 그게 단지 한번으로 끝난다가 아니고 그런 일이 어머니에게 허용되는 걸 아이에게 보여 준 거지요.

내담자 135: 음…… 그런 식으로 또 해석이 되네요.

상담자 136: 해석이 되나요? 나중에 비앙카가 어머니 지갑에서 돈을 가져가면 뭐라고 하실 거예요?

내담자 136: 시간이 좀…… (어머니는 상담자의 말이 불편해서 상담 시간이 다 끝나간다고 말을 바꾸고자 하였다.)

상담자 137: 뭐라고 하실 거예요?

내담자 137: 도둑질~

상담자 138: 그래요. 그랬을 때 비앙카가 엄마도 비닐봉지 훔치지 않았나? 그러면……

내담자 138: 그건 조그마한 거였지.

상담자 139: 그럴 때 어머니는 그거는 조그마한 거였다.

내담자 139: 맞아요. 그렇게 이야기할 것 같아요. 그건 틀리다고……

상담자 140: 그래요!

내담자 140: 사실 똑같은데……

상담자 141: 그것에 민감해지시라고.

내담자 141: 아~ 모범이 되어야 되겠네요. 조심해야 되겠네요. 몰랐어요.

상담자 143: 극히 작은 것 같지만 결정적이고 중요한 이야기예요.

내담자 143: 캐치catch를 못했네.

상담자 144: 그래요. 그런데 거기에서 비앙카가 변화해서 좋은 것 중에 엄마의 의도를 아는 거다. 25센트밖에 안 되는 거를 아끼기 위해서 엄마도 스스로의 양심에 걸리는 것을 아이에게 시켰는데 그 아이가 잘했다고…… 그 이야기를 듣고 저는 슬픔이었어요. 이것 참……

내담자 144: 어떻게 얘기도 못하고 그러셨겠어요. 그때 나는 그걸 캐치하지 못하

고…… 캐치하는 사람으로서 눈에 보이는 거네.

상담자 149: 그만큼 어머니가 지금 어둡다는 거야.

……(중략)……

내담자 152: 그러게요. 내가 지금까지 인식 못하고 보여 준 것들이 얼마나 있었을

까? 아~ 그러니까. 그걸 자랑이라고 얘기하고…… 쇼핑 중독보다 더 중요한

거네요.

……(중략)……

상담자 154: 쇼핑 중독은 그 뿌리에서 왔어요. 어머니의 그 둔감함에서.

내담자 154: 아~ 문제네요.

……(중략)……

내담자 167: 선생님은 어떻게 그것을 캐치하셨어요?

제9장

반야통찰상담의
슈퍼비전

상담사례 슈퍼비전: 슬픔의 눈물

내담자 정보[1]

1. 인적사항

초등 1년 재학(7세), 둘째, 한국 아빠, 베트남 엄마

2. 상담 의뢰 및 주 호소 문제

감정 기복이 심하고 우울하여 한번 울기 시작하면 구석으로 들어가서 계속 울어 수업을 진행하기 어려우며, 학습 진도를 따라오지 못하고, 교우 관계가 원만하지 않아 담임 선생님으로부터 상담에 의뢰되었다.

3. 내담자의 첫인상

키가 작고 기운이 없어 보이고 고개를 약간 옆으로 기울이며 말을 어눌하게 하고 웅얼거린다. 손가락을 항상 입에 넣고 있다. 이름은 쓸 수 있으나 그림은 그리지 못하였다. 엄마와 둘이서만 생활하다 최근에 아빠 집에서 친가족과 생활하게 되었다.

4. 가족사항

아빠: 택배 일을 하다가 지금은 하우스 농사일을 하고 있다. 부모의 권유로 결혼 이주 정책에 힘입어 베트남에서 결혼하였고, 서로 맞지 않은 부분이 너무 많아 힘들어서 4년 후 합의 이혼하였으나 아들의 양육권 분쟁으로 3년 동안 법정 다툼이 있었고 그로 인해 가계 빚이 많이 생겼다고 하였다. 빚을 갚기 위해 하우스 농사일에 매달릴 수밖에 없어 자녀들을 돌보는 것은 부모에게 의지하였다.

형(8세): 초등 2년. 처음부터 할머니에게 맡겨졌고 조부모와 일찍 생활했기 때문에 부모의 이혼으로 크게 갈등을 겪지 않는다.

본 상담은 2회기까지 진행하다가 drop되어 상담자의 마음에 계속 남아 있어 슈퍼비전을 원했다.

1회기 상담 내용

내담자가 어제 병원에 갔다 왔다고 하면서 귀가 아파서 그랬다고 보여 주었다. 아무것도 안 했는데 그랬고 2년 동안 아팠고 눈도 아프고 그랬다고 어리광을 부렸다. 게임은 싫어한다고 하였다. 다른 것도 다 싫다고 하였다. 좋아하는 것이 무엇인지 질문하여도 말도 하지 않고 다른 곳을 쳐다본다. 몸이 간지럽다고 긁어가면서 간지러운 부분도 보여 주었다. 약을 발라도 간지럽다고 하였다. 집에 같이 사는 사람을 이야기하면서 엄마는 없다고 하였다. 학교는 재미있다 하고 형이 언제는 때렸는데 이제는 안 때리고 잘해 준다고 하였다. 엄마가 없어서 할머니가 밥을 해 준다고 하였다. **엄마는 가끔 생각난다고 하였다.** 그래도 마음이 안 아프다고 하였다. 친구들이 같이 놀아 주지 않아 혼자 논다고 하였다. 같은 반 친구는 모두 5명이 된다고 하였다. 상담 신청서를 작성하는 부분에 이름을 쓰고 나서 내용을 설명하였다. 그림은 그리지 못한다고 하여 HTP검사는 하지 못하였다. 손의 대부분을 입에 집어넣고 있어 티슈로 닦아 주었다.

축어록은 1, 2차 슈퍼비전 과정이고 옆 글은 슈퍼비전의 내용을 공부하는 과정에서 수련생들이 나눈 이야기이다.

1차 슈퍼비전

수련생 1: 아이가 그림을 못 그린다 하였고, 숫자는 1, 2, 3을 아는 정도이고, 글자를 잘 못 쓰고, 손가락을 계속 빨고 어린아이처럼 퇴행이 일어난 상태였다. 2회기 이야기 도중 슬픔이 올라왔다. 갑자기 흐흐거리기 시작하더니 급기야 울기 시작하였다. 도저히 진행할 수가 없어 같이 앉아 이야기해 보자 토닥거려 주고 울음을 달래 주고 그래도 끝이 안 보여 할 수 없이 끝내고 말았다. 상담이 끝나고 나서도 아이가 두 시간 반을 계속 울었다 한다. 집에서도 가만 놔두면 그친다고 하였다. 그 상황에서 아이와 눈높이가 같이 돼야 하는데 안 되어서 상담이 진행이 안 되고 drop 되어 버린 case이다. 부모의 이혼으로 아이가 받은 상처가 너무 크다. 아이가 엄마에 대한 그리움이 올라올 때마다 슬퍼하고, 어느 정도 슬퍼하다가 다시 원위치로 돌아오는데 또래 아이들과 같은 상황이 되지 않고 어울리지 못한 상황이었다. 좀 더 개입한다면 심리검사를 실시해야 하는데 아이가 아예 못한다고 울음으로 다 표현해서 아주 상담하기 어려운 case로 2회기까지 하고 그만둔 사례이다. 상담자의 입장에서 안타깝고 부모가 아이에게 갑자기 이별을 시켜 버린 것이 충격이었다. 엄마 아빠가 아이들이 있을 때 헤어지더라도 좀 더 온화한 모습으로 그렇게 하고 항상 언제든지 아이들이 왔다 갔다 할 수 있고 볼 수 있다는 것을 보여 주면 어떨까? 그렇게 아빠에게 이야기하고 끝낸 상황이다. 상담자가 생각하는 아이의 이런 행동의 원인이 엄마하고 갑자기 헤어진 것이다. 그리고 그런 행동에 대한 이면에 온 가족이 같이 살지 못하고 헤어짐의 아픔이 있다고 생각해서 아버지에게 조언을 하고 끝냈다. 아버지하고 이야기를 해도 "우리 아이는 항상 그래요." 그래서 더 이상 상담자가 관여할 수 없었다. 변화의 의지가 없다고 생각되었다. '어떻게 하면 그 아이에게 더 도움이 되었을까?' 하는 부분이 남아 있다.

수련자 1[2]: 상담자가 어떤 이유로 이 사례를 슈퍼비전을 받고자 하는지 궁금하네요.

[2] 수련자 1의 질문은 슈퍼비전의 방향을 상담자가 언급하는 사례를 문제 중심으로 접근하지 않고 수련생의 현재 지점을 먼저 점검하는 과정으로 반야통찰상담이 내담자의 현재 지점에서부터 출발하는 것과 같은 맥락이다.

수련생 2: 상담이 더 이상 진행되지 못해서 다른 국면으로 갈 수 있었는데 가지 못하고, 또 상담 진행의 돌파구를 찾지 못했기 때문에 어떻게 하면 내담자에게 좀 더 도움이 될까 하는데 못해서 아쉬운 마음이 남아 있어서 이야기를 하게 되었어요.

수련자 2: 이야기 시작 부분에서 상담자가 내담자에 대해 설명하면서 아이가 "나는 이거 못해요." "그림 못 그려요." "할 수 없어요." 하고 그 아이가 꼭 그 말만을 하지는 않았을 텐데 상담자는 아이에 대한 언급과 묘사를 하면서 3번 정도 했어요.

수련생 3: 못한다는 말을요? ↗ 으~ 응 (약 4초 침묵)

수련자 3: 그것은 상담자가 못한다는 것이었어요.

수련생 4: (침묵) 음. 어떻게 대처하기 어렵다. 나도 대처하기 어렵다. 그런 맥락으로 갈 수 있겠네요.

수련자 4 **3**: 그 아이에 대해 상담자가 묘사한 언어는 상담자의 언어예요. 두 번째 회기에서 이 아이가 어떤 이야기를 하다가 (슬픈 얘기, 마음에 슬픔이 올라오는 이야기) 그러니까 그 이야기가 울음이라고 하는 현상을 만들었잖아요. (응응) 그런데 상담자는 아이가 우니까 어떻게 했다고 했지요?

수련생 5 **4**: 일단 물어봤지요? 뭐 때문에 우느냐? 그런데 대답을 안 했어요. 대답 안 하고 울음의 신호를 '으으응' 하면서 그 장면, 그림에서 멀어지기 시작했어요. 떨어지기 시작하고 바닥으로 내려가고 구석으로 점점 들어가고 그런 과정이었어요.

수련자 5: 반야통찰상담에서는 일련의 흐름으로 꿰뚫는다 했으니까 그러면 그 아이와 무슨 작업을 하다가 아이가 울음으로 상황이 변했잖아요. 달라졌잖아요. 그런데 상담자가 그 아이가 우니까 무엇을 어떻게 했다고요?

수련생 6: 왜 우냐고 물어봤어요.

수련자 6: 물어볼 것이 아니고 상담자가 사띠sati가 있었다면 **5** 어떤 것이 조건이 되

3 수련자 4는 '내담자가 사용한 언어에서 벗어나 내담자를 묘사하는 것은 상담자의 세계가 반영된 것이다'는 반야통찰상담의 원리인 '마음의 작용'에 기반을 둔 접근이다. 즉, 상담자가 내담자에 대해 묘사한 언어는 실제의 내담자를 있는 그대로 표현했다기보다는 상담자의 언어라는 것을 강조한다.

4 수련자 5는 현재 일어난 상황을 있는 그대로 관찰하는 반야통찰상담의 원리인 '상호 의존성'에 기반을 둔 접근이다.

5 수련생은 사띠 수행을 수년 동안 하여 본인은 사띠에 대해 잘 알고 일상에서도 경험하고 있다고 평소에 이야기를 하였기 때문에 슈퍼바이저가 언급한 것이다.

어 이 울음이라는 상황이 일어났는가를……

수련생 7: (수련자 말을 끊고) 그것을 인지하고 왜 우냐고 질문하기도 했지만…… 처음에는 울지 않고 '으으응' 했으니까 "아! 너가 이 상황이 슬프구나." 하고 이야기했지요.

수련자 7 **⑥**: 그 아이는 '으으응' 했지 슬프다고 하지 않았지요? 그 아이가 '으으응' 할 때 따라가야 하는데 그것을 슬픔이라고 상담자가 규정을 해 주니까……

수련생 8: 어~ 어~ 표현했네. 슬픔이라고…… 으음. (침묵) 더 울었네. 아! 그랬구나.

수련자 8 **⑦**: 그러니까 그 울음은 상담자가 만든 거네요. (그렇구나.) 아주 중요한 맥락이었어요. 상담이 그 맥락에서 못 들어가니까 다른 방향으로 진행된 거에요. (아~ 하~하~) 아까 묘사할 때 아이가 갑자가 울었다고 했어요. 그런데 갑자기는 없어요. (그렇지, 그렇지.) 뭔가를 하다가 이것이 울음이라는 현상으로 바뀌었으니까 상담자는 울음이라는 현상이 일어났으면 조건을 찾기 위해 십이연기의 촉에서 육입으로 올라가 봐야지요. 그래서 아이에게 울음의 상태 '으으응' 하는 상태를 '아! 우리가 이것을 하다가 이렇게 되었네.' 하고 연결을 해 주는 자극과 반응 간의 관계 아니면 조건 간의 관계로 '으으응' 하는 반응이 여기에서 오느냐고 물어보든지, 그 아이에게 '으으응' 이것이 이전의 어떤 작업이 너의 이런 반응을 가져오게 했는지 거기에서 연결을 시켜 주어야지요.

수련생 9: 상담자가 봤을 때 너가 '으으응' 하게 된 것을 이야기해 봐. 이렇게 해야 되나요? 상담자가 슬픔이라고 규정하기 전에 내담자를 따라가는 입장이라 한다면 같이 '으으응' 하고 있어야 하나요? 육입과 촉이 나오도록 하기 위해서 보통 되새김을 한다든지 질문을 한다든지 어른의 경우에는 하지만 아이는 그것을 물어봐도 표현을 못 하잖아요.

수련자 9: 그것은 좀 위험한 이야기입니다.

수련생 10: 아니, 그것은 내가 표현을 잘못한 것이네요.

수련자 10: 어른은 하는데 아이는 못한다는 것은 맞지 않는 이야기이고, 아이가 '으

⑥ 수련생 7에서 상담자는 자신의 언어로 내담자를 규정한다. 이러한 경우 일반상담에서는 상담자가 사례개념화를 통해 내담자를 이해한 것으로 볼 수 있지만 수련자 7은 내담자의 언어와 지점에 있는 그대로 머무르기를 강조하는 반야통찰상담의 특징을 보여준다. [참조: 중도적 언어와 상담자 언어의 적멸]

＊ 사례개념화는 상담자의 관점에서 내담자를 이해한 가설임에도 그것을 마치 실제 존재하는 것처럼 인식하여 상담이 진행되기 때문에 상담의 한계와 위험성을 가지고 있는데, 반야통찰상담은 그러한 한계에서 벗어날 수 있는 것 같다.

⑦ 수련자 8은 상담자와 내담자의 관계와 상담 과정은 지금여기의 '상호 의존적 발생 관계에 기반을 두어야 한다'는 것을 강조하고 있다.

'으응' 할 때 반야상담자가 계속 사띠 삼빠자냐$^{sati\ sampajñña}$가 되어 있어야 하는 거지요. 아이가 그 상황에서 행동이 음성으로 바뀌었잖아요. (응응) 음성으로 바뀌었는데 상담자가 너무 성급하게 슬픔이라고 규정하고 들어가니까 맥락이 다르게 가 버렸어요. 아이가 바뀌었을 때 그것에 대해 허용해 주어야 해요. (응응)

수련생 11: 허용한다는 것은 그대로 놔둔다는 거잖아요.

수련자 11: 계속하다가 어느 지점이 되면 상담자의 눈치를 보겠지요. (그렇지! 눈치를 보지.) 아이가 '으으응' 계속할 건지 그만둘 건지 그 지점까지 상담자가 기다렸어야 한다는 거지요. 그 아이가 그러고 있다가 상담자하고 촉觸! 교류하려고 하는 지점이 올 때까지 상담자는 아이가 '으으응' 하는 것을 계속 따라가 주어야 했어요. (똑같이) 그대로 똑같이 하든지, 지켜보든지, 상담자가 아이를 계속 보고 있으면 아이가 계속하다가 눈을 맞추죠. (다른 행위로 올 때) 그런데 그 아이가 '으으응' 할 때 상담자가 머리를 굴리면서 '얘가 왜 그러는 거야?' 하는 것이 아니고 그것을 그대로…… 그것은 반야적인 관점에서 보면 조건에 의해 일어난 것은 조건이 영향을 준만큼 유지가 되잖아요. (응응) 조건이 주어졌으면 '으으응'이 아니고 '엉~어~엉' 하는 통곡이라 하더라도 조건이 주어진 만큼 현상으로 일어날 수밖에 없으므로 그것을 같이, 뭐라고 해야 하나? 공유?↗ 따라가야지. 거기에는 이미 언어적인 접근이 불필요하니까…… 그러다가 아이가 자기 감정이나 상황에서 국면이 바뀌면 상담자와 눈을 맞출 거예요.

수련생 12: 눈을 안 맞추었어요. 계속 구석으로만 들어갔어요.

수련자 12: 상담자가 그동안 건드렸으니까, '슬픔이다' 하고…… (슬픔이라고 했어.) 그대로 놔두었으면 그 자리에서 다시 (원위치로) 눈을 맞추는 것이 자연스러운 과정이지요. 사라져 가는…… 사라져 가도록 놔두었어야 하는데 중간에 "슬픔이냐?" 하니까 아이가 그대로 '연기'를 하는 거지요. 아이의 그런 행동은 그동안 엄마와의 관계에서 아이 나름으로 엄마를 통제하고 소통하는 방식이었지요.

수련생 13: 온 가족과 소통하는 방식이었지요. 엄마뿐 아니라 여기 있는 가족들도……

수련자 13 [8]: 그런 소통 방식을 아이는 학교에서도 일반화하는 거지요. 그런데 상담에서는 그 방식을 다르게 경험하도록 해 주어야 해요. 그게 상담이지요. (응) 그아이가 그런 행동을 할 때 그것을 있는 그대로 경험하도록 상담자가 좀 배짱이 있어야 해요. 상담자가 울음에 대해 빨리 접근하려고 조급하게 생각하는데 그럴 때 상담자가 사띠가 있으면 들어가야 할 부분인지 아닌지를 알 수 있어요.

수련생 14: 맥락적인 부분을 이해해야 된다는 거잖아요.

수련자 14: 그렇지요. 그리고 내담자의 비언어적인 시간들을 견디는 힘이 있어야 해요. (침묵) 그런 상황에서 언어가 끊기잖아요. 침묵이라 하지요. 그럴 때 내담자가 어떤 상태인지 상담자가 온전히 알아차리고 기다려 주고 있으면 내담자도 준비가 되면 먼저 말을 시작한다는 거지요. 그런데 상담자들이 중요한데도 많이 놓치고 잘 안 되는 것은 (조급함) 침묵이라든지, 내담자의 반응에 대해서 계속 유지되어서 사라질 때까지 견뎌 주는…… 그냥 언어로만 접근하려고 해요. 그 상황에서 뭔가 하다가 '갑자기'라고 했는데 그것을 연결하는 작업을 했어야 했는데 그것을 이 상담에서는 놓쳤다는 것 그리고 놓쳤으면 다음에라도 그것을 아이가 '으으응' 할 때 그대로 머물러 주었어야 한다는 것, 이것을 머물렀으면 당연히 아이가 그다음 국면으로 가는데 거기에서 상담자가 문제로 삼고 언어로 규정해 버리니까 그렇게 가 버린 것이다. (침묵) 여기까지 상황을 인식하는 부분을 정리해 볼까요? [9]

수련생 15: 내담자가 감정 변화를 느끼는 그 시점에 상담자가 또 다른 감정을 느끼게 해서 다른 것으로 가 버리게 한 부분을 알아차리지 못했다는 것, 그 지점에 머무르지 못하고 내담자가 한 행위에 대해서 지켜봐 주고 수용하는 시간이 없었다는 것 그리고 그 시간에 머무르지 못하고 조급하게 또 다른 것으로 끌

[8] 일반상담에서는 내담자가 상담 과정에서 새로운 변화를 경험하도록 하기 위해 상담자의 수용과 공감적 태도를 강조한다. 그러나 수련자 13은 상담자에게 내담자의 말이나 행동의 일어남에 대해 조건관계로 연결하여 주거나 일어난 현상에 머물면서 내담자가 있는 그대로 경험하도록 하는 반야통찰상담의 특징을 설명하고 있다.

[9] 슈퍼비전 과정이 어느 지점에 있는지 그리고 수련생이 수련자의 말을 어느 정도 이해했는지를 확인하는 질문으로 반야통찰상담의 언어 회기 4단계 중 '머무르기' 단계 접근이다.

어오려는 시도를 했다는 부분이 조금 miss가 있었다. 반야적인 관계가 아니었다. 그런 부분이 이해가 되었고 반야적 뿐만 아니라 일반적으로도 "너, 왜 우냐? 슬퍼서 우니?" 이렇게 이야기할 수 있는 부분인데 그것에 대해 슬픔으로 들어가 버렸고……

수련자 15 **⑩**: 상담자는 내담자와 같이 가고 있었는데 왜 우냐고 묻는다는 것은 (내가 몰랐다.) 내담자의 맥락에 상담자가 같이 안 있었다는 것이지요. (응) "슬프냐?" 이것 또한 같이 안 있었다는 것이지요. 같은 맥락에 있었는데 그 아이가 바뀌는 것을 왜냐고 물어보면 (아니, 일단……) 그것을 반야적으로 간다면 상담자가 왜 울음으로 가는지 어떤 힌트에 의해 울음으로 바뀌었는데 상담자가 그것을 모르니까 이 상황이 지금 벌어진 거잖아요. 이것을 보는 것이 반야통찰상담이다. 물을 얹어 놓고 푸르르하면 그때 끓는다 하는데 물을 얹을 때부터 시작되었고 사실은 물을 얹으려는 의도부터 이것을 보는 것이 반야잖아요. 의도, 내가 물을 얹어 놓으니까 온도가 차다가 일어나는 것을 보는 것이 반야잖아요. 그러면 그것에 대해서도 뭔가 같이 하다가 이렇게 바뀌었다고 하는 것……

수련생 16: 그래서 그 부분을 설명했지요. 그림 이야기를, 미운 오리 새끼 이야기를…… 이 아이가 글자를 아는지 보려고 읽어 보라 했고, 못 읽는 부분은 내가 읽어 주고 같이 그 상황에 머무르다가 '흐흐흐응' 이렇게 갔어요. 그래서 "아! 미운 오리 새끼가 이 아이들 때문에 왕따를 당해서 너가 슬픔을 느꼈구나. 음~ 슬프게 했구나." 이렇게 이야기를 했던 거지요. 으으응 그러니까 흐흐흥 하다가 더 흐흐흐응 간 거지. 그러니까 그 부분이 '왜' 라고는 말하지 않았지만……

수련자 16: 지금 내가 물어보니까 나왔잖아요. 처음에는 갑자기 아이가 울었다. (그랬어요.) 그러다가 상담자가 뭘 하다가 (어어~ 응) 그랬다고 했어요. 그러고는 지금 '갑자기'를 자꾸 집으니까 세 번째에 미운 오리 새끼를……

수련생 17: 어엉. 그러네. 내가 세 번째에 얘기했다.

⑩ 수련자 15~21은 상담자가 연기에 대한 올바른 이해를 토대로 자신의 생각이 아닌 지금·여기에 민감하게 머무는 반야적 통찰 기능이 활성화 되었을 때 얼마나 질 높은 상담이 이루어질 수 있는지를 보여 준다.

수련자 17: 그래요. 이 아이가 미운 오리 새끼를 읽다가 '으으응'으로 바뀌었잖아요. 처음에 이야기가 나왔으면 되는데 세 번에 걸쳐 물어보니까 이제야 나오잖아요. 그러면 아이가 '으으응'으로 바뀌었는데 "너가 슬프구나." 하고 들어가는 것 하고, 책을 읽다가 (아니……) 어떤 내용을 읽다가 '으으응' 이렇게 바뀌었네. 이렇게 하는 것하고……

수련생 18: 그게 차이가 있네요. 내가 슬픔으로 규정한 것하고, 그 상황만 읽어 줘야 하는데……

수련자 18: 이 내용을 읽다가 "이것이 이렇게 바뀌었네." 하면 그 아이가 뭐라고 할 거예요. 아이가 뭐가 어떠니까 "내가 그래요." 하고…… 상담자는 상황과 맥락이 달라지는데 이것을 못 알아차린 거잖아요. 그것을 못했으면 지금 현재 일어난 것은 '으으응'이잖아요. 그러면 일단 이야기책, 미운 오리 새끼를 읽는 것과 울음을 연결하는 것이 반야잖아요. (네) 그런데 이것이 안 되었어요. 그럼 그것은 과거였으니까 놔두고 '으으응' 하는 것에 대해서라도 그대로 머물러 주었어야지요. 그것이 현법, 딧테와 담메ditṭheva dhamme이지요.

수련생 19: 그 부분은 약간 그렇게 했었어요.

수련자 19: 그렇게 하면서 상담자가 머리를 굴렸잖아요.

수련생 20: 내 머리는 굴러 갔지요.

수련자 20: 그래요. 그러니까 딧테와 담메가 아니지요.

수련생 21: '얘가 왜 그러지?' '어떻게 하면 되지?' 이렇게 막 생각을 했지요.

수련자 21: 그 아이가 울고 있는 것에 대해서 상담자는 생각을 하면서 있었으니 사띠가 없었다는 거지요. sati는 이것을 그대로 따라가 주는 거잖아요. 내 생각을 세우는 것이 아니니까. 따라가고 있으면 그 아이도 나에게 붙는다고. 그러면서 비언어적 상황 맥락이 만들어지는 거지요. 그러면 그 아이가 울지만 상담자가 사띠, 알아차림으로 붙어 있기 때문에 그 아이는 상담자를 의식할 수밖에 없다는 것이지요. (음. 침묵) 그렇게 얼마를 간다 해도 그치게 되어 있잖아요. (그래요.) 상담자가 계속 알아차림 하면서 같이 머물러 주면 아이가 그치면서 반응을 보일 거야. 그러면 그때 그것으로 들어가거나↗ 이것이 첫 번째 방법이고, 두 번째 방법은 아이가 자기가 왜 울었는지를 이야기하게 되어 있으니까 그럼 그때 가서 미운 오리 새끼와 연결을 해야지요. (응응. 침묵)

수련생 22: 상담자의 상saññā이 들어가면 안 돼. (침묵)

수련자 22: 상담은 한 끗 차이예요. 거기에서 딱 갈라져 버렸어요.

수련생 23: 그래요. 그 순간의 차이 때문에 이것이 drop되고 진행되고 차이지요.

수련자 23: 아이가 울고 있을 때 같이 머물러 주면서 아이에게 무슨 감정이 올라오면 휴지를 주든지 등을 좀 쓰다듬어 주든지 언어가 아닌 행동으로……

수련생 24[11]: 그렇게 했단 말이에요. (목소리를 높이며) 그렇게 하고 머물렀어요. 그런데 속으로 더 들어가요. 그래서 계속 놔두었어요. 방법이 없으니까요. 안아 주고 토닥거려 주고. 그러니까 그 아이는 더 슬퍼. 그때부터 소리가 어~어~엉 더 커져↗ 더 나와. 계속 놔두었어요. 어떻게 할 수가 없어서 그런 상태로 그만두었지요. (더 이상 상담자가……) 네. 더 이상 끄집어내려고 하지는 않고 '그래, 너가 슬프구나.' 마음속으로 생각하고 교감 선생님에게 가서 아이가 이런 상황이어서 상담을 더 이상 진행하기 어렵다고 이야기하고 끝냈어요. 그런데도 사실 내가 마음에 남아 있지요. (침묵)

[11] 수련생은 수련생 24까지도 계속 자신이 진행한 상담에 묶여 수련자의 피드백으로 마음이 향하지 못하고 있다. 그러므로 수련자 24와 28은 그동안 이루어진 슈퍼비전 과정의 방향을 점검하고 내담자의 문제 중심 접근에서 수련생의 형성작용saṅkhāra에 초점을 맞추는 과정으로 슈퍼비전을 심화한다.

수련자 24: 여기에서 우리가 다루어야 되는 것은 그 상담 내용이 아니라 상담자가 상담을 끝냈는데도 남아 있는 것이지요.

수련생 25: 상담자가 남아 있는 것?↗ 응. 그러네. 응. (침묵) 나의 유능성에 또 걸려 있는 거지.

수련자 25: 상담자가 아이에게 뭐를 하라고만 하면 못해요. 못해요. 그런다고 3번이나 말했어요.

수련생 26: 응. 그것밖에 생각 안 났으니까요. (상담자가 못한 거지요.) 아…… 내가 못한다. (네) 더 이상 진행할 수 없었네. 응. 못했어. (하하하) 정말 그랬어. 어

쩔 거야. 그런 상황에서 어떻게 해. ⤴응. (침묵)

수련자 26: 그러니까 (하하하) 한 것은 거기까지잖아요. 그래서 그렇게 한 것이 지금 문제가 되는 것이 아니에요. (그래. 못한 것에 대해서 문제가 되는 거지.) 못했다고 생각하는 것이 지금 문제가 되는 거지요.

수련생 27: 맞아요. 계속 진행해야 되는데도 불구하고 못했던 것은 내가 부족했고, 어, 내가 유능하지 못했고. 뭐, 이런 거 인정하기가 어려웠다. 또 그렇게 갈 수도 있는 부분이고……

수련자 27: 갈 수도 있는 부분……

수련생 28: 그런데 어, 나는 내가 배우는 입장으로 갔기 때문에 이런 내담자가 왔을 때 내 유능성에 뭘 그걸 가지고 얘기하는 게 아니라 그 부분에서 안타까웠다는 거지요. 내가 하는 방법을 잘 몰랐고, 내가 어떻게 처치를 해야 하는지를 몰랐기 때문에 그 아이에게 도움이 안 되었던 부분이 사실 나는 지금도 마음이 걸려 있다는 거…… 그것이 걸려 있지 내가 뭘 이걸 잘하려고 하는 게 아니라 너무나 당황스러운 상황이었어요. 사실 내담자가 계속 우는 것을 나는 처음 접했기 때문에 너무 당황스러웠다? 그것이 맞지. 근데 어떻게 이 애를 다뤄야 될지를, 어 그런 걸 이해를 못했고 할 수가 없었다. 그 부분이 할 수 없었다는 거예요.

수련자 28: 어떻게 다뤄야 될지가 아니고, 우리가 초점을 두는 건 어·떻·게 다루었다는 거예요.

수련생 29: (침묵) 다루었다?

수련자 29: 네. 행위적인 부분으로.

수련생 30: 그 아이하고 상담하는 장면에서?

수련자 30: 네. 그 상황에서는 상담자의 능력과 역량 그리고 상담자가 알고 있던 모든 것을 동원해서 한 거잖아요.

수련생 31: 그렇지요. (침묵) 그러면서도 울고 있으니까? 으~ 음. 이걸 또 어떻게 해결해야 될까? 이 부분에 대해서 굉장히 많이 고민을 한 거지요!

수련자 31: 자, 여기서 중요한 게 그 울고 있는 것을 상담자가 문제로 삼고 접근을 한다는 거예요. (잠시 사이 두고) 우는 것을 상담자가 문제라고 규정하다 보니까 어떻게 해결할까? 이렇게 되는데 (네) 그 울음은 그 아이가 보인 어떤 반응일 뿐인데 그 아이의 울음에 특별한 의미를 부여한 것은 상담자이지요.

수련생 32: (침묵) 좀 아닌 것 같아요.

수련자 32: 자, 그럼 그건 놔두고 그다음 또 한 가지 그 아이의 정보를 알았잖아요. (네) 그래서 상담자는 그 아이의 울음에 대한 원인을 어디에서 찾았지요? (침묵) 아버지한테 어떻게 말했다고요?

수련생 33: 아이가 이별에 대한 아픔을 겪고 있는 것이 아닌가?

수련자 33: 그래서 아빠한테 뭐라고 말했다고 했지요?

수련생 34: 음. 이별을 하더라도 엄마 아빠가 좋은 관계로 너무 극과 극의 관계로 두 번 다시 두 사람은 안 보는 관계로 이렇게 헤어져 있다 완전히 원수 대하듯이 아이가 그 부분에서 나의 엄마, 아빠인데 어디 가기가 지금 어려운 상황이잖아요. 본인은 지금 아빠한테 왔지만 엄마한테 다시 가야 될까? 엄마가 혼자 있는 거 보면은……

수련자 34: 자, 거기까지. (네) 그 이야기가 그 아이의 입에서 나왔어요?

수련생 35: 아! 그런 부분이 있었구나. 인제 생각나는 것이 있어요. (하하) 그렇게 막 울고 있으면서 내가 물어봤었던 거 같아요. 울고 있을 때 물어봤어요. 그러니까 '흑흑흑' 할 때부터 내가 그 아~ 미운 오리 새끼가 왕따를 당하고 그러니까 슬펐구나. 그 슬픔의 감정에 아이가 맞닿아 있어서 울기를 시작하려고 통을 파고 있는 상황에서 그런 상황에 내가 또 얘기를 했구나! 그냥 머문 게 아니었네. 가만히 생각해 보니까…… (하하하) 그러다가 아이가 한참 울고 바닥에 있으니까 어~ 너가 엄마가 보고 싶어서~ 더 슬프구나! (하하하)

수련자 35: 상담자가 불을 지르고 기름을 붓고……

수련생 36: 그랬구나! (하하하)

수련자 36: 그러니까 안으로 들어가지……

수련생 37: 어~ 그랬네. 아~ 엄마가 보고 싶어서 그렇구나! 그러니까 아이가 그 상황
에서 뭐라고 했냐면 엄마가 멀리 있다고 그랬어요. (하하) 그 말이 생각난다.

수련자 37: 그러니까 저 안으로 들어가요. (그랬네!) 멀리 있으니까. (네)

수련생 38: 갈 수 없어요. 멀리 있어요. 그 말을 했었어요.

수련자 38: 상담자가 그 아이를 완전히 무너뜨려 버렸네요. 두 마디의 말로…… (하
하) 겨우 어떻게 어떻게 견디고 있는 아이를 (하하) 왕따네, 슬프네, (하하) 보
고 싶네~

수련생 39: 왕따 그 말은 안 했는데 아이들 때문에 미운 오리 새끼가 슬프니까 너가
슬펐구나. (그래) 그렇게 얘기했었고! 그래, 엄마가 보고 싶었겠구나! (그래!)
그랬지요. (하하) 맞아. 맞아. (하하하)

수련자 39: 그러니까 상담자가 아이를 한곳으로 집어넣어 버린 거잖아요. (아~) 한
회기에 그렇게 크게 그 애가 지금 비실비실하면서 지내고 있는데 그냥~

수련생 40: 그래서 내가 수습을 하려고 "그래, 알았어. 엄마가 멀리 있더라도 선생
님은 차가 있으니까 너 데려다 줄 수 있어. 엄마 만나러 갈까?" 그랬어요. (하
하하)

수련자 40: 상담자가 그렇게 말한 것이 그 아이의 문제를 해결하는 방법이 아니잖
아요. 그 아이가 엄마한테 물리적으로 가는 것이 해결 방법이 아니지요.

수련생 41: 그래요. 그런 걸 인정을 하면서도↗ 그 상황에서는 아이가 너무 슬퍼하
고 있어서 수습하려고 그랬지요. (하하하)

수련자 41: (하하하) 이런 것은 우리가 조금 전에 그 아이를 만나면 그 아이의 언어
안에서만 다루라고 이야기했던 거잖아요. 그런데 지금 상담자는 자기가 알고
있는 정보를 가지고서 '그 아이가 엄마를 보고 싶으니까 우는 거야.' 이렇게
하니 그 아이가 무너지는 거지요. 그 아이의 입에서 '엄마'라는 단어가 나왔을

때 그걸 다뤘다면 또 그 아이가 좀 추스르기라도 했을 텐데…… (으응) 그러고 나서 상담자는 아이가 우는 것에 대한 이유를 어디서 찾았냐면 엄마하고 헤어졌기 때문에, 엄마 아빠 사이가 안 좋기 때문에, (네) 그렇게 하고 수습이 안 되니까 어떻게 했죠? 아빠에게…… 그것은 아빠도 알고 있고 그렇게 하고 싶어요. 그러나 그게 그 가족의 현실이 아니잖아요. 그런 이야기를 상담자에게서 들었을 때 아빠의 마음이 어떠했을까요? (네) 일반적으로 상담이 그런 이야기들로 흘러가지요. 이것은 부부간의 그리고 가족 간의 문제이고 부부가 어린아이에게 상처를 주었기 때문이야. 그래서 상담자가 할 수 있는 것이 없어. 이렇게 정리하고 상담자는 문제가 생긴 데는 역할을 안 했고 책임도 없어. (하하) 그런데 뒤돌아서서 오늘 이야기한 것은? (응. 그게 상처이지요.) 그렇다면 상담자가 지금 이것에 매여 있는 거잖아요. (걸려 있지요.) 그래요. 지금이 상담 장면이라면 우리가 그걸 다뤄야 하는 거지요. (네) 그래서 여기에서 다시 이야기를 하면 엄마 아빠가 헤어져서 엄마가 보고 싶다. 이런 게 그 아이가 말해서 나온 게 아니기 때문에 그것을 상담 과정에 대입시키면 상담자의 그런 말은 상담을 오염시키는 오염원이지요. (으응) 상담 장면은 상담자가 그 아이의 상태를 알아보려고 책을 읽었잖아요. (네) 책을 읽으면서 그 아이가 읽는 것도 있고 못 읽는 부분은 상담자가 읽어 줬다고 그랬어요. (같이 읽어 줬지요.) 그래요. 그럼 어떤 부분을 못 읽는가를 살펴봐야지요. (어어) 그 아이가 못 읽는 것인가? 안 읽는 것인가를 봐야지요. (침묵) 그래서 그 아이의 울음은, 반야통찰상담적으로 보면 이 책을 읽 · 는 · 것 · 이 과거로서 조건이 되어 울음이라는 현재를 만들었을 뿐이야! (으응~) 저기 엄마 아빠 이혼까지 언급하지 않아도 되지요. 그게 반야통찰상담적으로는 과거가 아니라고요. (네) 조건이 바로 과거이지요. 그러니까 상담자는 여기에서 책을 읽었던 것하고 울음하고 연결을 시키려고 하든지! 아니면 울음이 일어났기 때문에 울음에서 머물든지! 그래서 이 울음이 다른 걸로 바뀌었을 때! 바뀌었을 때! 이미 울음은 과거가 되었잖아요. 바뀌면 (네) 그 울음하고 바뀐 행위하고 연결을 해 주든지 했어야지요. 그런데 거기에서 미운 오리 새끼가 왕따를 당하니까 슬프구나. 그리고 더 우니까 엄마가 보고 싶구나!

수련생 42: 그건 상담자의 생각이지요.

수련자 42: 그건 생각뿐만 아니고 그 아이에게 (상처를 줘.) 그 아이를 상·담·자·가 뭐랄까? 그나마 어떻게 좀 서 있는 아이를 기절시켜 버린 거지요. 딱 두 마디로 슬픔과 엄마라는 말로…… (긴 침묵) 여기까지……

수련생 43: (침묵) 뼈저리게 느꼈습니다. (하~) 내가 그런 상처를 줬다니…… 그때도 알았는데 오늘 또 하니까 너무나 상처된다.

수련자 44: (하하하) 그럼 나도 너무 세게 줬나요?

수련생 45: 네! 너무 상처됩니다. (하하하) 으~ 아파요.

수련자 45: 네. 정직하게 아파야 해요.

수련생 46: 네. 정직하게…… 그게 아픔이었기 때문에 내가 지금까지도 계속 기억하고 있어요. 그 아이가 아팠다는 것을요. (네) 두 시간 반 동안 울 정도로 그렇게 아팠다는 거 그것이 나에게는 상처였지요. 그렇기 때문에 지금까지 갖고 온 거고요. 그런데 내가 슈퍼바이저한테 상처를 받았어요.

수련자 46: (하하하) 그래요. 상처를 받았어요? 그런데 중요한 건 왜 오늘 그 이야기를 하면서 슈퍼비전을 원했지요? 이 시점에……

수련생 47: 이 시점에? 어, 그 부분이 내가 상처를 줬다고 막연하게 생각을 하고 있긴 했지만 내가 정말로 어떠어떠한 부분에서 정확하게 상처를 줬고 이 부분이 상처가 되었다는 것을 아직 인지를 못했기 때문에 확인을 받는 상황이……

수련자 47: 지금은 이것을 다룰 수 있을 만큼 준비가 되어 있기 때문에 (네) 지금 이렇게 이 시간에 하는 거지요. (네) 그때는 상담자에게 어떤 식으로든 상담자의 유능성과 그 아이에게 약간은 부적절했다고 하는 막연하지만 아쉬움이 남아 있었잖아요. (네) 그래서 그때는 슈퍼비전에서 이런 이야기를 꺼내기 힘들었을 거예요. (그렇지요.) 이게 삭ㆍ아ㆍ가ㆍ지ㆍ고 지금은 이런 이야기를 할 수 있는 거지요. (그렇지요, 그렇지요.)

수련생 48: drop되었다고 그렇게만 얘기를 했지요. 이제 뭐 세세하게 슈퍼비전을 받을 수 있는 상황도…… 사실은 그런 얘기를 할 수 있는 상황도 사람도 없었고요. (네) 그렇지만 그게 항상 내 마음에 남아 있었던 case이지요.

수련자 48: 그래요. 그 case가 나를 어디로 데려갔지요? 어디로 가게 했지요?

수련생 49: 으응~ 그때는 당황스러움 때문에 대처를 제대로 못했는데 이제는 그런 상황이 왔을 때에 좀 더 이제 유연하게, 내가 여유를 가지고 대처를 할 수 있게 되지 않았나?

수련자 49: 그래요. 그 내담자는 나에게 그거를……

수련생 50: 그렇지요. 그렇다는 거지! 그것을 배우려고 슈퍼비전을 받는 거지요.

수련자 50: 그래요. 이런 상황이 상담 장면이라고 한다면 사실은 내담자의 미해결 과제↗ (네) 이런 것에 걸려 있잖아요. (네) 그게 유능성의 문제라고도 하고요. (그렇지요.) 그런데 이런 주제들을 반야통찰상담에서는 정직성의 문제로 다루어야 해요. (그렇지요.) 그래서 그 상황에서 사실 상담자의 경험! 능력! 지식은 거기까지 밖에 안 되었어요. 그런데 상담자가 생각하지 못했던 자기의 역량과 능력을 벗어나는 내담자를 만나니까 (응. 당황스러운 거지요.) 그래도 이것을 해결하고 싶은 거잖아요. (응. 맞아요.) 이거는 욕탐이지요. (으응~) 반야통찰상담에서는 이것을 정직하게 보게 해 주는 거지요. 실제 행위와 나의 바람want 간의 간극에서 무엇 때문에 괴로워했는가? (으응) 나는 그 상담 과정에서 할 수 있는 것은 다했다고 했잖아요.

수련생 51: 아니, 다 했다고는 안 했고! (네) 어…… 당황스러워서 어떻게 대처할지를 몰랐다는 것이죠.

수련자 51 [▣]: 상담을 마무리하는 과정에서 내가 할 수 있는 것은 (응. 그렇지. 그렇게 정리를 했어요.) 그래요. 그렇게 하고도 남은 것이 있어서 지금 나의 마음에

▣ 수련자 51은 '상담자의 정직성 이해하기'를 설명한다. 상담자의 괴로움은 내담자가 계속 울어서가 아니라 자신이 상담에 대해 유능하고자 하는 욕탐에서 생겼고 그 괴로움으로 이렇게 슈퍼비전을 받으면서 상담자로서 성장이 이루어진다는 것을 강조한다. 즉, 수련생이 이야기하는 사례의 어려움을 수련생의 현재 여건에서 일어난 상태임을 이해하도록 하는 과정은 반야통찰상담의 '문제 정상화하기' 특징이다.

걸리는 거지요. 우리를 괴롭히는 것은 사실 욕탐이지 실제가 아니잖아요. (그렇지.) 이것을 좀 더 정직하게 살펴보고 중요한 것은 그 내담자를 통해서 나는 성장했다는 거지요. (그렇지.) 이것이 이 괴로움을 통해서 얻은 결과↗ (네) 이 괴로움이 나를 데려다 준 결과이지요. (응, 성장시킨↗……) 그래요. (그 결과를 가져왔다.) 그래요. 왜? 지금 이 문제를 내놓느냐? 그 괴로움이 이만큼 성장시켜서 나를 이 지점에 오게 했 · 기 · 때 · 문 · 에 내가 이걸 언어로 표현할 수 있게 되었잖아요. (침묵) 그럼 오늘 이런 내용에 대해 정리하고, 마무리……

수련생 52: 으음. 상담자가 대처하지 못하는 그런 어렵다고 생각하는 내담자를 만났을 때 상담자가 진행하는 과정↗에서 대처할 수 있는 부분을 일단 배웠고, 그 내담자를 통해서 내가 또 다른 내담자를 만났을 때 내가 할 수 있는 채워지는 자신감↗ 자신감이라는 표현은 좀 그렇지만 대처할 수 있는 방법을 알았어요! 그만큼 내가 상담에 대해서 조금 성장했다! 이런 부분으로 생각이 됩니다.

2차 슈퍼비전

수련자 1[13]: 슈퍼비전은 상담자 교육이 목적이므로 대부분 내담자, 내담자의 문제 그리고 상담 과정과 기법에 대해 배우는 것이 보편적인 과정이에요. 그러나 상담자에게 내담자의 상황은 단순히 대상이지만 그 대상을 다루는 주체인 상담자도 같이 다루는 것이 반야통찰상담 슈퍼비전의 핵심이에요. 슈퍼비전 과정에서 상담자는 자기에 대해 언급되어지기 때문에 defence가 좀 높아지지요. 상담자를 어디까지 다루어 줄 거냐? 이 사례는 상담자에게 걸려 있으니까 슈퍼비전하는 거잖아요. 그래서 걸린 내용이 무엇인가 했더니 상담자가 찾아낸 것은 사례가 drop된 것에 대한 불편감으로 상담자의 유능성이었잖아요. 그러면 상담자의 유능성을 up하도록 다루는 것이 일반적인 슈퍼비전이에요.

[13] 수련자 1에서 반야통찰상담과 일반상담 슈퍼비전의 차이가 명료하게 나타난다. '상담자의 삶과 상담자의 능력이 불가분의 관계'라는 말은 반야통찰상담의 원리인 상호 의존성과 마음의 작용에 기반하여 '세계'를 이해할 때 당연한 것으로 생각된다. 따라서 반야통찰상담의 수련 과정에 계 · 정 · 혜가 중요하다는 것을 인정하게 된다.

그러나 상담자가 준비되어 있다면 상담자의 삶과 연결된 부분을 다루어야 해요. 상담은 미묘한 학문이어서 상담자의 삶과 상담자의 능력이 불가분의 관계로 상담자의 경험이 곧 상담 능력이 되지요. (그렇지요.) 상담자가 자신의 삶의 경험에 대해 어떻게 지각하고 다루었느냐? 그 경험들에서 어떻게 발달했느냐? 하는 것이 바로 상담자의 능력이지요. 우리가 하는 상담은 상담자가 도구이고 방법이며 수단이기 때문에 상담자의 삶이 관리되고 통찰되어 있으면 상담의 안정감이 높아질 수 있겠지요. 그래서 어제 상담자의 유능성과 관련된 부분을 찾아서 거기까지는 다루었는데 오늘 도전한다면 그다음 주제가 뭐냐면…… 자, 내담자의 문제를 한 단어로 표현한다면 뭐였지요?

수련생 1: 슬픔.

수련자 2: 그래요. 지금 선생님이 말한 그 슬픔을 조금 더 안으로 들어가 보면 선생님 삶의 (슬픔) 슬픔으로 연결해야 한다는 거예요.

수련생 2: 그렇지요. (하하하) 거기까지는 이해를 했는데…… 그러면 나의 슬픔?↗ 많이 있지요. 슬픔을 얘기한다면.

수련자 3: 뭐, 슬픔이야 많지요. 그런데 이게 그 내담자의 그…… 장면…… 이 결국에는 나의 어떤 부분을 건드리기 때문에 그렇지요.

수련생 3: (약간의 침묵) 직면하고 싶어 하지 않는 그런 부분과 연결되어 있다.

수련자 4: 그걸 굳이 슈퍼바이저에게 언어로 표현할 필요는 없어요. 그렇지만 그 아이의 슬픔과 유사한 것이 나를 건드리고 있다는 것을 연결해서 내가 정직하게 이해할 필요는 있지요.

수련생 4: 나도 그 부분을 생각해 봤어요. 이게 나의 뭐와 연결되어서 이렇게 힘들어 할까? 이런 부분들을 생각해 봤어요. 그래서 슬픔일까? 이렇게 뒤집어 보면 나에게 오는 슬픔들이 뭐 한두 가지야? 그렇긴 하지만 지금 현재의 입장에서 딱히 슬픔이 그걸로 인해서 올라온다 이런 것은 없어요. 그런 부분은 없는데 그러면 이게 상담이 진행되지 못했다는 그런 부분이 좀 뭘까?

수련자 5: 그것을 선생님이 의식하지 못하지만 선생님에게는 지금 남아 있는 것이 있어요.

수련생 5: 그러니까 그럴 거 같은 생각이 들긴 한데……

수련자 6[14]: 의식하는 것과 내가 정직하게 그것들을 바라보는 것은 달라요. (그래요?) 내가 '그것이다'라고 인지해서 그것이 '뭐다' 이렇게 하는 것과 그냥 그것 자체를 정직하게 하염없이 바라보는 것은 다른 거지요. 그래서 실제 상담에서 효과는 '아! 내가 이런 거 때문에 슬픔이 있었네요.'라고 그런 것을 언어나 생각으로 이해한다고 해서 그게 해결되지는 않아요. 그래서 그것보다는 더 강력하고 효과적인 방법은 스스로 그것을 정직하게 인정하면서 내 안에서 일어나고 있는 것들을 경험하면서 흘려보내는 거예요. 그래서 그 아이가 울고 그럴 때 그거를 인정하면서 흘려보내도록 해 주는 이런 작업들, 일종의 그건 뭐랄까 ↗ 좀 어떤 의식ritual 같은 것이기도 한데 그런 게 더 효과적이지요. 이 정서를 표현하게 하고 쓰다듬어 주고 어루만져 주기보다는 그것들을 있는 그대로 허용적인 분위기에서 경험시켜 주면서 떠나보내는 작업을 해 주는 게…… (애도! 애도 작업이네. 그것도요.) 그렇지. 일종의 애도 작업이기도 하지요. 그런데 그 애도 작업의 전제는 상황이 일어났을 때 충분히 그 상황을 경험하지 못하고 빨리 봉합시켜 버린 거잖아요. 그게 충분히 경험되지 못하고 남아서 지금까지 영향을 미치는 것이기 때문에 그거를 떠나보내는 작업이지요. 그런데 그것을 상담 과정에서 내담자에게 그걸 굳이 언어로 해라. 네가 이해 못했냐? 이런 인지적, 언어적 차원이 아니라 그냥 그 아이가 눈물을 흘릴 때 편안하게 그 과정 자체에 몰입해서 할 수 있도록 해 주면 그걸로 치유가 되는 거예요.

수련생 6: (5초 정도 침묵) 정직하게 내 슬픔을 바라보는 것.

수련자 7: 거기까지입니다. 그래서 그거에 대해서 선생님이 아직은 그렇다, 아니면 그렇게 경험했다고 한다면 그런 것이고요.

[14] 수련자 6에서 상담자의 정직성이 무엇인지 잘 나타난다. 상담자가 내담자의 문제를 파악할 때 사실에 근거하기보다는 상담자 자신의 주제와 연결시키고 있다는 것을 인식해야 한다는 것을 설명한다. 그리고 그것이 무엇인지 내 안에서 찾아 일어나고 있는 것들을 머물며 경험하고 흘러 보내기를 해야 한다는 해결 방법까지 알려주고 있다. 이러한 접근은 일반 상담의 슈퍼비전에서는 볼 수 없는 부분이다.

수련생 7: 그때는 인지를 못하고 의식화되지 않는 그런 슬픔…… 그거야↘ (3초 침묵) 뭐. 남편이 떠났을 때 그런 것도 있고, (3초 침묵) 자식들하고의 관계에서 그닥 부대끼고 살았으니까 슬픔이라고 하기에는 좀 그렇고, 그런 것이 지금 남아 있다면은 그게 있지요. 그런데 남편이 갔을 때 그전에 10년 동안이나 떨어져서 살았거든요. 떨어져 산 후에 갑작스럽게 죽는다고 연락이 왔을 때는 좀 충격이었지요. 그 뒤로 한달 반 정도 병간호하면서 지켜보고 병원에 왔다 갔다 하면서 그냥 덤덤하게 이게 언제까지나 갈까 그런 생각들을 했었는데 실제 이렇게 만져 보고 뭘 주고 이렇게 했을 때의 그 존재감이 그래도 있었어요. 그런데 막상 가고 나니까…… (5초 침묵) 그게 떠나보내는 슬픔인가 보네요.

수련자 8: 그래요. 사례 슈퍼비전 때 그 말에 나도 마음이 좀 아프기도 하고 불편했었는데 선생님이 그 아이에게 "엄마를 보고 싶구나." 하고 말했다고 했잖아요? 선생님이 그렇게 말하니까 아이가 뭐라고 했다 했지요?

수련생 8: 멀리 있다고 했어요. 하하하.

수련자 9: 하하하. 그래서 멀리 있어서 어쩐다고 그랬지요? 선생님이?

수련생 9: 그 애가 못 간다고요.

수련자 10: 그랬는데 선생님이 뭐라고 그랬어요? 못 간다고 하니까요?

수련생 10: 내가 자동차 있어서 갈 수 있어. 그랬어요.

수련자 11: 그래요. 하하하. 거기에 선생님의 핵심적인 내용이 들어 있었어요. 그래서 사실은 그 아이 때문에 상담을 못한 것이 아니고 선생님이 더 이상 못 나갔기 때문에 상담이 drop된 거예요.

수련생 11: 아, 멀리 있었구나. (네) 그 부분에 전혀……

수련자 12: 그러니까 그게 선생님이 몸으로 경험해서 느낌으로 가지고 있는 것과 그냥 알고는 있지만 그것을 눌러놓으면서 밀쳐놓은 것은 달라요. 사실 선생님이 상담을 하다 보면 그런 주제를 많이 만나지요. 이혼과 결별, 죽음, 상처 등 이런 것들과 관련된 슬픔의 주제를 만날 때마다 선생님이 이런 내용에 대해 스스로 작업을 안 해 놓으면 내담자가 흔들리며 주제를 막 펼쳐 놓을 때 일단 선생님이 접근을 못해서 거기에 머물 수가 없어요. 이미 나도 그런 경험의 상처가 온전히 아물지 않았고 나는 회복된 자, 건너온 자가 아닌 상태에서는 그 것을 다루어 줄 수가 없지요.

수련생 12: 그렇겠네요. 그래서 그 뒤로 정말 누구한테도 말 못하는 그런 상실감이 있었지요. (그럼)

……(중략)……

수련생 15: 그런 말은 아이들하고도 같이 할 수가 없지요. 말은 못하고 한두 달 동안 은 밖에도 못 나가고 집에서만 있었어요.

……(중략)……

수련생 17: 애들한테 그런 얘기를 해 봐야 그 애들도 똑같은 입장인데요. 막상 있다 가 없어진 것에 대한 그게 아! 굉장히 큰 충격이었어요.

……(중략)……

수련생 18: 그래서 그걸 혼자 굉장히 나도 당황스러웠어요. 내가 그렇게 상실감을 느끼리라고는 생각을 못했지요. 10년 동안이나 떨어져 있었고 전혀 나하고는 무관한 사람으로 생각하며 지냈는데 갑자기 (그걸 의식으로 눌러놓은 거지 요.) 그랬을 수도 있지요. 그리고 막상 딱 가 버리니깐 아! 언제 있었나? 내 눈 에 이렇게 형체가 보였던 것이 갑자기 없어졌으니까 이렇게 만져볼 수도 없 는 그런 상황이 되니까 굉장히 상처가 되어서 혼자서 말도 못하고 울지도 못 하고 그게 두어 달이네요.

수련자 19: 그래요. 선생님이 지금 이런 표현, 이런 정서적인 노출이 필요했어요. 그 리고 해야 해요.

수련생 19: (5초 침묵) 아! 이렇게 허망하구나. 사람이라는 존재가 이렇게 허망하구 나. 아! 어떻게 말할 수도 없고 그랬어요.

수련자 20: 그래요.

수련생 20: (10초 침묵) 그래서 혼자 그것을 상실감이 굉장히 커서 내가 끙끙 앓으면
서 몸살을 쳤던 거지요. 한두 달 몸살을 치르고 그 상실감이 좀 더 옅어지는
그런 상태가 되니까 '아! 내 짐을 벗었구나.' 그런 생각이 들면서 조금 회복이
된 거지요.

수련자 21: 그게 상실감에서 (네) 짐을 벗었다는 표현으로 달라졌네요. 그렇게 가지
요. 그리고 이런 경험이 선생님의 삶을 좀 더 직시하게 하고 남은 시간들을 더
잘 쓸 수 있는 계기가 되었잖아요. 남편이라는 인연 그리고 남편의 죽음이 선
생님 노후의 삶을 더 의미 있게 살아갈 수 있는 그런 경험을 하게 했잖아요.

수련생 21: 그러니까요. 떨어져 살면서도 언젠가는 그 사람의 죽음이 올 거라는 건
예상을 하고 있었지요. 갑자기 이렇게 죽음의 문턱에 있다고 병원에서 연락이
왔을 때 굉장히 당황스러웠지요. 그렇게 한 달 반 정도가 지나간 거지요. 그게
우리한테는 굉장히 귀중한 시간이었어요. (가족으로서 아이들에게도⋯⋯)

수련자 22: 가족이 서로 만족할 만큼 시간이 길지는 않았지만 그래도 그 시간들이
과거에 갈등했던 시간들을 조금 완충하는 시간들이 되었기 때문에⋯⋯

수련생 22: 그렇지요. 해소하는 시간이었지요. 우리한테는 굉장히 감사한 시간이라
고 생각했어요. 그때, 음⋯⋯ 누군가가 있어서 우리한테도 또 이런 시간을 줬
구나. 그러니까 애들한테도 이건 귀찮은 시간이 아니라 아버지랑 마무리하는
시간이다. 그러니까 우리가 최선을 다해서 이게 몇 달이 될지 몇 년이 될지는
잘 모르겠다만은 너희 아버지 갈 때까지 하자, 이렇게 얘기했던 시간들이⋯⋯
참 마지막에 그때 가족사진을 못 찍어놓은 게 두고두고 아쉬워요. 아이들이
아버지를 부축해서 휠체어에 앉아서 밀고 다니는 거 그런 것을 찍었어야 됐
는데 그것을 못 찍었어요. 그것이 마지막인데⋯⋯

수련자 23: 그게 아쉬움이긴 할 수 있는데 가족에게 그게 사진으로 남아 있지 않다
고 하더라도 이미 경험으로 남아 있지요.

수련생 23: 그래서 우리에게 마무리할 시간을 이렇게 주었구나. 또 마지막 문턱에서

다 죽어 갔는데 심폐 소생술로 살려서 병원에서 연락이 왔거든요. 그리고 일

주일간을 의식 없이 누워 있었던 거지요.

······(중략)······

수련생 24: 의식을 차렸다고 연락이 와서 만났는데 눈을 뜨고 보자마자 내 손을 턱

잡더라고요. "내가 이 손을 못 잡고 죽을 줄 알았다."고 그러면서 내 손을······

수련자 25: 서로 떨어져 살면서도 아내와 가족에 대해 그리워했군요.

수련생 25: 그러니까요. (8초 침묵) 그래도 나 나름대로 작업을 했어요. 49제를 집에

서 지내 주었어요.

수련자 26: 그런 시간들이 선생님에게는 스스로 애도 작업을 하는 시간이었네요.

(그렇지요.) 그래서 이 정도로 견딜 수 있는 거지요. 그렇지만 어찌되었건 그

런 유사한 상황에 선생님이 직면했을 때 편하게 받아들인다.↗ 이미 그것을

넘어간 자, 살아남은 자, 회복된 자로서는 아니라는 거지요.

수련생 26: 그런데 내가 누구에게 의지해서 눈물을 흘리면서 이야기를 하는 것이 오

늘이 처음이에요. (그렇지요.) 그러니까 그 전에는 혼자서 집에서 애도 작업을

할 때 큰아들이 7주 동안 한 번도 안 빠지고 작은 아이는 멀리 있어 못 올 때

도 있었지만 그렇게 둘이 차례도 지내고 예불문도 읽어 주면서 (그래요.) 그렇

게 시간을 다 보내고 일이 끝났다고 생각했는데 그 상실감이 한동안은 없어

지지 않고 남아 있더라고요.

수련자 27: 그건 정상이지요.

수련생 27: (10초 침묵) 그리고 시간이 지나면서 좀 상실감이 옅어지고 회복이 되어가

면서 '아! 내가 이제 완전히 짐을 벗었구나.' '남편으로서 내 남자로 해서는 이게

다 끝났구나.' 하는 생각이 드니까 오히려 홀가분한 것도 같고······ (그렇지.)

······(중략)······

수련생 28: 그래도 남편이었고 애들 아빠였으니까요. 어제 저녁 꿈에 봤어요.

수련자 29: 말은 안 했어도 나는 선생님이 그 아이의 슬픔에 대한 이야기를 할 때

그것은 그 아이의 문제가 아니라 온전히 선생님의 문제라는 것을 알고 있었
지요.

수련생 29: 전혀 의식을 못했어요. 그게 연결되어 있다는 것 자체도 그때는 인식을
못하고 불편하기만 했지요. '그 아이를 어떻게 달래야 되나?' 그런 생각뿐이
었어요.

수련자 30: 그래서 내가 선생님한테 물었잖아요. 왜 이 문제를 지금 다루려고 하느
냐고요.

수련생 30: 그러니까 그때도 인식을 못해서 그냥 (한숨 같은 헛웃음) 내가 그렇게 말
함으로써 그 아이가 더 울게 됐고 두 시간 반 동안 더 울었다고 해서 '많이 슬
픔을 줬구나.' 그런 생각 때문에 마음이 불편했지요.

수련자 31: 그래요. 그래서 내가 선생님에게 사례 슈퍼비전이 끝나고 나서 우리가
다루지 않은 더 깊은 내용이 있는데 슈퍼비전 녹음을 들어 보면서 그것을 찾
아서 그 언저리라도 가면 다루고 못 찾으면 그냥 넘어간다고 했지요? 그런데
선생님이 어젯밤에 남편 꿈을 꾸었다고 오늘 이야기를 했어요. (네)

수련생 31: 이상하니 또 왔더라고요. 우리가 누워 있는데 천연덕스럽게 왔어요. 내
가 어떤 어린아이를 재우는데 고개가 반듯하지 않으니까 베개를 베어 반듯하
게 하려고 하고 있는데 남편이 와서 옆에 누워 있는 거예요. 아이가 깰까 봐
말을 많이 못하고 그렇게 있었는데 어느 순간 아이가 깨서 밖으로 나가더라
고요. 그래서 당신 때문에 아이가 깨어 그런다 하면서 아이가 나가니까 그런
가 보다 하고 바라보고 있는데 어떤 새로운 여자가 또 와서는 나에게 "왜 거
기 누워 있어요?" 하면서 나한테 거기 있지 말고 빨리 옷 입고 나오래요. 그
래서 여기를 쳐다보니까 여기는 아무렇지도 않게 누워 있는 거야. (남편이
요?) 네. 그래서 여기 있어야 되나? 그러면서도 그 여자가 빨리 옷 입고 나오
라고 하니까 머리 위에 걸어 놓은 외투를 주섬주섬 걸쳐 입고 나왔어요. (거
기까지?) 네.

수련자 32: 엄청 중요한 작업을 했네요.

수련생 32: 허허허. 새로운 곳으로 이제 나간다는 거잖아요.

수련자 33: 그래요. 꿈으로 작업을 많이 했네요.

수련생 33: 그러니까요. 느닷없이 이상한 꿈도 다 꾸네요.

수련자 34: 그래요. 사례 슈퍼비전에서는 사실 남편과 관련된 어떤 이야기도 없었는데 (그렇지. 없었어요.) 선생님이 (꿈을 꾸었어요.) 선생님 안에서는 그게 맞닿아 있었던 거지요.

수련생 34: 그렇구나! 그게 거기서 만났구나.

수련자 35: 아이의 슬픔에서 이미 만나 있었네요. (그럴지도 모르겠네.) 이게 바로 상담에서 하는 정직성의 작업이에요. 이 작업이 되어야만 새로운 어떤 것이…… (그렇구나.)

수련생 35: 평면상으로는, 의식적으로는 그걸 전혀 의식하지 못했어도……

……(중략)……

수련생 37: 말하지 않았어도 내가 슬프다고…… (그렇지요.) 내 슬픔이다.

수련자 38: 그러면서 그 아이가 멀리 있다고 하는 걸 선생님이 선생님의 언어로 이야기를 했어요. (네) 차로 데려다 줄 수 있다고요. (네) 그것이 선생님이 어디까지 작업을 할 수 있나? 하는 정도예요. 내가 이해하는……

수련생 38: 작업을 할 수 있다는 거예요? 때가 되었다?

수련자 39: 그렇지요. 그게 그 아이가 엄마는 멀리 있다고 그러니까 선생님이 "어떡하냐 못 가겠다." 하는 것하고 "내가 차가 있으니까 데려다 줄 수 있어." 하는 것은 굉장히 다른 지점에 있지요.

수련생 39: 아~ 그런가요?

수련자 40: 그래요. 그래서 어디까지 갈 수 있는가? 이 내담자가 상담의 과정에서 어디까지 갈 수 있는가도 이게 평가가 돼요. 내담자가 쓰는 언어 안에서요.

수련생 40: 아하! 그런 거였구나. (10초 침묵)

……(중략)……

수련생 44: 그랬구나. (5초 침묵)

수련자 45: 그래서 선생님한테도 이런 작업이 필요했어요. 혼자 하는 작업도 좋지만 누군가와 이렇게 펼쳐서, 내 표현으로는 햇빛을 쐰다고 할게요. 이렇게 좀 벌려서 바람을 쐬게 해 주는 작업이 필요했어요.

수련생 45: 그렇지요. 마음속에만 담고 있었던 것인데……

수련자 46: 그런데 이제 내가 조금 더 이야기를 하자면 선생님이 오늘 흘린 눈물은 의미가 있어요. 선생님이 말했잖아요. 누구한테도 이런 이야기를 해 본 적이 없다. 그리고 사실 여기서 운다는 것은 마음에 걸리는 일일 수도 있는데 올라온 감정에 대해서 아주 정직했고↗ 내가 보기에 눈물을 조금 더 흘렸어야 돼. (흐흐흐) 눈물이 절반밖에 안 나왔어요. 오늘……

수련생 46: 그래요. 한 시간은 발 뻗고 울어야 돼. 누구처럼요. 하하하.

……(중략)……

수련생 51: 아니, 그래도 어제 저녁에 속으로 그랬어요. 그래, 내가 마음속에 정말 의식하지 못한 게 있다면 이번 기회에 해결하지 뭐. 그런 마음을 가지고 있었어요. 그리고 이제는 때가 되었다고 생각하면 어디든지 그런 것을 해결하려고 마음을 먹고 있어요.

수련자 52: 이번에 이런 작업으로 확실히 기회를 잡은 거네요. 그리고 이제 선생님이 상담을 해 보면 분명히 알 거예요. 이런 작업을 했기 때문에 선생님이 내담자의 슬픔이라든지 애도 작업에서 훨씬 더 시야가 넓어지고 견뎌 주는 힘이 생겼어요. 이런 작업이 안 되어 있는 상태에서 내담자를 만나면 나를 막 출렁이게 하기 때문에 그게 접근이 잘 안 돼요.

다음은 슬픔의 눈물 상담사례의 슈퍼비전 과정을 공부한 후 수련생들이 평가한 내용이다.

총평 1

반야통찰상담의 슈퍼비전은 반야통찰상담 과정과 동일한 원리에 기반을 두고 이루어지는 것을 알 수 있다.

- 상담과 마찬가지로 지금·여기에 반야로서 이어보며 머묾에 기반을 두고 수련생의 현 지점을 확인하면서 진행된다.
- 수련생의 내담자에 대한 묘사와 설명은 실제가 아닌 상담자의 세계에서 인식한 것이라는 것을 알고 상담자의 사례개념화 내용을 점검한다. 반야통찰상담은 사례개념화를 하지 않는다.
- 수련생의 사례 슈퍼비전에서 나타나는 괴로움은 유능감, 정직성, 자기 삶의 주제와 연관되어 있다는 것을 수련자는 알고 보면서 수련생의 언어 안에서 수련생이 언급하는 지점에서 다룬다.

총평 2

반야통찰상담적 슈퍼비전은 반야통찰상담에서 '내담자는 상담자와 지금·여기에서 마주 보고 있는 사람이다'라는 동일한 맥락에서 수련생 자신의 마음 작용을 상호 의존적 발생 관계 원리에 따라 지금·여기를 있는 그대로 경험하게 한다.

총평 3

반야통찰상담 슈퍼비전의 과정에서 상담자가 슈퍼비전을 받고자 하는 사례의 내담자에 대해 글이나 언어로 묘사하는 모든 내용은 상담자가 경험한 인식의 세계로, 상담자의 기대, 의도, 바람이 사례 이해에 어떻게 구현되는지를 볼 수 있다.

총평 4

반야짝쿠慧眼 paññācakkhu가 있는 반야 수련자는 사례 슈퍼비전을 받고자 하는 수련생에게 자신의 인식 세계를 펼쳐 볼 수 있는 조건이 되어 준다. 그러면서 사례에 대한 기법적 접근이 아니라 수련생이 사례에 대한 모든 이야기는 자신의 마음작용임을 지금 · 여기에서 고요와 평화로 경험하게 하는 과정을 보여 준다.

약어 略語 abbreviation

ACT: Acceptance and Commitment Therapy

AN: Aṅguttara-nikāya

CPD: Critical Pāli Dictionary

DBT: Dialectical Behavior Therapy

DN: Dīgha-nikāya

DPPN: G. P. Malalasekera's Dictionary of Pali proper Names

LMK: Loving Kindness Meditation

MBCT: Mindfulness-Based Cognitive Therapy

MBSR: Mindfulness-Based Stress Reduction

MBRP: Mindfulness-Based Relapse Prevention

MN: Majjhima-nikāya

MSG: Mindful Self-Compassion Training

PED: Pāli-English Dictionary

PTS: Pāli Text Society

SN: Saṃyutta-nikāya

ZT: Zen Therapy

참고문헌

각묵 스님(2007). 디가니까야 1권. 울산: 초기불전연구원.

각묵 스님(2009). 상윳따니까야 1권. 울산: 초기불전연구원.

각묵 스님(2009). 상윳따니까야 4권. 울산: 초기불전연구원.

강진령(2008). 상담심리 용어 사전. 경기: 양서원.

권경희(2002). 붓다의 상담, 꽃향기를 훔치는 도둑-잡아함경에 나타난 부처님의 상담사
    례-. 경기: 도피안사.

권경희(2007a). 한국 불교 상담의 현황. 교불련 논집 13, 191-213.

권경희(2007b). 불교 상담의 기본적 구성요소에 대한 고찰. 불교와 심리 2, 71-96.

권경희(2010a). 초기 불교와 서양 상담심리학의 성장 이론에 대한 비교 연구-서양심
    리학의 3대 세력과 니까야를 중심으로-. 한국불교학 58.

권경희(2010b). 현대 상담심리학에서 본 중아함경에 나타난 붓다의 교화 사례연구:
    상담 과정, 호소문제, 상담기법을 중심으로. 한국심리학회지: 상담 및 심리치료
    22(4), 949-971.

권석만(2003). 현대 이상심리학. 서울: 학지사.

권희경(1999). 상담자의 태도 및 저항에 대한 개입이 저항감소와 상담지속에 미치는

영향. 고려대학교 대학원 박사학위 논문.

김영근(2013). 치료적 요인으로서 상담자 요인에 대한 내담자의 인식 차원. **한국심리학회지: 상담 및 심리치료** 25(2), 203-226.

김영혜, 이혜성(2002). 상담 과정에서 내담자의 자각과 통찰에 영향을 주는 상담자의 언어 반응들. **상담학 연구** 3(1), 235-254.

김창대(1994). 상담과학의 문화적 맥락. **청소년 상담연구** 2, 19-41.

김창대, 권경인, 한영주, 손난희(2008). 상담성과를 가져오는 한국적 상담자 요인. **상담학 연구** 9(3), 961-986.

김형효(2008). **사유하는 도덕경.** 서울: 소나무.

냐나뽀니까 스님(1987). **사리뿟따 이야기**(이준승 역). 서울: 고요한 소리.

냐나뽀니까 스님(1988). **법륜·아홉 다섯 가지 장애와 그 극복 방법** (재연 역). 서울: 고요한 소리.

대림 스님(2005). **청정도론의 위방가.** 울산: 초기불전연구원.

대림 스님(2006). **앙굿따라니까야 2권.** 울산: 초기불전연구원.

대림 스님(2007). **앙굿따라니까야 4권.** 울산: 초기불전연구원.

대림 스님(2012). **맛지마니까야 1권.** 울산: 초기불전연구원.

대림, 각묵 스님(2002). 공동번역 및 주해: **아비담마 길라잡이. 상, 하.** 아비담맛타 상가하 역해(Abhidhammattha Sangaha). 울산: 초기불전연구원.

대림, 각묵 스님(2004). **아비담마 길라잡이 상.** 울산: 초기불전연구원.

마성(2004). 위빠사나 명상의 이론과 실제. 고집멸도(DSNM)명상상담. **여름 연수회 자료집.** 명상상담 연구원.

마성(2016). **초기불교에서 본 깨달음.** http://blog.daum.net/riplmaseong/374에서 검색.

마스다니 후미오(1987). **붓다, 그 생애와 사상**(반영규 역). 서울: 대원정사.

마이템플(2010). **불교경전이나 게송에서 같은 말이 반복되는 이유는?** https://blog.naver.com/adbank/140102571892에서 검색.

명법(2009). 선종과 송대 사대부의 예술정신. 서울: CIR.

무념, 웅진 스님 역(2008). **법구경 이야기 2권**. 서울: 옛길.

박성현(2017). 동양 상담적 상담기법. 한국상담심리학회 하계 학술 연수.

박진형(2018. 01. 12.). 美 마음챙김 열풍…… 벌써 $10억 규모 중소기업부터 대기
　　업까지 사원복지 수단으로 '각광'. **현대불교**. http://www.hyunbulnews.com/
　　news/articleView.html?idxno=294775에서 검색.

박찬욱(2010). 불교상담 프로그램 개발과 효과성 연구. 동국대학교 대학원 박사학위
　　논문.

박훈천, 이춘옥(2005). 원시불교에서의 중에 대한 오해. **한국불교학 43**, 37-82.

비구 보디(2016). **팔정도**(전병재 역). 서울: 고요한 소리. (원저 출판 1994).

서현희(2007). 다섯 가지 장애(pañca-nīvaraṇā, 五蓋)의 수행적 위상에 대한 고찰. **동
　　서사상 3**.

설기문(2002). Milton H. Erickson의 비지시적 최면치료에 있어서의 인간중심의 원
　　리. **한국심리학회지: 상담 및 심리치료, 14**(2).

성본 스님(2005a). **벽암록 이야기**. 서울: 불교신문 2142호.

성본 스님(2005b). **벽암록 이야기**. 서울: 불교신문 2143호.

송광일(2012). **기적의 채소**. 서울: 청림Life.

신기철, 신용철(1981). **새우리말 큰 사전 11판**. 서울: 삼성출판사.

신중일(2013. 01. 01.). 마음산업' 宗家는 불교…… 역수입, 바라만 볼 것인가. 기
　　획 마음산업 & 불교. 불교 마음산업 어디까지 왔나. **현대불교**. http://www.
　　hyunbulnews.com/news/articleview.html?idxno=274195에서 검색.

실론섬(2014. 07. 12.). 지금 · 여기. http://blog.daum.net/gikoship/15780848에서
　　검색.

실론섬(2014. 12. 08.). **빠알리어 경전의 반복구문에 대하여**. http://blog.daum.net/
　　gikoship/15780680에서 검색.

안도 오사무安藤治(2010). 심리치료와 불교; 선과 명상에 대한 심리학적 이해와 접근(인경
　　스님, 이필원 공역). 서울: 불광출판사. (원저 출판 2003).

앙리 베르그송(2002). 웃음: 희극성의 의미에 관한 시론(정연복 역). 서울: 세계사. (원저
　　출판 2000).

오쇼 라즈니쉬(2001). 반야심경(손민규 역) 서울: 태일출판사. (원저 출판 1978).

오효정, 박세원(2015). 내담자의 눈물 체험에 관한 존재론적 탐구: Ms. Sisyphus의 남
　　성 감옥 탈출기. 교육인류학 연구 18(3), 37-96.

운허용하(1983). 불교사전 12판. 서울: 동국역경원.

유성애(2010). 도덕경에 나타난 인간중심 상담원리. 서울: 학지사.

윤창화(2012). 당송 시대 선종 사원의 생활과 철학. 서울: 민족사.

윤호균(1983). 삶, 상담, 상담자 – 심리상담에 대한 동양적 접근 –. 서울: 문지사.

윤희조(2009). 불교에서 실재와 언어적 표현의 문제–초기불교부터 초기중관까지의
　　자성과 이제를 중심으로–. 서울불교대학원대학교 불교학 박사학위 논문.

이나은(2012. 12. 30.). 동아시아서 전파된 불교……마음산업으로 역수입 [마음산업
　　& 불교] 서구 마음산업을 이끄는 사람들. 현대불교. http://www.hyunbulnews.
　　com/news/articleView.html?idxno=274182에서 검색.

이동식(1987). 한국인의 주체성과 도. 서울: 일지사.

이선미(1997). 한국적 상담 이론의 필요성에 대한 고찰. 동국대학교 교육대학원 석사
　　학위 논문.

이수림, 양미진(2009). 질적 분석을 통한 상담 과정 중 내담자 지혜 발달 연구. 한국심
　　리학회지: 상담 및 심리치료 21(4), 791-813.

이수림, 조성호(2009). 상담자 발달과 지혜에 관한 연구: 상담자 발달수준에 따른 상
　　담자의 지혜 비교. 한국심리학회지: 상담 및 심리치료 21(1), 69-91.

이수림, 조성호(2010). 상담자의 지혜가 상담 과정 및 상담 성과에 미치는 영향. 한국
　　심리학회지: 상담 및 심리치료 22(1), 71-94.

이승희(2016. 11. 11.). 서양식 상담 불완전…… 眞如 만나는 불교 필요. 현대불교 http://www.hyunbulnews.com/news/articleView.html?idxno=289285에서 검색.

이유미(2017). 중도(中道) 이 시대의 길. 중도포럼 2017. 서울: 고요한 소리.

이윤주, 양정국(2007). 은유와 최면. 서울: 학지사.

이은경, 양난미, 서은경(2007). 한국에서의 상담에 대한 질적 연구. 한국심리학회지: 상담 및 심리치료, 19(3), 587-607.

이장호(2005). 상담심리학(4판). 서울: 박영사.

이장호, 김정희(1989). 동양적 상담이론 모형의 탐색. 한국심리학회지: 상담 및 심리치료 2(1), 5-15.

이장호, 정남운(1998). 대인 관계적 상보성과 상담성과. 한국심리학회지: 상담 및 심리치료 10(1), 95-119.

이정윤, 서영석(2017). 상담 과정에서 의미 있었던 내담자의 눈물 경험에 대한 현상학적 연구. 한국심리학회지: 상담 및 심리치료 29(3), 553-576.

이중표(2009). 아함의 중도체계. 서울: 불광출판사.

이중표(2017). 불교란 무엇인가? 사념처와 육촉연기. https://cafe.naver.com/mettacafe/1781에서 검색.

이홍만(2009). 붓다의 무기에 관한 고찰 A study on the silence of Buddha. http://ockin.tistory.com/843에서 검색.

이희백(2011). 공감(共感)과 주객일치(主客一致); Empathy and subject-object congruence. 동서정신과학 14(1), 33-49.

이희재(2007). 般若사상의 현대적 의의. 한국불교학 48.

임승택(2012). 인문치료와 불교명상. 철학연구 12, 150-152.

임승택(2016). 반야의 치유, 그 원리와 활용-초기불교를 중심으로-. 범한철학, 80, 1-29.

전나미(2005). 법화경에 나타난 붓다의 상담. 서울불교대학원대학교 석사학위 논문.

전재성 역주(2007). **앙굿따라니까야**. 4. 서울: 한국빠알리성전협회.

전재성 편저(2005). **빠알리-한글사전** The pali-korea Dictionary(PKD). 서울: 한국 빠알리성전협회.

정문자, 정혜정, 이선혜, 전영주 공저(2013). **가족치료의 이해(2판)**. 서울: 학지사.

정준호(2018. 08. 06.). BTN 뉴스. http://www.btnnews.tv/news/articleView.html?idxno=49084에서 검색.

정혜자(1992). 석존 교설에 의한 상담심리연구. 동국대학교 불교대학원 석사학위 논문.

주성옥(2012). 심리치료의 언어로서 은유와 그 불교적 의미. **동아시아 불교문화** 12, 33-57.

청화 역주(2003). **육조단경**. 서울: 광륜출판.

최연실, 김희정(2011). 청소년의 상담 사례에 대한 대화분석의 적용 연구-상담자 의도와 구조적 특징을 중심으로-. **상담학 연구** 12(3), 793-809.

최종석(2009). 붓다와 예수의 웃음-갈등과 충돌에서 해탈과 해방으로-. **종교연구** 53, 39-69.

틱낫한(2013). **힘: 멈출 수 있는 힘이 진정한 힘이다**(진우기 역). 서울: 명진출판.

한국청소년상담복지개발원(2015). **2014 상담사례연구집**. http://www.kyci.or.kr에서 검색.

한국청소년상담복지개발원(2016). **2015 상담사례연구집**. http://www.kyci.or.kr에서 검색.

현각(2000). **오직 모를 뿐**. 서울: 물병자리.

홍희기(2002). 한국적 상담 이론의 정립을 위한 탐색적 연구. 연세대학교 교육대학원 석사학위 논문.

활성 스님(2017). 기조법문. **중도포럼 2017; 중도(中道) 이 시대의 길**. 서울: 고요한 소리.

활성 스님, 김용호 편집(2016b). **지식과 지혜**. 서울: 고요한 소리.

활성 스님, 김용호 편집(2016a). **지금 · 여기 챙기기**. 서울: 고요한 소리.

활성 스님의 고요한 소리1부(2019.03.19.). -정목 스님의 나무 아래 앉아서-. 출가열

반절특집1. BTN. http://www.youtube.com/watch?v=P4Tm-F93fUk에서 검색.

AN Aṅguttara-nikāya, Vol. I. Morris, R. (Eds.) (1961). London: Pali Text Society.

AN Aṅguttara-nikāya, Vol. II. Morris, R. (Eds.) (1976). London: Pali Text Society.

AN Aṅguttara-nikāya, Vol. III. Hardy, E. (Eds.) (1976). London: Pali Text Society.

AN Aṅguttara-nikāya, Vol. IV. Hardy, E. (Eds.) (1979). London: Pali Text Society.

DN Dīgha-nikāya, Vol. II. Rhys Davids, T. W., & Carpenter, J. E. (Eds.). (1966). London: Pali Text Society.

DN Dīgha-nikāya, Vol. III. Carpenter, J. E. (Eds.). (1976). London: Pali Text Society.

MN Majjhima-nikāya, Vol. I. Trenckner, V. (Eds.). (1979). London: Pali Text Society.

MN Majjhima-nikāya, Vol. II. Chalmers, R. (Eds.). (1977). London: Pali Text Society.

MN Majjhima-nikāya, Vol. III. Chalmers, R. (Eds.). (1977). London: Pali Text Society.

SN Saṃyutta-nikāya, Vol. I. Feer, M. L. (Eds.). (1991). London: Pali Text Society.

SN Saṃyutta-nikāya, Vol. II. Feer, M. L. (Eds.). (1989). London: Pali Text Society.

SN Saṃyutta-nikāya, Vol. III. Feer, M. L. (Eds.). (1975). London: Pali Text Society.

SN Saṃyutta-nikāya, Vol. IV. Feer, M. L. (Eds.). (1990). London: Pali Text Society.

SN Saṃyutta-nikāya, Vol. V. Feer, M. L. (Eds.). (1976). London: Pali Text Society.

Anderson, H., & Goolishian, H. (1988). Human system as linguistic systems: Preliminary and evolving ideals about the implications for clinical theory. *Family Process, 27,* 371-393.

Anderson, H., & Goolishian, H. (1992). The client is the expert: A not-knowing approch to therapy. In S. Mcnamee & K. Gergen (Eds.), *Therapy as social construction.* Newbury park, CA: Sage publications.

Ardelt, M. (2000). Antecedents and effects of wisdom in old age: A longitudinal perspective on aging well. *Research on Aging, 22*(4), 360–394.

Arkowitz, H. (1997). Integrative theories of therapy. In P. L. Wachtel & S. b. Messer (Eds.), *Theories of psychotherapy: Origins and evolution* (pp. 227–288). Washington, DC: American Psychological Association.

Asanga Tilakaratne (2007). 열반 그리고 표현불가능성: 초기불교의 언어 · 종교철학 (공만식, 장유진 공역). 서울: CIR.

Baer, R. A. 편저(2009). 마음챙김에 근거한 심리치료(안희영, 김재성, 박성현, 김영란, 조옥경 공역). 서울: 학지사. (원저 출판 2006).

Baltes, P. B., & Staudinger, U. M. (1995). Wisdom. In G. L. Maddox(Ed.), *Encyclopedia of aging* (pp. 971–974). New York: Springer.

Baltes, P. B., & Staudinger, U. M. (2000). Wisdom: A metaheuristic(pragmatic) to orchestrate mind and virtue toward excellence. *American Psychologist, 55*(1), 122–136.

BBC News 코리아 (2018. 10. 25.). 정신질환이 안락사 허용 기준에 해당되는가? Ronald Hissink/De Stentor. https://1boon.daum.net/bbcnews/20181025090028000 에서 검색.

Biegel, G. M., Brown, K. W., Shapiro, S. L., & Schubert, C. M. (2009). Mindfulness-based stress reduction for the treatment of adolescent psychiatric outpatients: A randomized clinical trial. *Journal of Consulting & Clinical Psychology, 77*, 855–866.

Brach, T. (2014). 마음챙김의 현존: 연민심과 지혜를 위한 기초. G. K. Christopher & S. D. Ronald(Eds.) 심리치료에서 지혜와 자비의 역할(p. 65). (서광 스님, 김나연 공역). 서울: 학지사. (원저 출판 2012).

Breines, J. G., & Chen, S. (2012). Self-compassion increases self-improvement motivation. *Personality and Social Psychology Bulletin, 38*, 1133–1143.

Brazier, D. (2007). 선 치료 (김용환, 박종래, 한기연 공역). 서울: 학지사. (원저 출판 2001).

Buddhapada · 붓다의 발자국. https://www.britishmuseum.org/research/ collection_online/collection_object_details.aspx?assetId=35598001&objectId= 179484&partId=1.

Burns, G. W. (2010). 마음에게 들려주는 101가지 이야기(김춘경, 배윤선 공역). 서울: 학지사.

Capra, F. (1998). 현대물리학과 동양사상(증보개정판)(이성범, 김용정 공역). 서울: 범양사. (원저 출판 1975).

Cartwright, R. D. (1990). A network model of dreams, In R. Bootzin, J. Kihlstrom, & C. Schachter (Eds.), *Sleep and Cognition* (pp. 179-189). Washington, DC: American Psychological Association.

Cartwright, R. D., & Lamberg, L. (1992). *Crisis dreaming: Using your dreams to solve your problem.* New York: Harper Collins.

Chance, P. (2004). 학습과 행동(제5판)(김문수, 박소현 공역). 서울: 시그마프레스. (원저 출판 2003).

Clayton, V. P., & Birren, J. E. (1980). The development of wisdom across the life span: A reexamination of an ancient topic. In P. B. Baltes & J. O. G. Brim (Eds.), *Life-span development and behavior* (pp. 103-135). New York: Academic Press.

Corey, G. (2004). 심리상담과 치료의 이론과 실제(제6판)(조현춘, 조현재 역). 서울: 시그마프레스. (원저 출판 2001).

Corey, G. (2010). 심리상담과 치료의 이론과 실제(제8판)(조현춘, 조현재 역). 서울: 시그마프레스. (원전은 2009에 출판).

Cormier, L. S., & Hackney, H. (1987). *The professional counselor. A process guide to helping*. Englewood Cliffs, N. J. Prentice-Hall.

Critical Pāli Dictionary, vol. 1, 1924-1948 Copenhagen: The Royal Danish Academy.

Dalai Lama, XIV. (2001a). *Ethics for a new millennium*. New York: Riverhead Books.

Dalai Lama, XIV. (2012). Foreword. In C. Germer & R. Siegel (Eds.), *Wisdom and compassion in psychotherapy* (pp. xvii-xviii). New York, NY: Guilford Press.

Dahlsgard, K., Peterson, C., & Seligman, M. (2005). Shared virtue: The convergence of valued human strengths across culture and history. *Review of General psychology, 9*(3), 203-213.

De Silva, P. (2017). 불교상담학 개론(윤희조 역). 서울: 학지사. (원저 출판 2014).

Elliott, R., Shapiro, D. A., Firth-Cozens, J., Stiles, W. B., Hardy, G. E., Llewelyn, S. P., & Margison, F. R. (1994). Comprehensive Process analysis of insight event in cognitive-behavioral and psychodynamic-interpersonal psychotherapies. *Journal of Counseling Psychology, 41*, 449-463.

Elliott, R., Bohart, A. C., Watson, J. C., & Greenberg, L. S. (2011). Empathy. In J. Norcross (ed.), *Psychotherapy relationships that work* (2nd ed.) (pp. 132-152). New York: Oxford University Press.

Epstein, M. (2006). 붓다의 심리학: 명상의 심리 치료적 적용(전현수, 김성철 공역). 서울: 학지사. (원저 출판 1995).

Fatter, D. M., & Hayes, J. A. (2013). What facilitates countertransference management? The roles of therapist meditation, mindfulness, and self-differentiation. *Psychotherapy Research, 23*(5), 502-513.

Freedman, J., & Combs, G. (2009). 이야기치료: 선호하는 이야기의 사회적 구성(김유숙, 전영주, 정혜정 공역). 서울: 학지사. (원전 출판 2002).

Germer, C. K. (2005). What is mindfulness? In Germer, C. K., Siegel, R. D., &

Fulton, P. R. (Eds.), *Mindfulness and psychotherapy* (pp. 3-27). New York, NY: Guilford Press.

Germer, C. K., Siegal, R. D., & Fulton, P. R. (2005). *Mindfulness and Psychotherapy*. New York: Guilford Press.

Germer, C. K., & Siegel, R. D. 편저 (2014). 심리치료에서 지혜와 자비의 역할(서광 스님, 김나연 공역). 서울: 학지사. (원저 출판 2012).

Germer 박사 초청특강, 2014.09.25., 우리 불교신문 WTV, 카카오TV.

Gilbert, P., & Procter, S. (2006). Compassionate Mind Training for People with High Shame and Self-Criticism: Overview and Pilot Study of a Group Therapy Approach. *Clinical Psychology and Psychotherapy 13*, 353-379.

Goldfried, M. R., & Castonguay, L. G. (1992). The future of psychotherapy integration, *Psychotheapy 29*(1), 4-10.

Grepmair, L., Mitterlehner, F., Lowe, T., Bachler, E., Rother, W., & Nickel, M. (2007). Promoting mindfulness in psychotherapists in traing influences the treatment results of their patients: A randomized, double blind, controlled study. *Psychotherapy psychosomatics, 76*, 332-338.

Gross, A. E., & McMullen, P. A. (1983). Models of the help-seeking process. In B. DePaulo, A., Nadler, & D. Fisher (Eds.), *New directions in helping 2,* (p. 45). New York: Academic Press.

Hanh, T. N. (1998). *The heat of Buddha's teaching.* Berkeley, CA: Parallax Press.

Hanh, T. N. (2007). *For a future to be possible: Buddhist ethics for everyday life.* Berkeley, CA: Parallax Press.

Hayes, S. C., Strosahl, D. K., & Wilson, G. K. (1999). *Acceptance and Commitment Therapy.* New York: Guilford Press.

Hayes, S. C. (2010). 마음에서 빠져나와 삶 속으로 들어가라(문현미 역). 서울: 학지사.

Heaton, J. A. (2006). 상담 및 심리치료의 기본 기법(김창대 역). 서울: 학지사. (원저 출판 1998).

Henry, W. P., Schacht, T. E., & Strupp, H. H. (1990). Patient and Therapist Introject, Interpersonal Process, and Differential Psychotherapy Outcome. *Journal of Consulting and Clinical Psychology, 58*, 768-777.

Hersoug, A. G. (2004). Assessment of Therapists' and Patients' Personality: Relationship to Therapeutic and Outcome in Brief Dynamic psychotherapy. *Journal of Personality Assessment, 83*(3), 191-200.

Hill, C. E. (1982). Counseling process research: Methodological and philosophical issues. *Counseling psychologist, 10*, 7-19.

Hill, C. E., & O'Brien, K. M. (2001). 상담의 기술(주은선 역). 서울: 학지사. (원저 출판 1999).

Hira, F. J., & Faulkender, P. J. (1997). Perceiving wisdom: Do age and gender play a part. *International Journal of Aging and Human Development, 44*(2), 85-101.

Homer, I. B. (Eds.). 1946~1966. *Vinaya Pitaka. The book of the Discipline III.* London: Pali Text Society.

Horowitz, M. J. (1998). *Cognitive Psychodynamics: From conflict to character.* New york: John Wiley & Sons, Inc.

Howard, K. I., Lueger, R. J., Maling, M. S., & Martinovich, Z. (1993). A phase model of psychotherapy: Causal mediation of outcome. *Journal of Consulting and Clinical Psychology, 38*, 139-149.

Ivey, A. E. (1987). *Counseling and psychotherapy: Integration skills, theroy, and practice.* Englewood Cliffs, N. J. Prentice-Hall.

Jayatilleke, K. N. (1963). *Early Buddhist Theory of Knowledge.* London: George

Allen and Unwin Ltd.

Jørgensen, C. R. (2004). Active ingredients in individual psychotherapy: Searching for common factors. *Psychoanalytic Psychology*, 21, 516–540.

Kalupahana, D. J. (2014). 불교철학의 역사(김종옥 역). 서울: 운주사. (원저 출판 1992).

Kottler, J. (1997). 눈물에 대한 8가지 약이 되는 이야기(이창식 역). 서울: 웅진출판. (원저 출판 1996).

Kopta, S. M., Howard, K. I., Lowry, J. L., & Beutler, L. E. (1994). Patterns of symptomatic recovery in psychotherapy. *Journal of Consulting and Clinical Psychology, 62*(5), 1009–1016.

Kornfield, J. (2017). Buddhist Psychology: The Essence. *The Psychotherapy and Spirituality Summit.* https://www.soundstrue.com/store/customer/account/login에서 검색.

Lazarus, A. A. (1992). Multimodal therapy: Technical eclecticism with minimal integration. In J. C. Norcross & M. R. Goldfried (Eds.), *Handbook of psychotherapy integration* (pp. 231–263). New York: Basic Books.

Loewenstein, R. M. (1951). Some remarks on defense, autonomous ego and psychoanalytic technique. *International Journal of Psychoanalysis, 35*, 188–193.

Linehan, M. M. (1999). Validation and psychotherapy. In A. C. Bohart & L. S. Greenberg (Eds.), *Empathy reconsidered: New directions in psychotherapy* (pp. 353–392). Washington, DC: American Psychological Association.

Loewenstein, R. M. (1951). Some remarks on defense, autonomous ego and psychoanalytic technique. *International Journal of Psychoanalysis, 35*, 188–193.

Macdonald, J., Cartwright, A., & Brown, G. (2007). A quantitative and qualitative exploration of client–therapist interaction and engagement in treatment in an alcohol service. *Psychology and Psychotherapy: Theory, Research and Practice, 80,* 247-268.

Mahoney, M. J. (1991). *Human Change Process: The scientific foundations of psychotherapy.* New York: Basic Books.

Makransky, J. (2014). 불교심리학에서의 연민심. G. K. Christopher & S. D. Ronald (Eds.) **심리치료에서 지혜와 자비의 역할** (pp. 101-102). (서광 스님, 김나연 공역). 서울: 학지사. (원저 출판 2012).

Marlatt, G. A., Bowen, S., & Lustyk, M. K. B. (2014). 연민심과 지혜: 윤리를 통한 성장. G. K. Christopher & S. D. Ronald (Eds.) **심리치료에서 지혜와 자비의 역할** (p. 352). (서광 스님, 김나연 공역). 서울: 학지사. (원저 출판 2012).

Meeks, T. W., Cahn. B. R., & Jeste. D. V. (2014). 지혜의 신경생물학적 토대. G. K. Christopher & S. D. Ronald (Eds.) **심리치료에서 지혜와 자비의 역할** (p. 294). (서광 스님, 김나연 공역). 서울: 학지사. (원저 출판 2012).

Morgan, S. P. (2014). 연민심과 지혜: 윤리를 통한 성장. G. K. Christopher & S. D. Ronald (Eds.) **심리치료에서 지혜와 자비의 역할** (p.481, 494, 498). (서광 스님, 김나연 공역). 서울: 학지사. (원저 출판 2012).

Nelson, J. K. (2008). Crying in psychotherapy: Its meaning, assessment, and management based on attachment theory. In A. J. M. Vingerhoets, I. Nyklicek, & J. Denollet (Eds.), *Emotion regulation and health. Conceptual and clinical issues* (pp. 202-214). New York, NY: Springer.

No, Ann-Young. (1993). *Wisdom as defined and perceived by counseling psychologists.* University of Kentucky, Unpublished doctoral dissertation.

Norcross, J. C., & Beutler, L. E. (2008). Integrative psychotherapies. In R. J. Corsini & D. Wedding (Eds.), *Current psychotherapies, 8th.* (pp. 481-511). Belmont,

CA: Brooks-Cole.

Norcross, J. C., & Beutler, L. E. (2011). Integrative psychotherapies. In R. J. Corsini & D. Wedding (Eds.), *Current psychotherapies* (9th ed.) (pp. 502-535). Belmont, CA: Brooks-Cole, Cengage Learning.

ne, A. Aronson, E., & Kafry, D. (1980). *Burnout: from tedium to personal growth*, NY: Free Press.

Popkin, M. H. (1995). 현대의 적극적 부모 역할 훈련(홍경자 역). 광주: 한국심리교육센터 출판부. (원저 출판 1993).

Prochaska, J. O., & Norcross, J. C. (1999). *Systems of psychotherapy: A transtheoretical analysis* (4th ed.), Pacific Grove, CA: Brooks-Cole.

Rahula, W. (1959). *What the Buddha Thought(=WBT)*. London and Bedford: Gorden Fraser.

Rhys Davids, T. W., & Stede, W. (Eds.), (1921-1925). *Pali-English Dictionary*. The Pali Text Society. http://dsal.uchicago.edu/dictionaries/pali/and http://www.archive.org/details/palitextsocietys00pali/에서 검색.

Rhys Davids, T. W. (Eds.). (1975). *visuddhimagga of Buddhagosa*. London: The Pali Text Society.

Rogers, C. R. (1957). The necessary and sufficient conditions for therapeutic personality change. In H. Kirschenbaum & v. Henderson (Ed.), *The Carl Rogers Reader*. London: Constable.

Rogers, C. R. (2009). 진정한 사람 되기: 칼로저스 상담의 원리와 실제(주은선 역). 서울: 학지사. (원저 출판 1961).

Ryan, A., Safran, J. D., Doran, J. M., & Muran, J. C. (2012). Therapist mindfulness, alliance and treatment outcome. *Psychotherapy Research, 22*(3), 289-297.

Sandell, R., Lazar, A., Grant, J., Carlsson, J., Schubert, J., & Broberg, J. (2007).

Therapist attitudes and patient outcomes: Therapist attitudes influence change during tretment. *Psychotherapy Research, 17*(2), 196-204.

Schmithausen, L. (1981). On Some Aspects of Descriptions or Theories of 'Liberating insight' and 'Enlightenment' in Early Bddhism. *Studien Zum Jainismus und Buddhismus.* Wiesbaden: Gmbh.

Schon, D. A. (1983). *The reflective practitioner.* New York: Basic Books.

Shapiro, S. L., Brown, K. W., & Biegel, G. M. (2007). Teaching self-care to caregivers: Effects of mindfulness-based stress reduction on the mental health of therapists in training. *Training and Education in Professional Psychology, 1* (2), 105-115.

Siegel, R. D., & Germer, C. K. (2014). 지혜와 연민심: 새의 양날개.

Strupp, H. (1995). The psychotherapist's skills revisited. *Clinical Psychology, 2,* 70-74.

Skovholt T. M., & Ronnestad, M. H. (1992). *The evolving professional self. Stages and thems in therapist and counselor development.* chichester, England: Wiley.

Sue, D. W., Ivey, A., & Pederson, P. (1996). A *theory of multicultural counseling and therapy.* Pacific Grove, CA: Brooks-Cole.

Sue, D. W., & Sue, D. (1999). *Counseling the culturally different: Theory and practice* (3rd ed.). New York: Wiley.

Surrey, J., & Jordan, J. V. (2014). 연결의 지혜. G. K. Christopher & S. D. Ronald (Eds.), 심리치료에서 지혜와 자비의 역할 (p. 259, 263). 서광 스님, 김나연 공역. 서울: 학지사. (원저 출판 2012).

Thompson, R, A.(2007). 상담기법(2판)(김춘경 역). 서울: 학지사. (원저 출판 2003).

Vetter, T. (1988). *The Ideas and Meditative Practices of Early Buddhism.* E. J. Brill,

Leiden.

Wampold, B. E. (2000). Outcomes of individual counseling and psychotherapy: Empirical evidence addressing two fundamental questions. In S. D. Brown & R. W. Lent (Eds.), *Handbook of counseling psychology* (pp. 711-739). New York: John Wiley & Sons.

Wampold, B. E. (2006). What should be validated? The psychotherapist. In J. C. Norcross, L. E. Beutler, & R. F. Levant (Eds.), *Evidence-based practices in mental health: Debate and dialogue on the fundamental questions* (pp. 200-208). Washington, DC: American Psychological Association.

Wampold, B. E. (2011, April). *Qualities and actions of effective therapists: Research suggests that certain psychotherapist characteristics are key to successful treatment.* http://www.apa.org/education/ce/effective-therapists 에서 검색.

Walsh, R. (2004). 동양의 심리치료. Corsini, R, J. & Wedding, D (Eds.), 현대 심리치료(6판)(김정희 역). 서울: 학지사. (원저 출판 2000).

Walsh, R. (2015). What is wisdom? Cross-cultural and cross-disciplinary syntheses. *Review of General Psychology, 19*(3), 278-293. http://dx.doi.org/10.1037/gpr0000045에서 검색.

Wood, S. E., Wood, E. G., & Boyd, D. G. (2015). 심리학의 세계(5판)(김초복, 장문선, 허재홍, 김지호, 진영선, 곽호완, 박영신 공역). 서울: 학지사. (원저 출판 2014).

Wegela, K. K. (2009). *The courage to be present Buddhism, Psychotherapy, and the Awakening of Natural Wisdom.* Shambhla. Boston & London.

Wickman, S. A. (1999). *Making something of it: An analysis of the conversation and language of Carl Rogers and Gloria Lakoff.* Unpublished doctoral dissertation, Southeren Illinois University, Carbondale.

Witmer, J. M.(1985). *Pathways to personal growth: developing a sense of worth and competence: a holistic education approach*. Muncie, Ind.: Accelerated Development.

네이버 지식백과 (2019). **원불교대사전** https://terms.naver.com/entry.nhn?docId=2111023&cid=50765&categoryId=50778에서 검색.

동북아신문(2017. 05. 01.). http://www.dbanews.com/news/articleview.html?idxno=20449에서 검색.

문학비평용어사전 (2006. 01. 30.). 국학자료원 http://terms.naver.com/entry.nhn?docId=1530629&cid=41799&categoryId=41800에서 검색.

문화콘텐츠닷컴(문화원형용어사전) (2012). http://www.culturecontent.com에서 검색.

한국민족문화대백과사전(2019). http://encykorea.aks.ac.kr/에서 검색.

한국과학기술정보연구원 (2006. 03. 13.). http://www.kisti.re.kr/에서 검색.

찾아보기

저자 소개

정은의(Jeong Euneui)

전남대학교 임상심리학 석사

전남대학교 상담심리학 박사

호남대학교 상담심리학과 교수 역임

한국상담심리학회 상담심리전문가

한국상담학회 수련감독급

반야상담심리학회 수련감독급

CCPA–CANADIAN CERTIFIED COUNSELLOR

현재 CANADA–WISDOM COUNSELLING CENTRE HEAD

이메일 wiselor0@gmail.com

반야통찰상담의 실제
-마음챙김을 넘어서 반야로-
Practice of Paññā-based Insight Counseling

2019년 8월 20일 1판 1쇄 인쇄
2019년 8월 27일 1판 1쇄 발행

지은이 • 정은의
펴낸이 • 김진환
펴낸곳 • ㈜ 학지사

04031 서울특별시 마포구 양화로 15길 20 마인드월드빌딩
대표전화 • 02-330-5114   팩스 • 02-324-2345
등록번호 • 제313-2006-000265호

홈페이지 • http://www.hakjisa.co.kr
페이스북 • https://www.facebook.com/hakjisa

ISBN 978-89-997-1966-0 93180

정가 25,000원

출판 · 교육 · 미디어기업 학지사

간호보건의학출판 학지사메디컬 www.hakjisamd.co.kr
심리검사연구소 인싸이트 www.inpsyt.co.kr
학술논문서비스 뉴논문 www.newnonmun.com
원격교육연수원 카운피아 www.counpia.com